ŒUVRES

DE

WALTER SCOTT.

TOME XVII.

IMPRIMERIE DE LACHEVARDIERE,
Rue du Colombier, n° 30.

PEVERIL
DU PIC.

(Peveril of the Peak.)

TRADUCTION

DE M. DEFAUCONPRET,

AVEC DES ÉCLAIRCISSEMENS ET DES NOTES

HISTORIQUES.

« Si mes lecteurs venaient à remarquer que par moment
« je suis ennuyeux, ils peuvent être persuadés que ce n'est
« pas sans quelque secret motif. »
Les Moralistes anglais.

TOME PREMIER.

PARIS.
FURNE, LIBRAIRE-ÉDITEUR,
QUAI DES AUGUSTINS, N° 39.

M DCCC XXX.

LETTRE
SERVANT DE PRÉFACE,

ÉCRITE

PAR LE RÉVÉREND DOCTEUR DRIASDUST D'YORK,

AU CAPITAINE CLUTTERBUCK,

A FAIRY-LODGE[1], PRÈS DE KENNAQUHAIR.

MON DIGNE ET CHER MONSIEUR,

J'AURAIS pu répondre à votre dernière lettre, avec le poète classique, *haud equidem invideo, miror magis* [2]; car bien que, depuis mon enfance, je me sois toujours occupé des restes de l'antiquité, cependant je n'aime pas que des spectres et des revenans se chargent du rôle de commentateurs; et en vérité le récit de votre conversation avec notre illustre père, dans la crypte ou le cabinet le plus secret des éditeurs d'Édimbourg, produisit sur moi à peu près le même effet que l'apparition du fantôme d'Hector sur le héros de l'Énéide :

Obstupui, steteruntque comæ [3].

Mais je vous répète que cette vision m'a surpris, sans que je vous aie envié le plaisir d'avoir vu notre illustre père. Il paraît qu'il lui est maintenant permis de se montrer à sa famille plus librement qu'autrefois, ou que le vieux brave homme est devenu un peu bavard dans ces

(1) Loge des fées. — ED.
(2) Non certes, je n'éprouve aucune envie, mais plutôt de la surprise. — TR.
(3) Je fus surpris, mes cheveux se dressèrent! — TR.

derniers temps. En un mot, pour ne pas vous faire épuiser votre patience en vaines conjectures, et moi aussi j'ai eu une vision de l'auteur de Waverley. Je ne prétends pas m'en faire accroire, en vous faisant observer que cette entrevue fut signalée par des prévenances plus marquées encore que celles dont il vous honora dans votre conférence avec lui chez notre digne éditeur; car la vôtre avait l'air d'une rencontre fortuite, tandis que la mienne fut précédée par la communication d'un gros manuscrit contenant une nouvelle histoire intitulée : Peveril du Pic.

Je n'eus pas plus tôt remarqué que ce manuscrit était une histoire de trois cent trente pages environ par volume, que je soupçonnai sur-le-champ à qui j'étais redevable de cet envoi, et m'étant mis à en parcourir les pages, je commençai à me flatter sérieusement que je pourrais peut-être bientôt voir l'auteur lui-même.

Je ne puis m'empêcher de vous faire observer encore que, tandis qu'un appartement intérieur de la boutique de M. Constable avait été jugé un lieu assez solennel pour vous donner votre audience, notre vénérable père a bien voulu m'accorder la mienne dans mon propre logement, *intra parietes*, puis-je dire, et sans courir le risque d'aucune interruption. Je dois aussi vous faire remarquer que les traits, la forme et le costume de l'*Eidolon*, comme vous nommez avec raison l'apparition de notre père, me parurent plus caractéristiques qu'il ne vous fut accordé de les voir. Je reviendrai sur ce point; mais à Dieu ne plaise que ces marques si décidées de préférence me donnent de l'orgueil, ou m'inspirent des prétentions à la supériorité sur les autres descendans de notre père commun. *Laus propria sordet*[1]. Je suis convaincu qu'il fit cet honneur, non à ma personne, mais à mon habit, et que cette préférence avait pour but d'élever, non Jonas Driasdust

---

(1) C'est se faire laid que de se vanter soi-même. — Tr.

au-dessus de Clutterbuck, mais le docteur en théologie au-dessus du capitaine.

Cedant arma togœ : maxime qu'on ne doit oublier en aucun temps, et qu'il faut surtout se rappeler quand le militaire est en demi-solde.

Mais il me semble que je vous garde trop long-temps sous le vestibule, et que je vous fatigue de longues inductions, tandis que vous voudriez me voir *properare in mediam rem.* Soit fait comme vous le désirez ; car, comme Sa Grâce a coutume de le dire de moi avec esprit : — Personne ne conte une histoire aussi bien que le docteur Driasdust, quand une fois il a trouvé le premier mot. — *Jocosè hoc.* Mais poursuivons.

J'avais savouré tout le charme de l'ouvrage que j'avais reçu depuis environ huit jours, et ce n'avait pas été sans peine ; car l'écriture de notre père est devenue si petite et si mauvaise, que je fus obligé de me servir d'un microscope. Sentant mes yeux un peu fatigués à la fin du second volume, je me renversai sur le dossier de mon fauteuil, et je commençai à examiner si quelques unes des objections qu'on a particulièrement opposées à notre père ne pouvaient pas être encore plus applicables au manuscrit que je venais de lire. Il s'y trouve assez de fictions, me dis-je à moi-même, pour jeter la confusion dans la marche de toute une histoire, assez d'anachronismes pour renverser tous les systèmes de chronologie. Le vieillard a passé toutes les bornes. *Abiit — evasit — erupit.*

Comme ces pensées se succédaient dans mon imagination, je tombai dans un accès de rêverie qui m'est assez ordinaire après le dîner, quand je suis seul, ou que je n'ai avec moi que mon vicaire. J'étais pourtant éveillé, car je me souviens que je voyais dans les cendres rouges du feu la figure d'une mitre, avec les tours d'une cathédrale sur le second plan. De plus, je me souviens encore d'avoir fixé les yeux pendant un certain temps sur la physionomie avenante du docteur Whiterose, mon oncle maternel, le même dont il est parlé dans *la Prison d'E-dimbourg*, et dont le portrait, en grande perruque et en vêtemens sacerdotaux, est suspendu au-dessus de ma cheminée. Enfin je me souviens d'avoir remarqué les fleurs sculptées sur le cadre de bois de chêne, et d'avoir jeté un regard sur les pistolets suspendus au-dessous, et qui sont les armes à feu dont mon oncle, dans l'année 1746, si fertile en évènemens, avait dessein de s'armer pour épouser la cause du prince Charles-Edouard; car, à dire vrai, mon oncle tenait beaucoup moins à sa sûreté personnelle qu'à ses principes épiscopaux, et il n'attendait que la nouvelle de l'entrée du prince dans Londres pour aller l'y joindre.

La rêverie dans laquelle j'étais plongé me paraît un état compatible avec mes méditations les plus sérieuses et les plus profondes. Je m'abandonne alors aux chimères de la capricieuse imagination, dans un état qui n'est ni le sommeil ni la veille, et que je considère comme tellement favorable à la philosophie, que je ne doute pas que quelques uns des systèmes les plus célèbres de cette science n'aient été composés sous son influence. Ordre est donné à mon domestique de marcher comme sur du duvet, les gonds de mes portes sont soigneusement huilés, tout est mis en usage pour empêcher que je ne sois prématurément et durement rappelé au grand jour du monde actif. Ma coutume à cet égard est si bien connue, que les écoliers mêmes passent dans la rue sur la pointe des pieds entre quatre et cinq heures. Mon cabinet est le véritable temple de Morphée. Il est bien vrai qu'il existe un malheureux crieur de balais, *quem ego;* — mais ce sera une affaire pour la session de trimestre.

J'étais donc dans cette humeur de philosophe; ma tête était appuyée sur le dossier de mon fauteuil, et les yeux de mon corps commençaient à se fermer, sans doute afin que ceux de mon esprit en fussent mieux ouverts, lorsque je tressaillis en entendant frapper à ma porte avec plus de bruit que ne se permettrait d'en faire aucun de ceux qui, connaissant mes habitudes, viendraient me visiter à cette heure. Je me relevai sur mon fauteuil, et je distinguai la marche de mon domestique dans le corridor, suivie d'un pas lourd et mesuré qui ébranlait le plancher de chêne.

—Un étranger, monsieur, arrivant d'Edimbourg par la diligence, désire parler à Votre Révérence.

Telles furent les paroles que Jacob prononça en ouvrant la porte, et en la poussant jusqu'au mur : quoiqu'il n'y eût rien d'extraordinaire dans cette annonce, le ton dont il la fit me prépara à recevoir une visite peu ordinaire.

L'auteur de Waverley entra, homme gros et grand, avec une redingote de voyage par-dessus un habit couleur de tabac, taillé en imitation de celui que portait le grand Rôdeur. Son chapeau rabattu, car il dédaignait la frivolité moderne d'un bonnet de voyage, était attaché sur sa tête par le moyen d'un grand mouchoir de soie, arrangé de manière à préserver ses oreilles du froid et du bavardage des agréables compagnons qu'il avait eus dans la voiture publique dont il sortait. Ses gros sourcils gris lui donnaient un air qui annonçait une finesse un peu moqueuse et le bon sens. Ses traits étaient d'ailleurs largement dessinés, et formaient plutôt une physionomie lourde qu'une expression d'esprit ou de génie ; mais le prolongement de son nez était remarquable, et rappelait ce vers latin :

Immodicum surgit pro cuspide rostrum.

Sa main s'appuyait sur une forte canne ; — un double mouchoir de Barcelone protégeait son cou ; son ventre était assez saillant ; ses culottes étaient de gros drap ; — enfin une paire de bottes à revers, qui tombaient sur ses chevilles pour ne pas gêner ses vastes mollets, laissaient voir d'excellens bas de voyage en laine d'agneau, non travaillés au métier, mais tricotés à l'aiguille, suivant la vénérable et ancienne mode, et connus en Ecosse sous le nom de bas à côtes. Son âge paraissait beaucoup au-dessus de cinquante ans, mais ne pouvait pas s'élever à soixante; ce que je remarquai avec plaisir, espérant qu'on pourrait encore en tirer un bon nombre d'ouvrages, d'autant plus que son air de santé, la force et l'étendue de sa voix, la fermeté de sa démarche, la rotondité de son mollet, son *hem !* sonore et l'emphase de son éternument, attestaient une constitution solide.

Au premier coup d'œil, je crus voir dans cet homme de belle taille l'individu robuste qui fournit un thème si varié de suppositions à notre amusant et élégant voyageur du royaume d'Utopie, M. Geoffrey Crayon [1], dans son n° 11. En vérité, sans un petit trait dans la conduite de l'homme de M. Geoffrey Crayon, je veux dire sa galanterie pour son hôtesse, chose qui aurait été grandement dérogatoire au caractère de notre père, j'aurais été disposé à croire que maître Crayon, en cette occasion mémorable, avait réellement passé son temps dans le voisinage de l'auteur de Waverley. Mais notre digne patriarche, soit dit à son éloge, bien loin d'aimer la société du beau sexe, paraît plutôt disposé à éviter tout commerce avec les femmes, et à imiter en ce point notre parent et ami Jonathan Oldbuck [2]. Une circonstance qui suivit immédiatement son arrivée me porta à faire cette conjecture.

M'étant félicité de sa visite, et lui en ayant fait mes remerciemens, je voulus lui offrir le rafraîchissement le

---

[1] Washington Irving, que les critiques anglais ont surnommé l'Addison américain. Sous le nom fictif de Geoffrey Crayon, il a publié *the Sketch Book* et *Bracebridge-Hall*. Le premier de ces ouvrages est dédié à sir Walter Scott.
Ed.

[2] L'Antiquaire du roman de ce nom. — Ed.

plus convenable à l'heure du jour, et je lui proposai de faire venir ma cousine, miss Catherine Whiterose, ma femme de charge, pour préparer le thé ; mais il rejeta cette proposition avec un dédain digne du laird de Monkbarns. — Point de bouillon à scandale, s'écria-t-il ; point d'insipide bavardage de femme pour moi : un pot de bière mousseuse, une tranche de bœuf ; point d'autre compagnie que la vôtre, point d'autres rafraîchissemens que ceux que le tonneau et le gril peuvent fournir.

Le beefsteak, la rôtie et le pot de bière ne tardèrent pas à paraître, et, apparition en esprit ou en personne, mon voyageur montra un appétit capable de faire envie à un chasseur qui aurait couru quarante milles après un renard. Il ne manqua pas non plus de faire des appels longs et solennels, non seulement au pot de bière, mais à deux carafes de cristal remplies d'excellent madère et de vieux porto venant de Londres, que j'avais extraits, le premier d'un cellier où il pouvait sentir la chaleur bénigne du four, pour le mûrir ; le second d'une crypte profonde, située dans mon antique cave, qui peut-être a contenu autrefois des vins à l'usage des vainqueurs du monde, la voûte en étant construite de briques romaines. Je ne pus m'empêcher d'admirer le robuste appétit dont il donnait des preuves, et le goût qu'il montrait pour les mets et les généreuses liqueurs de la vieille Angleterre ; je l'en félicitai.

— Monsieur, me répondit-il, il faut que je mange en Anglais pour me rendre digne de prendre ma place dans une des compagnies les plus choisies d'esprits véritablement anglais qui se soient jamais réunis autour d'une table pour découper un aloyau de bœuf de montagne et attaquer un généreux plum-pouding.

Je lui demandai, mais avec déférence et modestie, quel était le but de son voyage, et à quelle société distinguée il appliquait une définition si générale. Imitant humblement votre exemple, je procèderai à donner au dialogue suivant une forme dramatique, si ce n'est quand la description deviendra nécessaire.

L'auteur de Waverley. A qui pourrais-je faire l'application d'une telle définition, si ce n'est à la seule société à qui elle peut être applicable; à ces juges infaillibles des vieux livres et du vin vieux; — le club de Roxburgh [1] de Londres? N'avez-vous pas entendu dire que j'ai été élu membre de cette société de bibliomanes d'élite?

Driasdust (fouillant dans sa poche). Le capitaine Clutterbuck m'en a dit quelque chose dans une lettre qu'il m'a écrite; — oui, la voici. Il me dit que ce bruit courait parmi les antiquaires écossais, qui craignaient beaucoup que vous ne vous laissassiez séduire par l'hérésie de préférer le bœuf d'Angleterre au mouton à tête noire [2] de sept ans, le marasquin au whisky, et la soupe à la tortue à la soupe aux poireaux; auquel cas il faudrait qu'ils vous regardassent comme un homme perdu. — Mais, ajoute notre ami dont la main sent tout-à-fait le militaire, et qui est plus accoutumé à manier une épée qu'une plume, notre ami est tellement sur..... sur la..... sur la RÉSERVE..... — oui, c'est réserve, je crois, — qu'il ne faudra pas une petite tentation pour le déterminer à quitter l'incognito.

L'auteur de Waverley. Il a raison sans doute; mais ce n'est pas une petite tentation que de pouvoir trinquer avec les lords des trésors littéraires d'Althorpe et d'Hodnet, en buvant du négus au madère, préparé par les mains classiques de Dibdin [2]; prendre part à ces profonds débats qui assignent à chaque petit volume à vieille reliure, à dorure sur tranche ternie, le rang exact qu'il

---

(1) Ainsi nommé du duc de Roxburgh, fameux bibliographe d'Ecosse. Ed.

(2) Les Anglais regardent comme un mets vulgaire et même dégoûtant la tête de mouton, qui est un mets chéri du peuple d'Ecosse. — Ed.

(3) Le révérend docteur Dibdin, vrai Don Quichotte de la bibliomanie. Ed.

doit occuper; boire à l'immortelle mémoire de Caxton, de Valdarar, de Pynson [3], et des autres pères de ce grand art qui nous a fait tous, et chacun de nous en particulier, ce que nous sommes. Telles sont, mon cher fils, les tentations par suite desquelles vous me voyez en ce moment en chemin pour quitter ce coin du feu tranquille, où, inconnu et ignoré, sauf de la nombreuse famille à laquelle j'ai donné l'être, je m'étais proposé de passer le reste du soir de mes jours.

En parlant ainsi, notre vénérable ami eut encore une fois recours au pot de bière, comme si ce qu'il venait de dire lui eût suggéré ce spécifique contre les maux de la vie, recommandé dans la célèbre réponse de l'anachorète de Johnson :

Approchez, mon enfant, prenez un peu de bière.

Quand il eut remis sur la table le pot d'argent, il poussa une espèce de soupir pour reprendre haleine, l'action de boire à longs traits ayant interrompu sa respiration. Je ne pus m'empêcher d'y faire écho avec un accent si pathétique qu'il fixa les yeux sur moi d'un air de surprise.

— Que veut dire ceci? me dit-il d'un ton un peu courroucé; vous, la créature de ma volonté, seriez-vous envieux de ma promotion? Vous ai-je consacré, à vous et à vos camarades, les heures les plus précieuses de mes sept dernières années, pour que vous ayez la présomption de vous livrer aux regrets et aux murmures si je cherche, dans celles qui doivent les suivre, à me procurer quelques jouissances dans une compagnie si convenable à mes goûts?

Je m'humiliai devant le vieillard offensé, et je l'assurai de mon innocence en tout ce qui pouvait lui avoir déplu. Il me parut apaisé en partie; cependant il me regardait

(3) Anciens imprimeurs. — Ed.

encore avec des yeux pleins de soupçon, en employant, pour me faire une question, les paroles du vieux Norton dans la ballade intitulée : *l'Insurrection du nord*.

L'auteur de Waverley.

> Que veux-tu donc, François Norton,
> Toi, le plus jeune de ma race?
> Ouvre-moi ton cœur sans façon,
> Que désires-tu que je fasse?

Driasdust. Implorant votre pardon paternel pour ma témérité présomptueuse, je vous dirai que je n'ai pu m'empêcher de soupirer en pensant qu'il était possible que vous allassiez vous aventurer dans un corps de critiques pour qui, en leur qualité d'antiquaires, la recherche de la vérité est un devoir spécial, et qui, par conséquent, peuvent frapper d'une censure d'autant plus sévère ces déviations que vous vous plaisez si souvent à faire hors du chemin de l'histoire et de la vérité.

L'auteur de Waverley. Je vous comprends : vous voulez dire que ces savans n'auront que peu de tolérance pour un roman dont l'histoire est la base.

Driasdust. A ne vous rien taire, monsieur, je crains qu'ils n'aient tant de respect pour cette base, qu'ils pourront être tentés de contester la justesse des principes d'après lesquels aura été élevé l'édifice qu'elle soutient, de même qu'un voyageur instruit ne peut contenir l'expression de son humeur et de son indignation, lorsqu'en voyageant dans la Grèce il voit un kiosque turc s'élever sur les ruines d'un ancien temple.

L'auteur de Waverley. Mais, puisqu'on ne peut reconstruire le temple, le kiosque peut avoir son mérite. Qu'en pensez-vous? Si l'architecture, en la critiquant d'après des principes sévères et classiques, n'en est pas tout-à-fait correcte, elle présente à l'œil quelque chose qui n'est pas commun; elle offre à l'imagination je ne sais quoi de fantastique que le spectateur contemple avec le même plaisir qu'il éprouve en lisant un conte oriental.

Driasdust. Je ne suis pas en état de lutter contre vous en métaphores, monsieur; mais je dois dire, pour l'acquit de ma conscience, qu'on vous reproche beaucoup de corrompre les sources pures des connaissances historiques. Vous en approchez, dit-on, comme cet ivrogne qui jadis souilla le cristal liquide destiné à désaltérer sa famille, en y jetant une vingtaine de pains de sucre et un tonneau de rum, et qui par là fit d'un breuvage simple et salubre une boisson stupéfiante et enivrante, plus agréable au goût, à la vérité, que le fluide primitif, mais, par cela même, plus perfide et plus pernicieuse.

L'auteur de Waverley. Je conviens que votre métaphore est juste, docteur; mais, quoique le meilleur punch ne puisse suppléer au manque d'eau, cependant, pris avec modération, il ne peut être regardé comme *malum in se;* et j'aurais chicané le ministre de la paroisse sur son peu de délicatesse, si, après avoir aidé l'honnête ivrogne à vider sa fontaine le samedi soir, il était monté en chaire le dimanche matin pour prêcher contre son hospitalité. Je lui aurais répondu que la saveur de la liqueur aurait dû le mettre à l'instant sur ses gardes, et que, s'il en avait pris une goutte de trop, il devait blâmer son imprudence, plutôt que l'hospitalité de celui qui le recevait.

Driasdust. J'avoue que je ne vois pas trop à quoi cela peut s'appliquer.

L'auteur de Waverley. C'est que vous êtes du nombre de ces argumentateurs qui ne veulent jamais suivre leur métaphore un pas plus loin qu'il ne leur convient. Au surplus, je vais m'expliquer. Un pauvre diable comme moi, fatigué de mettre à contribution son imagination stérile et bornée, cherche quelque sujet général dans le champ immense de l'histoire, si riche en toutes sortes d'exemples; il s'arrête sur quelque personnage, sur quelque combinaison de circonstances, et sur quelque trait de mœurs qui le frappe; il s'imagine qu'il pourra s'en servir avantageusement pour en faire la base d'une fiction; il y ajoute la couleur qui lui plaît, l'orne d'incidens romanesques pour relever l'effet général, y introduit les caractères qui peuvent le mieux contraster ensemble, et s'imagine peut-être qu'il a rendu quelque service au public, s'il peut lui présenter un agréable tableau d'imagination, pour lequel l'anecdote ou la circonstance dont il s'est emparé ne lui a fourni qu'une légère esquisse. Or, je ne puis apercevoir en cela le moindre mal. Les trésors de l'histoire sont accessibles à chacun : ils ne sont pas plus épuisés par ce qu'on y emprunte que la fontaine n'est desséchée par celui qui y puise de l'eau pour ses besoins journaliers. Et, pour répondre à l'accusation modeste de fausseté contre une fiction positivement annoncée comme telle, il n'est besoin que de répéter l'exclamation de Prior :

Corbleu! faut-il jurer qu'une chanson est vraie?

Driasdust. Tout cela peut être, mais je crains que vous ne fassiez ici une réponse évasive. On ne vous accuse pas sérieusement de falsifier l'histoire, quoique je vous assure que j'ai lu quelques traités fort graves dans lesquels on jugeait nécessaire de contredire vos assertions.

L'auteur de Waverley. C'était certainement pointer contre une vapeur du matin une batterie de canon.

Driasdust. Mais en outre, on dit surtout que vous courez le risque de faire négliger l'histoire, les lecteurs se contentant des connaissances superficielles qu'ils se procurent en lisant vos ouvrages, qui les portent à s'éloigner des livres plus sérieux et plus exacts.

L'auteur de Waverley. Je nie la conséquence. Au contraire, je crois pouvoir me flatter d'avoir dirigé l'attention du public sur différens points qui ont été éclaircis par les recherches d'auteurs plus savans, parce que mes romans y avaient attaché quelque intérêt. Je pourrais en citer des preuves, mais j'abhorre la vanité; oui, j'abhorre la vanité. On connaît l'histoire de la baguette divinatoire. C'est une branche d'arbre sans valeur en elle-même; mais elle indique par son mouvement l'endroit où des veines de métaux précieux sont cachées sous la terre, et enrichissent ensuite les aventuriers qui les exploitent. Je ne réclame pas un plus grand mérite pour mes suggestions historiques, mais c'est déjà quelque chose.

Driasdust. Nous autres antiquaires moins indulgens, monsieur, nous pouvons vous accorder ce point, c'est-à-dire que vos ouvrages ont quelquefois mis des hommes d'un jugement solide sur la voie de recherches auxquelles sans cela ils n'auraient peut-être pas pensé à se livrer. Mais vous n'encourez pas moins une grande responsabilité, en donnant une fausse direction à l'esprit des jeunes gens, des personnes indolentes et frivoles, entre les mains de qui vous mettez des ouvrages dont l'instruction apparente impose silence aux reproches que leur ferait leur conscience d'employer leur temps à les lire, et qui cependant ne leur mettent dans la tête que des faits mal digérés, incertains, souvent même contraires à la vérité.

L'auteur de Waverley. Il ne me conviendrait pas, révérend docteur, d'accuser un homme qui porte votre robe, de parler la langue des tartufes; mais, dites-moi, je vous prie, si le pathos avec lequel vous appuyez sur ce danger n'y ressemble pas un peu? Je soutiens au contraire qu'en présentant à l'altière jeunesse la vérité parée des ornemens de la fiction, je rends un véritable service à ceux qui ont plus d'aptitude et de génie; car le goût de la science n'a besoin que d'être excité. Quand la traînée de poudre est bien préparée, la moindre étincelle suffit pour l'enflammer. De même, quand on a pris intérêt à des aventures fictives attribuées à une époque et à des caractères historiques, on commence à éprouver le désir de savoir quels sont les faits véritables, et si le romancier les a bien représentés.

Mais, en supposant même que l'esprit du lecteur plus insouciant se contente de la lecture frivole d'un roman historique, il ne quittera pas le livre sans avoir acquis quelques connaissances, qui ne seront peut-être pas de la plus grande exactitude, mais qu'il n'aurait jamais obtenues sans cela. Je ne parle pas seulement ici des esprits ordinaires et peu curieux; j'y comprends au contraire des personnes douées de grands talens, mais qui, faute de temps ou de persévérance, sont disposées à se contenter des connaissances superficielles qu'elles peuvent se procurer de cette manière. Par exemple, le duc de Marlborough ayant cité d'une manière peu exacte, dans la conversation, je ne sais quel trait de l'histoire d'Angleterre, on lui demanda où il l'avait puisé. — Dans les pièces historiques de Shakspeare, répondit le vainqueur de Blenheim, la seule histoire d'Angleterre que j'aie jamais lue. Et il ne faut qu'un moment de réflexion pour convaincre chacun de nous que les parties de cette histoire que nous connaissons le mieux sont celles que ce poète immortel a transportées sur la scène anglaise.

Driasdust. Et vous, mon digne monsieur, vous avez l'ambition de rendre un pareil service à la postérité?

L'auteur de Waverley. Que tous les saints me préservent d'être coupable d'une vanité si mal fondée! Je rappelle seulement ce qui a été fait quand il y avait des géans dans le pays. Et cependant, nous autres pygmées du temps actuel, nous pouvons encore faire quelque chose; il est bon d'avoir un modèle devant nos yeux, quoique ce modèle soit inimitable.

Driasdust. Fort bien, monsieur; avec moi vous pouvez dire tout ce qu'il vous plaira; car, pour des raisons qui vous sont bien connues, il m'est impossible de répliquer à vos argumens. Mais je doute que tous vos raisonnemens fassent goûter au public les anachronismes qui se trouvent dans ces volumes-ci. — Voilà une comtesse de Derby que vous faites sortir de la tombe pour lui attribuer je ne sais combien d'aventures vingt ans après sa mort.

L'auteur de Waverley. Elle peut m'assigner en dommages et intérêts, comme dans le procès de Didon contre Virgile.

Driasdust. Un plus grand défaut, c'est que les mœurs du temps y sont représentées d'une manière encore plus incorrecte que de coutume. Votre Puritain n'est qu'une faible ébauche comparé à votre Caméronien [1].

L'auteur de Waverley. J'en conviens; mais quoique je persiste à soutenir que l'hypocrisie et le fanatisme doivent être voués au ridicule et à la satire, je sens la difficulté d'en faire des objets de risée ou d'horreur sans employer un coloris qui pourrait blesser les gens sincèrement vertueux et religieux. Bien des choses peuvent être légalement permises, sans être pour cela convenables; et il existe certains sentimens trop respectables pour mériter nos outrages, quoique nous ne les partagions pas tout-à-fait nous-mêmes.

Driasdust. Pour ne pas dire, mon digne monsieur, que peut-être vous regardez le sujet comme épuisé.

L'auteur de Waverley. Au diable la génération actuelle, qui prête toujours à la conduite des autres l'interprétation la plus défavorable !

A ces mots, me faisant de la main une sorte d'adieu à la hâte, il ouvrit la porte et descendit précipitamment les escaliers. Je me levai sur-le-champ, et sonnai mon domestique, qui arriva à l'instant. Je lui demandai ce qu'était devenu l'étranger. Il nia que personne fût entré. Je lui montrai les carafes vides; et le maraud... le maraud eut l'assurance de me répondre qu'il remarquait quel-

---

(1) Balfour de Burley des *Contes de mon hôte.* — Ed.

quefois un pareil vide quand je n'avais d'autre compagnie que la mienne. Je ne sais que décider dans une affaire si douteuse, mais j'imiterai certainement votre exemple, en plaçant ce dialogue et ma présente lettre en tête de Peveril du Pic.

Je suis,

Mon cher monsieur,

Votre très humble et très obéissant serviteur,

John Driasdust.

York, le jour de Saint-Michel, 1822.

PEVERIL DU PIC.

(𝔓𝔢𝔳𝔢𝔯𝔦𝔩 𝔬𝔣 𝔱𝔥𝔢 𝔓𝔢𝔞𝔨.)

CHAPITRE PREMIER.

> « Ce fut quand la discorde, arborant son drapeau,
> « De la guerre civile alluma le flambeau;
> « Quand la haine, l'orgueil, la vengeance et l'envie,
> « Vinrent dans tous les rangs semer la zizanie. »
> BUTLER.

GUILLAUME-LE-CONQUÉRANT fut, ou du moins croyait être le père d'un certain William Peveril qui combattit sous ses ordres à la bataille d'Hastings, et qui s'y distingua. Il n'était pas probable que l'illégitimité de son fils s'opposerait aux faveurs d'un monarque qui, méprisant le préjugé, prenait dans ses chartes le titre de *Gulielmus Bastardus*. Quand le conquérant normand fit la loi en Angleterre et put disposer arbitrairement des domaines des Saxons, William Peveril obtint la concession de plusieurs belles seigneuries dans le comté de Derby, et devint le fondateur de cette forteresse qui, suspendue en quelque sorte sur l'entrée de la *Caverne du Diable*, si bien connue de tous ceux qui ont voyagé dans ce pays, donne le nom de Castleton[1] au village voisin.

Ce baron féodal avait construit son habitation d'après les mêmes principes suivant lesquels l'aigle se choisit une

---

(1) Le village du château. — ED.

aire, et l'avait bâtie, ainsi que le dit un Irlandais des tours de Martello, comme s'il n'avait eu d'autre dessein que de laisser la postérité dans l'embarras pour en assigner le motif : c'est de lui que descendait, ou du moins que prétendait descendre (car cette généalogie était un peu hypothétique) une famille opulente dont le chef avait le titre de chevalier, et demeurant dans le même comté de Derby. Le grand fief de Castleton, les bruyères et les forêts qui en faisaient partie, avec toutes leurs merveilles, avaient été confisqués sous le règne orageux du roi Jean, et un nouvel octroi en avait été fait alors à lord Ferrers. Cependant les descendans du William dont nous venons de parler, quoiqu'ils ne possédassent plus le domaine qu'ils prétendaient avoir appartenu jadis à leur famille, n'en conservaient pas moins avec orgueil le titre de Peveril du Pic, comme une marque de leur origine antique et de leurs hautes prétentions.

Sous le règne de Charles II, sir Geoffrey Peveril était le représentant de cette noble famille. C'était un homme qui, avec la plupart des qualités ordinaires d'un gentilhomme campagnard, avait conservé les anciennes mœurs, et que peu de traits particuliers pouvaient distinguer du type général de cette digne classe de citoyens. Il était fier de petits avantages, et s'irritait de petites contrariétés. Il ne savait ni se former une opinion, ni prendre une résolution, qui ne se ressentissent de ses préjugés. Il était orgueilleux de sa naissance, prodigue dans sa manière de vivre, hospitalier avec ses parens et ses connaissances qui voulaient bien reconnaître la supériorité de son rang ; il se montrait querelleur et fâcheux avec tous ceux qui contestaient ses prétentions ; bon pour les pauvres, à moins qu'ils ne fissent le métier de braconnier ; royaliste bien prononcé dans ses opinions politiques, et détestant également une Tête-Ronde, un braconnier et un Presbytérien. Les principes religieux de sir Geoffrey étaient ceux des épiscopaux, et il y tenait si fortement, que bien des gens croyaient qu'il était secrètement attaché aux dogmes de l'église catholique, quoique sa famille y eût renoncé du temps de son père ; on prétendait même qu'il avait obtenu une dispense qui lui permettait de se conformer extérieurement à toutes les pratiques de la religion protestante. Ce bruit calomnieux courait du moins parmi les Puritains, et l'influence que sir Geoffrey Peveril paraissait certainement posséder parmi les gentilshommes catholiques des comtés de Derby et de Chester semblait le rendre plus vraisemblable.

Tel était sir Geoffrey Peveril, et il aurait pu passer de ce monde dans l'autre sans autre distinction qu'une inscription sur la pierre de son tombeau, s'il n'eût vécu dans un temps qui forçait les esprits les moins actifs à se mettre en action, de même qu'une tempête soulève les eaux dormantes du lac le plus tranquille. Quand les guerres civiles éclatèrent, Peveril du Pic, fier de sa naissance, et brave par tempérament, leva un régiment pour le roi, et montra en diverses occasions qu'il avait plus de talens pour le commandement qu'on ne lui en avait supposé jusqu'alors.

Au milieu même des discordes civiles, il devint épris d'une jeune, jolie et aimable demoiselle de la noble maison de Stanley, et il l'épousa. Depuis ce temps il eut d'autant plus de mérite à persister dans sa loyauté[1], qu'il fut obligé de se séparer souvent de sa jeune épouse, ne pouvant jouir de sa société que par intervalles, lorsque ses devoirs lui permettaient de venir passer dans son château un temps toujours bien court. Ne se laissant pas détourner de ses devoirs militaires par le charme des plaisirs domestiques, Peveril du Pic combattit pendant plusieurs années de la guerre civile, et se conduisit avec

---

(1) *Loyauté royaliste* ; fidélité au roi de droit. — Éd.

bravoure, jusqu'à ce que son régiment eût été surpris et taillé en pièces par Poyntz, général aussi heureux qu'entreprenant, qui commandait la cavalerie de Cromwell. Le Cavalier[1] échappa à la déroute, et, en véritable descendant de Guillaume-le-Conquérant, dédaignant de se soumettre, se jeta dans son château et y soutint un de ces siéges qui causèrent la destruction de tant de châteaux pendant le cours de ces malheureuses années. Celui de Martindale, après avoir beaucoup souffert du canon que Cromwell lui-même y amena pour le réduire, ne se rendit qu'à la dernière extrémité. Sir Geoffrey fut fait prisonnier, et lorsqu'on lui rendit la liberté, sous la promesse qu'il fit de rester à l'avenir fidèle sujet de la république, ses fautes passées, comme s'exprimait le parti victorieux, furent punies sévèrement par une amende, et par le séquestre de ses biens.

Ni cette promesse forcée, ni la crainte des suites fâcheuses qui pourraient en résulter pour sa personne ou ses propriétés, ne purent empêcher Peveril du Pic d'aller joindre le comte de Derby la nuit qui précéda la funeste journée de Wiggan-Lane, où eut lieu la défaite des forces du comte. Sir Geoffrey prit part à cette action, et ayant fait sa retraite avec les débris des troupes royalistes, il alla rejoindre Charles II. Il était aussi présent à la bataille de Worcester, qui acheva la ruine du parti royaliste, et il y fut fait prisonnier une seconde fois. Comme, dans l'opinion de Cromwell, et suivant le langage du temps, c'était un relaps, il courut grand risque de partager le sort du comte de Derby, décapité à Bolton-le-Moor, comme il avait partagé avec lui les périls des deux actions.

(1) Nom que prenaient ceux qui portaient les armes en faveur du roi, par opposition aux républicains. *Cavalier* signifie en anglais un gai gentilhomme : ce mot est même employé adjectivement dans les vieux auteurs dans le sens de *joyeux*. Les partisans de Charles Ier reçurent les premiers ce titre, devenu synonyme de royaliste. — Éd.

Mais il dut la vie à l'intercession d'un ami qui possédait du crédit dans les conseils d'Olivier Cromwell.

Cet ami était un M. Bridgenorth, homme de la classe moyenne, dont le père, ayant fait d'excellentes affaires dans le commerce pendant le règne paisible de Jacques I*er*, avait laissé à son fils une fortune considérable, indépendamment de son domaine patrimonial.

Sur ce domaine s'élevait une maison bien bâtie en briques, mais de moyenne grandeur, portant le nom de Moultrassie-Hall, et située à environ deux milles du château de Martindale. Le jeune Bridgenorth avait étudié à la même école que l'héritier de Peveril, et il s'établit entre eux une sorte d'amitié qui jamais ne devint très intime, mais qui subsista pendant toute leur jeunesse, d'autant plus que Bridgenorth, sans reconnaître les prétentions que sir Geoffrey avait à la supériorité avec autant d'humilité que celui-ci l'aurait désiré, montrait une déférence raisonnable pour le représentant d'une famille plus ancienne et plus importante que la sienne, et ne croyait nullement se dégrader en agissant ainsi.

M. Bridgenorth ne porta pourtant pas la complaisance jusqu'à embrasser le même parti que sir Geoffrey pendant les guerres civiles. Il était alors juge de paix ; il se montra au contraire fort actif à lever la milice pour le compte du parlement, et servit lui-même quelque temps dans l'armée. Cette conduite lui fut inspirée en partie par ses principes religieux, car il était zélé presbytérien, et en partie par ses opinions politiques, qui, sans être absolument démocratiques, penchaient pour le côté populaire de la grande question qu'il s'agissait de décider. D'ailleurs il avait des capitaux considérables, et il s'en fallait que ses yeux fussent fermés sur ses intérêts. Il sut profiter des occasions que la guerre civile lui offrit d'augmenter sa fortune par un emploi judicieux de son argent comptant, et il ne fut pas long-temps sans s'apercevoir que le plus sûr moyen d'y réussir était d'embrasser le parti du parlement; tandis que la cause du roi, de la manière dont elle était conduite, n'offrait aux riches que des exactions et des emprunts forcés. D'après tous ces motifs, Bridgenorth devint décidément Tête-Ronde, et toute liaison amicale entre lui et son voisin fut rompue tout-à-coup. Il en résulta pourtant d'autant moins d'aigreur, que, tant que la guerre civile dura, sir Geoffrey fut presque toujours en campagne, fidèlement attaché à la fortune chancelante de son malheureux maître, tandis que le major Bridgenorth, qui renonça bientôt au service militaire actif, demeura habituellement à Londres, ne venant à Moultrassie-Hall que de temps en temps, pour y voir sa femme et sa famille.

Il apprit pendant ces visites, et ce ne fut pas sans beaucoup de plaisir, que lady Peveril avait montré, en toute occasion, beaucoup de bontés à mistress Bridgenorth, et que lorsqu'un corps de la cavalerie indisciplinée du prince Rupert avait menacé de piller Moultrassie-Hall, elle lui avait donné un asile, ainsi qu'à sa famille, dans le château de Martindale. Leur connaissance s'était faite et s'était changée en amitié dans les fréquentes promenades que le voisinage de leurs demeures leur permettait de faire ensemble, et mistress Bridgenorth se trouvait fort honorée d'être admise dans la société d'une dame si distinguée.

Le major, de son côté, vit cette intimité avec beaucoup de satisfaction, et résolut de prouver sa reconnaissance, autant qu'il le pourrait sans se nuire à lui-même, en employant tout son crédit en faveur de son malheureux voisin. Ce fut principalement grâce à son intercession que la vie de sir Geoffrey fut épargnée après la bataille de Worcester. Il obtint même pour lui la permission de rentrer en possession de ses domaines séquestrés, à des conditions plus favorables qu'on n'en avait encore accordé même à des royalistes moins prononcés. Enfin quand, pour se procurer la somme qu'il avait à payer, le chevalier fut obligé de vendre une portion considérable de son patrimoine, le major Bridgenorth en devint l'acquéreur, et lui en donna un prix plus considérable que celui qu'aucun Cavalier en pareilles circonstances avait reçu de ses biens d'aucun des membres du comité des séquestres. Il est vrai que le prudent major ne perdit pas tout-à-fait ses intérêts de vue dans cette affaire, car ce prix fut encore très modique, et les biens qu'il acquit ainsi étaient situés autour de Moultrassie-Hall, dont la valeur fut au moins triplée par cette acquisition. Mais il faut convenir aussi que le malheureux propriétaire aurait été obligé de se soumettre à des conditions encore moins favorables, si le major avait voulu pleinement profiter des avantages que lui procurait la place qu'il occupait dans le comité dont nous venons de parler, ce que tous ses confrères avaient soin de faire. Bridgenorth se fit donc honneur d'avoir, en cette occasion, sacrifié l'intérêt à la générosité, et on lui en sut gré.

Sir Geoffrey Peveril partageait lui-même cette opinion, et d'autant plus volontiers que Bridgenorth semblait jouir avec modération de la nouvelle importance qu'il avait acquise, et qu'il paraissait lui montrer, au milieu de l'élévation de sa fortune, la même déférence qu'il lui avait témoignée dans l'origine de leur liaison. Pour rendre justice au major, il faut dire qu'en agissant ainsi il respectait les infortunes de son noble voisin, autant que ses prétentions, et qu'avec la générosité d'un franc Anglais il cédait sur bien des points de cérémonial qui lui étaient indifférens à lui-même, uniquement parce qu'il voyait que cette complaisance était agréable à sir Geoffrey.

Cette délicatesse fit que Peveril passa sur bien des petits griefs. Il oublia que le major Bridgenorth était déjà en possession d'un bon tiers de ses domaines, par voie d'acquisition, et qu'il avait sur le reste, par suite de différens prêts d'argent, des droits réels qui en absorbaient bien un second tiers. Il essaya même d'oublier, ce qui était encore plus difficile, la différence de leur situation respective et de l'état de leurs demeures.

Avant la guerre civile, les murs orgueilleux et les tours du château de Martindale, situé sur une colline assez élevée, paraissaient auprès de la maison bâtie en briques qui osait à peine se montrer à travers les bouquets de bois qui l'entouraient, comme un chêne de la forêt de Martindale aurait paru près d'un des bouleaux dont Bridgenorth avait orné l'avenue conduisant à Moultrassie-Hall. Mais après le siége dont nous avons déjà parlé, ce dernier édifice avait été augmenté et embelli; et il était aussi supérieur aux ruines du vieux château noirci par le temps, et dont une seule aile était habitable, qu'un jeune bouleau dans toute la vigueur de la végétation l'aurait été à un vieux chêne dépouillé de ses feuilles, et dont le tronc, mutilé par le tonnerre, n'aurait plus que quelques rameaux à demi desséchés. Sir Geoffrey ne pouvait s'empêcher de sentir que la situation respective des deux voisins avait subi un changement aussi désavantageux pour lui que l'extérieur de leurs habitations, et que, quoique l'homme mis en place par le parlement, et membre du comité des séquestres, n'eût employé son crédit que pour protéger le Cavalier et le Malintentionné [1], il lui eût été tout aussi facile de le faire servir pour sa ruine ; enfin qu'il était devenu un protégé, et le major un protecteur.

Il y avait deux considérations, indépendamment de la nécessité, et des avis constans de son épouse, qui mettaient Peveril du Pic en état de supporter cette dégradation. La première était que les opinions politiques du major Bridgenorth commençaient à se rapprocher, sur

(1) C'est la traduction la plus sûre du terme *malignant*, synonyme de royaliste dans le style républicain du temps. — Ed.

certains points, de celles de son noble voisin. Comme presbytérien, il n'était pas ennemi décidé de la monarchie, et il avait été fort mécontent de voir le roi mis tout-à-coup en jugement, condamné et exécuté. Comme propriétaire, il craignait le gouvernement militaire; et quoiqu'il ne désirât pas voir Charles remonter sur le trône par la force des armes, cependant il en était venu à conclure que si on pouvait, par une transaction avec lui, garantir au peuple les immunités et les priviléges pour lesquels le long parlement avait d'abord combattu, ce serait le moyen de terminer de la manière la plus sûre et la plus désirable toutes les révolutions de la Grande-Bretagne. Véritablement les idées du major sur ce point s'approchaient tellement de celles de sir Geoffrey, qui ne pouvait rester étranger à aucune des conspirations des royalistes, qu'il se laissa presque entraîner par son voisin à prendre part à la malheureuse insurrection de Penruddock et de Grover, dans l'ouest, quand le parti presbytérien se joignit à celui des Cavaliers. Et quoique sa prudence habituelle l'eût préservé des conséquences fatales de ce mouvement comme de beaucoup d'autres dangers, le major Bridgenorth, pendant les dernières années de la domination de Cromwell, et pendant l'interrègne qui les suivit, fut regardé comme un homme mal disposé pour la république, et partisan de Charles Stuart.

Mais outre ce rapprochement d'opinions politiques, un autre lien d'intimité unissait les deux familles. Heureux dans tout ce qui avait rapport à la fortune, le major ne le fut pas autant dans ce qui touchait son cœur de plus près. Le sort le frappa tour à tour de plusieurs coups bien cruels, et il devint à cet égard un objet de compassion pour son voisin, tout déchu que celui-ci était de son ancienne splendeur. Pendant l'intervalle qui s'écoula entre le commencement de la guerre civile et la restauration de Charles II, il perdit successivement six enfans : ils périrent tous de la même maladie, qu'on attribua à une faiblesse de constitution, précisément à l'époque où ces innocentes créatures deviennent plus intéressantes pour leurs parens.

Au commencement de 1658, il ne restait aucun enfant au major Bridgenorth; vers la fin de cette année, il lui naquit une fille, mais sa naissance coûta la vie à une épouse chérie dont les forces avaient été minées par le chagrin maternel et par la réflexion pénible et déchirante que ses enfans tenaient d'elle cette extrême délicatesse de tempérament qui rendait leur existence si précaire. La même voix, la voix douce et cordiale de lady Peveril, qui annonça au major qu'il était père d'une fille, lui apprit en même temps la fatale nouvelle qu'il n'était plus époux. Les émotions de Bridgenorth étaient fortes et profondes plutôt que vives et violentes, et son affliction prit la forme d'une sombre stupeur dont il ne put être tiré ni par les remontrances amicales de sir Geoffrey, qui ne manqua pas de se rendre chez son voisin dans ce moment de douleurs, quoiqu'il dût y trouver le pasteur presbytérien, ni par les exhortations évangéliques de ce dernier personnage.

Enfin lady Peveril, touchée de sa douleur, eut recours, dans sa pitié, à une de ces tendres inspirations de son sexe qui changent souvent en larmes la sècheresse du désespoir. Plaçant dans les bras de Bridgenorth la fille dont la naissance venait de lui coûter si cher, elle le conjura de se rappeler que son Alice ne lui était pas entièrement ravie, puisqu'elle se survivait à elle-même dans l'enfant qu'elle avait légué à ses soins paternels.

— Éloignez-la! éloignez-la de moi! s'écria l'infortuné; je ne veux pas la voir; ce n'est qu'un nouveau bouton qui a fleuri pour se flétrir bientôt; et l'arbre qui l'a porté ne fleurira plus.

Ces mots étaient les premiers qu'il eût prononcés; il jeta presque l'enfant entre les bras de lady Peveril, se couvrit le visage des deux mains, et pleura à chaudes larmes. Lady Peveril ne lui dit pas, Consolez-vous; mais elle se hasarda à lui promettre que le bouton s'épanouirait et porterait des fruits.

— Jamais, jamais! s'écria Bridgenorth; éloignez de moi ce malheureux enfant, et faites-moi savoir seulement quand je devrai en prendre le deuil. Le deuil? répéta-t-il en s'interrompant; ne le porterai-je pas pendant tout le reste de ma vie?

— Je prendrai cet enfant pour un certain temps, dit lady Peveril, puisque sa vue vous est si pénible. La petite Alice recevra les mêmes soins que notre Julien jusqu'à ce que sa présence soit pour vous un sujet de plaisir, et non un renouvellement d'affliction.

— Ce moment n'arrivera jamais, répondit le malheureux père. Son destin est fixé; elle suivra les autres; mais que la volonté de Dieu s'accomplisse! Je vous remercie, milady. Je la confie à vos soins, et je rends grâce au ciel de ce qu'il daigne m'épargner la douleur d'être témoin de sa mort.

Sans arrêter plus long-temps l'attention du lecteur sur ce sujet pénible, il suffira de lui apprendre que lady Peveril se chargea de remplir les devoirs de mère envers la petite orpheline, et ce fut peut-être aux soins judicieux qu'elle en prit, que l'enfant dut la conservation d'une vie qui véritablement ne semblait tenir qu'à un fil, car l'étincelle qui brillait encore se serait probablement éteinte si, comme cela était arrivé à l'égard des autres enfans du major, on l'eût étouffée sous ces précautions excessives et ces attentions superflues inspirées par l'inquiétude à une mère qui avait déjà perdu tant de gages de la tendresse de son époux. Lady Peveril était d'autant plus en état de prendre les soins dont elle se chargeait, qu'elle avait elle-même perdu ses deux premiers enfans en bas âge, et qu'elle attribuait la bonne santé du troisième, beau garçon alors âgé de trois ans, à la méthode qu'elle avait adoptée pour l'élever, méthode différente de celle qui était généralement en usage à cette époque. Elle résolut de suivre le même régime à l'égard de la petite orpheline, et ce régime ne réussit pas moins bien; en prodiguant moins les médicamens, et l'exposant à l'air libre plus fréquemment, enfin par une attention ferme et prudente à seconder la nature au lieu de la forcer, cet enfant débile, confié aux soins d'une excellente nourrice, acquit de jour en jour plus de force et de vivacité.

Sir Geoffrey, de même que la plupart des hommes doués comme lui d'un caractère franc et généreux, aimait naturellement les enfans; et il éprouvait tant de compassion pour les chagrins de son voisin, qu'il oublia complètement que le major était presbytérien, jusqu'au moment où il devint nécessaire de faire baptiser la petite fille par un ministre de cette secte.

Ce fut un moment critique. Le père était hors d'état de donner aucun avis; et voir le seuil de la porte du château de Martindale violé par les pas hérétiques d'un ministre non-conformiste, c'était un sujet d'horreur pour le propriétaire orthodoxe de cette demeure. Il avait vu le fameux Hugues Peters entrer en triomphe dans la cour de son château, la Bible d'une main, le pistolet de l'autre, lors de la reddition de Martindale, et cette heure d'amertume était comme un trait profondément enfoncé dans son cœur. Cependant telle était l'influence de lady Peveril sur les préjugés de son mari, qu'elle le décida à fermer les yeux. Cette cérémonie eut lieu dans une orangerie qui, étant située au bout du jardin, ne faisait pas, à proprement parler, partie du château. Elle voulut même y assister, et le baptême fut conféré à l'orpheline par le révérend M. Solsgrace, qui avait une fois prêché devant la chambre des communes un sermon de trois heures, lors des grâces rendues pour la délivrance d'Exeter. Quant à sir Geoffrey, il eut soin d'être absent du château pendant toute la journée, et l'on ne put se douter qu'il était instruit de ce qui s'était passé dans l'orangerie, que par le soin tout particulier qu'il prit le lendemain de la faire laver, parfumer, et, en quelque sorte, purifier.

Mais, quelque prévenu que pût être le bon chevalier contre la croyance religieuse de son voisin, cela n'influait nullement sur la compassion que lui avaient inspirée ses chagrins. La manière dont il s'y prenait pour lui en donner des preuves était un peu singulière, mais elle convenait parfaitement au caractère de l'un et de l'autre, et à la nature de leur liaison.

Tous les matins il terminait sa promenade, soit à pied, soit à cheval, en passant à Moultrassie-Hall, et disait un mot de politesse à son voisin. Quelquefois il entrait dans le sombre salon où le propriétaire, plus sombre encore, se livrait solitairement à ses regrets; mais le plus souvent, car sir Geoffrey n'avait pas de grandes prétentions au talent de la conversation, il s'arrêtait sur la terrasse, s'approchait de la croisée, et s'écriait : — Comment vous trouvez-vous, M. Bridgenorth? Car jamais il ne lui accordait les honneurs du titre militaire de major. Je suis venu pour vous dire de prendre bon courage. Julien va bien; la petite Alice va bien; tout va bien au château.

Un profond soupir, quelquefois accompagné des mots : — Je vous remercie, sir Geoffrey; mes respects et mes remerciemens à lady Peveril : telle était en général la réponse de Bridgenorth. Il recevait pourtant cette nouvelle avec le même plaisir que le chevalier l'apportait; il lui devenait peu à peu moins pénible d'entendre parler de sa fille; et jamais la fenêtre n'était fermée, jamais le grand fauteuil couvert en cuir qui était à côté ne restait vide à l'approche de l'heure où le baronnet faisait sa courte visite journalière.

Enfin l'attente de cet instant absorba bientôt toutes les

pensées de Bridgenorth. Bien des gens ont éprouvé l'influence de pareils plaisirs à quelques époques de leur vie. Le moment où un amant passe sous la fenêtre de sa maîtresse, celui où un épicurien entend la cloche qui annonce le dîner, sont ceux sur lesquels repose pour eux tout l'intérêt de la journée; les heures précédentes s'écoulent dans l'impatience; celles qui les suivent, dans les réflexions sur ce qui s'est passé, et l'imagination, appuyant sur chaque circonstance passagère, donne à chaque seconde la durée d'une minute, à chaque minute celle d'une heure. C'était ainsi que Bridgenorth, assis sur son fauteuil solitaire, pouvait voir de loin sir Geoffrey s'avancer dans l'avenue d'un pas majestueux, ou faire trotter lestement son cheval de bataille Black Hastings, son compagnon dans plus d'une action. Il pouvait l'entendre fredonner l'air : *Le roi reprendra sa couronne*, ou siffler celui-ci : *Vous pendards et Têtes-Rondes;* mais sa voix s'affaiblissait, il gardait le silence, à mesure qu'il approchait du séjour de l'affliction; et il prenait le ton de franchise du soldat et du chasseur pour saluer son ancien voisin.

Par degrés, l'entretien se prolongea un peu, à mesure que le chagrin du major, comme tous les chagrins des hommes, perdit de sa violence, et lui permit de faire attention, jusqu'à un certain point, à ce qui se passait autour de lui, de s'acquitter des différens devoirs qu'il avait à remplir, et de prendre quelque intérêt à la situation de son pays déchiré par des factions opposées dont les querelles ne se terminèrent qu'à la restauration. Néanmoins, quoiqu'il se remît un peu du coup qu'il avait reçu, Bridgenorth se trouvait encore incapable de l'effort de voir sa fille; et quoiqu'il ne fût séparé que par une si courte distance de l'être à l'existence duquel il prenait plus d'intérêt qu'à tout ce que le monde entier pouvait lui offrir, il ne fit connaissance qu'avec les fenêtres de l'appartement dans lequel il savait qu'était la petite Alice, et il était souvent occupé à les regarder de sa terrasse, lorsqu'elles réfléchissaient les rayons du soleil couchant. Dans le fait, quoiqu'il fût doué d'une grande force d'esprit d'ailleurs, il lui était impossible d'écarter l'impression profonde qui semblait l'assurer que cet unique gage de sa tendresse conjugale serait bientôt porté dans cette tombe où avait déjà été englouti tout ce qui lui était cher, tout, excepté ce seul objet; et il attendait, avec tous les tourmens de l'inquiétude, l'instant où on lui annoncerait les premiers symptômes de l'inévitable maladie.

La voix de Peveril continuait pourtant à le consoler; mais, au mois d'avril 1660, elle prit tout-à-coup un ton nouveau, un ton tout différent. *Le roi reprendra sa couronne*, au lieu de cesser de se faire entendre quand Black Hastings entrait dans l'avenue, accompagna le bruit de ses pas jusque dans la cour, et sir Geoffrey, sautant à bas de son cheval, dont la selle était garnie de deux pistolets de deux pieds de longueur, entra précipitamment dans le salon, armé de pied en cap, le bâton de commandement à la main, les yeux étincelans, les joues enflammées, et il s'écria : — Debout, voisin, debout! ce n'est plus le temps de rester au coin du feu. Où sont votre justaucorps de buffle et votre grand sabre? Rangez-vous du bon côté une fois dans votre vie. Le roi est toute bonté, toute indulgence; je vous obtiendrai votre plein pardon.

— Que veut dire tout cela? demanda Bridgenorth. J'espère que vous vous portez bien, sir Geoffrey; que tout va bien au château?

— Aussi bien que vous pouvez le désirer; Alice, Julien, lady Peveril, tout le monde; mais j'ai des nouvelles qui valent vingt fois mieux. Monk s'est déclaré à Londres contre les coquins du Croupion[1]. Fairfax a pris les armes dans le comté d'York : — Pour le roi, pour le roi, pour

---

[1] *The rump-parliament*, sobriquet que les royalistes avaient donné au parlement, par mépris. — Ep.

le roi! vous dis-je, Presbytériens et Épiscopaux, tout prend la bandoulière pour le roi Charles. J'ai reçu une lettre de Fairfax qui me charge d'occuper les comtés de Derby et de Chester avec tous les hommes que je pourrai lever. C'est bien le diable, que je reçoive des ordres de lui! mais n'importe. Nous sommes tous amis maintenant; et vous et moi, mon bon voisin, nous chargerons de front, comme de bons voisins doivent le faire. Voyez, lisez, lisez, lisez! et ensuite mettez vos bottes, et montez à cheval.

> Aux armes, braves Cavaliers,
> Que sous vos coups Belzébut tombe!
> Chargez-vous de tant de lauriers
> Qu'Olivier[1] tremble dans sa tombe.

Après avoir donné cours, d'une voix retentissante, à cet accès d'enthousiasme loyal, le digne chevalier se trouva le cœur trop plein; il se jeta sur une chaise, s'écriant:

— Aurais-je jamais espéré vivre assez pour voir cet heureux jour? il se mit à pleurer, autant à sa propre surprise qu'à celle de Bridgenorth.

En réfléchissant sur la crise dans laquelle se trouvait le pays, le major Bridgenorth pensa, comme l'avaient fait Fairfax et d'autres chefs du parti presbytérien, que la mesure la plus sage et la plus patriotique qu'il pût adopter était d'embrasser franchement la cause du roi, dans un moment où toutes les classes de citoyens cherchaient une protection et un abri contre les actes multipliés d'oppression auxquels donnaient lieu les altercations sans cesse renaissantes entre les factions de Westminster-Hall et de Wallingford-House. Il se joignit donc à sir Geoffrey, avec moins d'enthousiasme à la vérité, mais avec autant de sincérité, et ils prirent de concert toutes les mesures qui leur parurent nécessaires pour rétablir l'autorité royale dans ces deux comtés, ce qui s'effectua aussi facilement

---

(1) Olivier Cromwell. — Ed.

que dans le reste de l'Angleterre. Ils étaient tous deux à Chesterfield quand on apprit que Charles II venait de débarquer dans son royaume, et sir Geoffrey annonça aussitôt son intention d'aller rendre ses devoirs à Sa Majesté, avant de retourner au château de Martindale [1].

— Qui sait, voisin, dit-il au major, si sir Geoffrey Peveril reverra jamais Martindale? Il doit y avoir là-bas des promotions, et j'ai mérité quelque chose aussi bien que les autres. Lord Peveril sonnerait assez bien. Un moment: ou bien comte de Martindale. Non, non, point de Martindale; — comte du Pic. Quant à ce qui vous concerne, fiez-vous à moi. J'aurai l'œil ouvert sur vos intérêts. C'est bien dommage que vous soyez presbytérien, voisin; mais qu'importe? Pourquoi ne vous ferait-on pas chevalier? j'entends chevalier bachelier, non pas baronnet [2]; cela vous irait assez bien.

— Je laisse ces honneurs à ceux qui sont au-dessus de moi, sir Geoffrey, répondit le major; je ne désire rien que d'apprendre à mon retour que tout va bien au château.

— Tout y va bien, répliqua le baronnet, je vous en réponds, tout y va bien; Julien, Alice, lady Peveril et tout le reste. Faites-leur mes complimens, voisin, et embrassez-les pour moi, lady Peveril comme les autres. Peut-être, à mon retour, embrasserez-vous une comtesse. Tout ira bien pour vous maintenant que vous êtes devenu *honnête homme*.

— J'ai toujours eu le désir de l'être, sir Geoffrey, répondit Bridgenorth avec sang-froid.

— Fort bien, fort bien, dit le chevalier; je n'ai pas eu dessein de vous offenser; je vous dis seulement que tout

---

(1) C'est ainsi qu'est marquée la transition du roman de *Woodstock* à celui de *Peveril du Pic*. — Éᴅ.

(2) Il y a un degré du chevalier *knight* au chevalier *baronnet*. Le titre de baronnet est transmissible aux enfans. — Éᴅ.

va bien à présent. Ainsi, partez pour Moultrassie-Hall, et moi je pars pour Whitehall. N'est-ce pas bien parler? Allons, avant de monter à cheval, un verre de vin des Canaries à la santé du roi. Mais j'oubliais, voisin, que les presbytériens ne portent pas de santés.

— Je souhaite une bonne santé au roi, aussi sincèrement que si je buvais à son intention un gallon tout entier, répondit le major, et je vous souhaite à vous, sir Geoffrey, tout le succès possible dans votre voyage, et un prompt retour.

CHAPITRE II.

« Nous mettrons donc enfin force tonneaux en perce.
« Le sang, comme autrefois, coulera par ruisseaux;
« Mais ce sera celui des bœufs et des agneaux,
« Et nous n'oublîrons pas la liqueur généreuse. »
Ancienne comédie.

Quelque récompense que Charles eût daigné accorder à Peveril du Pic, en reconnaissance de sa loyauté, et pour l'indemniser de ses pertes et de ses souffrances, il n'en avait point à sa disposition qui pût servir d'équivalent au plaisir que la Providence réservait à Bridgenorth à son retour dans son domicile. Les travaux militaires auxquels il venait d'être appelé avaient rendu à son âme une partie de sa force et de son énergie, et il sentit qu'il serait indigne de lui de retomber dans l'état de léthargie mélancolique dont il venait de sortir. Le temps avait aussi produit son effet ordinaire en adoucissant ses regrets; et quand il eut passé un jour à Moultrassie-Hall, contrarié que l'absence de sir Geoffrey le privât de recevoir indirectement les nouvelles de sa fille que son voisin avait coutume de lui apporter presque tous les jours, il pensa qu'il était convenable, sous tous les rapports, qu'il se rendît lui-

PEVERIL DU PIC.
CH. II.

Publié par Furne à Paris.

même au château de Martindale pour donner à lady Peveril des nouvelles de son mari, l'assurer qu'il l'avait laissé en bonne santé, et se tirer lui-même d'inquiétude relativement à sa fille. Il s'arma donc de résolution pour soutenir courageusement le dernier malheur qu'il avait à craindre. Il se rappelait les joues creuses, les yeux éteints, les lèvres pâles et les petites mains maigres de ses autres enfans peu de temps avant que la mort l'en privât.

— Je vais voir, pensa-t-il, ces signes de mort prochaine que j'ai déjà vus. Je verrai encore une fille chérie à qui j'ai donné le jour, rendue à la terre qui aurait dû me couvrir avant elle. N'importe ; il est indigne d'un homme de ne pas savoir souffrir ce qui est inévitable. Que la volonté de Dieu s'accomplisse !

Il se rendit donc le lendemain matin au château de Martindale, donna à lady Peveril des nouvelles satisfaisantes de la santé de son mari, et lui parla des nouveaux honneurs dont le chevalier avait conçu l'espérance.

— Je remercie Dieu de la première des nouvelles que vous m'annoncez, dit lady Peveril ; quant à la seconde, il en sera ce qu'il plaira à notre gracieux souverain. Nous avons assez d'honneurs pour notre fortune, et assez de fortune pour être heureux, sinon pour briller. Les efforts réitérés de sir Geoffrey en faveur des Stuarts ont si souvent attiré sur lui de nouveaux malheurs, que la dernière fois que je l'ai vu se revêtir de sa fatale armure, et que j'ai entendu le son prolongé de la trompette, il m'a semblé que je voyais son linceul, et que j'entendais la cloche de ses funérailles. Si je vous parle ainsi, mon bon voisin, c'est parce que je crains que votre esprit, aussi bien que le mien, ne se soit livré à de fâcheux pressentimens, qu'il peut plaire au ciel de démentir comme il a démenti ceux de mon cœur, et voici ce qui va vous en donner l'assurance.

La porte de l'appartement s'ouvrit pendant qu'elle parlait encore, et les deux enfans y entrèrent. L'aîné, Julien Peveril, beau garçon de quatre à cinq ans, tenait par la main avec un air de dignité autant que d'affection une aimable petite fille de dix-huit mois, dont les pas encore un peu chancelans étaient guidés et soutenus par le petit marmot plus robuste.

Bridgenorth jeta à la hâte un regard craintif sur sa fille, et ce premier coup d'œil suffit pour lui faire voir, avec un ravissement inexprimable, que ses craintes étaient sans fondement. Il la prit dans ses bras, la serra contre son cœur, et l'enfant, quoique effrayée d'abord de la violence de ses caresses, y répondit bientôt par un sourire, comme si elle eût entendu la voix de la nature. Il la plaça ensuite à quelque distance de lui, l'examina plus attentivement, et se convainquit que le petit ange qu'il avait sous les yeux n'offrait aucun symptôme de la maladie qui lui avait enlevé ses autres enfans, que ses joues brillaient des couleurs de la santé, et que si elle était délicate elle avait une fraîcheur qui n'annonçait rien de maladif.

— Je ne croyais pas ce miracle possible, dit Bridgenorth en tournant les yeux vers lady Peveril, témoin de cette scène ; et je dois rendre de grandes actions de grâces à Dieu d'abord, et ensuite à vous, milady, qui lui avez servi d'instrument.

— Je présume que Julien va perdre sa petite compagne, dit lady Peveril ravie ; mais Moultrassie-Hall n'est pas bien loin d'ici, et j'espère que je verrai souvent ma chère Alice. Dame Marthe, votre femme de charge, a du bon sens, elle est fort attentive, je lui expliquerai la manière dont j'ai conduit l'enfant, et j'espère...

— A Dieu ne plaise que ma fille vienne jamais à Moultrassie-Hall ! s'écria le major avec vivacité. Cette maison a été le tombeau de tous mes autres enfans. Les terrains bas ne leur conviennent point, ou peut-être un sort y est-il attaché. Je vais m'occuper de la placer ailleurs.

— Avec votre permission, major, vous n'en ferez rien, répliqua lady Peveril. Si vous le faisiez, ce serait me dire que vous ne me croyez pas en état de terminer ce que j'ai commencé. Si Alice ne doit pas habiter la maison de son père, elle ne quittera pas la mienne. Je la garderai pour veiller à sa santé, et donner une preuve de ma science; et puisque vous craignez l'humidité des terrains bas, je me flatte que vous viendrez souvent la voir.

Cette proposition alla droit au cœur du major Bridgenorth. Il aurait donné le monde entier pour obtenir cette faveur, mais il n'osait l'espérer.

On ne sait que trop que les personnes dont les familles sont attaquées par une maladie aussi fatale que celle qui avait coûté la vie aux enfans du major, deviennent on pourrait dire superstitieuses sur cet article, et attribuent aux lieux, aux circonstances, aux soins individuels, beaucoup plus de pouvoir pour en détourner les fâcheux effets qu'on ne devrait le supposer. Lady Peveril n'ignorait pas que l'esprit de son voisin était particulièrement frappé de cette impression; que l'abattement, l'affliction, la crainte, et la solitude dans laquelle il vivait, étaient réellement calculés pour produire le mal qu'il craignait par-dessus toutes choses. Sa sensibilité ouvrait son cœur à la compassion que devait faire naître la situation d'un homme qui lui avait rendu autrefois des services non oubliés. D'ailleurs l'enfant même lui avait inspiré un tendre intérêt. Quelle est la femme qui n'en prend à la faible créature qui reçut d'elle les premiers soins? Enfin la bonne dame avait sa part de vanité humaine; et étant une sorte de lady *Bountiful* [1] à sa manière, car ce rôle

---

(1) *Dame bienfaisante*: la généreuse châtelaine d'un roman anglais, imité par Laplace sous le titre de *l'Orpheline*. Lady Bountiful soigne les pauvres et donne gratis aux riches les remèdes de la pharmacie de famille. — Éd.

n'était pas encore réservé à ce qu'on appelle aujourd'hui de vieilles folles, elle était fière de la science avec laquelle elle avait détourné les attaques d'une maladie héréditaire si invétérée dans la famille de Bridgenorth. En d'autres temps, il ne faudrait peut-être pas chercher tant de motifs pour un acte de bienveillance envers un voisin; mais la guerre civile, en déchirant le pays, avait tellement rompu les nœuds de voisinage et d'amitié, qu'il était extraordinaire de les voir subsister entre des personnes dont les opinions politiques n'étaient pas les mêmes.

Le major lui-même le sentait parfaitement, et une larme de joie qui brilla dans ses yeux montrait avec quel plaisir il acceptait l'offre de lady Peveril ; cependant il ne put s'empêcher de lui représenter les inconvéniens évidens qui pouvaient en résulter.

— Milady, lui dit-il, votre bonté me rend le plus heureux et le plus reconnaissant des hommes ; mais votre projet peut-il convenablement se réaliser ? Sir Geoffrey a, sur divers points, des opinions qui ont différé et qui probablement diffèrent encore des miennes. Il est de haute naissance, et j'appartiens à la *moyenne classe ;* il suit le catéchisme des prélats de l'église anglicane, et je n'en connais d'autre que celui des serviteurs de Dieu assemblés à Westminster...

Lady Peveril l'interrompit. — J'espère, dit-elle, que vous ne trouverez ni dans l'un ni dans l'autre de ces catéchismes que je ne dois pas servir de mère à une fille qui a perdu la sienne. Je me flatte, M. Bridgenorth, que l'heureuse restauration de Sa Majesté, ouvrage de la Providence, peut guérir et fermer toutes les blessures qu'ont faites à notre pays les dissensions civiles et religieuses, et qu'au lieu de persécuter ceux qui pensent autrement que nous, afin de prouver que notre croyance respective est plus pure, nous nous montrerons à l'envi de véritables chrétiens, en pratiquant des œuvres de charité pour notre prochain, ce qui est le meilleur témoignage que nous puissions donner de notre amour pour Dieu.

— Vous parlez comme votre bon cœur vous inspire, milady, répondit Bridgenorth, qui n'avait guère l'esprit moins étroit que la plupart des gens de sa secte; et je suis sûr que si tous ceux qui se nomment des Cavaliers, des sujets loyaux, pensaient comme vous, et comme mon ami sir Geoffrey, ajouta-t-il après une pause d'un instant, cette portion de phrase étant plutôt un compliment que l'expression véritable de ce qu'il pensait, nous qui regardions autrefois comme un devoir de prendre les armes pour la liberté de conscience, nous pourrions jouir maintenant de la paix et du bonheur. Mais qui sait ce qui peut arriver? Vous avez parmi vous des têtes ardentes, des esprits exaspérés; je ne dirai pas que nous ayons toujours usé de notre pouvoir avec modération, et la vengeance est douce aux enfans déchus d'Adam.

— Allons, M. Bridgenorth, dit lady Peveril avec gaieté, ces fâcheux pressentimens ne peuvent qu'amener des conséquences qui, sans eux, n'arriveraient probablement jamais. Vous savez ce que dit Shakspeare :

> Devant le sanglier si vous prenez la fuite
> Sans qu'il se soit déjà mis à votre poursuite,
> C'est l'exciter vous-même à s'élancer sur vous.

Mais je vous demande pardon; il y a si long-temps que nous ne nous sommes vus, que j'oublie que vous n'aimez pas les pièces de théâtre.

— Avec tout le respect que je vous dois, milady, répondit Bridgenorth, je vous dirai que je me croirais très blâmable si j'avais besoin des vaines rimes d'un histrion vagabond du comté de Warwick pour me rappeler le devoir que m'impose la reconnaissance, et me faire souvenir que je dois me laisser diriger par vous en tout ce qui ne touche pas ma conscience.

— Puisque vous me permettez d'exercer sur vous une

telle influence, dit lady Peveril, je le ferai avec modération, afin de vous donner du moins, en agissant ainsi, une idée favorable du nouvel ordre de choses. Je vais, par ordre de mon mari, inviter tout le voisinage à une fête solennelle au château pour jeudi prochain ; et je vous prie non seulement d'y assister vous-même, mais d'inviter aussi votre digne pasteur et tous vos amis à s'y trouver également, pour prendre part à la joie que nous inspire la restauration du roi, et prouver par là qu'il n'a plus que des sujets unis.

Cette proposition embarrassa beaucoup le major. Il leva les yeux sur le plafond boisé en chêne, les baissa vers le plancher, promena ensuite ses regards tout autour de l'appartement, et les arrêta enfin sur sa fille, dont la vue lui suggéra de meilleures réflexions que le plancher et les boiseries n'avaient pu lui en fournir.

— Milady, répondit-il, je suis depuis long-temps étranger aux fêtes, peut-être par suite d'un caractère naturellement mélancolique, peut-être à cause d'un accablement bien pardonnable à un homme qui a essuyé tant de malheurs. Le son bruyant de la gaieté produit sur mes oreilles l'effet d'un air agréable joué sur un instrument qui n'est pas d'accord. Mais, quelque peu disposé que je sois à la joie, autant par système qu'à cause de ma faible santé, je dois de la reconnaissance au ciel pour les faveurs dont il m'a comblé par l'entremise de Votre Seigneurie. David, l'homme suivant le cœur de Dieu, mangea du pain quand son enfant chéri lui fut enlevé. Le mien m'a été rendu ; puis-je ne pas montrer ma gratitude pour un bienfait, quand David fit preuve de résignation dans l'affliction ? J'accepterai donc votre gracieuse invitation, milady, et ceux de mes amis sur qui je puis avoir de l'influence m'accompagneront comme vous le désirez, afin qu'Israël ne forme plus qu'un seul peuple.

Ayant prononcé ces mots de l'air d'un martyr plutôt

que d'un convive invité à une fête joyeuse, et après avoir embrassé sa petite fille, et lui avoir donné une bénédiction solennelle, le major Bridgenorth retourna à Moultrassie-Hall.

CHAPITRE III.

« Les bouches, l'appétit, ne nous manqueront pas.
« Puissions-nous voir aussi, dans cet heureux repas,
« Deux choses de grand prix, la gaîté, l'abondance. »
Ancienne comédie.

MÊME dans les occasions ordinaires, et avec d'amples moyens pour y pourvoir, une grande fête, à l'époque dont nous parlons, n'était pas une *sinécure* comme dans le temps où nous vivons : aujourd'hui la dame qui y préside n'a qu'à indiquer à ses domestiques le jour et l'heure qu'elle a fixés ; il fallait alors que la maîtresse de la maison se chargeât de l'ordonnance générale, et entrât dans tous les détails ; du haut d'une petite galerie communiquant à son appartement, et ayant vue sur la cuisine, on entendait sa voix, semblable à celle de l'esprit qui avertit les marins pendant une tempête, s'élever au-dessus du bruit des casseroles, des broches, des couperets, et couvrir les cris des cuisiniers, ainsi que tout le tumulte qui forme l'accompagnement ordinaire des préparatifs d'un grand festin.

Mais tous ces soins, tous ces embarras furent presque triples à l'approche de la fête qui devait avoir lieu au château de Martindale, où le génie qui y présidait avait à peine les moyens nécessaires pour exécuter son projet hospitalier. La conduite tyrannique des maris en pareil cas est universelle, et je ne sais si, dans toutes mes connaissances, j'en pourrais citer un qui n'ait pas annoncé tout-à-coup à son innocente moitié, dans le moment le plus défavorable, qu'il a invité

<small>Quelque odieux major à venir à six heures,</small>

au risque de déconcerter grandement la dame, et peut-être de jeter du discrédit sur ses arrangemens domestiques.

Peveril du Pic était encore plus inconsidéré, car il avait chargé son épouse d'inviter tout le voisinage à venir faire bonne chère au château de Martindale, en l'honneur de la bienheureuse restauration de Sa très sacrée Majesté, sans lui donner aucunes instructions positives sur la manière dont elle se procurerait des provisions. Les daims étaient fort rares dans le parc depuis le siége du château ; le pigeonnier n'offrait pas de grandes ressources pour un tel festin ; le vivier à la vérité était bien garni de poissons, ce que les presbytériens voisins regardaient comme une circonstance suspecte, et le gibier ne coûtait que la peine de le poursuivre et de le tuer sur les montagnes et parmi les vastes bruyères du comté de Derby ; mais ces deux articles ne pouvaient être que les accessoires du banquet, et l'intendant et le bailli, seuls coadjuteurs et conseillers de lady Peveril, ne pouvaient s'accorder sur les moyens de se procurer la partie la plus substantielle du repas, la viande de boucherie. L'intendant menaçait de sacrifier un attelage de jeunes bœufs que le bailli protégeait de tout son pouvoir en faisant valoir la nécessité de leurs services pour l'agriculture ; et le naturel soumis et affectueux de lady Peveril ne l'empêchait pas de faire tout bas avec impatience quelques réflexions sur le manque de prévoyance de son mari absent, qui l'avait placée inconsidérément dans une situation si embarrassante.

Ces réflexions étaient tout au plus justes, si un homme n'est responsable des résolutions qu'il adopte que lorsqu'il est parfaitement maître de lui-même. La loyauté de sir Geoffrey, comme celle de beaucoup d'autres personnes dans sa position, à force d'espérances et de craintes, de victoires et de défaites, de luttes et de souffrances, toujours partant de la même cause, et roulant en quelque sorte sur le même pivot, avait pris le caractère d'un enthousiasme ardent et passionné ; aussi le changement de fortune aussi singulier que surprenant qui avait non seulement satisfait, mais surpassé ses désirs les plus vifs, lui occasiona pendant quelque temps une espèce d'extase qui, à la vérité, semblait s'étendre sur tout le royaume. Sir Geoffrey avait vu Charles et ses frères ; il avait été reçu par ce joyeux monarque avec cette urbanité franche et gracieuse qui lui gagnait le cœur de tous ceux qui l'approchaient ; on avait reconnu pleinement les services qu'il avait rendus ; on lui avait donné à entendre qu'ils ne resteraient pas sans récompense, si on ne lui en avait pas promis une bien expressément. Etait-il possible que le bœuf et le mouton qu'il fallait à sa femme pour fêter tous ses voisins occupassent les pensées de Peveril du Pic dans un pareil moment ?

Heureusement pour la dame dans l'embarras, il existait quelqu'un qui avait eu assez de présence d'esprit pour prévoir cette difficulté. A l'instant même où elle venait de se décider, quoique à regret, à emprunter au major Bridgenorth la somme nécessaire pour exécuter les ordres de son mari, et qu'elle déplorait assez amèrement la nécessité de se départir, en cette occasion, de ses principes habituels d'économie, son intendant, qui, soit dit en passant, ne s'était pas encore complétement dégrisé une fois depuis le jour où il avait appris la nouvelle du débarquement du roi à Douvres, entra précipitamment dans son appartement en faisant craquer ses doigts, et avec un transport de joie qui ne s'accordait pas tout-à-fait avec la dignité du salon de sa maîtresse.

— Que veut dire cela, Whitaker? dit lady Peveril avec un peu d'impatience, car elle se trouvait interrompue au milieu d'une lettre qu'elle écrivait à son voisin relativement à l'affaire désagréable de l'emprunt qu'elle voulait lui demander ; serez-vous donc toujours le même ? faites-vous un rêve en ce moment ?

— Et un rêve de bon augure, je m'en flatte, milady, répondit l'intendant avec un geste de triomphe, un rêve bien meilleur que celui de Pharaon, quoique, comme le sien, il m'a fait voir des bœufs gras.

— Expliquez-vous plus clairement, dit lady Peveril, ou envoyez-moi quelqu'un qui soit en état de parler raison.

— Sur ma vie, milady, répliqua l'intendant, ce que j'ai à vous dire parle de soi-même. Ne les entendez-vous pas mugir? ne les entendez-vous pas bêler? La plus belle paire de bœufs gras! les dix plus beaux moutons! Le château est avitaillé maintenant, nous pouvons attendre de pied ferme ceux qui doivent venir l'assiéger, et Gatherill ne sera pas privé de son attelage pour le labour de ses maudits guérets.

La dame, sans faire d'autres questions à son intendant transporté de joie, se leva, et s'approcha d'une fenêtre par où elle vit effectivement les bestiaux qui avaient donné lieu au ravissement de Whitaker.

— D'où viennent-ils? lui demanda-t-elle avec quelque surprise.

— Réponde à cela qui le pourra, milady, répliqua l'intendant. Le drôle qui les a conduits ici était un paysan qui a dit qu'ils étaient envoyés par un ami pour aider Votre Seigneurie à faire les honneurs de la fête. Il n'a pas voulu s'arrêter un instant pour boire un coup. Je suis fâché qu'il ne l'ait pas voulu : je prie Votre Seigneurie de me pardonner. J'aurais dû le retenir par les oreilles et le forcer à boire, mais en vérité ce n'est pas ma faute.

— J'en ferais serment au besoin, Whitaker.

— Vous auriez bien raison, milady, et je vous assure,

par le saint nom de Dieu, que, pour l'honneur du château, j'ai bu à sa santé un pot de double ale, quoique j'eusse déjà pris mon coup du matin. C'est la vérité pure, milady; oui, de par Dieu! c'est la vérité.

— Je crois que vous n'avez pas eu besoin de faire pour cela un grand effort sur vous-même, Whitaker; mais si, en de pareilles occasions, vous montriez votre joie en buvant et en jurant un peu moins, cela ne vaudrait-il pas autant: qu'en pensez-vous?

— Je vous demande pardon, milady, répondit Whitaker avec un air respectueux; j'espère que je sais me mettre à ma place. Je ne suis que le pauvre serviteur de Votre Seigneurie, et je sais qu'il ne me convient pas de boire et de jurer comme Votre Seigneurie.... je veux dire comme Son Honneur sir Geoffrey. Mais, je vous le demande, si l'on ne me voyait pas boire et jurer suivant ma condition, comment reconnaîtrait-on l'intendant de Peveril du Pic? et je pourrais dire aussi le sommelier, puisque j'ai tenu les clefs de la cave depuis le jour où le vieux Spiggots a été tué d'un coup d'arquebuse sur la tour nord-ouest, tenant une cruche à la main. Je vous le demande encore, milady, comment distinguerait-on un ancien Cavalier comme moi, de ces coquins de Têtes-Rondes qui ne savent que jeûner et prier, si je ne buvais et jurais suivant mon état?

Lady Peveril garda le silence, car elle savait fort bien que ses remontrances seraient inutiles. Un moment après, elle donna ordre à son intendant de faire inviter au banquet les personnes dont elle avait écrit les noms sur un papier qu'elle lui remit.

Whitaker, au lieu de recevoir cette liste avec la déférence muette d'un majordome moderne, s'approcha de l'embrasure d'une croisée, mit ses lunettes, et commença à lire. Les premiers noms qu'il y vit étant ceux de familles distinguées de Cavaliers des environs, il prononça à voix basse quelques mots d'approbation. Il s'arrêta et grommela quelque chose à celui de Bridgenorth ; cependant il ajouta presque aussitôt : — Mais, après tout, c'est un bon voisin, ainsi il peut passer pour une fois. Mais quand il eut lu le nom et prénom de Nehemiah Solsgrace, le pasteur presbytérien, la patience lui manqua tout-à-fait, et il s'écria qu'il aimerait autant se jeter dans la rivière que d'envoyer une invitation à un vieux hibou puritain qui avait usurpé la chaire d'un ministre orthodoxe, et de le voir passer par les portes du château de Martindale. — Ces damnés d'hypocrites, ajouta-t-il en jurant de tout cœur, ont eu assez long-temps le soleil pour eux : notre tour est arrivé, et nous leur solderons nos anciens comptes, aussi vrai que je me nomme Richard Whitaker.

— Vous vous fiez sur vos longs services et sur l'absence de votre maître, Whitaker, dit lady Peveril, sans quoi vous n'oseriez parler ainsi devant moi.

L'agitation inaccoutumée de la voix de lady Peveril fit impression sur l'intendant réfractaire, malgré le peu de netteté qui régnait dans ses idées ; il ne vit pas plus tôt l'œil brillant et les joues enflammées de sa maîtresse, que son obstination fut subjuguée tout d'un coup.

— Que la peste m'étouffe ! s'écria-t-il, je crois que j'ai fâché milady tout de bon, et c'est ce qui ne m'est nullement agréable à moi. Pardon, milady, pardon. Ce n'est pas au pauvre Whitaker qu'il appartient de discuter vos honorables ordres, et je ne m'en serais pas avisé sans ce pot d'ale. Nous y avons toujours mis double dose de drèche, comme Votre Seigneurie ne l'ignore pas, depuis la bienheureuse restauration. Bien certainement je déteste un fanatique comme le pied fourchu de Satan, mais Votre Honorable Seigneurie a droit d'inviter au château de Martindale Satan lui-même, ses pieds fourchus, sa queue et ses cornes, et de m'envoyer à la porte de l'enfer avec un billet d'invitation. Votre volonté sera exécutée.

Les invitations furent donc envoyées en bonne et due

forme, et l'on donna ordre qu'un des deux bœufs fût rôti tout entier sur la place du marché d'un petit village nommé Martindale-Moultrassie, situé à l'est et à égale distance du château et de la maison dont il tirait son nom, de manière qu'en supposant qu'une ligne tirée du château de Martindale à Moultrassie-Hall fût la base d'un triangle, le village aurait occupé l'angle saillant. Comme ce village, depuis l'acquisition faite par le vieux presbytérien d'une partie des propriétés de sir Geoffrey Peveril, leur appartenait à peu près par égales portions, lady Peveril ne crut pas devoir contester le droit que le major prétendit avoir de fournir quelques tonneaux de bière pour contribuer à la fête.

Cependant elle ne pouvait s'empêcher de soupçonner Bridgenorth d'être l'ami inconnu qui l'avait tirée de l'embarras du manque de provisions, et elle se regarda comme heureuse lorsqu'une visite qu'elle reçut de lui la veille du jour destiné à la fête lui fournit l'occasion de lui faire les remerciemens qu'elle croyait lui devoir.

CHAPITRE IV.

« Non, je ne prétends pas porter cette santé;
« Mais mon dessein n'est pas de refuser de boire.
« Il vous faut, dites-vous, des preuves pour me croire?
« Soit ! Versez, versez donc, je ne dis point holà !
« Bord à bord, s'il vous plaît. Je suis de ces gens-là
« Qui pensent qu'à bon vin il ne faut pas d'enseigne.
Ancienne comédie.

IL y avait de la gravité dans la manière dont le major Bridgenorth répondit aux remerciemens que lui adressa lady Peveril pour les bestiaux arrivés si à propos au château. Il sembla d'abord ne pas comprendre à quoi ils faisaient allusion, et quand elle se fut expliquée plus clairement, il déclara si solennellement qu'il n'avait eu aucune part à cet envoi, qu'elle fut forcée de le croire, d'autant plus qu'étant d'un caractère franc et sincère, n'affectant jamais une délicatesse excessive, et aimant la vérité comme un quaker, il aurait été en lui contre nature de nier un fait véritable.

— Il est pourtant vrai, milady, dit le major, que ma visite a quelque rapport à la fête qui doit avoir lieu demain.

Lady Peveril l'écoutait avec attention; mais, comme il semblait embarrassé pour trouver des expressions qui lui parussent convenables, elle fut obligée de lui demander une explication.

— Milady, répondit le major, vous n'ignorez peut-être pas tout-à-fait que ceux d'entre nous dont la conscience s'alarme le plus aisément se font un scrupule de se conformer à certains usages si généralement adoptés parmi vous dans toutes vos fêtes, qu'on pourrait dire que vous les regardez comme des articles de foi, ou du moins que leur omission vous cause du mécontentement.

— J'espère, M. Bridgenorth, répliqua lady Peveril, qui ne comprenait pas bien où il voulait en venir, que nous qui vous recevons nous saurons nous abstenir avec soin de toutes allusions et de tous reproches fondés sur notre mésintelligence passée.

— Nous n'en attendons pas moins, milady, de votre candeur et de votre courtoisie; mais je m'aperçois que vous ne me comprenez pas. Je vous dirai donc, pour m'expliquer, que je fais allusion à votre coutume de boire à la santé les uns des autres et de porter des santés, ce que nous regardons comme une provocation superflue et coupable à la débauche et à un usage immodéré de liqueurs spiritueuses. Nous pensons d'ailleurs que si cette coutume tire son origine, comme quelques savans théologiens l'ont supposé, de celle qu'avaient les païens de faire des libations à leurs idoles, on peut dire qu'elle est un reste du paganisme, et qu'elle est alliée au culte du démon.

Lady Peveril avait déjà cherché en elle-même à la hâte quels étaient les sujets qui pouvaient introduire la discorde dans la fête qui allait avoir lieu ; mais elle avait entièrement oublié la différence aussi ridicule que fatale qui régnait à cet égard dans les mœurs des deux partis. Elle crut devoir chercher à inspirer un peu de complaisance au major, dont le front sourcilleux annonçait un homme inébranlable dans son opinion.

— Je conviens, mon bon voisin, lui dit-elle, que cette coutume est au moins puérile, et qu'elle peut devenir préjudiciable si elle conduit à boire avec excès ; mais je crois que, lorsqu'elle n'a pas de telles suites, c'est une chose indifférente en elle-même. D'ailleurs elle fournit l'occasion d'exprimer avec unanimité nos souhaits pour nos amis et nos vœux pour notre souverain ; et, sans vouloir forcer l'opinion de ceux qui en ont une contraire, je ne vois pas comment je pourrais refuser à mes amis, à mes hôtes, le privilége de porter la santé du roi, ou celle de mon mari, d'après l'ancien usage de l'Angleterre.

— S'il suffisait, milady, qu'une coutume fût ancienne pour qu'elle fût recommandable, il n'en est aucune, à ma connaissance, dont l'antiquité remonte plus haut en Angleterre que le papisme. La Providence a permis que nous ne fussions pas plongés dans les mêmes ténèbres que nos pères, et par conséquent nous devons agir conformément à la lumière qui est en nous, et non en hommes errans, comme eux, dans les ténèbres. J'avais l'honneur d'être à la suite de lord Whitelocke quand, à la table du grand-chambellan du royaume de Suède, il refusa positivement de boire à la santé de la reine Christine, au risque d'offenser tous les convives et de nuire au succès de la négociation dont il était chargé. Croyez-vous qu'un homme aussi sage aurait agi de la sorte s'il avait cru qu'un tel acte était une chose indifférente en soi, s'il ne l'avait pas regardé comme un crime honteux et digne de l'enfer?

— Avec tout le respect possible pour Whitelocke, mon voisin, je n'en tiens pas moins à mon opinion, quoique, Dieu le sait, je ne sois nullement disposée à justifier les excès que l'on commet quelquefois à table; je voudrais pouvoir céder à vos scrupules. Je tâcherai de limiter le nombre des santés, mais à coup sûr celles du roi et de Peveril du Pic peuvent être permises.

— Je n'oserais, milady, brûler la quatre-vingt-dix-neuvième partie d'un grain d'encens sur un autel élevé à Satan.

— Comment, monsieur, osez-vous mettre Satan en comparaison avec notre maître le roi Charles, et mon noble époux?

— Pardon, milady, je n'ai pas une telle pensée; il me conviendrait peu de l'avoir. Je désire de tout mon cœur une parfaite santé au roi Charles et à sir Geoffrey, et je prierai pour l'un et pour l'autre; mais je ne vois pas quel bien je ferais à leur santé si je risquais de nuire à la mienne en buvant plus que je n'en aurais besoin.

— Puisque nous ne pouvons être d'accord sur cet objet, major, il faut chercher quelque autre moyen pour n'offenser aucun des deux partis. Ne pourrez-vous fermer les yeux sur nos amis pendant qu'ils porteront leurs santés? ils n'auront pas l'air de s'apercevoir que vous n'y prenez aucune part.

Cette proposition ne put être agréée de Bridgenorth, qui dit, comme il le pensait, que ce serait allumer un cierge à Belzébut. Dans le fait, son caractère, naturellement opiniâtre, l'était devenu, en ce moment, encore davantage, par suite d'une conférence préalable avec son prédicateur, qui, quoique brave homme au fond, n'aurait pas renoncé pour l'empire de l'univers au plus ridicule des préjugés et au dogme le plus insignifiant adopté par sa secte. Pensant avec beaucoup d'inquiétude à l'augmentation de pouvoir que la dernière révolution paraissait devoir procurer au papisme, à la prélature et à Peveril du Pic, il prit naturellement le plus grand soin de mettre son troupeau sur ses gardes, pour l'empêcher d'être dévoré par le loup. Il était fort mécontent de ce que le major Bridgenorth, qui était incontestablement le chef du parti presbytérien dans ces environs, avait chargé une femme cananéenne, comme il nommait lady Peveril, du soin d'élever sa fille unique; et il lui dit, en propres termes, qu'il n'aimait pas ce projet d'aller se réjouir sur les hauts lieux avec des gens incirconcis de cœur; et qu'il ne regardait le festin qui devait avoir lieu que comme une orgie dans la maison de Tirzah.

Cette mercuriale de son pasteur fit penser à Bridgenorth qu'il pouvait bien avoir eu tort en acceptant si promptement, dans la chaleur de sa reconnaissance, une invitation qui devait le conduire à des relations plus intimes avec les habitans du château de Martindale; mais il était trop fier pour en faire l'aveu à Solsgrace, et ce ne fut qu'après une discussion prolongée qu'il fut arrêté entre eux qu'ils ne se rendraient à la fête qu'à condition qu'on ne porterait aucune santé en leur présence. Bridgenorth, comme représentant délégué de son parti, se trouva donc forcé de résister à toutes sollicitations, et lady Peveril devint fort embarrassée. Elle regretta bien sincèrement alors l'invitation qu'elle n'avait faite que dans les meilleures intentions; car elle prévoyait que le refus que feraient les presbytériens de s'y rendre réveillerait tous les anciens sujets de querelle, et occasionerait peut-être de nouvelles violences parmi des gens opposés les uns aux autres pendant la guerre civile, il n'y avait pas encore bien longtemps. Accorder aux presbytériens leur demande, c'eût été faire une offense mortelle au parti des Cavaliers, et particulièrement à sir Geoffrey; car les Cavaliers se faisaient aussi bien un point d'honneur de porter des santés et de forcer les autres à y faire raison, que les puritains un article de leur foi de refuser l'un et l'autre.

Enfin lady Peveril changea de discours, fit tomber la conversation sur la fille du major, l'envoya chercher, et la lui remit entre les bras. Cette ruse de guerre réussit; car, quoique le major parlementaire fît bonne contenance, le père, comme le gouverneur de Tilbury [1], se laissa ébranler, et il promit de faire consentir ses amis à un compromis. C'était que le major, le révérend pasteur et tous ceux qui tenaient strictement aux dogmes de la secte des puritains, formeraient une compagnie séparée dans le grand salon, tandis que les joyeux Cavaliers en occuperaient un autre, et que chaque société consulterait, pour boire, la mode ou sa conscience.

Bridgenorth lui-même parut fort soulagé lorsque cette affaire importante eut été réglée. Il s'était fait un scrupule de conscience de maintenir opiniâtrement son opinion; mais il fut enchanté au fond du cœur d'échapper à la nécessité qui paraissait inévitable de faire un affront à lady Peveril en refusant son invitation. Il resta au château plus long-temps, parla et sourit plus que de coutume. Son premier soin, à son retour, fut d'annoncer au pasteur et à sa congrégation la transaction qu'il avait faite comme un point définitivement résolu; et son crédit sur l'esprit des auditeurs était tel que, quoique Solsgrace eût grande envie de prononcer la séparation des partis et de s'écrier : *A vos tentes, Israël!* il prévit qu'il serait appuyé par trop peu de voix pour oser essayer de troubler l'unanimité avec laquelle la proposition du délégué fut acceptée.

---

[1] Sir Walter Scott fait ici allusion à la pièce du *Critique*, par Sheridan, où, dans la tragédie de sir Fretful Plagiary, le gouverneur de Tilbury se sert de cette antithèse dans le sens contraire :

The father softens, but the governor is fix'd.
Le père est attendri, le gouverneur résiste. Ed.

Cependant chaque parti prenant l'éveil, d'après le résultat de l'ambassade du major, tant de discussions s'élevèrent successivement sur une multitude de points délicats et chatouilleux, que lady Peveril, la seule personne peut-être qui désirât sincèrement amener entre eux une réconciliation véritable, encourut, pour récompense de ses bonnes intentions, la censure des uns et des autres, et eut bien des raisons pour regretter d'avoir conçu le projet louable de réunir dans une fête publique les Capulets et les Montaigus du comté de Derby.

Comme il avait été décidé que les convives formeraient deux compagnies séparées, une discussion sérieuse s'éleva pour savoir lequel des deux partis entrerait le premier au château. Ce point devint même un sujet d'appréhension sérieuse pour lady Peveril et pour le major Bridgenorth; car il était à craindre que si les Presbytériens et les Cavaliers arrivaient au château par la même avenue pour y entrer par la même porte, quelque querelle ne s'élevât entre eux, et qu'ils n'en vinssent aux mains avant de pénétrer dans le local destiné à la fête. La dame crut avoir découvert un expédient admirable pour prévenir la possibilité d'un tel accident ; c'était de faire entrer les Cavaliers par la grande porte, et les Têtes-Rondes par une grande brèche faite aux murailles pendant le siége, et par laquelle on faisait sortir les bestiaux pour les conduire au pâturage. Elle s'imagina qu'un tel arrangement préviendrait toutes les querelles entre les deux partis relativement à la préséance.

Quelques autres détails de moindre importance furent réglés en même temps, et, à ce qu'il parut, tellement à la satisfaction du pasteur presbytérien, que, dans une longue instruction sur le sujet de la robe nuptiale, il prit la peine d'expliquer à ses auditeurs que cette expression de l'Ecriture ne devait pas seulement s'entendre des vêtemens extérieurs, mais s'appliquait à la situation d'esprit nécessaire pour pouvoir jouir d'une fête paisible. Il exhorta donc ses frères à ne montrer aucun sentiment d'hostilité contre les pauvres aveugles avec lesquels ils devaient en quelque sorte boire et manger le lendemain, de quelques erreurs qu'ils fussent coupables, et à ne pas devenir une cause de trouble dans Israël.

L'honnête docteur Dummerar, recteur épiscopal de Martindale-Moultrassie, mais que la violence avait expulsé de son bénéfice, prêcha un sermon aux Cavaliers sur le même sujet. Il desservait cette paroisse avant la Rébellion, et il était dans les bonnes grâces de sir Geoffrey, non seulement à cause de ses sentimens orthodoxes et de son profond savoir, mais parce que personne n'était plus habile à jouer à la boule, et que personne n'avait la conversation plus gaie en fumant une pipe et en vidant un pot de bière d'octobre. Ces derniers talens avaient valu au docteur l'honneur d'être placé par le vieux Century White[1] sur la liste des ministres indignes, et réprouvés de l'église anglicane, et d'être dénoncé à Dieu et aux hommes comme coupable du péché mortel de jouer à des jeux d'adresse et de hasard, et d'assister aux réunions amicales de ses paroissiens. Lorsque le parti du roi commença à perdre du terrain, le docteur Dummerar quitta son presbytère, se rendit au camp, et remplissant les fonctions d'aumônier du régiment de sir Geoffrey Peveril, il prouva en plusieurs occasions que si son tempérament était robuste, son cœur n'était pas doué d'une moindre énergie. Quand tout fut perdu, et qu'il se trouva privé de son bénéfice, ce qui arriva à beaucoup d'autres ministres royalistes, il se tira d'affaire comme il put, se cachant tantôt dans les greniers de ses anciens amis de l'université, qui partageaient avec lui, et avec ceux qui appartenaient au même parti, les faibles moyens d'existence que le malheur des

(1) La dénonciation de White comprenait *cent prêtres malintentionnés*; d'où lui vint ce surnom de *Century*.

temps leur avait laissés ; tantôt dans les maisons de la noblesse opprimée dans ses terres, qui respectait son caractère et ses souffrances. Après la restauration, Dummerar sortit de sa retraite, et il accourut au château de Martindale, pour y jouir du triomphe de cet heureux évènement.

Son arrivée au château, en grand costume de ministre de l'église anglicane, et le bon accueil qu'il reçut de toute la noblesse des environs, ajoutèrent beaucoup aux alarmes naissantes du parti qui dominait si peu de temps auparavant. Il est vrai que le docteur Dummerar, digne et honnête homme, ne se livrait pas à des désirs extravagans de promotion, mais la probabilité qu'il serait réintégré dans la place dont on l'avait privé sous les prétextes les plus absurdes, était un coup mortel contre le ministre presbytérien menacé de n'être plus qu'un intrus. Les deux prédicateurs avaient donc des intérêts aussi opposés que l'étaient les sentimens de leurs troupeaux ; et c'était un autre obstacle au projet de conciliation de la bonne lady Peveril.

Cependant, comme nous l'avons déjà donné à entendre, le docteur Dummerar se conduisit en cette occasion avec le même esprit de paix que l'avait fait le révérend Nehemiah Solsgrace. Il est vrai que dans le sermon qu'il prêcha dans le vestibule du château devant plusieurs familles distinguées de Cavaliers du voisinage, sans parler d'une foule d'enfans accourus du village pour voir le nouveau spectacle d'un ministre en soutane et en surplis, il s'étendit sur la noirceur des différens crimes commis par le parti des rebelles pendant les temps désastreux du règne précédent ; et il appuya sur le caractère pacifique et miséricordieux de la maîtresse du château, qui daignait ouvrir sa maison hospitalière et accorder un regard de bonté à des gens dont les principes avaient conduit au meurtre du roi, au massacre de ses sujets loyaux, au pillage et à la dévastation de l'Eglise de Dieu. Mais il dit aussi dans sa péroraison, que puisque la volonté de leur gracieux souverain, dont ils venaient de voir la restauration, et le désir de l'honorable lady Peveril étaient que cette race rebelle fût tolérée pendant un certain temps par leurs fidèles sujets et vassaux, il convenait que toute personne loyale évitât quant à présent tout sujet de dissension et de querelle avec les enfans de Séméi. A cette leçon de patience il ajouta l'assurance consolante qu'ils ne pourraient s'abstenir long-temps de retomber dans leurs anciennes manœuvres de rébellion, auquel cas les royalistes pourraient les extirper de la face de la terre, sans se rendre coupables aux yeux de Dieu et à ceux des hommes.

Ceux qui ont observé de plus près les évènemens du temps ont remarqué dans les écrits d'où nous puisons cette histoire, que ces deux sermons produisirent un effet diamétralement contraire au but que se proposaient sans doute ces deux dignes ministres, et qu'au lieu de calmer les esprits des deux factions ils ne servirent qu'à les exaspérer. Ce fut sous ces funestes auspices qu'on vit arriver le jour de la fête, et l'esprit de lady Peveril n'était pas agité de moins sombres pressentimens.

Les deux partis se mirent en marche vers le château de Martindale, par deux différentes routes, chacun formant une espèce de procession, comme pour montrer leur force respective, et ils différaient tellement l'un et l'autre par leurs costumes et leurs manières, qu'on aurait dit que le joyeux cortége d'une noce et le convoi funèbre d'un enterrement se rendaient au même endroit en partant de deux points opposés.

Les puritains étaient de beaucoup les moins nombreux, et l'on peut en donner deux excellentes raisons. D'abord ils avaient eu l'autorité en mains pendant plusieurs années, et par conséquent ils n'étaient point aimés de la populace, car elle ne s'attache jamais bien sincèrement à ceux qui, actuellement investis du pouvoir, sont fréquemment obligés de s'en servir pour réprimer les désordres auxquels elle se livre. D'ailleurs les habitans des campagnes aimaient alors, comme ils aiment encore aujourd'hui, une foule d'amusemens innocens, et leur gaieté naturelle leur faisait supporter avec autant d'impatience la sévérité des prédicateurs fanatiques que le despotisme militaire des généraux de Cromwell. En second lieu, le peuple était inconstant, suivant sa coutume, et le retour du roi était une nouveauté qui flattait son goût naturel pour toute espèce de changement. D'une autre part, le parti des puritains était abandonné à cette époque par une classe nombreuse d'hommes réfléchis qui lui avaient été fidèlement attachés tant que la fortune lui avait souri. On nommait alors ces personnages prudens les *serviteurs de la Providence*, parce qu'ils auraient cru manquer de respect envers elle en restant dans un parti qu'elle cessait de favoriser.

Mais, quoiqu'ils fussent abandonnés par les esprits légers et égoïstes, un enthousiasme solennel, un attachement profond et déterminé à leurs principes, une confiance entière dans la sincérité de leurs motifs, et cet orgueil anglais si opiniâtre dans son amour d'une opinion proscrite, retenaient dans les rangs des puritains des hommes redoutables encore par leur caractère sinon par leur nombre. Semblables au voyageur de la fable qui s'enveloppait plus étroitement de son manteau quand la tempête redoublait, ces vétérans du presbytérianisme étaient la plupart des hommes de la moyenne classe; devant leur fortune à leur industrie et à d'heureuses spéculations dans le commerce ou dans les mines; c'étaient de ces esprits à qui donnent de l'ombrage les prétentions d'une aristocratie ambitieuse et exclusive, et qui sont ordinairement le plus zélés à défendre ce qu'ils regardent comme leurs droits. Leur costume était en général d'une simplicité extrême, et ne se faisait remarquer que par une affectation de négligence et de mépris pour toute espèce de parure. La couleur triste de leurs vêtemens ne variant que du noir à ce qu'on appelle des couleurs sombres, leurs chapeaux à haute forme et à larges bords, leurs grandes épées suspendues à leur ceinturon par une simple courroie, sans nœud, sans boucles, sans aucun des ornemens dont les Cavaliers aimaient à décorer leurs fidèles rapières; leurs cheveux coupés de très près sur leur tête, et faisant paraître leurs oreilles d'une longueur démesurée [1]; enfin, leur air grave et solennel : tout annonçait qu'ils appartenaient à cette classe d'enthousiastes qui avaient brisé avec intrépidité tous les ressorts de l'ancien gouvernement, et qui voyaient presque de mauvais œil celui qu'on avait substitué en sa place. Un air de tristesse régnait sur leur visage, mais ce n'était celle ni du découragement ni du désespoir. Ils ressemblaient à de vieux guerriers après une défaite qui, les arrêtant dans leur carrière de gloire, a blessé leur orgueil sans rien ôter à leur courage.

La mélancolie habituelle qu'on remarquait sur les traits du major Bridgenorth le rendait parfaitement propre à être le chef du groupe de puritains qui sortait du village. Quand ils arrivèrent à l'endroit où ils devaient se détourner pour entrer dans l'ancien parc du château, ils sentirent une impression momentanée d'humiliation comme s'ils cédaient la grande route à leurs ennemis, les Cavaliers, si souvent vaincus par eux. Tandis qu'ils montaient le sentier tournant, passage journalier des bestiaux, une clairière leur fit voir le fossé du château à demi comblé par les débris de la muraille dans laquelle on avait pratiqué une brèche, et cette brèche même faite à l'angle d'une haute tour carrée, dont une partie avait été renversée par le canon et dont le reste, dans un état fort précaire,

---

(1) D'où le nom de Tête-Ronde. — Ed.

était comme suspendu au-dessus de la vaste ouverture qu'on voyait dans le mur. Cette vue rappela aux puritains leurs anciennes victoires, et ils se regardèrent les uns les autres avec un sourire de sombre satisfaction.

Holdfast Clegg, meunier de Derby, qui avait montré lui-même beaucoup d'activité pendant le siége, indiqua du doigt la brèche à Solsgrace, en lui disant avec une grimace de mécontentement : — Je ne croyais guère, quand ma propre main aida à placer le canon qu'Olivier pointa contre cette tour, que nous serions obligés de grimper parmi ces débris comme des renards, pour entrer dans des murs que nous avons conquis avec nos arcs et à la pointe de nos lances. Il me semblait que ces maudits de Dieu avaient dû assez voir à quoi leur servait de fermer leurs portes et d'habiter sur les hauts lieux.

— De la patience, mon frère, répondit Solsgrace ; de la patience, et que votre bouche ne s'ouvre pas au murmure. Nous entrons honorablement dans ces hauts lieux, puisque nous allons passer par la porte que le Seigneur a ouverte à ses élus.

Les paroles du pasteur furent comme une étincelle appliquée à une traînée de poudre. Les physionomies du cortége lugubre s'épanouirent sur-le-champ ; regardant ces paroles comme un augure favorable, et comme une lumière descendue du ciel pour lui faire voir leur véritable situation, les puritains entonnèrent d'un commun accord un des chants de triomphe par lesquels les Israélites célébraient les victoires que Dieu leur avait accordées sur les habitans païens de la terre promise.

> Que Dieu se lève, et que ses ennemis
> Soient dispersés dans la poussière !
> Qu'ils soient de même anéantis
> Ceux qui contre le ciel lèvent leur tête altière.
>
> La cire fond, placée à la chaleur ;
> Le vent chasse au loin la fumée ;

De même, devant le Seigneur,
La race des méchans périra consumée.

Anges vaillans, soldats d'Adonaï,
Milliers d'esprits que sa voix guide,
Comme sur le mont Sinaï,
C'est au milieu de vous que le Seigneur réside.

Ton bras, grand Dieu, les a donc confondus
Ces méchans dont l'aveugle rage
Avait retenu tes élus
Dans les liens honteux d'un indigne esclavage.

Ces chants de triomphe religieux furent entendus de la joyeuse troupe des Cavaliers, qui, avec tout ce qui leur restait de pompe après leurs nombreuses infortunes, marchaient vers le même point, quoique par une route différente, et remplissaient la grande avenue de cris de fête et d'allégresse. Ces deux troupes offraient un contraste frappant; car, pendant cette époque de dissensions civiles, les habitudes des diverses factions les distinguaient aussi bien qu'un uniforme aurait pu le faire. Si le Puritain avait dans son costume une simplicité affectée, et dans ses manières une raideur ridicule, le Cavalier ne mettait pas moins d'affectation dans la recherche de sa parure, et le mépris qu'il affichait pour l'hypocrisie dégénérait souvent en licence. Des guerriers de tout âge, mais tous joyeux et élégans, marchaient en rangs serrés vers le vieux château en se livrant à cette gaieté qui avait su les soutenir pendant le mauvais temps, comme ils nommaient le temps qu'avait duré l'usurpation de Cromwell. Cette gaieté était alors portée au point de leur faire presque perdre la raison. Les panaches flottaient, les galons et les lances brillaient aux rayons du soleil, les coursiers caracolaient, et de temps en temps un coup de pistolet de poche ou d'arçon se faisait entendre, tiré par quelqu'un qui trouvait que ses talens naturels pour faire du bruit ne répondaient pas assez à la pompe de l'occasion. Une foule d'enfans, car, comme nous l'avons déjà dit, la populace s'était déclarée pour le parti victorieux, les suivait en poussant de grands cris : — A bas le Croupion! au diable Olivier! Des instrumens de musique, d'autant d'espèces qu'on en connaissait alors, jouaient tous en même temps, et sans avoir égard à l'air que chacun choisissait. L'enthousiasme du moment établissait une fraternité entre les nobles et les roturiers qui marchaient avec eux. Cet enthousiasme redoublait encore à l'idée que les éclats de leur joie bruyante arrivaient jusqu'à leurs voisins humiliés, les Têtes-Rondes.

Lorsque le chant solennel du psaume, répété par tous les échos des rochers et des bâtimens en ruines, frappa leurs oreilles, comme pour les avertir combien peu ils devaient compter sur l'humiliation de leurs adversaires, ils y répondirent d'abord par de bruyans éclats de rire, afin de pouvoir porter jusqu'à la troupe psalmodiante l'expression de leur mépris; mais c'était un effort infructueux de l'esprit de parti.

Dans une situation douteuse, dans un état de souffrance, il y a quelque chose de plus naturel dans un sentiment de mélancolie que dans celui de la gaieté; et s'ils se trouvent en contact, le premier manque rarement de triompher. Si le cortége d'un enterrement se rencontrait avec celui d'une noce, on conviendra que l'enjouement du second disparaîtrait bientôt devant la sombre tristesse du premier. Mais les Cavaliers étaient alors occupés d'autres pensées. L'air du psaume qui retentissait à leurs oreilles leur était trop connu. Ils l'avaient entendu trop souvent préluder à leurs défaites, pour qu'ils pussent l'entendre sans émotion, même dans le moment où ils triomphaient. Il y eut parmi eux une sorte de pause dont ils semblèrent eux-mêmes honteux, jusqu'à ce que le silence fût enfin rompu par un vieux chevalier, sir Jasper Cranbourne, dont la bravoure était reconnue si universellement, qu'il pouvait se permettre d'avouer une émotion que des hommes dont on aurait eu lieu de soupçonner le courage n'auraient pas cru pouvoir laisser paraître sans imprudence.

— Eh! eh! dit le vieux chevalier, je consens à ne jamais boire un verre de vin si ce n'est pas le même air que ces coquins avec leurs oreilles au vent entonnèrent en nous attaquant à Wiggan-Lane, où ils nous culbutèrent comme des quilles. Sur ma foi, voisins, pour dire la vérité et faire honte au diable, je n'en aimais guère le son.

— Si je croyais que ces Têtes-Rondes le chantassent pour nous narguer, dit Dick Wildblood, je leur ferais passer le goût de leur psalmodie avec ce bâton.

Cette motion, appuyée par Roger Raine, vieil ivrogne tenant l'auberge à l'enseigne des *Armes de Peveril*, dans le village, aurait pu amener un combat général, si sir Jasper n'eût calmé les esprits.

— Nous ne voulons pas de querelle, Dick, dit le vieux chevalier au jeune franklin [1]; nous n'en voulons point, et cela pour trois raisons. Premièrement parce que ce serait manquer de respect à lady Peveril, ensuite parce que ce serait troubler la paix du roi, enfin parce que si nous attaquions ces maudits psalmodistes, tu pourrais être frotté, mon enfant, comme cela t'est déjà arrivé.

— Qui? moi? sir Jasper ! moi avoir été frotté par eux ! Dieu me damne si jamais cela m'est arrivé, si ce n'est dans ce maudit défilé où nous étions serrés comme des harengs.

— Je m'imagine que ce fut pour remédier à cet inconvénient que vous courûtes vous cacher dans un buisson que je fus obligé de battre avec mon bâton de commande-

---

(1) On donnait le nom de *franklin* aux propriétaires faisant valoir eux-mêmes leurs biens. — Éd.

ment pour vous en faire sortir, et qu'alors, au lieu de charger de front, vous fîtes un demi-tour à gauche, en courant de toute la vitesse de vos jambes.

Cette réminiscence fit rire aux dépens de Dick, connu ou du moins qui passait pour avoir plus de langue que de courage ; et la raillerie du chevalier ayant heureusement affaibli le ressentiment qui commençait à s'éveiller dans le cœur de presque tous ceux dont se composait cette cavalcade royaliste, il s'éteignit tout-à-fait par la cessation soudaine du chant qu'ils étaient disposés à regarder comme une insulte préméditée.

Cette cessation était due à l'arrivée des puritains près de la large brèche que leur canon victorieux avait faite autrefois aux murailles du château. Ces débris amoncelés et les bâtimens à demi renversés que traversait un sentier étroit et escarpé, semblable à ceux qu'on trouve dans les anciennes ruines, et tracés par les pas du petit nombre de gens qui vont les visiter, formaient un contraste vrai avec les tours massives et les autres édifices encore en bon état. Cette vue était bien faite pour rappeler aux presbytériens la victoire qu'ils avaient remportée en s'emparant de la forteresse de leurs ennemis, et le triomphe dont ils avaient joui en chargeant de chaînes les nobles et les princes.

Mais des sentimens plus conformes au motif qui les amenait au château de Martindale pénétrèrent dans le cœur de ces farouches sectaires eux-mêmes, quand la maîtresse du château, encore dans tout l'éclat de sa beauté, se présenta sur la brèche avec les principales femmes de sa suite pour recevoir ses hôtes avec la courtoisie et les honneurs auxquels son invitation leur donnait droit. Elle avait quitté les habits noirs qu'elle avait portés pendant plusieurs années, et était vêtue avec la splendeur qui convenait à son rang et à sa naissance. Elle n'avait aucun joyau, mais ses longs cheveux étaient ornés d'une guirlande de feuilles de chêne mêlée de lis, les feuilles rappelant la conservation miraculeuse du roi dans le chêne royal [1], les fleurs indiquant son heureuse restauration. Ce qui ajoutait un nouvel intérêt à sa présence pour ceux qui la voyaient en ce moment, c'était la vue de deux enfans qu'elle tenait par la main, et dont tous les puritains savaient que l'une était la fille de leur chef, le major Bridgenorth, rendue à la vie et à la santé par les soins presque maternels de lady Peveril.

Si les individus d'un rang inférieur qui composaient cette troupe sentirent l'influence salutaire de sa présence en la voyant ainsi accompagnée, on peut croire que le pauvre Bridgenorth en fut presque accablé. Ses principes sévères ne lui permettaient pas de fléchir le genou et de baiser la main qui tenait ainsi sa petite orpheline; mais son salut profond, sa voix tremblante, ses yeux humides annonçaient plus de respect et de reconnaissance pour la dame à qui il s'adressait, que toutes les protestations des Persans n'auraient pu le faire. Quelques mots pleins de douceur et de bonté exprimant le plaisir qu'elle trouvait à revoir ses voisins et ses amis, quelques questions adressées avec bonté aux principaux individus de la compagnie sur leurs familles et leurs affaires, achevèrent le triomphe de lady Peveril sur des dispositions au mécontentement et sur des souvenirs dangereux. Chacun se livra bientôt cordialement au plaisir de la fête.

Solsgrace lui-même, quoiqu'il crût que sa place de pasteur de ce troupeau lui imposait le devoir de surveiller les ruses d'une femme amalécite et de les déjouer, ne put se dérober à la contagion, et il fut si pénétré des marques de bienveillance et de bonté que prodiguait lady Peveril, qu'il entonna sur-le-champ le psaume :

---

(1) Personne n'ignore que Charles II, pendant la guerre civile, poursuivi par les républicains, se déroba à ses ennemis en se cachant dans un chêne creux. — Éd.

Jour d'allégresse, jour heureux!
Ah! qu'il est doux de voir des frères,
Par des sentimens sincères,
Réunis tous en ces lieux!

Recevant ce témoignage de reconnaissance comme un retour de politesse, lady Peveril conduisit elle-même cette partie de ses hôtes dans l'appartement où un dîner, aussi ample que somptueux, les attendait. Elle eut même la patience d'y rester pendant que M. Nehemiah Solsgrace prononçait un bénédicité d'une longueur démesurée, comme une introduction au banquet. Sa présence gênait pourtant un peu le digne ministre, dont le débit fut plus embarrassé que de coutume, parce qu'il sentait qu'il ne pouvait terminer par la péroraison ordinaire, c'est-à-dire par une pétition adressée au ciel pour que le pays fût délivré du papisme, de la prélature et de Peveril du Pic, ce qui lui était devenu si habituel, qu'après avoir fait de vains efforts pour trouver une autre prière, il fut obligé d'en revenir à sa formule ordinaire, dont il prononça les deux premiers mots à haute voix, et dont il murmura le reste de manière à n'être pas même entendu par ses plus proches voisins.

Le silence du ministre amena bientôt ce bruit qui annonce l'attaque dirigée par des gens de bon appétit contre des mets placés sur une table bien garnie, et lady Peveril saisit cette occasion pour sortir de l'appartement et aller rendre visite à ses autres hôtes. Dans le fait, elle sentait qu'il était temps de le faire, et que les royalistes pourraient mal interpréter et peut-être voir de mauvais œil la priorité d'égards qu'elle avait cru devoir, par prudence, accorder aux puritains.

Ces appréhensions n'étaient pas tout-à-fait sans fondement. Ce fut en vain que l'intendant avait arboré sur une des tours qui flanquaient la grande porte du château l'étendard royal, avec l'heureuse inscription *tandem trium-*

phans ; tandis qu'on voyait flotter sur l'autre la bannière de Peveril du Pic, sous laquelle la plupart de ceux qui s'approchaient alors avaient combattu pendant les vicissitudes de la guerre civile. Ce fut en vain qu'il répéta mainte et mainte fois d'une voix de Stentor : — Soyez les bienvenus, nobles Cavaliers ; soyez les bienvenus, généreux gentilshommes ! Un léger murmure, qui courait parmi eux de bouche en bouche, apprenait que cette bienvenue aurait dû sortir de la bouche de l'épouse de leur ancien colonel, et non de celle d'un homme à gages.

Sir Jasper Cranbourne avait autant de bon sens que de courage : il connaissait les motifs de sa belle cousine, qui l'avait consulté sur tous les arrangemens qu'elle se proposait de faire ; il vit que la situation des esprits était telle, qu'il n'y avait pas un instant à perdre pour faire entrer les convives dans la salle du banquet, où une heureuse diversion à tous ces germes de mécontentement pourrait s'opérer aux dépens des mets de toute espèce que les soins de la bonne dame avaient fait préparer.

Le stratagème du vieux guerrier réussit complètement. Il se plaça dans le grand fauteuil de chêne qu'occupait ordinairement l'intendant, quand il recevait les comptes des fermiers ; et le docteur Dummerar ayant prononcé en latin un court bénédicité qui ne parut pas moins bon à ses auditeurs, quoiqu'ils ne le comprissent pas, sir Jasper invita la société à s'aiguiser l'appétit en commençant par boire, à la santé de Sa Majesté, une rasade aussi pleine que les verres le permettraient. En un instant on n'entendit plus que le bruit des verres et des flacons. Le moment d'après, tous les convives étaient debout, le verre à la main, le bras étendu, silencieux, et les yeux fixés sur sir Jasper. La voix du vieux chevalier, retentissant comme le son de la trompette de guerre, annonça avec emphase la santé du monarque rétabli sur son trône ; son toast fut répété en chorus par toute l'assemblée empressée de rendre hommage à son souverain. Un autre moment de silence fut occasioné par la nécessité de vider les verres ; après quoi des acclamations si bruyantes partirent en même temps de toutes parts, que non seulement les solives du plafond en tremblèrent, mais qu'on vit les guirlandes de branches de chêne et de fleurs dont l'appartement était décoré, s'agiter comme si elles eussent été exposées à l'action du vent. Ce cérémonial bien observé, la compagnie commença à faire honneur à la bonne chère sous laquelle la table gémissait. Elle était animée à cette attaque par la gaieté d'une part, et par la mélodie de l'autre ; car on voyait parmi eux tous les ménestrels du district qui, de même que le clergé épiscopal, avaient été réduits au silence sous le règne des soi-disant saints de la république.

L'occupation de manger et de boire, l'échange de santés entre d'anciens voisins naguère compagnons d'armes dans le moment de la résistance, et compagnons de souffrances dans celui de la défaite, rassemblés enfin par un sujet général de félicitation, effacèrent bientôt de leur souvenir le léger motif de mécontentement qui, dans l'esprit de quelques uns d'entre eux, avait couvert d'un nuage la sérénité de cette journée ; de sorte que lorsque lady Peveril entra, toujours accompagnée des deux enfans et suivie de ses femmes, elle fut reçue avec les acclamations dues à la maîtresse du château, à l'épouse du noble chevalier dont la plupart des convives pouvaient attester la valeur et la persévérance digne d'un meilleur succès.

Le discours qu'elle leur adressa fut court et digne d'une femme de son rang ; mais elle le prononça avec un accent de sensibilité qui pénétra tous les cœurs. Elle s'excusa de paraître si tard devant eux, en leur rappelant qu'il se trouvait en ce moment au château de Martindale des hommes jadis leurs ennemis, mais que d'heureux évènemens, arrivés depuis peu, avaient changés en amis, et qu'ils l'étaient depuis si peu de temps, qu'elle n'avait pas osé négliger envers eux aucun article de cérémonial. Mais ceux à qui elle s'adressait maintenant étaient les plus chers, les plus fidèles, les meilleurs amis de la maison de son mari. C'était à eux et à leur valeur que Peveril avait dû les succès qui leur avaient acquis ainsi qu'à lui tant de renommée pendant ces temps de malheur. C'était en particulier à leur courage qu'elle avait dû la conservation de leur chef, même lorsqu'il ne pouvait éviter une défaite. Quelques mots de félicitation sur l'heureux rétablissement de l'autorité royale achevèrent son discours; et saluant ses convives avec grâce, elle approcha un verre de ses lèvres, comme pour les assurer de leur bienvenue.

Il restait encore à cette époque, et surtout parmi les anciens Cavaliers, quelque étincelle de cet esprit qui inspirait Froissart quand il déclarait qu'un chevalier a double courage quand il est animé par les regards et par la voix d'une femme belle et vertueuse. Ce ne fut que sous le règne dont on voyait l'aurore au moment dont nous parlons, que la licence sans bornes du siècle, introduisant un goût de débauche presque général, dégrada les femmes au point de ne les faire regarder que comme des instrumens de plaisir, et par là priva la société de ce noble sentiment qu'inspire le beau sexe. Ce sentiment, considéré comme un aiguillon qui excite à de belles actions, est supérieur à toutes les impulsions, si l'on en excepte celles de la religion et du patriotisme. Les solives du plafond retentirent d'acclamations encore plus bruyantes, encore plus prolongées que celles qui s'étaient déjà fait entendre, et les noms de Peveril du Pic et de son épouse furent proclamés au milieu des vœux universels pour leur bonheur et leur santé, tandis que chaque convive levait et agitait en l'air son bonnet ou son chapeau.

Ce fut sous ces auspices que lady Peveril sortit de l'appartement, laissant le champ libre à l'enthousiasme et à la gaieté.

La joie des Cavaliers peut aisément se concevoir, puisqu'elle avait pour accompagnement ces toasts, ces plaisanteries, cette musique instrumentale et vocale, qui, dans presque tous les temps et dans tous les pays, ont toujours été, en quelque sorte, l'âme d'un festin joyeux. Les jouissances des puritains étaient d'un caractère tout différent, et beaucoup moins bruyantes. Ils n'avaient ni chansons ni musique, ne se permettaient aucune plaisanterie, et ne portaient pas une seule santé. Et cependant ils n'en paraissaient pas moins jouir à leur manière des bonnes choses que la fragilité humaine, pour nous servir d'une de leurs expressions, rend agréables à l'homme extérieur. Le vieux Whitaker prétendit même que, quoi qu'ils fussent moins nombreux, ils firent une aussi grande consommation de vin des Canaries et de Bordeaux que les convives joyeux réunis dans une autre salle. Mais ceux qui connaissaient les préventions de l'intendant contre les puritains étaient portés à croire que, pour produire un tel résultat, il avait porté à leur compte le total de ses libations personnelles, qui n'était pas peu considérable.

Sans adopter un bruit répandu par la médisance et la partialité, nous dirons qu'en cette occasion, comme dans presque toutes les autres, la rareté du plaisir en augmentait le prix ; et que ceux qui faisaient de l'abstinence ou du moins de la modération un principe religieux, jouissaient d'autant plus d'une réunion amicale, que de telles occasions étaient plus rares. S'ils n'élevaient pas la voix pour boire à la santé les uns des autres, ils prouvaient du moins en se regardant et en faisant un signe de tête, en levant leurs verres, qu'ils trouvaient tous le même plaisir à satisfaire leur soif et leur appétit, et que ce plaisir était doublé parce qu'ils le partageaient avec leurs amis et leurs voisins. La religion, étant le principal sujet de leurs pensées, devint aussi celui de la conversation; et formant divers conciliabules, ils se mirent à discuter divers points de doctrine avec la plus subtile métaphysique, à balancer le mérite de divers prédicateurs, à comparer les articles de foi de différentes sectes, chacun fortifiant par des citations tirées de l'Ecriture celle qu'il favorisait.

Ces débats donnèrent lieu à quelques altercations qui auraient peut-être été poussées plus loin que la bienséance ne le permettait, sans l'intervention prudente du major Bridgenorth. Il étouffa pareillement dans son germe une querelle qui s'éleva entre Gaffer Hodgeson de Charnelycot et le révérend M. Solsgrace sur la question délicate de savoir si les laïques avaient droit de prêcher, de même que les ministres ; et il ne crut ni prudent ni convenable de céder aux désirs de quelques uns des plus chauds enthousiastes de la compagnie, qui désiraient faire profiter les autres du don qu'ils avaient reçu du ciel pour improviser des prières et des homélies. Toutes ces absurdités appartenaient à l'époque, et soit qu'elles prissent leur source dans l'hypocrisie ou dans l'enthousiasme, le major eut assez de bon sens pour sentir qu'elles ne convenaient ni au temps ni au lieu.

Ce fut encore lui qui détermina sa compagnie à se retirer de bonne heure, de sorte que les puritains quittèrent le château long-temps avant que leurs rivaux, les Cavaliers, eussent atteint l'apogée de la gaieté ; cet arrangement causa la plus vive satisfaction à lady Peveril, à cause des conséquences fâcheuses qui auraient pu résulter si les deux compagnies, partant au même instant, étaient venues à se rencontrer.

Il était près de minuit quand la plupart des Cavaliers, c'est-à-dire ceux qui étaient en état de partir sans avoir besoin du secours de personne, reprirent la route du vil

lage de Martindale-Moultrassie, profitant du clair de lune
pour prévenir les accidens. Leurs cris, et le refrain qu'ils
chantaient en chœur,

Le roi reprendra sa couronne,

furent entendus avec grand plaisir par lady Peveril, qui
se trouva bien soulagée quand elle vit la fête finie sans
aucun accident fâcheux.

Les réjouissances n'étaient pourtant pas entièrement
terminées; car les Cavaliers, dont la tête était un peu
échauffée, trouvant encore quelques villageois attroupés
autour d'un feu de joie allumé dans la rue, se mêlèrent
gaiement parmi eux, envoyèrent aux *Armes de Peveril*,
chez Roger Raine, l'aubergiste dont nous avons déjà
parlé, pour faire venir deux barils de joyeux *boute-en-train*, comme ils nommaient la double ale, et leur prê-
tèrent leur puissante assistance pour les vider à la santé
du Roi et du loyal général Monk. Leurs acclamations trou-
blèrent long-temps la tranquillité du petit village et y ré-
pandirent même quelque alarme, mais nul enthousiasme
n'est en état de résister toujours à l'influence naturelle de
la nuit et des libations répétées. Le tumulte que faisaient
les royalistes triomphans fut enfin remplacé par le silence,
et la lune et le hibou restèrent en possession paisible de
la vieille tour de l'église du village, qui, s'élevant comme
un point blanc au-dessus d'un bouquet de chênes, servait
d'habitation à l'oiseau solitaire, et était argentée par les
rayons de l'astre des nuits.

CHAPITRE V.

« De leur maître à l'instant arborant la bannière,
« Ils sentent dans leur cœur naître une ardeur guerrière.
« Qui de ces paysans sut faire des soldats ?
« Quel chef les enflamma de l'ardeur des combats ?
« Ce miracle se fit à la voix d'une femme. »
WILLIAM S. ROSE.

Dans la matinée qui suivit le jour de la fête, lady Peveril, se ressentant un peu des fatigues et des appréhensions auxquelles elle s'était livrée la veille, garda sa chambre deux ou trois heures plus tard que son activité naturelle et l'usage où l'on était alors de se lever de bonne heure ne l'y avaient habituée. Pendant ce temps, mistress Ellesmere, femme qui jouissait au château de la plus grande confiance, et qui prenait beaucoup d'autorité dans la maison en l'absence de sa maîtresse, donna ordre à Debora, gouvernante des enfans, de les conduire sur-le-champ dans le parc, pour qu'ils y prissent l'air, et de ne laisser entrer personne dans la chambre dorée, où ils jouaient ordinairement. Debora, qui se révoltait souvent, et quelquefois avec succès, contre le pouvoir délégué à mistress Ellesmere, se mit dans la tête qu'il allait pleuvoir, et décida que la chambre dorée était un lieu plus convenable pour les enfans que le jardin, dont l'herbe devait encore être couverte de rosée.

Mais les résolutions d'une femme sont quelquefois aussi versatiles que celles d'une assemblée populaire ; et, après avoir décidé que la matinée serait pluvieuse et qu'il valait mieux que les enfans jouassent dans la chambre dorée, elle pensa, sans s'inquiéter beaucoup si elle se mettait en contradiction avec elle-même, que, quant à elle, le parc lui conviendrait mieux pour sa promenade du matin. Il est vrai que, profitant de la gaieté de la fête de la veille, elle avait dansé jusqu'à minuit avec Lance-Outram, le jeune garde-forestier; mais nous sommes loin de vouloir décider si, lorsqu'elle le vit passer sous la fenêtre, en habit de chasse, une plume à son chapeau, et une arbalète sur l'épaule, cette vue opéra quelque changement dans l'opinion qu'elle s'était formée relativement au temps. Il nous suffira de dire qu'aussitôt que mistress Ellesmere eut le dos tourné, Debora conduisit les enfans dans la chambre dorée, recommanda à Julien (car il faut lui rendre justice) de prendre grand soin de sa petite femme Alice; et après une précaution si satisfaisante elle les laissa, et se glissa dans le parc par la porte vitrée de l'office pratiquée en face de la grande brèche.

La chambre dorée dans laquelle les enfans, par suite de cet arrangement, se trouvaient abandonnés à eux-mêmes pour s'amuser comme ils l'entendraient, sans autre sauvegarde que celle du sexe de Julien, était un grand appartement dont les murs étaient couverts en cuir doré d'Espagne, tapisserie dont la mode est inconnue de nos jours, et qui représentait des joutes et des comba entre les Sarrasins de Grenade et les Espagnols sujets du roi Ferdinand et de la reine Isabelle, pendant ce siége mémorable terminé par la destruction définitive de la domination des Maures en Espagne.

Le petit Julien courait dans la chambre pour amuser sa petite amie et se divertir en même temps, armé d'une baguette avec laquelle il imitait les attitudes des Zégris et des Abencerrages qu'on avait représentés sur la tapisserie lançant le dgerid ou javeline de l'Orient. Quelquefois il s'asseyait auprès d'elle, la caressant pour lui rendre sa bonne humeur, quand elle s'ennuyait d'être spectatrice inactive des divertissemens de son jeune compagnon. Tout-à-coup il vit une partie de la tapisserie se soulever; un panneau de boiserie, poussé par une belle main, glissa sur le panneau voisin, et de jolis doigts appuyés sur le bord travaillaient à le faire avancer encore davantage. Julien fut très surpris et même effrayé de ce qu'il voyait, car les histoires que lui avait racontées sa gouvernante avaient gravé de bonne heure dans son esprit la terreur du monde invisible. Cependant, naturellement hardi et courageux, le jeune champion se plaça devant la petite fille, brandissant l'arme qu'il avait à la main comme pour la défendre, et montrant autant de résolution que s'il eût été un Abencerrage de Grenade.

Le panneau sur lequel il avait les yeux fixés continuait toujours à glisser et montrait de plus en plus la personne à qui appartenait la main qu'il voyait. Enfin, à travers l'ouverture, les enfans virent une femme en habit de deuil, de moyen âge, mais dont les traits offraient encore les restes d'une grande beauté, quoique le caractère particulier de sa physionomie et de tout son extérieur fût un air de dignité presque royale. Elle s'arrêta un instant sur le seuil de la porte qu'elle venait d'ouvrir d'une manière si imprévue, en regardant avec surprise les enfans, qu'elle n'avait probablement pas aperçus pendant qu'elle était occupée à faire jouer le panneau ; elle entra dans l'appartement, après avoir touché un ressort qui fit fermer cette porte secrète si brusquement, que Julien douta presque qu'elle eût jamais été ouverte, et fut tenté de croire que tout ce qu'il voyait n'était qu'une illusion.

La dame s'avança pourtant vers lui d'un air majestueux, en lui disant : — N'êtes-vous pas le petit Peveril?

— Oui, répondit Julien en rougissant, et obéissant déjà malgré son jeune âge à ce principe de la chevalerie qui défend de désavouer son nom, quelque danger qu'on puisse courir à le faire connaître.

— En ce cas, reprit l'étrangère, allez dans l'appartement de votre mère, et dites-lui de venir me parler à l'instant.

— Je n'irai pas, répondit l'enfant.

— Comment! s'écria la dame : si jeune et si désobéissant ! mais vous ne faites que suivre l'esprit du temps...., Pourquoi ne voulez-vous pas me rendre ce service, mon bel enfant?

— J'irais bien volontiers, madame, répondit Julien, mais..... et n'osant en dire davantage, il reculait à mesure que la dame avançait, tenant par la main Alice Bridge-north, qui, trop jeune encore pour comprendre ce dialogue, se serrait, en tremblant, contre son jeune compagnon.

L'étrangère vit son embarras, sourit, et, s'arrêtant, lui demanda encore une fois : — Que craignez-vous, mon brave enfant? Pourquoi ne voulez-vous pas faire ma commission pour votre mère?

— Parce que si je sors, répondit Julien avec fermeté, il faut que je laisse Alice seule avec vous.

— Vous êtes un brave garçon, dit la dame, et vous ne déshonorez pas votre race, qui n'a jamais laissé le faible sans protection.

Julien ne la comprenait pas trop, et il jetait des regards inquiets et craintifs, tantôt sur celle qui lui parlait ainsi, tantôt sur sa petite compagne dont les yeux enfantins se portaient aussi tour à tour sur la dame inconnue et sur son jeune protecteur. Enfin, effrayée elle-même de la crainte que Julien, malgré ses efforts magnanimes, ne pouvait entièrement dissimuler, elle se jeta dans les bras de son compagnon, augmenta sa frayeur par les alarmes qu'elle éprouvait elle-même, et fit si bien, en criant de toutes ses forces, que la contagion de la crainte s'étendit jusqu'à Julien, et qu'il lui devint impossible de n'en pas faire autant.

Il est vrai qu'on remarquait dans l'air et les manières de cette inconnue quelque chose qui pouvait justifier, sinon la terreur, au moins une sorte de crainte, surtout après la manière inattendue et mystérieuse de son arrivée. Ses vêtemens, qui n'avaient rien de remarquable, étaient semblables à ceux que les femmes de moyenne classe portaient alors pour monter à cheval, mais ses cheveux noirs étaient fort longs, et plusieurs boucles échappées de dessous son capuchon flottaient sur ses épaules. Ses yeux étaient noirs, vifs et perçans, et ses traits annonçaient une origine étrangère. Quand elle parlait, on remarquait dans sa voix un léger accent étranger, quoiqu'elle parlât anglais avec beaucoup de pureté. Ses gestes semblaient appartenir à une femme accoutumée à commander et à être obéie. Et ce fut le souvenir de tout cela qui suggéra à Julien l'excuse qu'il allégua ensuite pour se justifier de s'être laissé effrayer, en disant qu'il l'avait prise pour une reine enchantée.

Tandis que l'étrangère et les deux enfans s'examinaient ainsi, deux personnes entrèrent presque au même instant, mais par deux portes différentes, et leurs pas précipités prouvaient qu'ils avaient été attirés par les cris des deux enfans.

La première était le major Bridgenorth alarmé par les cris d'Alice, à l'instant où il entrait dans le vestibule, voisin de la chambre dorée. Son intention avait été d'attendre dans le salon que lady Peveril descendît; il venait pour lui assurer que la fête de la veille s'était passée, sous tous les rapports, de la manière la plus agréable pour tous ses amis, et n'avait donné lieu à aucune de ces suites alarmantes que pouvait faire craindre le contact des deux partis naguère opposés l'un à l'autre. Mais si l'on se rappelle toutes les craintes qui l'avaient agité pour la santé et même pour la vie de sa fille, craintes assez justifiées par la perte qu'il avait faite successivement de tous ses autres enfans, on ne trouvera pas étonnant que les cris d'Alice lui eussent fait oublier les formes d'usage, et l'eussent porté à pénétrer dans l'intérieur de la maison plus avant que les règles strictes du cérémonial ne l'eussent permis en toute autre occasion.

Il se précipita donc dans la chambre dorée, où il entra par une porte latérale, après avoir traversé un corridor étroit qui conduisait du vestibule dans cet appartement; et prenant sa fille dans ses bras, il essaya, par mille caresses, d'étouffer ses cris, mais les cris ne devinrent que plus perçans quand elle se vit entre les bras d'un homme dont elle connaissait à peine la voix et les traits, et qui peu de jours auparavant lui était entièrement étranger.

Le redoublement des cris d'Alice occasiona le même effet sur Julien, qui, en voyant arriver ce nouveau venu, renonça à toute idée de défendre sa compagne autrement que par les cris qu'il poussait de toute la force de ses poumons pour appeler du secours.

Alarmée enfin par le bruit, lady Peveril, dont l'appartement communiquait avec la chambre dorée par un escalier dérobé, se montra à son tour sur la scène. Dès qu'elle parut, la petite Alice, se dégageant des bras de son père, courut vers sa protectrice, et dès qu'elle eut une fois saisi le pan de sa robe, non seulement elle cessa de crier, mais elle tourna vers la dame étrangère ses grands yeux bleus, dans lesquels on voyait encore briller des larmes, avec un air de suprise plutôt que de crainte. Julien, relevant sa baguette, qu'il avait toujours gardée tant que l'alarme avait duré, se rangea à côté de sa mère, comme s'il avait voulu être à portée de la secourir si sa rencontre avec l'inconnue l'exposait à quelque danger.

Dans le fait, une personne plus âgée que lui aurait éprouvé quelque embarras pour expliquer l'air confus et interdit avec lequel lady Peveril regardait la dame qui lui rendait une visite si inattendue, comme si elle eût cherché à reconnaître dans des traits encore beaux, quoique commençant à se flétrir, ceux d'une personne qu'elle avait connue dans des circonstances bien différentes.

L'étrangère parut comprendre le motif qui faisait hésiter la maîtresse de la maison, car elle lui dit avec cette voix imposante qui semblait lui appartenir exclusivement :

— Le temps et l'infortune m'ont beaucoup changée, tous les miroirs me le disent. Je croyais pourtant que Marguerite Stanley aurait pu reconnaître Charlotte de la Trémouille.

Lady Peveril était peu habituée à s'abandonner à une émotion soudaine, mais en cette occasion elle ne put se dérober à celle qu'elle éprouvait. Elle tomba sur ses genoux dans une extase qui participait de la joie et du chagrin, et, embrassant ceux de l'étrangère, elle s'écria d'une voix entrecoupée :

— Ma bonne, ma noble protectrice, la comtesse de Derby, la souveraine de l'île de Man! Comment ai-je pu méconnaître un instant votre voix et vos traits? Ah! pardonnez, pardonnez-moi!

La comtesse releva la parente de son mari avec l'aisance et la grâce d'une femme accoutumée dès sa naissance à recevoir des hommages et à accorder sa protection. Elle baisa le front de lady Peveril, et lui passa la main sur le visage d'un air de familiarité.

— Vous êtes changée aussi, ma belle cousine, lui dit-elle ; mais c'est un changement qui vous sied. Au lieu de la jolie fille timide que j'ai connue, je retrouve une femme pleine de grâce et de dignité. Mais ma mémoire, que je croyais bonne autrefois, me trompe étrangement si je vois en monsieur sir Geoffrey Peveril.

— Ce n'est qu'un voisin, madame, répondit lady Peveril, un bon voisin : sir Geoffrey est à la cour.

— C'est ce que j'avais entendu dire hier soir en arrivant, dit la comtesse de Derby.

— Comment, madame, s'écria lady Peveril, êtes-vous

entrée dans le château de Martindale, dans la maison de Marguerite Stanley, où vous avez tant de droits pour commander, sans lui faire annoncer votre présence?

— Oh! je sais que vous êtes une sujette soumise, Marguerite, quoique ce soit une chose rare de nos jours, dit la comtesse; mais notre bon plaisir, ajouta-t-elle en souriant, était de voyager incognito, et, apprenant que vous aviez nombreuse compagnie, nous n'avons pas voulu vous troubler de notre présence royale.

— Mais où, mais comment avez-vous été logée, madame? demanda la comtesse. Pourquoi avez-vous gardé le secret sur une visite qui aurait doublé le plaisir de tous les fidèles serviteurs du roi réunis hier en ce château?

— Ellesmere, votre Ellesmere aujourd'hui, car autrefois c'était à moi qu'elle appartenait, a pris soin de mon logement. Vous savez qu'elle a rempli jadis les fonctions de quartier-maître, et dans une plus vaste sphère. Il faut que vous l'excusiez. Elle avait reçu mes ordres positifs de me loger dans l'appartement le plus secret du château. Et ici la comtesse montra du doigt le panneau mobile. — Elle a obéi à mes ordres en cela, et probablement aussi en vous invitant à venir me trouver.

— Je ne l'ai pas encore vue ce matin, madame; par conséquent j'ignorais une visite si agréable et si surprenante.

— Et moi, j'ai été également surprise de ne trouver que ces deux jolis enfans dans cet appartement où je croyais vous avoir entendue marcher. Notre Ellesmere est devenue négligente. Votre indulgence l'a gâtée, Marguerite. Elle n'est plus aussi bien disciplinée que lorsqu'elle était sous mes ordres.

— Je l'ai vue entrer dans le parc il n'y a pas long-temps, sans doute pour chercher la personne chargée des enfans, et lui dire de les emmener hors de cette chambre.

— Ces enfans sont à vous, sans doute, Marguerite? la Providence a béni votre union.

— Voici mon fils, dit lady Peveril en montrant Julien, qui prêtait une oreille avide à cette conversation; et quant à cette petite fille, je puis dire aussi que j'en suis la mère.

Le major avait repris Alice dans ses bras pour la caresser; mais à ces mots de la comtesse de Derby, il la posa à terre, et en soupirant il s'avança vers la fenêtre gothique. Il savait fort bien que les règles ordinaires de la politesse voulaient qu'il se retirât, ou du moins qu'il offrît de se retirer, mais il était ennemi d'une politesse cérémonieuse, et les sujets sur lesquels il paraissait probable que la conversation de la compagnie allait tourner étaient pour lui d'un intérêt si vif, qu'il crut pouvoir se dispenser de toute cérémonie. Les deux dames semblaient à peine faire attention à lui, et la comtesse de Derby, ayant pris un fauteuil, fit signe à lady Peveril de s'asseoir sur un tabouret à côté d'elle.

— Nous parlerons encore des anciens temps, dit-elle, quoique vous n'ayez plus à craindre que les fusils des rebelles vous forcent à vous réfugier chez moi.

— J'ai un fusil, madame, dit le petit Julien, et le garde-forestier doit m'apprendre à en tirer l'année prochaine.

— Eh bien, je vous prendrai à mon service comme soldat, dit la comtesse.

— Les femmes n'ont pas de soldats, répondit Julien en la regardant attentivement.

— Il a pour notre sexe, dit la comtesse, tout le mépris du sien. Ce mépris naît avec ces maîtres insolens du genre humain, et il commence à se montrer dès qu'ils quittent les jupons. Ellesmere ne vous a-t-elle jamais parlé de Latham-House et de Charlotte, comtesse de Derby, mon petit ami?

— Mille et mille fois, répondit l'enfant en rougissant; et elle m'a dit que la reine de l'île de Man l'a défendue pendant six semaines contre trois mille Têtes-Rondes, commandés par Rogue Harrisson le boucher.

— C'est votre mère qui a défendu Latham-House, mon petit soldat, dit la comtesse, et non pas moi. Si tu y avais été, tu aurais été le meilleur capitaine des trois.

— Ne parlez pas ainsi, madame, répliqua l'enfant. Maman ne toucherait pas à un fusil pour tout l'univers.

— Vous avez raison, Julien, dit sa mère. Il est bien vrai que j'étais à Latham-House, mais je formais une partie inutile de la garnison.

— Vous oubliez, dit la comtesse, les services que vous avez rendus à notre hôpital en le fournissant de charpie, et en donnant des soins à nos soldats blessés.

— Mais papa ne vint-il pas enfin vous aider? demanda Julien.

— Oui, répondit la comtesse; papa vint enfin, et le prince Rupert vint aussi; mais je crois qu'ils ne vinrent qu'après s'être fait long-temps désirer. Vous souvenez-vous, Marguerite, du matin où les Têtes-Rondes, qui nous assiégeaient depuis si long-temps, firent leur retraite sans tambour ni trompette, et en abandonnant tous leurs bagages, dès qu'ils virent flotter sur le haut de la montagne les étendards du prince? Chaque capitaine couvert d'un beau casque que vous aperceviez de loin, vous le preniez pour Peveril du Pic, avec qui vous aviez dansé trois mois auparavant au bal de la reine. Cela ne doit pas vous faire rougir, Marguerite, c'était un amour honnête; et quoique le son des trompettes guerrières vous ait accompagnée dans la vieille chapelle, que les boulets de l'ennemi avaient à demi renversée; quoique le prince Rupert, qui vous donna la main pour vous conduire à l'autel, portât la bandoulière, et eût ses pistolets à sa ceinture, je me flatte que tous ces signes de guerre n'ont pas été un présage de discorde conjugale.

— Le ciel m'a traitée avec indulgence, dit lady Peveril, en m'accordant un si bon mari.

— Et en vous le conservant, ajouta la comtesse avec un profond soupir ; tandis que le mien a scellé de son sang son dévouement pour son roi. Oh ! s'il avait vécu pour voir un pareil jour !....

— Hélas ! répondit lady Peveril, que le ciel ne l'a-t-il permis ! Combien ce brave et noble comte se serait réjoui de la fin inespérée de notre captivité !

La comtesse regarda lady Peveril d'un air de surprise.

— Vous ne savez donc pas, cousine, dans quelle situation se trouve aujourd'hui notre maison ? Combien mon noble époux aurait-il été surpris s'il avait pu savoir que ce même monarque pour qui il a versé son sang sur l'échafaud à Bolton-le-Moor, achèverait la ruine de notre fortune déjà à peu près détruite à son service, et persécuterait en moi la veuve d'un si fidèle partisan ! combien aurait-il été surpris si on lui avait dit que ce seraient même là les premiers actes de la restauration de Charles !

— Vous m'étonnez, madame ; il est impossible que vous, la veuve du plus brave et de l'un des plus fidèles sujets du roi, comtesse de Derby et souveraine de l'île de Man ; vous qui avez rempli les devoirs de soldat, lorsque tant d'hommes jouaient le rôle de femmes, vous éprouviez des malheurs par suite d'un évènement qui comble les vœux de tous les bons Anglais. Cela est impossible.

— Je vois, ma belle cousine, que vous n'êtes guère plus avancée qu'autrefois dans la connaissance du monde. Cette restauration qui garantit la sûreté des autres m'a mise en danger. Ce changement, si heureux pour les autres royalistes, qui, j'ose m'en flatter, n'ont pu montrer plus de zèle que moi pour leur maître, m'oblige à arriver chez vous en fugitive, et à vous demander des secours et une retraite.

— Vous, dont la bienveillance daigna accorder un asile à ma jeunesse, madame; vous dont le noble mari avait choisi le mien pour compagnon d'armes, vous avez droit de commander ici. Mais faut-il que vous ayez besoin des faibles secours qui sont à ma disposition! Pardonnez; c'est pour moi comme une des visions sinistres du sommeil. J'écoute vos discours comme si j'espérais être soulagée, en m'éveillant, de l'impression pénible qu'ils font sur moi.

— C'est véritablement un rêve, une vision; mais il ne faut pas être bien habile devin pour l'expliquer. L'explication en a été donnée il y a long-temps : — Ne placez pas votre confiance dans les princes. — Au surplus je puis faire cesser bientôt votre surprise. Monsieur, votre ami, est sans doute un homme honnête ?

Lady Peveril savait que les Cavaliers, comme le font toutes les factions, s'attribuaient exclusivement la dénomination d'*honnêtes gens*; et elle trouvait quelque difficulté à expliquer à la comtesse que le major n'était pas précisément *honnête* en ce sens.

— Ne ferions-nous pas mieux, madame, de passer dans un autre appartement? dit-elle en se levant comme pour la suivre. Mais la comtesse resta sur sa chaise.

— C'était par habitude que je vous faisais cette question, dit-elle; les principes de monsieur me sont fort indifférens; car ce que j'ai à vous dire est généralement connu maintenant, et peu m'importe qui l'entendra. Vous vous souvenez, vous devez le savoir, car Marguerite Stanley ne peut avoir été indifférente à mon destin, qu'après le meurtre de mon époux à Bolton, je relevai l'étendard qu'il ne laissa tomber qu'à sa mort, et que je l'arborai moi-même dans notre souveraineté de l'île de Man.

— Je l'ai appris, madame, et aussi que vous aviez eu

la noble hardiesse de défier le gouvernement rebelle, même lorsque toutes les autres parties de la Grande-Bretagne s'y étaient soumises. Mon mari, sir Geoffrey, avait dessein de marcher à votre secours avec quelques uns de ses vassaux, quand nous apprîmes que l'île s'était rendue au parti du parlement, et que vous aviez été mise en prison.

— Mais vous ignorez ce qui causa ce désastre, Marguerite. J'aurais disputé à ces brigands la possession de mon île jusqu'à ce que la mer qui l'entoure se fût desséchée; jusqu'à ce que les écueils qui l'environnent fussent devenus de bons ancrages; jusqu'à ce que les rochers qui lui servent de ceinture se fussent fondus aux rayons du soleil; jusqu'à ce qu'il ne fût pas resté pierre sur pierre de mes châteaux et de mes forteresses. Oui, j'aurais défendu jusqu'alors les domaines héréditaires de mon époux contre ces rebelles hypocrites; le petit royaume de Man ne leur aurait appartenu que lorsqu'il n'y serait pas resté un bras pour lever une épée, un doigt pour faire partir la détente d'un mousquet. Mais la trahison fit ce que la force n'aurait pu faire. La trahison accomplit ce que Blake et Lawson, avec leurs châteaux flottans, avaient trouvé trop hasardeux. Un vil rebelle, nourri dans notre sein, nous livra à nos ennemis; ce misérable se nommait Christian.

Le major Bridgenorth tressaillit à ce nom, et se retourna vers celle qui venait de le prononcer. Mais au même instant, et comme par réflexion, il reprit l'attitude qu'il avait auparavant, et parut regarder par la fenêtre. La comtesse ne fit pas attention à ce mouvement, mais il n'échappa point à lady Peveril, qui fut d'autant plus surprise de voir cette expression d'un intérêt si prononcé, qu'elle connaissait son habitude générale d'indifférence et d'apathie. Elle aurait voulu engager de nouveau lady Derby à passer dans un autre appartement, mais cette dame continuait à parler avec trop de véhémence pour se laisser interrompre.

— Ce Christian, dit-elle, avait mangé le pain et bu le vin de mon époux, de son souverain, depuis son enfance, car ses pères avaient été de fidèles serviteurs de la maison de Man et de Derby. Il avait lui-même combattu avec bravoure à côté du comte, et il avait joui de toute sa confiance. Lorsque mon époux reçut les honneurs du martyre par la main des rebelles, il me recommanda, entre autres instructions contenues dans la dernière lettre qu'il m'écrivit, de continuer à avoir confiance en la fidélité de Christian. Je lui obéis, quoique cet homme ne m'eût jamais plu; il était froid, flegmatique, entièrement dépourvu de ce feu sacré qui excite à de nobles actions, et soupçonné d'avoir un secret penchant pour les subtilités métaphysiques du calvinisme. Mais il était brave, prudent, plein d'expérience, et, comme l'évènement le prouva, il n'avait que trop de crédit sur nos insulaires. Quand ces gens grossiers se virent sans espoir de secours, et pressés par un blocus qui avait introduit dans l'île la disette et les maladies, ils commencèrent à être moins fermes dans la fidélité dont ils nous avaient donné des preuves jusqu'alors.

— Quoi! s'écria lady Peveril, ont-ils pu oublier ce qu'ils devaient à la veuve de leur bienfaiteur, à celle qui avait partagé avec le généreux Derby le soin d'améliorer leur condition?

— Ne les blâmez pas, répondit la comtesse; ils n'ont fait qu'agir suivant leur nature; la détresse présente fait oublier aux gens de cette classe les bienfaits passés. Habitant de viles chaumières, et avec un esprit digne de leurs murs de terre, ils étaient incapables de sentir la gloire qui s'attache à la constance dans le malheur. Mais que Christian ait été le chef de cette révolte, lui né dans une classe honnête de la société, lui nourri par Derby même dans de nobles sentimens, dans des principes chevaleresques; qu'il ait oublié cent bienfaits.... et pourquoi parler de bienfaits? qu'il ait oublié ces douces relations qui attachent l'homme bien plus fortement qu'une réciprocité d'obligations; qu'il se soit trouvé à la tête des scélérats qui forcèrent tout-à-coup les portes de mon appartement; qu'il m'ait enfermée avec mes enfans dans un de mes châteaux; qu'il se soit érigé en maître, en tyran de mon île; que tout cela ait été fait par William Christian, mon vassal, mon serviteur, mon ami, c'est un acte d'ingratitude et de perfidie dont ce siècle même, ce siècle de trahison, n'offre pas un second exemple.

— Et vous avez été mise en prison dans votre propre souveraineté?

— Pendant plus de sept ans j'ai enduré une étroite captivité. A la vérité on m'offrit la liberté et même quelques moyens d'existence, si je voulais consentir à quitter l'île, et donner ma parole que je ne chercherais pas à réintégrer mon fils dans les droits qu'il tenait de son père; mais ils ne connaissaient ni l'illustre maison de la Trémouille, dont le sang coule dans mes veines, ni la maison royale de Stanley à laquelle j'ai donné des descendans, ceux qui se flattaient de m'humilier au point de me faire consentir à une si honteuse transaction. J'aurais préféré périr d'inanition dans le plus sombre et le plus humide des cachots du château de Rushin, plutôt que d'abandonner le moindre des droits de mon fils sur la souveraineté.

— Et votre fermeté, dans un moment où tout espoir semblait perdu, ne put le déterminer à se montrer généreux, à vous rendre la liberté sans conditions?

— Ils me connaissaient mieux que vous, cousine; une fois en liberté, je n'aurais pas été long-temps sans trouver les moyens de les troubler dans leur usurpation; et Christian aurait brisé les barreaux de fer de la loge d'une lionne pour la combattre, plutôt que de me laisser la moindre chance de revenir à la charge contre lui. Mais le temps me gardait en réserve la liberté et la vengeance; j'avais encore des amis et des partisans dans l'île, quoiqu'ils fussent obligés de céder à l'orage; en général même les insulaires avaient reconnu qu'ils s'étaient trompés dans les espérances que leur avait fait concevoir un changement de maître; ils gémissaient sous le poids de mille exactions; leurs priviléges avaient été abolis sous prétexte de les mettre au même niveau que les autres sujets de la prétendue république. Quand on y reçut la nouvelle de la révolution qui vient d'arriver en Angleterre, ils trouvèrent le moyen de me faire connaître leurs sentimens, et une insurrection aussi soudaine, aussi irrésistible que celle qui m'avait rendue captive, me remit en liberté, et me rendit la souveraineté de l'île de Man, avec le titre de régente pour mon fils, le jeune comte de Derby. Croyez-vous qu'une fois rétablie dans mes droits j'aie tardé long-temps à faire justice du traître Christian?

— Comment, madame, dit lady Peveril, qui, quoiqu'elle connût l'esprit ambitieux et entreprenant de la comtesse, s'imaginait à peine à quelles extrémités il était capable de la porter, l'avez-vous fait mettre en prison?

— Oui, cousine, dans cette prison bien sûre, d'où nul félon ne peut s'échapper.

Bridgenorth, qui s'était approché d'elles peu à peu, et qui les écoutait avec un intérêt pénible, ne put se contenir plus long-temps, et s'écria avec vivacité : — J'espère, madame, que vous n'avez pas osé...?

La comtesse l'interrompit à son tour.

— Je ne vous connais pas, vous qui vous permettez de me questionner; et vous ne me connaissez guère quand vous me parlez de ce que j'ose ou n'ose pas faire; mais puisque vous semblez prendre intérêt à ce Christian, vous allez savoir quel fut son destin. Dès que je fus rentrée en possession de mon autorité légitime, j'ordonnai au *Doomster*[1] de l'île de traduire le traître devant une haute cour de justice, en se conformant à toutes les formes prescrites par les antiques coutumes de Man. La séance de la cour se tint en plein air; les juges et les assesseurs étaient assis sur des siéges taillés dans le roc. Le criminel fut entendu dans sa défense, qui ne consista guère que dans ces allégations spécieuses de bien public dont la trahison se sert pour voiler ses traits hideux. Il fut pleinement convaincu de son crime, et condamné à subir le sort des traîtres.

— Mais ce jugement n'est pas encore exécuté, je l'espère? s'écria lady Peveril en frémissant involontairement.

— Vous êtes une folle, Marguerite, répliqua la comtesse avec quelque aigreur : me croyez-vous femme à avoir attendu, pour faire un acte de justice, que quelque misérable intrigue eût déterminé la nouvelle cour d'Angleterre à intervenir dans cette affaire? Non, cousine; de la cour de justice il passa au lieu de l'exécution, sans autre délai que celui qui pouvait être nécessaire pour le salut de son âme. Il fut fusillé dans la cour du château de Peel.

Ici Bridgenorth joignit les mains, se tordit les bras, et poussa un profond gémissement.

— Comme vous paraissez prendre intérêt à ce criminel, ajouta la comtesse en se tournant vers lui, je vous dirai, pour lui rendre justice, qu'il reçut la mort avec courage et fermeté, d'une manière digne de sa vie passée, qui avait été honorable et sans reproche jusqu'à cet acte d'ingratitude et de trahison. Mais qu'importe? l'hypocrite est un saint, le traître est un homme d'honneur, jusqu'à ce que quelque occasion devienne la pierre de

---

[1] Le juge criminel. — Éd.

touche qui fait connaître le vil métal dont ils sont composés.

— Cela est faux! de toute fausseté! s'écria Bridgenorth, ne pouvant plus contenir son indignation.

— Que veut dire cette conduite, M. Bridgenorth? dit lady Peveril fort surprise. Quel intérêt si grand prenez-vous à ce Christian, pour insulter ainsi la comtesse de Derby dans ma maison?

— Ne me parlez ni de comtesse ni d'égards cérémonieux, s'écria Bridgenorth. La douleur et la colère n'ont pas le loisir de s'arrêter à des puérilités, pour satisfaire la vanité de grands enfans. O Christian! digne et bien digne du nom que tu portais [1] ! Mon ami! mon frère! le frère de ma défunte et sainte Alice! as-tu donc été cruellement assassiné par une furie, qui, sans toi, aurait payé de son sang celui de tous les saints immolés par elle et son tyran de mari! — Oui, cruelle meurtrière, ajouta-t-il en s'adressant à la comtesse, celui que tu as assassiné dans ta soif de vengeance a sacrifié, pendant bien des années, les murmures de sa conscience à l'intérêt de ta famille, et il ne t'a abandonnée que lorsque ton zèle frénétique pour la royauté avait presque causé la ruine entière de l'île dans laquelle il était né. En t'enfermant dans un château-fort, il n'a fait que ce que font les amis d'un furieux, qu'ils enchaînent pour l'empêcher d'attenter à ses jours. Je puis rendre témoignage que, sans la barrière qu'il éleva entre toi et le juste ressentiment des communes d'Angleterre, sans les vives sollicitations qu'il fit en ta faveur, tu aurais subi le châtiment de ta rébellion, comme la détestable femme d'Achab.

— M. Bridgenorth, dit lady Peveril, je puis pardonner quelque chose à l'affliction que vous éprouvez en apprenant cette malheureuse nouvelle; mais il est aussi

(1) Le mot *Christian* est un nom propre en anglais, et signifie en même temps *chrétien*. — Ed.

inutile que peu convenable de discourir plus long-temps sur un pareil sujet. Si votre chagrin vous fait oublier les autres motifs qui devraient vous inspirer une conduite différente, je vous prie de vous rappeler que la comtesse de Derby est chez moi, qu'elle est ma parente, et qu'elle a droit à toute la protection que je puis lui accorder. Je vous demande donc, uniquement à titre de politesse, de vous retirer ; c'est ce que vous pouvez faire de mieux en ce moment pénible.

— Non, qu'il reste, dit la comtesse en le regardant avec calme, et presque d'un air de triomphe. Je ne voudrais pas qu'il en fût autrement ; je ne voudrais pas que ma vengeance se bornât à la misérable satisfaction que m'a donnée la mort de Christian. Les clameurs grossières de cet homme me prouvent que le châtiment que j'ai infligé ne se fera pas sentir seulement à celui qui l'a subi. Je voudrais savoir qu'il a percé autant de cœurs rebelles, que le meurtre de mon digne Derby a affligé de cœurs dévoués.

— Puisque le major Bridgenorth n'est pas assez poli pour se retirer quand je l'en prie, dit lady Peveril, nous le laisserons dans cet appartement, madame, et nous passerons dans le mien, si c'est votre bon plaisir. Adieu, M. Bridgenorth, j'espère vous revoir dans de meilleures dispositions.

— Pardon, madame, dit le major qui avait parcouru la chambre à grands pas, mais qui s'arrêta en ce moment, et se redressa comme un homme qui vient de prendre sa résolution ; — je ne vous parlerai jamais que dans les termes les plus respectueux, mais il faut que je parle à cette femme en magistrat. Elle vient d'avouer en ma présence qu'elle a commis un meurtre ; le meurtre de mon beau-frère. Comme homme, comme magistrat, je ne dois permettre qu'elle sorte d'ici que sous bonne garde. Elle a déjà dit qu'elle était fugitive, qu'elle cherchait à se cacher ; je dois empêcher qu'elle ne prenne la fuite, et qu'elle ne se réfugie en pays étranger. Charlotte, comtesse de Derby, je vous arrête comme coupable du crime dont vous venez de tirer vanité.

— Je ne me soumettrai point à ce mandat, répondit la comtesse sans montrer aucune émotion ; je suis née pour donner de tels ordres et non pour en recevoir. Qu'ont de commun vos lois anglaises avec les actes de mon gouvernement dans le royaume héréditaire de mon fils ? Ne suis-je pas reine de Man, aussi bien que comtesse de Derby ? souveraine feudataire à la vérité, mais indépendante, tant que je rends foi et hommage. Quel droit pouvez-vous réclamer sur moi ?

— Le droit que donne le précepte de l'Ecriture, répliqua Bridgenorth. — Celui qui répand le sang de son prochain, son sang sera pareillement répandu. — Ne vous imaginez pas que des priviléges barbares et d'anciennes coutumes féodales puissent vous mettre à l'abri du châtiment que vous avez encouru pour avoir assassiné un Anglais pour des motifs auxquels, dans tous les cas, l'acte d'amnistie était applicable.

— M. Bridgenorth, dit lady Peveril, si je ne puis vous faire renoncer au projet que vous paraissez avoir conçu, je vous annonce que je ne permettrai pas qu'on exerce aucun acte de violence contre cette honorable dame dans l'enceinte des murs du château de mon mari.

— Vous vous trouverez hors d'état de m'empêcher d'exécuter mon devoir, madame, dit Bridgenorth, dont l'obstination naturelle venait à l'appui de son ressentiment et de son désir de vengeance ; je suis magistrat, et j'agis en cette qualité.

— C'est ce que j'ignore, M. Bridgenorth, répondit lady Peveril. Je sais fort bien que vous étiez magistrat sous les autorités usurpatrices qui gouvernaient naguère le pays ; mais jusqu'à ce que je sache que vous avez une commission au nom du roi, je ne crois pas devoir vous reconnaître pour tel.

— Je ne discuterai pas cette vaine question, madame, répliqua le major. Quand je ne serais pas magistrat, tout homme a le droit d'arrêter un individu coupable de meurtre au mépris des proclamations d'amnistie publiées par le roi ; et rien ne m'empêchera de le faire.

— Quelle amnistie? quelle proclamation? s'écria la comtesse d'un ton d'indignation. Charles Stuart peut, si bon lui semble, et il paraît que bon lui semble en effet, admettre près de lui ces gens dont les mains sont encore teintes du sang de son père et de ses plus fidèles sujets, et qui sont gorgés de richesses acquises par le pillage ; il peut leur pardonner, si tel est son bon plaisir, et compter leurs forfaits comme de loyaux services. Quel rapport tout cela peut-il avoir avec le crime commis par ce Christian contre moi et les miens? Né, élevé, domicilié dans l'île de Man, il a violé les lois du pays dans lequel il vivait, et il en a été puni, après avoir été jugé conformément à ces mêmes lois. Il me semble, Marguerite, que nous avons eu assez long-temps la visite de cet insolent et insensé magistrat. Je vous suis dans votre appartement.

Le major Bridgenorth se plaça entre elles et la porte, de manière à montrer qu'il était déterminé à leur barrer le passage. Lady Peveril, pensant qu'elle lui avait déjà témoigné en cette occasion plus de déférence que son mari ne l'approuverait probablement, éleva la voix, et appela Whitaker. Le vieil intendant, qui avait entendu parler haut, et qui avait distingué une voix de femme qu'il avait cru reconnaître, était déjà depuis quelques minutes dans l'antichambre, impatient de pouvoir satisfaire sa curiosité. On juge bien qu'il entra au même instant.

— Que trois de mes hommes prennent les armes sur-le-champ, dit lady Peveril ; qu'ils se rendent dans l'antichambre, et qu'ils y attendent mes ordres.

CHAPITRE VI.

« Oui, vous êtes mon prisonnier.
« Votre prison sera ma chambre,
« Et je serai votre geôlier. »
Le Capitaine.

L'ORDRE que lady Peveril venait de donner à ses domestiques de prendre les armes était si peu d'accord avec sa douceur ordinaire, que le major Bridgenorth en fut tout surpris.

— Que veut dire cela, madame? lui demanda-t-il. Je me croyais sous le toit d'un ami.

— Et vous ne vous trompiez pas, M. Bridgenorth, répondit lady Peveril sans perdre un instant le ton de calme et l'air de douceur qui lui étaient naturels ; mais c'est un abri qui ne doit pas être violé par l'acte de vengeance d'un ami contre un autre.

— Fort bien, madame, dit le major en se tournant du côté de la porte ; — le digne M. Solsgrace m'avait déjà prédit que nous reverrions le temps où les maisons situées sur les hauts lieux, où les noms des grands de la terre, seraient encore un abri et une excuse pour les crimes de ceux qui habitent les unes et qui portent les autres. Je ne l'avais pas cru ; mais je reconnais aujourd'hui qu'il est plus clairvoyant que moi. Ne pensez pourtant pas que je me soumette ainsi à votre volonté. Le sang de mon frère, de mon ami de cœur, ne criera pas long-temps en vain.— *Que tu te fais attendre, ô Seigneur !* S'il reste une étincelle de justice dans la malheureuse Angleterre, cette femme superbe et moi nous nous verrons dans un lieu où elle n'aura pas d'amis dont la partialité la protègera.

A ces mots, il allait sortir de l'appartement, quand lady Peveril lui dit : — Vous ne quitterez pas cette maison, M. Bridgenorth, sans m'avoir donné votre parole de renoncer à tout dessein hostile contre la liberté de la comtesse, dans les circonstances présentes.

— Je signerais mon déshonneur dans les termes les plus formels, madame, répondit-il, plutôt que de consentir à une telle transaction. Si quelqu'un s'oppose à ma sortie, que son sang retombe sur sa tête.

Tandis que le major parlait ainsi, Whitaker ouvrit la porte, et fit voir que, alerte comme un vieux soldat qui n'était pas fâché de prendre encore une attitude militaire, il avait déjà amené quatre vigoureux gaillards, portant comme lui la livrée de Peveril du Pic, armés d'épées, de carabines, de justaucorps de buffle, et ayant des pistolets à leur ceinture.

— Je verrai, dit le major Bridgenorth, si quelqu'un de ces drôles sera assez hardi pour arrêter un Anglais né libre, un magistrat s'acquittant de son devoir.

En parlant ainsi, il s'avança sur Whitaker et les hommes de sa suite en portant la main sur la poignée de son épée.

— Ne soyez pas si imprudent, M. Bridgenorth, s'écria lady Peveril, et elle ajouta en même temps : — Arrêtez-le, Whitaker; désarmez-le, mais ne lui faites pas de mal.

Cet ordre fut exécuté; Bridgenorth ne manquait pas de résolution, mais il n'était pas de ces gens qui ne font aucune attention au nombre de leurs ennemis quand il s'agit de défendre leur liberté. Il tira son épée à demi hors du fourreau, et ne fit que la résistance nécessaire pour obliger ses adversaires à employer la violence pour le forcer à se soumettre. Il leur remit alors son arme, et déclara que, tout en se soumettant à une force à laquelle un homme seul ne pouvait résister, il rendait ceux qui l'employaient et qui en avaient donné l'ordre responsables du fait de son arrestation illégale.

— Ne vous mettez pas en peine de cela, M. Bridgenorth, dit le vieux Whitaker; nous savons que vous avez agi plus d'une fois vous-même d'une manière plus illégale. Une parole de milady vaut tous les mandats du vieux Noll [1], et vous les avez fait exécuter assez long-temps, M. Bridgenorth; vous m'avez fait mettre en prison pour avoir bu à la santé du roi, M. Bridgenorth; et vous ne vous embarrassiez guère alors des lois anglaises.

— Pas d'impertinences, Whitaker, dit lady Peveril; et vous, M. Bridgenorth, ne trouvez pas mauvais que vous soyez retenu prisonnier pendant quelques heures, jusqu'à ce que la comtesse de Derby n'ait plus rien à craindre de vos poursuites. Il me serait bien facile de lui donner une escorte qui défierait toutes les forces que vous pourriez rassembler; mais Dieu sait que je désire assoupir la mémoire des dissensions civiles, et non la réveiller. Encore une fois, réfléchissez-y bien; voulez-vous reprendre votre épée, et oublier qui vous avez vu au château de Martindale?

— Jamais, répondit Bridgenorth. Le crime de cette femme barbare sera, de tous les crimes commis par les hommes, le dernier que j'oublierai. Jamais je ne renoncerai au désir d'obtenir justice.

— Si tels sont vos sentimens, puisqu'ils respirent l'amour de la vengeance plus que celui de la justice, je dois pourvoir à la sûreté de mon amie en m'assurant de votre personne. On vous fournira dans cette chambre tout ce qui pourra vous être nécessaire ou agréable, et j'enverrai à Moultrassie-Hall pour que votre absence n'y cause aucune inquiétude. Dans quelques heures peut-être, dans deux jours tout au plus, je mettrai fin à votre captivité, et je vous prie de m'excuser si j'en viens, en ce moment, à une extrémité à laquelle votre obstination me contraint.

Le major ne répondit rien, si ce n'est qu'il était en son

---

(1) Noll (*Olivier*): Olivier Cromwell. — Éd.

pouvoir, et qu'il devait se soumettre à ses volontés. Il se tourna alors vers la fenêtre d'un air mécontent, comme s'il eût cherché à se débarrasser de la présence des deux dames.

La comtesse et lady Peveril sortirent en se tenant par le bras, et la dernière donna ses instructions à Whitaker sur la manière dont elle désirait que le major fût traité et gardé, lui expliquant en même temps que la sûreté de la comtesse de Derby exigeait qu'il fût surveillé de très près.

Whitaker donna son assentiment sans réserve à la proposition de placer des gardes à toutes les portes de la chambre, et à toutes les mesures qui avaient pour but d'empêcher le prisonnier de s'échapper; mais quand il fut question de son coucher et de sa table, le vieil intendant ne se montra pas à demi si docile, et il pensa que lady Peveril avait beaucoup trop d'égards pour le major puritain. — Je vous réponds, lui dit-il, que ce coquin de Tête-Ronde a mangé hier assez de notre bœuf gras pour lui servir pour un mois, et quelques jours de jeûne lui feront grand bien. Quant à sa boisson, de par Dieu, je lui donnerai assez d'eau fraîche pour rafraîchir son sang trop échauffé par tout ce qu'il a bu hier. Et pour son lit, voilà un beau plancher bien sec, qui vaut mieux que la paille humide que j'ai trouvée quand il m'a fait jeter en prison.

— Whitaker, dit lady Peveril d'un ton d'autorité, songez à exécuter très ponctuellement les ordres que je vous ai déjà donnés relativement à la nourriture et au coucher de M. Bridgenorth, et ne vous avisez pas de manquer de politesse envers lui.

— De par Dieu, milady, répondit Whitaker, vos ordres seront fidèlement exécutés : mais, comme ancien serviteur, je ne puis m'empêcher de vous faire connaître ma façon de penser.

Après cette conférence, les deux dames entrèrent dans l'antichambre, et passèrent ensuite dans un appartement particulièrement destiné à l'usage de la maîtresse du château, communiquant d'un côté à sa chambre à coucher, et de l'autre à une salle donnant sur le jardin. Il s'y trouvait aussi une petite porte par laquelle, après avoir monté quelques marches, on arrivait au balcon donnant sur la cuisine dont nous avons déjà parlé, et le même corridor conduisait, par une autre porte, à une tribune de la chapelle, de sorte que toutes les affaires temporelles et spirituelles du château devenaient presque au même instant soumises à l'inspection de l'œil qui devait tout surveiller.

La comtesse et lady Peveril furent bientôt assises dans la chambre que nous venons de décrire, et qui était ornée d'une belle tapisserie. La première, prenant la main de sa cousine, lui dit en souriant : — Il est arrivé aujourd'hui deux choses qui m'auraient surprise si quelque chose pouvait me surprendre maintenant. La première, c'est que cette Tête-Ronde ait osé montrer tant d'insolence dans le château de Peveril du Pic. Si votre mari est toujours le brave et honorable Cavalier que j'ai connu, et qu'il se fût trouvé chez lui, il aurait jeté le drôle par la fenêtre. Mais ce qui m'a encore plus étonnée, Marguerite, c'a été de vous voir montrer un sang-froid et un courage dignes d'un général d'armée. Je vous aurais à peine crue capable de prendre des mesures si décisives, après vous avoir vue écouter cet homme avec tant de patience. Tandis qu'il parlait de sa magistrature et de ses mandats d'arrêt, vous aviez l'air si décontenancé, qu'il me semblait déjà sentir sur mon épaule la griffe de quelque constable voulant me traîner en prison comme une vagabonde.

— Nous devons quelque déférence à M. Bridgenorth, ma chère dame ; il nous a rendu plus d'un service dans ces temps difficiles. Mais lui ni personne n'insultera la comtesse de Derby dans la demeure de Marguerite Stanley.

— Vous êtes devenue une véritable héroïne, Marguerite.

— Deux siéges et des alarmes sans nombre peuvent m'avoir donné quelque présence d'esprit, mais pour le courage, je n'en ai guère plus qu'autrefois.

— Présence d'esprit est courage, Marguerite. La véritable valeur ne consiste pas à être insensible au danger, mais à le braver et à le surmonter, et il est possible que nous ayons bientôt besoin de toute celle que nous possédons, ajouta-t-elle avec une légère émotion, car j'entends des chevaux dans la cour.

Au même instant, le petit Julien, hors d'haleine de joie, accourut dans la chambre pour annoncer que son papa venait d'arriver avec Lamington et Sam-Brewer, et qu'il lui avait permis de monter sur Black Hastings pour le conduire à l'écurie. Presque en même temps on entendit le bruit des bottes du digne chevalier, qui, dans son empressement de revoir son épouse, franchissait les escaliers deux à deux. Il entra dans l'appartement; ses traits échauffés et ses vêtemens en désordre annonçaient la célérité avec laquelle il avait voyagé. Ce ne fut qu'avec quelque difficulté que lady Peveril se dégagea de ses bras en rougissant et en lui disant d'un ton de reproche, adouci par la tendresse, de faire attention à la dame qui se trouvait dans sa chambre.

— C'est une dame, dit la comtesse en s'avançant vers lui, qui est enchantée de voir que sir Geoffrey Peveril du Pic, quoique devenu courtisan et favori, n'en apprécie pas moins le trésor qu'elle a contribué à lui assurer. Vous ne pouvez avoir oublié la levée du siége de Latham-House.

— La noble comtesse de Derby! s'écria sir Geoffrey en ôtant avec un air de respect son chapeau surmonté d'un panache, et en baisant la main qu'elle lui présentait. Je suis aussi charmé, milady, de vous voir dans ma pauvre maison, que si j'apprenais qu'on a découvert une veine de plomb dans ma mine de Bonaventure. Je suis venu en toute hâte, dans l'espoir de pouvoir vous servir d'escorte dans ce comté, car je craignais que vous ne tombassiez en mauvaises mains, ayant appris qu'un messager, porteur d'un mandat d'arrêt décerné contre vous par le conseil, était déjà parti de Londres.

— Quand avez-vous appris cette nouvelle, et de qui la tenez-vous?

— De Cholmondeley de Vale-Royal; il est parti, afin de prendre des mesures pour assurer votre passage dans le comté de Chester, et je me suis chargé de vous y conduire en sûreté. Le prince Rupert, Osmond, et nos autres amis, travaillent à vous tirer d'affaire moyennant une amende; mais on dit que le chancelier Harry Bennet, et quelques autres conseillers d'outre-mer, sont furieux de ce qu'ils appellent une violation de l'amnistie proclamée au nom du roi. Qu'ils aillent au diable! ils nous ont laissé supporter tous les coups, et maintenant ils trouvent mauvais que nous voulions régler nos comptes avec ceux qui nous ont donné si long-temps le cauchemar.

— Et quel châtiment parle-t-on de m'infliger?

— Je ne saurais trop vous le dire; nos amis, comme je vous le disais, cherchent à le faire réduire à une amende, mais les autres ne parlent de rien moins que de la Tour de Londres et d'un long emprisonnement.

— Je suis restée en prison assez long-temps pour l'amour du roi Charles, dit la comtesse, et je n'ai nullement envie d'y retourner par ses ordres. D'ailleurs, si l'on me prive du gouvernement des domaines de mon fils dans l'île de Man, je ne sais si je n'ai pas à craindre quelque nouvelle usurpation. Je vous serai donc obligée, cousin, de chercher quelque moyen pour me faire conduire en sûreté à Vale-Royal, où je sais que je trouverai une escorte suffisante pour arriver sans danger à Liverpool.

— Comptez, noble dame, que je vous servirai de guide et d'escorte, quand même vous seriez venue dans mon château à minuit, avec la tête de ce drôle dans votre tablier, comme Judith dans les Apocryphes, que je suis charmé qu'on recommence à lire dans nos églises.

— La noblesse du second ordre est-elle nombreuse à la cour ?

— Oui, madame ; et comme nous le disons des mineurs dans ce comté quand ils ouvrent une mine, elle travaille *pour la grâce de Dieu, et pour ce que cette grâce pourra lui rendre.*

— Les anciens Cavaliers y sont-ils bien accueillis ?

— Ma foi ! madame, pour dire la vérité, le roi a des manières si gracieuses, qu'il fait naître l'espérance dans le cœur de tous ceux à qui il parle ; mais jusqu'à présent on a vu bien peu de ces fleurs porter du fruit.

— J'espère, cousin, que du moins vous n'avez pas à vous plaindre d'avoir éprouvé de l'ingratitude ? personne ne l'aurait moins mérité.

En homme prudent, sir Geoffrey ne se souciait pas d'avouer qu'il avait conçu des espérances déçues ; mais il avait trop de franchise dans le caractère pour cacher entièrement son désappointement.

— Qui, moi ? madame ! répondit-il ; que pouvait attendre du roi un pauvre chevalier campagnard, si ce n'est le plaisir de le revoir à Whitehall, replacé sur son trône ? Sa Majesté m'a reçu de la manière la plus gracieuse lorsque je lui ai été présenté ; elle m'a parlé de la journée de Worcester, et de mon cheval Black Hastings. Il est vrai qu'elle en avait oublié le nom, et le mien aussi, je crois, car le prince Rupert fut obligé de le lui rappeler à l'oreille. J'ai revu quelques anciens amis, Sa Grâce le duc d'Ormond, sir Marmaduke Langdale, sir Philippe Musgrave et plusieurs autres, et nous avons fait ripaille ensemble, une ou deux fois, à la manière de l'ancien temps.

— J'aurais cru que tant de dangers courus, tant de

pertes dans votre fortune, tant de blessures reçues, méritaient quelque chose de mieux que quelques paroles mielleuses.

— Il est bien vrai, milady, que j'ai trouvé quelques amis qui avaient la même pensée. Quelques uns étaient d'avis que la perte de tant d'acres de bonne terre valait au moins quelque récompense honorifique; et il y en avait qui prétendaient qu'un homme dont la généalogie remonte à Guillaume-le-Conquérant (pardon si je me vante ainsi devant vous, milady) pouvait porter un titre tout aussi bien que la plupart de ceux qui en ont obtenu. Mais que dit à cela le bel esprit de la cour, le duc de Buckingham, dont le grand-père était un chevalier du comté de Leicester, d'une famille valant à peine la mienne? Il dit que si l'on appelait à la pairie tous les chevaliers qui ont bien mérité du roi dans les derniers temps, il faudrait que la chambre des pairs tînt ses séances dans la plaine de Salisbury.

— Et cette mauvaise plaisanterie a passé pour une bonne raison? Cela ne m'étonne pas dans un temps où de bonnes raisons passent pour de mauvaises plaisanteries. Mais voici quelqu'un avec qui il faut que je fasse connaissance.

C'était le petit Julien, plein d'une vanité enfantine après avoir reconduit seul Black Hastings à l'écurie, et qui venait, tenant Alice par la main, comme s'il l'avait amenée pour rendre témoignage à la vérité de l'exploit dont il se vantait. — Saunders, s'écriait-il, qui marchait à côté de la tête du cheval, n'avait pas mis une fois la main sur les guides, et Brewer, qui était à côté de lui, le tenait à peine par l'épaule. Sir Geoffrey prit Julien dans ses bras pour l'embrasser; et quand il l'eut remis par terre, la comtesse l'appela à elle, l'embrassa sur le front, et l'examina d'un œil curieux.

— C'est un vrai Peveril, dit-elle, qui a aussi quelques

traits des Stanley, comme cela devait être. Cousin, il faut que vous m'accordiez ma demande, et que, dans quelque temps, quand l'affaire actuelle sera arrangée et que je serai établie dans mon île, vous m'envoyiez ce petit Julien pour être élevé chez moi, être mon page, et le compagnon de jeux et d'études de mon petit Derby. J'espère que le ciel permettra qu'ils soient amis comme leurs pères l'ont été, et qu'il leur fera voir des temps plus heureux.

— De tout mon cœur, madame, et je vous remercie sincèrement de cette offre. Nous avons vu déchoir tant de nobles maisons, et il y en a tant d'autres où l'on a négligé et même abandonné les règles de discipline ancienne pour l'éducation des jeunes nobles, que j'ai souvent craint d'être obligé de garder Julien chez moi; et comme mon éducation à moi-même n'a pas été assez soignée pour que je puisse me charger de la sienne, il aurait couru grand risque de n'être toute sa vie qu'un chevalier chasseur du comté de Derby. Mais dans votre maison, milady, et près du noble jeune comte votre fils, il recevra toute l'éducation que je lui désire, et mieux encore.

— Il n'y aura entre eux aucune distinction, cousin, dit la comtesse; le fils de Marguerite Stanley sera l'objet de mes soins aussi bien que le mien, puisque vous voulez bien me le confier. Vous pâlissez, Marguerite, et j'aperçois une larme dans vos yeux. Quelle folie ! ce que je vous demande est plus avantageux pour votre fils que tout ce que vous pourriez désirer, car la maison de mon père, le duc de La Trémouille, était la plus célèbre école de chevalerie de toute la France, et je n'en ai pas dégénéré; je n'ai souffert chez moi aucun relâchement de cette noble discipline qui habituait les jeunes gens à faire honneur à leur race. Vous ne pouvez vous promettre les mêmes avantages pour votre Julien, si vous vous bornez à l'élever en gentilhomme campagnard.

— Je sens toute l'importance de cette faveur, madame,

dit lady Peveril, et je dois consentir à une proposition qui nous honore et qui a déjà obtenu l'approbation de sir Geoffrey. Mais Julien est un fils unique, et...

— Un fils unique, dit la comtesse, mais non pas votre unique enfant. Vous faites trop d'honneur à nos maîtres du sexe masculin, si vous souffrez que Julien s'empare de toute votre affection, et que vous n'en réserviez pas pour cette jolie enfant.

A ces mots, elle mit Julien par terre, et prenant sur ses genoux Alice Bridgenorth, elle commença à la caresser. Malgré le caractère mâle de la comtesse, il y avait quelque chose de si doux dans le son de sa voix et dans l'expression de ses traits, que l'enfant lui sourit tout-à-coup et répondit à ses caresses. Cette méprise embarrassa beaucoup lady Peveril. Connaissant le caractère impétueux de son mari, son dévouement à la mémoire du feu comte de Derby, et sa vénération non moins grande pour sa veuve, elle fut alarmée des conséquences que pouvait avoir le compte qu'il fallait bien lui rendre de la conduite de Bridgenorth, et elle désirait beaucoup pouvoir l'en instruire elle-même en particulier, et après l'avoir préparé à l'apprendre. Mais l'erreur de la comtesse amena une explication plus précipitée.

— Cette belle enfant ne nous appartient pas, madame répondit sir Geoffrey. Je voudrais qu'elle nous appartînt. C'est la fille d'un de nos proches voisins, un brave homme, et, pour dire la vérité, un bon voisin, quoique dans ces derniers temps il se soit laissé entraîner hors du droit chemin par un maudit presbytérien qui prend le titre de ministre, et que j'espère avoir le plaisir d'abattre incessamment de son perchoir, avec avis de prendre garde à lui. Il a été assez long-temps le coq du poulailler. Nous ne manquerons pas de baguettes trempées dans le vinaigre pour secouer son manteau de Genève : c'est ce que je puis promettre à ce drôle à face de carême. Mais quant à cette belle enfant, c'est la fille de Bridgenorth, du voisin Bridgenorth de Moultrassie-Hall.

— Bridgenorth! répéta la comtesse; je croyais connaître le nom de toutes les familles honorables du comté de Derby, et je ne me rappelle nullement celui de Bridgenorth. Mais un moment; n'y avait-il pas dans le comité des séquestres un homme qui portait ce nom? A coup sûr ce ne peut être lui.

Ce ne fut pas sans éprouver une sorte de honte que Peveril répondit: — Pardonnez-moi, milady; c'est précisément l'homme dont vous parlez, et vous pouvez concevoir avec quelle répugnance je me suis décidé à recevoir de bons offices d'un homme de cette trempe. Mais si je ne l'eusse fait, je ne sais où j'aurais trouvé un abri pour la tête de Marguerite.

Tandis qu'il parlait ainsi, la comtesse remit à terre la petite Alice, et la plaça doucement sur le tapis, quoique l'enfant parût évidemment désirer de rester sur ses genoux, désir auquel la souveraine de Man aurait certainement cédé si Alice avait reçu le jour de parens patriciens et royalistes.

— Je ne vous blâme pas, lui dit-elle; personne ne sait jusqu'où la tentation peut nous faire descendre; et cependant je croyais que Peveril du Pic aurait préféré habiter une caverne, plutôt que d'avoir une obligation à un régicide.

— Mon voisin ne vaut pas grand'chose, madame, dit le chevalier, mais il vaut pourtant mieux que vous ne le pensez. C'est un Presbytérien, je dois en convenir, mais ce n'est pas un Indépendant [1].

— C'est une variété du même monstre, répliqua la com-

---

[1] Les presbytériens, considérés comme parti politique, se seraient contentés de quelques concessions du monarque : ils ne demandaient en fait de liberté que la liberté de conscience. Les indépendans étaient plus exigeans : ils ne voulaient rien moins que l'abolition de la monarchie; et en fait de religion ils les admettaient toutes dans leurs rangs. — Éd.

tesse. Les premiers conduisaient la chasse et sonnaient du cor ; ils poursuivaient et garrottaient la victime que les seconds égorgeaient. De ces deux sectes, je préfère les Indépendans. Ce sont du moins des scélérats audacieux, et s'ils sont sans pitié, ils ne cherchent pas à se couvrir d'un masque. Ils ressemblent davantage au tigre, et moins au crocodile. Je ne doute pas que le digne personnage qui a pris sur lui ce matin de...

Elle s'arrêta à ces mots, car elle vit dans les traits de lady Peveril une sorte d'embarras et même de mécontentement.

— Je suis la plus malheureuse des femmes, ajouta-t-elle ; j'ai dit quelque chose qui vous contrarie, Marguerite, et je ne sais pourquoi. Je suis ennemie de tout mystère, et il ne doit pas en exister entre nous.

— Il n'en existe aucun, madame, répondit lady Peveril avec un peu d'impatience ; je n'attendais qu'une occasion pour informer mon mari de ce qui est arrivé. M. Bridgenorth était malheureusement ici, sir Geoffrey, lors de ma première entrevue avec lady Derby, et il a cru qu'il était de son devoir de...

— De quoi faire ? s'écria le chevalier. Vous avez toujours été trop disposée, madame, à souffrir les usurpations de pareilles gens.

— Je veux dire seulement que comme la personne... celui dont lady Derby me racontait l'histoire, était le frère de sa défunte femme, il l'a menacée... quoique je ne puisse croire qu'il parlait sérieusement...

— Il l'a menacée ! menacer la comtesse de Derby dans ma maison, la veuve de mon ami, la noble Charlotte de Latham-House ! De par le ciel ! le coquin de Tête-Ronde m'en fera raison ! Comment se fait-il que mes valets ne l'aient pas jeté par la fenêtre ?

— Hélas ! sir Geoffrey, vous oubliez les obligations que nous lui avons.

— Les obligations! s'écria le chevalier avec encore plus d'indignation; car, tout occupé d'un seul objet, il s'imagina que sa femme voulait parler d'obligations pécuniaires ; si je lui dois quelque argent, n'a-t-il pas toutes ses sûretés? A-t-il pour cela le droit de venir dicter des lois et jouer le rôle de magistrat dans le château de Martindale? Où est-il? Qu'en avez-vous fait? Je veux... il faut absolument que je lui parle.

— Calmez-vous, sir Geoffrey, dit la comtesse, qui vit alors le motif des appréhensions de sa parente, et soyez bien sûr que je n'ai eu besoin d'aucun chevalier pour me défendre contre ce discourtois *faitour* [1], comme l'auteur de la *Mort d'Arthur* l'aurait appelé. Je vous garantis que ma parente en a fait complètement justice, et je suis si charmée de devoir entièrement ma délivrance à son courage, que je vous ordonne, comme à un loyal chevalier, de ne pas intervenir dans une aventure qui appartient à un autre.

Lady Peveril, qui connaissait le caractère impatient et irritable de son mari, et qui voyait sa colère s'enflammer, raconta alors toute l'histoire et lui mit sous les yeux, de la manière la plus simple et la plus claire, la conduite de M. Bridgenorth, et les causes qui y avaient donné lieu.

— J'en suis fâché, dit le chevalier; je lui croyais plus de bon sens, et j'espérais que les heureux changemens survenus depuis peu auraient produit sur lui quelque bon effet. Mais vous auriez dû m'en informer plus tôt; mon honneur ne me permet pas de le garder prisonnier ici, comme si je craignais rien de ce qu'il pourrait entreprendre contre la noble comtesse tandis qu'elle est dans mon château, ou à une distance de vingt milles.

A ces mots, il salua la comtesse, et se rendit sur-le-

---

(1) Ancien mot normand. Terme de mépris. — Ed.

champ dans la chambre dorée, laissant lady Peveril dans la plus vive inquiétude de ce qui pourrait se passer entre deux hommes d'un caractère aussi fougueux que celui de son mari et aussi opiniâtre que celui de Bridgenorth. Elle aurait pu s'épargner cette crainte, car la rencontre ne devait pas avoir lieu.

Quand sir Geoffrey, ayant congédié Whitaker et ses sentinelles, fut entré dans cet appartement, où il comptait trouver le captif, le major n'y était plus, et il était facile de voir de quelle manière il s'était échappé. Dans le trouble du moment, ni lady Peveril, ni Whitaker, seules personnes qui connussent le secret du panneau glissant, n'avaient songé qu'il pouvait donner passage au prisonnier. Il était probable que la comtesse en le fermant n'avait pas pris toutes les précautions nécessaires pour en cacher la place, que Bridgenorth l'avait découvert, et qu'étant parvenu à l'ouvrir, il avait pénétré dans l'appartement secret dans lequel il conduisait, et d'où il était arrivé à la poterne du château par un étroit passage pratiqué dans l'épaisseur des murs. Cela n'avait rien d'extraordinaire dans les anciens châteaux, où les barons étaient exposés à tant de revers de fortune, qu'ils avaient presque toujours soin de se ménager les moyens de quitter secrètement leur forteresse pour gagner quelque autre lieu de retraite. Ce qui prouvait que c'était ainsi que le major était parti du château, c'était que les portes du passage secret conduisant à la poterne étaient restées ouvertes, aussi bien que le panneau de la chambre dorée.

Sir Geoffrey alla rejoindre les deux dames avec un air d'inquiétude. Tant qu'il avait cru pouvoir trouver Bridgenorth, il n'avait éprouvé aucune crainte parce qu'il se sentait supérieur à lui par sa force, comme par cette espèce de courage qui porte un homme à se jeter sans hésiter au-devant de tous les dangers. Mais il avait été depuis tant d'années habitué à regarder le pouvoir et l'influence de Bridgenorth comme quelque chose de formidable, et, malgré le changement survenu depuis peu dans la situation des affaires publiques, il envisageait encore si naturellement son voisin comme un ami puissant ou un ennemi dangereux, qu'en le voyant parti il conçut plus d'alarmes pour la sûreté de la comtesse qu'il ne voulait se l'avouer à lui-même. La comtesse remarqua son air soucieux, et lui demanda s'il pensait que sa présence au château pût lui causer quelque embarras ou l'exposer à quelque danger.

— L'embarras serait le bienvenu, répondit sir Geoffrey, et le danger le serait encore davantage, arrivant pour une telle cause. Mon plan était de vous prier, milady, d'honorer de votre présence le château de Martindale pendant quelques jours, et vous auriez pu y rester, sans que personne s'en doutât, jusqu'à ce qu'on se fût lassé de vous chercher. Si j'avais trouvé ce Bridgenorth, je ne doute pas que je ne l'eusse forcé à agir avec discrétion; mais il est échappé, il aura soin de se tenir hors de ma portée, et ce qu'il y a de plus fâcheux, c'est qu'il connaît le secret de la chambre du prêtre.

Sir Geoffrey s'interrompit en ce moment et parut embarrassé.

— Vous ne pouvez donc ni me cacher ni me protéger? dit la comtesse.

— Pardonnez-moi, milady, répondit le chevalier, mais permettez-moi de continuer. La vérité, c'est que cet homme a beaucoup d'amis parmi les presbytériens de ce canton, beaucoup plus que je ne le voudrais; s'il rencontre le porteur du mandat décerné contre vous par le conseil privé, il est probable qu'il reviendra avec une force suffisante pour essayer de le mettre à exécution, et je doute que nous puissions rassembler à la hâte un assez grand nombre d'amis pour résister avec quelque espoir de succès.

— Je ne voudrais pas, sir Geoffrey, dit la comtesse, que mes amis prissent les armes en mon nom pour s'opposer à l'exécution d'un mandat du roi.

— Quant à cela, milady, répliqua Peveril, s'il plaît au roi de lancer des mandats contre ses meilleurs amis, il doit compter qu'on y résistera. Mais ce qu'il y a de mieux à faire, à mon avis, dans cette circonstance, quoique cette proposition ne soit pas tout-à-fait conforme aux règles de l'hospitalité, c'est que vous montiez à cheval sur-le-champ, si vous n'êtes pas trop fatiguée, et que je vous escorte avec quelques braves gens qui vous conduiront en sûreté à Vale-Royal, quand même le shérif avec toute sa bande voudrait nous disputer le passage.

La comtesse de Derby goûta cet avis. Elle avait, dit-elle, parfaitement reposé la nuit précédente dans l'appartement secret où Ellesmere l'avait conduite; et elle était prête à se remettre en route ou à reprendre la fuite; car elle ne savait, ajouta-t-elle, de laquelle de ces deux expressions elle devait se servir.

Lady Peveril versa des larmes sur la nécessité qui forçait l'amie et la protectrice de sa jeunesse à fuir avec précipitation de sa maison, dans un moment où l'adversité semblait obscurcir l'horizon pour elle; mais le soin de la sûreté de la comtesse ne lui laissait pas d'autre alternative. On peut même dire que, malgré tout son attachement pour cette dame, elle ne pouvait être très fâchée de son départ précipité, quand elle songeait aux inconvéniens et même aux dangers que sa présence dans un tel moment et dans de telles circonstances pouvait attirer sur un homme aussi intrépide et aussi bouillant que sir Geoffrey Peveril.

Tandis que lady Peveril prenait toutes les mesures que permettaient le temps et les conjonctures, pour que la comtesse pût se remettre en route, son mari, dont l'enthousiasme redoublait toujours à l'approche d'une action donnait ordre à Whitaker de rassembler à la hâte quelques braves gens déterminés, et armés de toutes pièces. — Prenez mes deux laquais, dit-il, Lance-Outram, Saunders, le palefrenier, Roger Raine et son garçon ; mais recommandez à Roger de ne pas trop boire avant de partir. Vous serez du nombre, bien entendu, et il n'y aura pas de mal d'aller dire au jeune Dick Wildblood de venir avec trois ou quatre de ses gens. Nous serons bien assez nombreux pour faire face aux forces qu'ils pourront rassembler. Tous ces gens-là ont des bras qui frapperont ferme, sans demander pourquoi ; leurs bras valent mieux que leurs langues, et leurs bouches sont faites pour boire plutôt que pour parler.

Whitaker, apprenant le motif de cette levée de boucliers, demanda à son maître s'il n'avertirait pas aussi sir Jasper Cranbourne.

— Ne lui en dites pas un mot, sur votre vie! s'écria le chevalier. Il peut résulter de tout ceci des confiscations, des amendes, et je ne veux mettre en péril les biens de personne que les miens. Sir Jasper a eu assez à souffrir pendant bien des années, et, si cela dépend de moi, il passera le reste de ses jours en paix.

CHAPITRE VII.

FANG.
« Au secours! au secours!
MISTRESS QUICKLY.
« Braves gens, au secours! venez plutôt deux qu'un.»
SHAKSPEARE. *Henry IV*, part. I.

Tous ceux qui composaient la suite de Peveril du Pic étaient si habitués à entendre les mots *en selle!* que l'escorte commandée pour la comtesse de Derby dans la partie montagneuse et presque déserte de ce comté, limitrophe avec celui de Chester, fut bientôt prête, rangée en bon ordre, et avec cet air réservé que donne la possibilité du danger. La cavalcade marcha avec les précautions auxquelles avait habitué l'expérience acquise pendant les guerres civiles. Un cavalier prudent et bien monté précédait d'environ trois cents pas le corps de la troupe, et deux autres cavaliers marchaient la carabine en avant et prêts à faire feu, si besoin en était. La comtesse de Derby, à cent cinquante pas plus près, montait le palefroi de lady Peveril, car le sien était trop fatigué du voyage qu'elle avait fait de Londres au château de Martindale, suivie d'un écuyer sur la fidélité duquel elle pouvait compter, et d'une femme de chambre; elle s'avançait au centre, gardée par sir Geoffrey Peveril du Pic, et par trois files d'hommes bien armés, aussi déterminés que vigoureux. Whitaker et Lance-Outram composaient l'arrière-garde, comme hommes de confiance, et chargés de couvrir la retraite. Ils marchaient, suivant le proverbe espagnol, la barbe sur l'épaule, c'est-à-dire regardant autour d'eux de temps en temps, et prenant toutes les mesures nécessaires pour apercevoir le plus promptement possible les ennemis qui pourraient les poursuivre.

Mais quelque habile qu'il fût dans la discipline militaire, Peveril ne brillait pas autant du côté de la politique administrative. Quoique sans aucune nécessité apparente, il avait expliqué à Whitaker la nature précise de leur expédition, et Whitaker ne fut pas moins communicatif à l'égard de son compagnon Lance-Outram.

— Voilà qui est étrange! M. Whitaker, dit le garde forestier quand il eut appris ce dont il s'agissait; et je voudrais que vous, qui êtes un homme savant, vous pussiez m'expliquer comment, tandis que depuis vingt ans nous n'avons fait autre chose que souhaiter le retour du roi, prier pour le roi, combattre pour le roi, mourir pour le roi, la première chose que nous ayons à faire, lors de son retour, soit d'endosser nos cuirasses pour empêcher l'exécution d'un ordre du roi.

— Jeune barbe, dit Whitaker, est-ce là tout ce que vous savez du fond de l'affaire? Dès le commencement, nous nous sommes battus pour le roi, contre ses ordres; car je me souviens que toutes les proclamations de ces enragés étaient toujours faites au nom du roi et du parlement.

— Ah! voilà donc ce que c'est! Eh bien, s'il faut recommencer sitôt à battre le gibier, et à envoyer, au nom du roi, des mandats contre ses fidèles sujets, vive notre brave maître, qui est homme à en faire des bourres de fusil; et si Bridgenorth s'avise de nous donner la chasse, je ne serai pas fâché pour mon compte d'avoir un mot à lui dire.

— Et pourquoi? c'est un Puritain et une Tête-Ronde, mais il est bon voisin. Que vous a-t-il donc fait?

— Il a braconné sur mes terres.

— Lui! du diable si j'en crois rien. Tu badines sans doute. Bridgenorth ne chasse ni au poil ni à la plume; le sang qui coule dans ses veines n'est pas fait pour cela.

— Cela se peut bien, Whitaker; mais il chasse un gibier auquel vous ne pensez guère, avec sa face de vinaigre qui effraierait les enfans et qui ferait tourner le lait des nourrices.

— Quoi! veux-tu dire qu'il court après les filles? Il n'a fait que gémir depuis la mort de sa femme. Tu sais que notre maîtresse a pris son enfant de crainte qu'il ne l'étranglât dans un de ses accès, parce que sa vue lui rappelait sa mère. Avec sa permission, et soit dit entre nous, il ne manque pas d'enfans de pauvres Cavaliers dont elle aurait mieux fait de prendre soin. Mais revenons-en à ton histoire.

— Mon histoire ne sera pas longue. Vous pouvez avoir

remarqué, M. Whitaker, qu'une certaine mistress Debora a montré certaines dispositions assez favorables pour une certaine personne qui demeure dans une certaine maison.

— Pour toi tu veux dire, Lance-Outram. Tu es le fat le plus vain...

— Fat! Pas plus tard qu'hier soir, toute la maison ne l'a-t-elle pas encore vue se jeter à ma tête? comme on dit.

— Je voudrais donc qu'elle eût été une brique, et qu'elle t'eût brisé le crâne pour te punir de ton impertinence et de ton amour-propre.

— A la bonne heure ; mais écoutez-moi. Ce matin, comme j'entrais dans le parc pour tuer un daim, jugeant qu'un peu de venaison ne ferait pas de mal au garde-manger, après le gala d'hier, et comme je passais sous les croisées de la chambre des enfans, je ne fis que lever les yeux en l'air pour voir ce que faisait madame la gouvernante ; et à peine m'eut-elle aperçu, que je la vis à travers la croisée mettre son bonnet et son capuchon. Bientôt elle ouvrit la porte du jardin, et je me doutai qu'elle voulait le traverser et venir dans le parc par la brèche. Ah! ah! pensai-je, mistress Debora, si vous êtes si disposée à danser au son de ma flûte, je vous jouerai une courante avant que vous m'attrapiez. Ainsi je m'en vins à Ivy-Tod-Dingle, où le taillis est si épais et le terrain si marécageux, et je tournai ensuite vers Haxley-Bottom, pensant toujours qu'elle me suivait, et riant dans ma barbe de la promenade que je lui faisais faire.

— Vous auriez mérité qu'on vous fît prendre un bain dans la mare pour votre peine. Mais quel rapport ce conte de Jean avec sa lanterne [1] a-t-il avec Bridgenorth?

— C'est que c'était lui, c'était Bridgenorth qui était

---

(1) *Jack a lantern.* — Ed.

cause qu'elle ne me suivait point, morbleu! D'abord je marchai plus doucement, puis je m'arrêtai; ensuite je tournai doucement la tête; enfin je commençai à ne savoir ce qu'elle était devenue, et à penser que je m'étais conduit à peu près comme un âne.

— C'est ce que je nie; il n'y a pas un âne qui se fût conduit ainsi. Mais continue.

— Eh bien, je me tournais du côté du château, comme si j'avais saigné du nez; et tout près de Copely-Thorn, qui est, comme vous le savez, à une portée d'arbalète de la poterne, j'aperçus madame Débora en conférence avec l'ennemi.

— Quel ennemi?

— Quel ennemi? parbleu! Bridgenorth. Ils semblaient chercher à se cacher dans le taillis; mais, morbleu! pensai-je, j'aurai bien du malheur si je ne puis vous débusquer comme j'ai débusqué plus d'un daim : ou sinon je pourrais donner mes flèches pour en faire des broches à pouding. Je fis donc un circuit pour les surprendre à l'improviste; et puissé-je ne jamais bander un arc, si je ne l'ai pas vu mettre de l'or dans la main de Debora!

— Est-ce tout ce que tu as vu se passer entre eux?

— C'en était, ma foi, bien assez pour me faire chanter sur un ton plus bas. Quoi! lorsque je croyais que la plus jolie fille du château ne dansait qu'à l'air de mon sifflet, elle m'en donnait à garder, et elle faisait la contrebande dans un coin avec un vieux et riche puritain!

— Crois-moi, Lance-Outram, ce n'est pas ce que tu penses. Bridgenorth ne se soucie guère de toutes ces fantaisies amoureuses, et tu ne penses pas à autre chose. Mais il est bon que notre maître sache qu'il a parlé à Debora en secret et qu'il lui a donné de l'or; car c'est ce qu'aucun puritain n'a jamais fait, à moins qu'il ne fût question de récompenser quelque service rendu au diable, ou d'engager à lui en rendre.

— Je ne suis pas capable, Whitaker, d'aller faire un rapport à notre maître contre cette pauvre fille. Après tout, elle a le droit de se passer ses fantaisies, comme disait la dame qui caressait sa vache. Tout ce que je puis dire, c'est qu'elle aurait pu mieux choisir. Il me semble qu'une physionomie de verjus, de gros sourcils cachés sous un chapeau à larges bords, et un squelette couvert d'un vieil habit noir, n'exposent pas à de bien fortes tentations.

— Je te dis encore une fois que tu te trompes ; qu'il ne peut y avoir entre eux et qu'il n'y a aucune faribole d'amourettes. C'est sans doute quelque intrigue qui concerne la noble comtesse de Derby. Je te dis qu'il faut que notre maître le sache, et il le saura à l'instant.

A ces mots, et en dépit de toutes les remontrances que Lance-Outram continuait à lui faire en faveur de mistress Debora, l'intendant donna un coup d'éperon à son cheval, alla rejoindre le corps principal de la petite armée, et raconta au chevalier et à la comtesse ce qu'il venait d'apprendre du garde forestier, sans oublier d'y ajouter qu'il soupçonnait M. Bridgenorth de Moultrassie-Hall de vouloir établir un système d'espionnage au château de Martindale, soit afin d'assurer la vengeance dont il avait menacé la comtesse de Derby pour avoir ordonné la mort de son frère, soit dans quelque autre intention inconnue, mais également sinistre.

Cette nouvelle porta au plus haut degré le ressentiment du chevalier du Pic. D'après les préventions de son parti, il supposait que la faction qui lui était opposée suppléait par l'astuce et l'intrigue à ce qui lui manquait du côté de la force, et il en conclut, sans plus réfléchir, que son voisin, dont il respectait toujours et dont il craignait même quelquefois la prudence, entretenait, dans de mauvais desseins, une correspondance clandestine avec une personne demeurant dans sa maison. Si ces desseins étaient dirigés contre sa noble parente, c'était une trahison inspirée par la présomption; et s'il voyait l'affaire sous le même point de vue que Lance-Outram, c'est-à-dire comme une intrigue criminelle avec une femme attachée de si près à la personne de lady Peveril, c'était le comble de l'impertinence, un manque de respect impardonnable de la part d'un homme comme Bridgenorth. L'une ou l'autre hypothèse contribuait donc également à enflammer sa colère.

Whitaker avait à peine regagné son poste à l'arrière-garde, qu'il le quitta de nouveau, et revint à toute bride vers son maître pour lui annoncer la nouvelle désagréable qu'ils étaient poursuivis par un corps de dix hommes à cheval, tout au moins.

— En avant vers Hartley-Nick, et au grand galop! s'écria le chevalier: là, avec l'aide de Dieu, nous attendrons les coquins. Comtesse de Derby, un mot, et il sera court. Adieu! Partez en avant avec Saunders et un autre de mes gens, et fiez-vous à moi pour empêcher que personne ne vous marche sur les talons.

— Je resterai avec vous, dit la comtesse; je les attendrai avec vous. Vous me connaissez depuis long-temps, et vous savez que le bruit des armes ne m'effraie pas.

— Il faut que vous partiez en avant, madame, répliqua sir Geoffrey; il le faut pour l'intérêt du jeune comte et du reste de la famille de mon noble ami. Il n'y a rien ici qui mérite d'attirer vos regards. Une affaire contre de tels misérables ne sera qu'un jeu d'enfans.

La comtesse, quoique avec une répugnance évidente, consentit à continuer sa route. Ils arrivèrent bientôt au bas d'Hartley-Nick, défilé rocailleux et escarpé, où le chemin, ou plutôt le sentier, qui avait traversé jusque là un pays assez découvert, devenait très étroit, étant bordé d'un côté par un taillis fort épais, et de l'autre par le lit profond d'une rivière descendant d'une montagne.

La comtesse de Derby, après avoir fait à sir Geoffrey des adieux pleins d'affection, et l'avoir prié de la rappeler au souvenir de son petit page futur et de son amie, gravit le défilé au grand trot, et s'éloigna avec les deux gardes qui lui servaient d'escorte. A peine l'avait-on perdue de vue qu'on vit paraître ceux qui la poursuivaient ; et sir Geoffrey divisa sa troupe de manière à occuper trois points différens du défilé.

Ceux qui arrivaient avaient à leur tête le major Bridgenorth, comme sir Geoffrey l'avait prévu. A côté de lui était un homme vêtu en noir et ayant sur le bras une plaque d'argent sur laquelle était gravé un lévrier. Ils étaient suivis de huit à dix habitans du village de Martindale-Moultrassie, dont deux ou trois étaient des officiers subalternes de la justice de paix ; les autres étaient des fauteurs bien connus du gouvernement qui venait d'être renversé.

Lorsqu'ils furent à portée de la voix, sir Geoffrey leur cria d'arrêter ; mais, comme ils continuaient à avancer, il ordonna à ses gens de les coucher en joue, et, après avoir pris cette attitude menaçante, il répéta d'une voix de tonnerre : — Halte ! ou nous faisons feu !

Ils s'arrêtèrent sur-le-champ, et le major s'avança seul, comme pour entrer en pourparler.

— Hé bien ! voisin, qu'est-ce à dire ? lui demanda sir Geoffrey, comme s'il ne l'avait reconnu qu'alors ; où courez-vous si vite ce matin ? ne craignez-vous pas de rendre votre cheval poussif, ou de gâter vos éperons ?

— Sir Geoffrey, répondit le major, je n'ai pas le temps de plaisanter en ce moment ; je suis en marche pour les affaires du roi.

— Êtes-vous bien sûr que ce n'est pas pour celles du vieux Noll, voisin ? Vous aviez coutume de vous en charger assez souvent. Et le chevalier accompagna ces paroles d'un sourire ironique qui excita de grands éclats de rire parmi les hommes de sa suite.

— Montrez-lui votre mandat, dit Bridgenorth à l'homme à la plaque, qui était un poursuivant d'armes, et prenant lui-même cette pièce, il la présenta à sir Geoffrey en lui disant : — J'espère du moins que vous y aurez égard.

— Autant que vous y en auriez eu vous-même il y a un mois, répondit le chevalier en déchirant le mandat en mille pièces. Eh bien ! pourquoi diable me regardez-vous avec cet air de surprise ? Croyez-vous avoir le monopole de la rébellion ? Pensez-vous que nous ne puissions pas montrer à notre tour un petit brin de désobéissance ?

— Laissez-nous passer, sir Geoffrey Peveril, ou vous me forcerez à faire ce dont j'aurais bien du regret. Je suis en cette affaire le vengeur du sang d'un des saints de Dieu, et je poursuivrai ma proie tant que le ciel me laissera un bras pour m'ouvrir un chemin.

— Il ne vous en ouvrira par ici qu'à votre péril, M. Bridgenorth. Je suis sur mon terrain ; j'ai été assez harassé depuis vingt ans par les saints, puisque vous vous donnez ce nom ; et je vous dis que ce ne sera jamais avec impunité que vous violerez l'asile que peut offrir ma maison, que vous poursuivrez mes amis sur mon territoire, et que vous corromprez mes domestiques. Or, vous avez fait tout cela ; je vous respecte encore pourtant, à cause de certains bons offices que je n'ai dessein ni de nier ni d'oublier, et vous aurez de la peine à me déterminer à tirer l'épée ou à diriger un pistolet contre vous ; mais si vous avancez d'un pas, si vous faites un seul mouvement hostile, comptez que je ne vous manquerai pas. Quant à ces coquins qui s'avisent de venir poursuivre une noble dame sur mes terres ; si vous ne leur ordonnez de se retirer, j'en enverrai quelques uns au diable un peu plus tôt qu'il ne les attend.

— Faites-nous place à votre péril! s'écria le major Bridgenorth en portant la main sur son pistolet d'arçon. Sir Geoffrey se précipita sur lui à l'instant, le saisit par le collet, et donna un coup d'éperon à Black-Hastings, en serrant en même temps les rênes, de sorte que le cheval, faisant une courbette, fit porter tout le poids de son poitrail sur le coursier de Bridgenorth. Un bon soldat se serait débarrassé de son adversaire par un coup de pistolet; mais, quoiqu'il eût servi quelque temps dans l'armée du parlement, le major n'avait ni la présence d'esprit ni le courage d'un militaire de profession. Il n'était d'ailleurs ni aussi bon écuyer ni doué des mêmes forces que son antagoniste, et il lui manquait surtout ce caractère bouillant et cette résolution presque aveugle qui faisaient que sir Geoffrey se précipitait toujours au-devant du danger. Ils luttèrent donc un instant ensemble d'une manière qui ne répondait guère à leur ancienne connaissance et à leurs relations journalières comme voisins, et il n'est pas surprenant que Bridgenorth fut renversé de son cheval avec violence. Tandis que sir Geoffrey sautait à bas du sien, la troupe du major accourut au secours de son chef, et celle du chevalier se disposa à bien recevoir ses adversaires. Les lames furent dégaînées, et les bras tendus des deux côtés se présentèrent réciproquement le pistolet. Mais sir Geoffrey, d'une voix retentissante comme celle d'un héraut, ordonna aux deux partis de poser les armes, et de ne pas en venir à des voies de fait.

Le poursuivant d'armes profita de cette ouverture, et trouva bientôt une raison pour ne pas persister à vouloir s'acquitter d'une mission si dangereuse. — Son mandat n'existait plus, dit-il; ceux qui l'avaient détruit en seraient responsables au conseil; mais quant à lui, n'en étant plus porteur, il ne pouvait faire un pas de plus.

— C'est bien parler, et en homme pacifique, dit sir Geoffrey. Whitaker, conduisez-le au château, et qu'on lui donne des rafraîchissemens; sa pauvre bête n'en peut plus. Allons, voisin Bridgenorth, relevez-vous; j'espère que vous ne vous êtes pas blessé en tombant, dans cette sotte affaire? Je ne vous aurais pas touché si vous n'aviez mis la main sur votre pistolet.

En parlant ainsi, il aida le major à se relever, tandis que le poursuivant se retirait, emmenant avec lui les officiers de justice, qui n'étaient pas sans avoir quelque pressentiment que, quoique Peveril du Pic se trouvât en ce moment en opposition directe à l'exécution d'un mandat légal, il était probable que la connaissance de ce délit appartiendrait à des juges qui lui seraient favorables, et que, par conséquent, leur intérêt personnel était peut-être de lui céder plutôt que de lui résister; mais leurs autres adversaires, amis de Bridgenorth, et professant les mêmes principes, ne reculèrent pas d'un pas, et, les yeux fixés sur leur chef, ils semblaient décidés à régler leur conduite sur la sienne.

Mais il était évident que Bridgenorth n'avait nulle envie de renouveler la contestation. Il repoussa assez rudement la main de sir Geoffrey, qui l'aidait à se relever, mais ce ne fut pas pour porter la sienne sur son épée; au contraire, il remonta sur son cheval d'un air sombre et abattu, et faisant un signe à ceux qui l'avaient accompagné, il reprit avec eux le même chemin par où ils étaient venus.

Pendant qu'il s'éloignait, sir Geoffrey le regarda quelques instans : — Voilà un homme, dit-il, qui aurait été brave et honnête s'il n'eût été presbytérien; mais il n'y a pas de cordialité chez eux; ils ne peuvent pardonner une chute sur le gazon; ils conservent de la rancune, et c'est ce que je déteste autant qu'un habit noir et un bonnet de Genève, avec deux longues oreilles s'élevant de chaque côté comme deux cheminées aux deux bouts d'une maison couverte en chaume. Avec cela ils sont rusés comme le diable; c'est pourquoi, Lance-Outram, prenez avec vous deux de vos compagnons, et suivez-les de loin, de peur qu'ils ne tournent sur le flanc, et qu'ils ne se remettent sur la piste de la comtesse.

— J'aimerais autant qu'ils fussent sur celles de la biche favorite de milady, répondit le garde forestier dans l'esprit véritable de sa profession. Il exécuta ensuite les ordres de son maître, en suivant le major à quelque distance, et en observant sa marche du haut des montagnes qui commandaient le pays ; mais il fut bientôt évident que les ennemis ne songeaient à faire aucune manœuvre, et se dirigeaient vers le village. Dès que ce rapport fut fait à sir Geoffrey, il congédia une partie de sa suite, et alla rejoindre la comtesse avec quelques uns de ses domestiques.

Il nous suffira d'ajouter ici qu'il exécuta son projet d'escorter la comtesse de Derby jusqu'à Vale-Royal, sans rencontrer aucun autre obstacle. Le seigneur de ce domaine se chargea de la conduire à Liverpool, et la vit s'embarquer pour les domaines héréditaires de son fils, où il n'y avait nul doute qu'elle ne fût en sûreté jusqu'à ce qu'on pût obtenir quelque compromis relativement à l'accusation portée contre elle d'avoir violé, en faisant exécuter Christian, l'amnistie accordée par le roi.

De puissans obstacles s'y opposèrent assez long-temps. Clarendon, alors à la tête du gouvernement de Charles II, considérait cet acte de violence, quoique inspiré par des motifs qui trouvent, jusqu'à un certain point, quelque excuse dans le cœur humain, comme pouvant ébranler la tranquillité à peine rétablie de l'Angleterre, en excitant les doutes et les inquiétudes de ceux qui avaient à appréhender les conséquences de ce qu'on appelle de notre temps une réaction. D'une autre part, les hauts services de cette famille distinguée, la conduite passée de la comtesse elle-même, la mémoire de son infortuné mari, et les circonstances particulières de la juridiction qu'elle avait dans l'île de Man, et qui mettait ce cas hors des règles ordinaires, plaidaient fortement en sa faveur. Enfin la mort de Christian ne fut vengée que par une forte amende, montant à plusieurs milliers de livres, somme qui fut levée avec beaucoup de difficulté sur les domaines du jeune comte de Derby.

CHAPITRE VIII.

« Ma terre natale, adieu. »
Byron. *Childe Harold.*

Lady Peveril resta dans une grande inquiétude pendant quelques heures après le départ de son mari et de la comtesse, surtout quand elle eut appris que le major Bridgenorth, dont elle faisait aussi observer secrètement les mouvemens, s'était mis à la tête d'une troupe de cavaliers armés, et s'était dirigé du même côté que sir Geoffrey, c'est-à-dire vers l'ouest.

Enfin, elle fut plus tranquille relativement à son époux et à la comtesse, lorsque Whitaker lui apporta la nouvelle de la lutte qui avait eu lieu entre sir Geoffrey et le major, et de la retraite des ennemis.

Elle frémit en songeant combien il s'en était peu fallu qu'on ne vît se renouveler des scènes de discorde civile ; et tandis qu'elle rendait grâces au ciel de la conservation de son mari, elle ne pouvait s'empêcher d'appréhender les conséquences de sa querelle avec Bridgenorth. Ils avaient maintenant perdu un ancien ami, un homme dont ils avaient reçu des preuves d'amitié dans des circonstances fâcheuses qui mettent les amis à une épreuve difficile ; et elle ne pouvait se dissimuler que Bridgenorth, ainsi irrité, pouvait devenir un ennemi embarrassant, sinon dangereux. Jusqu'alors il avait usé avec la plus grande modération de ses droits comme créancier ; mais à présent, s'il les faisait valoir avec rigueur, lady Peveril, à qui l'attention qu'elle donnait à l'économie domestique avait fait connaître les affaires de son mari mieux qu'il ne les connaissait lui-même, prévoyait de grands inconvéniens dans les mesures que la loi autorisait le major à prendre. Elle se rassurait cependant en se rappelant qu'elle conservait encore un grand ascendant sur Bridgenorth, par suite de l'affection qu'il avait pour sa fille, et de l'opinion qu'il avait toujours manifestée jusqu'alors, que la santé d'Alice dépendait entièrement des soins qu'elle lui donnait. Mais l'espoir de réconciliation qu'elle fondait probablement sur cette circonstance lui fut enlevé par un incident qui eut lieu le lendemain matin.

La gouvernante dont nous avons déjà parlé, mistress Debora, sortit dans la matinée, suivant l'usage, pour faire prendre aux enfans de l'exercice dans le parc; elle était suivie de Rachel, jeune fille chargée d'en avoir soin sous ses ordres. Mais elle ne revint pas à l'heure ordinaire, et mistress Ellesmere, la bouche plus pincée que de coutume, vint annoncer à sa maîtresse que mistress Debora n'avait pas encore jugé à propos de rentrer, quoique l'heure du déjeuner approchât.

— Elle reviendra dans quelques instans, dit lady Peveril d'un ton d'indifférence.

Dame Ellesmere fit entendre une petite toux sèche assez singulière, et ajouta que Rachel était revenue avec M. Julien, et que mistress Debora avait dit qu'elle irait se promener avec miss Bridgenorth jusqu'à Moultrassie-Hall, point qui servait de limite entre les propriétés du major et celles qui restaient encore à sir Geoffrey.

— Cette fille est-elle devenue folle? s'écria lady Peveril avec un peu d'humeur. Pourquoi n'obéit-elle pas à mes ordres en rentrant aux heures convenues?

— Elle peut être devenue folle, ou avoir trouvé trop

d'esprit, répondit dame Ellesmere d'un air mystérieux ; et je crois que Votre Seigneurie ferait bien d'y prendre garde.

— Prendre garde à quoi? demanda lady Peveril avec impatience ; vous parlez comme un oracle ce matin. Si vous avez quelque chose à dire contre cette jeune fille, je vous prie de vous expliquer clairement.

— Moi dire quelque chose contre elle, milady! Dieu me préserve de jamais rien dire contre mes camarades de service, soit homme, soit femme, soit enfant. Je vous engage seulement à vous servir de vos yeux, et à regarder ce qui se passe autour de vous.

— Vous m'engagez à me servir de mes yeux, Ellesmere ; mais je crois que vous préféreriez que je me servisse de vos lunettes. Au surplus, je vous ordonne, et vous savez que je veux être obéie, de me dire tout ce que vous savez et tout ce que vous soupçonnez relativement à cette jeune fille.

— Mes lunettes, milady ! Votre Seigneurie me pardonnera ; mais vous savez que je n'en porte jamais, si ce n'est une paire qui a appartenu à ma mère, et que je mets quand j'ai à faire pour vous une reprise perdue. Jamais femme au-dessus de seize ans n'a fait une reprise perdue sans lunettes. Quant à soupçonner, je ne soupçonne rien, car comme il a plu à Votre Seigneurie d'ôter de dessous ma main mistress Debora Debbitch, ce n'est ni beurre ni pain qui m'appartiennent. Seulement, milady, si mistress Debora va si souvent le matin à Moultrassie-Hall, je ne serais pas surprise qu'un beau soir elle ne retrouvât point le chemin pour en revenir. Et en prononçant cette dernière phrase elle parlait avec les lèvres pincées, de manière à permettre à peine à un son de s'en échapper, coupant le commencement et la fin des mots comme si elle avait voulu les écourter avant de les laisser sortir de sa bouche.

— Encore une fois, que voulez-vous dire, Ellesmere? vous aviez coutume d'avoir du bon sens; dites-moi bien clairement ce dont il s'agit.

— Tout ce que je veux dire, milady, c'est que depuis que M. Bridgenorth est de retour de Chesterfield, et qu'il est venu vous voir au château, mistress Debora a jugé à propos de conduire les enfans tous les matins à Moultrassie-Hall. Le hasard sans doute a voulu qu'elle y ait toujours rencontré le major, comme on l'appelle, faisant sa promenade, car il peut se promener comme un autre à présent; et je vous garantis qu'elle n'a rien perdu à cette rencontre, car elle s'est acheté un nouveau capuchon assez beau pour servir à milady. Mais y a-t-il eu autre chose qu'une pièce d'or mise dans sa main? c'est ce dont Votre Seigneurie est meilleur juge que moi.

Lady Peveril, donnant à la conduite de la gouvernante des enfans l'interprétation la plus favorable, ne put s'empêcher de sourire en voyant soupçonner de projets amoureux un homme tel que Bridgenorth, ayant des principes aussi rigoureux, des habitudes si réservées et un air si grave; elle conclut de ce qu'elle venait d'entendre, que Debora avait trouvé quelque profit à satisfaire la tendresse paternelle du major, en lui procurant la vue de sa fille pendant le peu de jours qui s'étaient écoulés entre son retour chez lui et sa première visite au château, et les évènemens arrivés ensuite. Mais elle fut un peu surprise quand, une heure s'étant écoulée depuis le déjeuner, sans que Debora eût reparu avec Alice, le seul domestique mâle que Bridgenorth avait à son service arriva à cheval, équipé comme s'il allait se mettre en voyage; il remit une lettre adressée à lady Peveril, puis une autre pour dame Ellesmere; et repartit sans attendre de réponse.

Il n'y aurait eu rien là de bien singulier s'il se fût agi de toute autre personne que du major Bridgenorth; mais il était si réglé et si uniforme dans toute sa conduite, il était si peu habitué à agir à la hâte ou d'après l'impulsion d'un premier mouvement, que la moindre apparence de précipitation de sa part excitait la surprise et la curiosité.

Lady Peveril ouvrit sa lettre à l'instant même, et lut ce qui suit :

« *A l'honorable et honorée lady Peveril.*

» Madame,

» Je vous écris plutôt pour me disculper que pour vous accuser, ou me plaindre de qui que ce soit, parce que je sais qu'il convient mieux à la fragilité de notre nature d'avouer nos imperfections que de reprocher aux autres les leurs. Je n'ai pas davantage le dessein de vous parler du passé, surtout en ce qui vous concerne, madame, sachant fort bien que si je vous ai rendu service dans le temps où l'on pouvait dire que notre Israël était triomphant, vous vous êtes plus qu'acquittée envers moi en remettant dans mes bras une fille rachetée en quelque sorte de la vallée des ombres de la mort. En conséquence, comme je pardonne de tout mon cœur à Votre Seigneurie la mesure violente et peu charitable que vous avez prise contre moi lors de notre dernière entrevue, attendu que la femme cause de notre querelle était votre amie et votre parente, je vous supplie de me pardonner de même d'avoir engagé à quitter votre service la jeune fille nommée Debora Debbitch, dont les soins, instruite comme elle l'a été par Votre Seigneurie, peuvent être indispensables à la santé de ma chère fille. Mon projet, sous votre bon plaisir, madame, était qu'Alice continuât à rester au château de Martindale, et à y recevoir vos soins obligeans, jusqu'à ce qu'arrivant à l'âge de pouvoir distinguer entre le bien et le mal, ce fût pour moi un devoir de lui montrer le vrai chemin. Car Votre Seigneurie n'ignore pas, et je n'en parle point par forme de reproche, que c'est avec une vive douleur que je vois qu'une personne comme vous, douée de si bonnes qualités, j'entends de qualités naturelles, n'ait pas encore ouvert les yeux à la lumière, et se contente d'errer dans les ténèbres parmi les tombes des morts. Ma prière, dans les veilles de la nuit, a souvent été que Votre Seigneurie ouvrît les yeux sur la fausse doctrine qui cause son égarement; mais je suis fâché de dire que, notre chandelier étant sur le point d'être déplacé, les ténèbres redeviendront probablement plus épaisses que jamais; et le retour du roi, que j'avais regardé, ainsi que beaucoup d'autres, comme une manifestation de la faveur divine, semble n'être guère qu'un triomphe accordé au prince de l'air, qui rouvre déjà à la vanité son marché d'évêques, de doyens, etc., en chassant les ministres paisibles de la parole, dont les travaux ont été utiles à tant de milliers d'âmes. Ainsi, ayant appris par une voie sûre qu'une ordonnance a été rendue pour rétablir ces chiens sans voix, sectateurs de Laud et de Williams, expulsés par le dernier parlement, et qu'on s'attend à un acte de conformité, ou plutôt de difformité de culte, mon dessein est de fuir la vengeance céleste à venir, et de chercher quelque coin où je puisse vivre en paix, et jouir de ma liberté de conscience. Qui voudrait rester dans le sanctuaire après que les balustrades de l'autel sont brisées, et quand il est devenu un lieu de retraite pour les hiboux et les satyres du désert? Et je dois ici me blâmer, madame, d'avoir été, dans la simplicité de mon cœur, et avec trop de facilité, dans la maison de la joie et des banquets; mon amour pour l'union et mon désir de prouver mon respect pour Votre Seigneurie sont devenus en cela un piége pour moi. Mais ce sera, je me flatte, une réparation, que d'abandonner le lieu de ma naissance, la maison de mes pères, l'endroit qui conserve la poussière de tant d'objets de mon affection terrestre. J'ai aussi à vous rappeler que mon honneur, dans le sens que le monde attache à ce mot, a été terni en ce pays par votre mari, sir Geoffrey, et que l'utilité dont je pouvais y être y a été circonscrite, sans que j'aie aucune chance d'en obtenir de lui la réparation ; ce qui est comme si la main d'un frère s'était levée contre mon honneur et ma vie. Ce sont là des choses amères pour le vieil Adam. Voulant donc prévenir de nouvelles querelles, et peut-être l'effusion de sang, il vaut mieux que je quitte ce pays pour quelque temps. Quant aux affaires qu'il me reste à régler avec sir Geoffrey, j'en chargerai maître Joachim Win-the-Fight, procureur à Chesterfield. C'est un de nos justes, et il les arrangera avec tous les égards pour sir Geoffrey que permettront les lois et l'équité ; car j'espère que le ciel m'accordera la grâce de résister à la tentation de convertir les armes d'une guerre charnelle en instrumens de vengeance : je ne veux pas recourir à Mammon pour l'obtenir. Désirant, madame, que le Seigneur vous accorde toutes ses bénédictions, et surtout celle qui est au-dessus de toutes les autres, la connaissance de ses voies,

» Je demeure

» Votre serviteur dévoué à vos ordres,

RALPH BRIDGENORTH.

» Écrit à Moultrassie-Hall, le dixième jour de juillet 1660. »

Aussitôt que lady Peveril eut achevé la lecture de cette longue et singulière homélie, dans laquelle il lui parut que son voisin montrait plus de fanatisme religieux qu'elle ne lui en supposait, elle leva les yeux sur Ellesmere : celle-ci la regardait avec un air de mortification qui semblait lutter contre une affectation de mépris, et, fatiguée de ne pouvoir deviner ce que pensait sa maîtresse d'après l'expression de ses traits, prit le parti de chercher plus directement la confirmation de ses soupçons.

— Je suppose, madame, dit-elle, que ce fou de fanatique a dessein d'épouser la Debora. On dit qu'il va quitter le pays. Il en est temps vraiment; car outre qu'il servirait de risée à tout le voisinage, Lance-Outram, le garde-forestier, pourrait bien lui garnir la tête d'un bois de cerf : ce qui serait un plat de son métier.

— Vous n'avez pas lieu de vous livrer à tant de dépit, Ellesmere, lui dit sa maîtresse. La lettre que je viens de recevoir ne parle nullement de mariage. Il est vrai que M. Bridgenorth, allant quitter le pays, a pris Debora à son service pour qu'elle ait soin de sa fille, et j'en suis charmée pour l'enfant.

— Et moi j'en suis charmée pour moi et pour toute la maison. Ainsi donc milady croit qu'il ne l'épousera pas? Dans le fait j'avais peine à le croire assez sot pour en faire sa femme; mais peut-être en fera-t-il quelque chose de pire, car elle dit qu'elle va gagner beaucoup d'argent, et c'est ce qui est difficile à faire d'une manière honnête, quand on est en service. Et puis elle me charge de lui envoyer ses hardes, comme si j'étais la maîtresse de la garde-robe de madame Debora; et elle me dit qu'elle compte sur mon âge et mon expérience pour le petit Julien, comme si elle avait besoin de me recommander ce cher bijou. Mais je vais lui envoyer ses haillons, et j'y joindrai une lettre écrite avec de bonne encre.

— Écrivez-lui avec civilité, et dites à Whitaker de lui envoyer ses gages, et d'y ajouter une pièce d'or en sus. Quoiqu'elle ait la tête un peu légère, elle a toujours été attentive pour les enfans.

— Je sais quelle est la maîtresse qui est attentive pour ses domestiques, madame, et qui gâterait la meilleure des filles qui ait jamais attaché une épingle à une robe.

— J'en ai gâté une bonne quand je vous ai gâtée, Ellesmere. Mais retirez-vous, et écrivez à Debora d'embrasser pour moi la petite Alice, et d'offrir au major

Bridgenorth mes vœux pour son bonheur dans ce monde et dans l'autre.

Et à ces mots, elle la congédia sans lui permettre de réplique et sans entrer dans d'autres détails.

Quand Ellesmere fut sortie, lady Peveril commença à réfléchir avec un sentiment de compassion sur la lettre du major Bridgenorth, homme qui avait certainement d'excellentes qualités, mais qu'une longue suite de malheurs domestiques et une dévotion sincère, mais sombre et outrée, avaient rendu mélancolique et presque misanthrope. Elle eut aussi plus d'une inquiétude pour le bonheur de la petite Alice, qui allait probablement être élevée sous les ailes d'un tel père. Cependant, toute réflexion faite, le départ de Bridgenorth ne lui parut nullement un évènement fâcheux; car, tant qu'il serait resté à Moultrassie-Hall, il n'était que trop probable que quelque rencontre accidentelle entre lui et sir Geoffrey aurait pu donner lieu à des suites plus funestes que la dernière.

Elle ne put s'empêcher d'exprimer au docteur Dummerar combien elle était surprise et fâchée que tout ce qu'elle avait fait et essayé de faire pour établir la paix et la concorde entre les deux factions opposées eût produit précisément tout le contraire de ce qu'elle en attendait.

— Sans ma malheureuse invitation, dit-elle, Bridgenorth ne serait pas venu au château le lendemain de la fête; il n'aurait pas vu la comtesse, et il n'aurait pas encouru le ressentiment de mon mari. Et sans le retour du roi, évènement que nous attendions tous avec tant d'impatience, comme devant amener la fin de toutes nos calamités, ni cette noble dame, ni nous-mêmes, nous n'aurions eu à craindre de nouvelles difficultés et de nouveaux dangers.

— Très honorable dame, répondit le docteur, si les affaires de ce monde étaient implicitement dirigées par la sagesse humaine, ou si leur cours était uniformément conforme aux calculs de la prévoyance des hommes, les évènemens ne seraient plus sous la domination du temps et des circonstances auxquelles nous sommes tous soumis, puisque d'un côté nous les maîtriserions par la prudence, et que de l'autre nous agirions toujours d'après les avis d'une prescience infaillible. Mais l'homme, dans cette vallée de larmes, est pour ainsi dire comme un joueur de boule maladroit qui pense atteindre le but en lançant sa boule devant lui, et qui ne sait pas qu'il existe dans ce sphéroïde un biais caché qui le fera probablement dévier de la droite ligne.

Après avoir prononcé ces paroles d'un ton sentencieux, le docteur prit son chapeau en forme de pelle, et se rendit sur la pelouse du château, pour y finir, avec Whitaker, une partie de boules qui lui avait probablement fourni cette comparaison remarquable sur l'incertitude des évènemens de la vie.

Deux jours après, sir Geoffrey arriva. Il était resté à Vale-Royal jusqu'à ce qu'il eût appris l'embarquement de la comtesse pour l'île de Man, et il était venu ensuite au grand galop rejoindre son épouse dans son château. Chemin faisant, il rencontra quelques uns de ses gens qui lui racontèrent les détails de la fête donnée par ses ordres à tout le voisinage; et malgré la grande déférence qu'il avait toujours pour lady Peveril, il ne put s'empêcher de montrer du mécontentement des égards qu'elle avait eus pour les presbytériens.

— J'aurais reçu Bridgenorth, dit-il, car je l'avais toujours traité en bon voisin jusqu'à cette dernière affaire. Oui, je l'aurais enduré, pourvu qu'il eût voulu boire à la santé du roi en sujet loyal. Mais amener chez moi cet hypocrite de Solsgrace avec toute sa congrégation de mendians à longues oreilles, pour tenir un conventicule dans la maison de mon père! les laisser s'y comporter comme bon leur semblait! jamais je ne leur aurais laissé prendre une telle licence; non, pas même quand ils levaient la tête le plus haut. Dans les temps les plus malheureux, ils n'ont pu entrer dans le château de Martindale que par la brèche qu'y a faite le canon de Noll. Mais qu'ils y viennent chanter leurs psaumes quand notre bon roi Charles est de retour!... Sur mon âme, dame Marguerite, vous en entendrez parler!

Malgré cette résolution, dictée par un mouvement de colère, le ressentiment se calma entièrement dans le cœur du brave chevalier dès qu'il vit son aimable épouse, si heureuse de le revoir. Il la serra dans ses bras, l'embrassa tendrement, et il lui avait pardonné sa faute avant de lui en parler.

— Tu m'as joué un tour, Marguerite, dit-il en secouant la tête et en souriant en même temps, et tu sais ce dont je veux te parler. Mais je connais ton attachement aux bons principes, et je sais que tu n'as agi ainsi que parce qu'en véritable femme tu as voulu maintenir en paix ces pendards de Têtes-Rondes. Mais que je n'en entende plus parler; j'aimerais mieux voir leurs boulets renverser le château de Martindale que d'en recevoir un seul dans ses murs; j'excepte toujours le voisin Ralph Bridgenorth, s'il recouvre l'usage de ses sens.

Lady Peveril fut obligée de lui raconter tout ce qui s'était passé; elle lui parla de la disparition de la gouvernante avec Alice, et lui fit lire la lettre du major. Sir Geoffrey branla d'abord la tête, et rit ensuite beaucoup de l'idée qu'il existait quelque amourette entre Bridgenorth et Debora.

— C'est une fin digne d'un puritain, dit-il, que d'épouser sa servante ou celle d'un autre. Debora n'est pas mal, et je crois qu'il s'en faut bien de quelques années qu'elle ait trente ans.

— Vous n'êtes pas plus charitable qu'Ellesmere, dit

lady Peveril; je suis sûre qu'il n'a agi ainsi que par affection pour sa fille.

— Allons donc! s'écria le chevalier; les femmes ne pensent jamais qu'aux enfans : mais parmi les hommes, plus d'un caresse l'enfant pour embrasser celle qui le tient dans ses bras. Et qu'y aurait-il de surprenant? où serait le grand mal si Bridgenorth épousait cette égrillarde? Elle a pour père un honnête fermier, dont la famille occupe la même ferme depuis la journée de Bosworthfield. Cette généalogie vaut bien celle de l'arrière-petit-fils d'un brasseur de Chesterfield, à ce qu'il me semble. S'il y a dans cette lettre quelque chose qui sente l'amour, je m'en apercevrai bien, Marguerite, quoique cela ait pu échapper à votre innocence.

Le chevalier du Piç se mit donc à lire la lettre; mais le style l'embarrassa beaucoup. Que veut-il dire avec son déplacement de chandelier, et ses balustrades de l'autel brisées? dit-il. Je ne saurais le deviner; à moins qu'il n'ait dessein de remettre en place les grands chandeliers d'argent que mon aïeul avait donnés pour l'autel de l'église de Martindale-Moultrassie, et que ses amis, les sacriléges Têtes-Rondes ont volés et fait fondre; et qu'il ne veuille parler de la balustrade de la table de communion qu'ils ont brisée en même temps, et des ornemens de cuivre qu'ils ont arrachés aux monumens de mes ancêtres, hauts faits pour lesquels je me flatte que quelques uns d'entre eux ont les doigts assez chauds en ce moment. Mais au total, il paraît donc que ce pauvre Bridgenorth va quitter nos environs. J'en suis fâché, quoique je ne l'aie jamais vu plus souvent qu'une fois par jour, et que je ne lui aie guère jamais dit plus de deux paroles à la fois. Mais je vois ce que c'est. Il a sur le cœur la manière dont je l'ai jeté à bas de son cheval. Et cependant, Marguerite, il ne m'a pas fallu plus d'efforts pour l'enlever de selle que je n'en aurais eu besoin pour vous y mettre. J'ai pris toutes mes mesures pour ne pas lui faire mal, et je ne le croyais pas assez chatouilleux sur le point d'honneur pour s'inquiéter beaucoup d'une telle misère. Ah ! je vois bien ce qui le chagrine. Allez, allez, j'arrangerai les choses de manière qu'il restera à Moultrassie-Hall, et qu'il rendra à Julien sa petite compagne. Sur ma foi, je suis fâché moi-même d'avoir perdu cette petite fille, et de me trouver obligé, dans mes promenades du matin, quand le temps n'est pas propre à la chasse, de passer devant l'avenue de Moultrassie-Hall sans y entrer pour lui dire un mot par la croisée.

— Je serais charmée, sir Geoffrey, dit lady Peveril, que vous pussiez amener une réconciliation avec ce digne homme ; car je regarde encore Bridgenorth comme tel.

— Sans ses principes de puritain, répondit le chevalier, ce serait un excellent voisin.

— J'entrevois à peine, continua son épouse, la possibilité d'arriver à un but si désirable.

— C'est que vous n'entendez rien à ces sortes d'affaires, Marguerite, répliqua le chevalier ; mais moi, je sais quel est le pied dont il boite, et je vous réponds que vous le verrez bientôt marcher aussi droit que jamais.

Une affection sincère pour son mari et un jugement exquis donnaient à lady Peveril tous les droits possibles à la confiance entière de sir Geoffrey ; et, pour dire la vérité, elle avait en ce moment plus d'envie de connaître son projet, que le sentiment de leurs devoirs mutuels et séparés ne le lui permettait ordinairement. Elle ne pouvait s'imaginer quel était ce mode de réconciliation avec son voisin qu'avait trouvé sir Geoffrey, qui en général n'était pas très bon juge des hommes et de leurs bizarreries, et dont il ne paraissait pas vouloir lui faire part ; elle avait aussi quelque inquiétude que les moyens qu'il emploierait pour guérir la blessure ne fissent que l'envenimer davantage ; mais son mari fut impénétrable.

Il avait été assez long-temps colonel d'un régiment en campagne, pour apprécier le droit du commandement absolu chez lui; et à toutes les questions indirectes que son épouse lui fit avec beaucoup d'adresse, il répondit seulement : — Patience, Marguerite, patience! ce n'est pas une affaire dont tu puisses te mêler; tu sauras tout en temps et lieu. Va voir Julien. Ne finira-t-il jamais de pleurer pour cette petite Tête-Ronde? Dis-lui qu'Alice reviendra. Elle sera ici dans deux ou trois jours, et tout ira bien.

Comme il finissait de parler, un postillon sonna du cor dans la cour, et on lui apporta un gros paquet adressé à l'honorable sir Geoffrey Peveril du Pic, juge de paix; car il avait été nommé à cette place aussitôt après la restauration du roi. Il ouvrit le paquet, non sans quelque sentiment de sa nouvelle importance, et il y trouva l'ordre qu'il avait sollicité pour rétablir dans sa cure le docteur Dummerar, expulsé par la force pendant l'usurpation.

Peu d'évènemens auraient fait plus de plaisir à sir Geoffrey. Il pouvait pardonner à un sectaire robuste et audacieux, qui voulait prouver la bonté de sa doctrine en assenant sur le champ de bataille des coups bien appliqués sur les casques et les cuirasses des cavaliers; mais sa mémoire, un peu vindicative, lui rappelait l'entrée triomphante d'Hugues Peters dans son château par la brèche; et depuis ce temps, sans faire une distinction bien exacte entre les sectaires et leurs ministres, il regardait tous ceux qui montaient dans une chaire sans la permission de l'église anglicane, et peut-être ajoutait-il en secret, de l'église romaine, comme des perturbateurs de la tranquillité publique; des séducteurs qui cherchaient à séparer les ouailles de leurs pasteurs légitimes; des instigateurs de la dernière guerre civile, et des gens disposés à courir le risque de nouvelles dissensions.

D'une autre part aussi, outre le plaisir qu'il avait à pouvoir satisfaire son aversion contre Solsgrace, il ne s'en promettait pas moins de réinstaller dans son presbytère son ancien ami, le compagnon de ses amusemens et de ses dangers, le digne docteur Dummerar. Il communiqua à lady Peveril, d'un air de triomphe, l'ordre qu'il venait de recevoir, et elle comprit alors le sens du passage mystérieux de la lettre de Bridgenorth, relativement au déplacement du chandelier et à l'épaississement des ténèbres. Elle l'expliqua à son mari, et tâcha de lui persuader que cette circonstance ouvrait une porte à la réconciliation avec son voisin, s'il voulait exécuter avec douceur et modération la mission dont il était chargé, après un délai convenable, et avec tous les égards possibles pour ne blesser la sensibilité ni de Solsgrace ni de ceux qui composaient sa congrégation. Cette conduite ne nuirait en rien au docteur Dummerar; elle contribuerait au contraire à lui concilier des esprits qui s'aliéneraient peut-être de lui pour toujours s'ils voyaient expulser avec dureté leur ministre favori.

Il y avait dans cet avis autant de sagesse que de prudence, et, en tout autre temps, sir Geoffrey aurait eu assez de bon sens pour le suivre; mais qui peut agir avec modération et sang-froid au moment du triomphe? L'expulsion de M. Solsgrace se fit avec tant de précipitation, qu'elle eut l'air d'une persécution, quoique, envisagée sous son véritable point de vue, ce ne fût que la réintégration de son prédécesseur dans ses droits légitimes. Solsgrace lui-même parut désirer de donner le plus de publicité possible à ses souffrances. Il tint bon jusqu'au dernier moment, et le dimanche qui suivit le jour où son renvoi lui fut notifié, il essaya encore de se frayer un chemin jusqu'à la chaire, ayant à son côté le procureur de M. Bridgenorth, Win-the-Fight, et suivi de quelques zélés adhérens.

Comme ils entraient dans le cimetière[1] d'un côté, on y voyait arriver de l'autre le docteur Dummerar, revêtu de ses vêtemens sacerdotaux, accompagné de Peveril du Pic, de sir Jasper Cranbourne, et d'autres Cavaliers de distinction, formant une espèce de procession triomphale.

Pour empêcher que l'église ne devînt le théâtre d'une querelle, on envoya les officiers de la paroisse pour s'opposer à l'entrée du ministre presbytérien, et ils y réussirent sans autre dommage qu'une tête cassée, celle du procureur de Chesterfield, qui se trouva moins dure que le bâton de Roger Raine, l'aubergiste ivrogne des *Armes de Peveril.*

Forcé de faire retraite devant une force supérieure, mais non dompté en esprit, le valeureux Solsgrace rentra au presbytère, où il avait essayé de se maintenir, d'après quelques moyens de chicane suggérés par M. Win-the-Fight, procureur, fort mal nommé ce jour-là[2]. Il en ferma les portes aux verrous, barricada les fenêtres, et, comme on le disait, quoique faussement, prépara des armes à feu pour résister aux officiers. Une scène scandaleuse s'ensuivit, et le bruit des clameurs étant arrivé jusqu'aux oreilles de sir Geoffrey, il accourut en personne sur les lieux, à la tête de quelques gens armés, força les portes extérieures et intérieures, et pénétra jusque dans le cabinet du ministre presbytérien, qui n'avait d'autre garnison que le procureur; mais tous deux, après avoir protesté contre la violence qui leur était faite, renoncèrent à disputer la possession du local.

Toute la canaille du village étant alors en mouvement, sir Geoffrey, autant par prudence que par humanité, crut devoir escorter ses deux prisonniers, car on pouvait les nommer ainsi, jusqu'à l'avenue de Moultrassie-Hall,

---

(1) Cour de l'église. — Ed.
(2) *Win-the-Fight* signifie qui gagne la bataille. — Ed.

lieu où ils avaient annoncé qu'ils voulaient se rendre ; et malgré les cris et le désordre, il réussit à les y conduire en sûreté.

Le départ de sir Geoffrey donna lieu à de nouvelles voies de fait, qu'il aurait certainement empêchées s'il eût été présent. Le zèle des officiers de paroisse et de leurs adhérens les porta à déchirer quelques uns des livres du ministre, comme ne contenant que des principes de sédition et de fanatisme. On but alors à la santé du roi et de Peveril du Pic. Enfin les enfans, qui ne lui pardonnaient pas la tyrannie avec laquelle il leur interdisait le jeu de quilles, celui du ballon, etc., et qui se souvenaient de la longueur impitoyable de ses sermons, formèrent un mannequin de paille auquel ils cherchèrent à donner sa ressemblance, en le revêtant de sa robe et de son rabat de ministre calviniste, en le surmontant de son grand chapeau pointu ; après quoi ils le brûlèrent sur le lieu où s'élevait jadis un mai majestueux que Solsgrace avait abattu de ses propres mains.

Sir Geoffrey, mécontent de ces excès, envoya offrir à M. Solsgrace une indemnité de ce qu'il avait perdu. Mais le prédicateur calviniste lui répondit : — Depuis un bout de fil jusqu'à un cordon de soulier, je n'accepterai rien de ce qui est à toi. Que la honte de l'œuvre de tes mains retombe sur ta tête !

En général, on blâma sir Geoffrey d'avoir agi en cette occasion avec une précipitation scandaleuse et une sévérité indécente ; d'autant plus que la renommée, suivant l'usage, eut soin de tout exagérer. On dit que le fougueux Cavalier Peveril du Pic était tombé sur une congrégation de presbytériens, occupés de l'exercice paisible de leur religion, à la tête d'une troupe de gens armés ; qu'il en avait tué plusieurs et blessé un plus grand nombre, poursuivi le ministre jusque dans son presbytère, et réduit en cendres cet édifice. Quelques uns allaient

PEVERIL DU PIC.
CH. IX.

même jusqu'à dire que le prédicateur avait péri dans les flammes ; et les plus modérés prétendaient qu'il ne s'était échappé qu'en arrangeant sa robe et son chapeau près d'une fenêtre, de manière à faire croire qu'il était entouré par les flammes, tandis qu'il se sauvait par une porte de derrière. Et quoique peu de gens crussent à la lettre les atrocités imputées mal à propos à notre honnête Cavalier, c'en était pourtant assez pour amener des suites sérieuses, comme on le verra dans la suite de cette histoire.

CHAPITRE IX.

BESSUS.
« C'est un cartel, monsieur !
LE PORTEUR DE LA LETTRE.
« N'en changeons pas le nom :
« Ce papier ne contient qu'une invitation
« A vous rendre en tel lieu, certain jour, à telle heure. »
Le roi qui n'est pas roi.

PENDANT un jour ou deux après son expulsion forcée du presbytère, M. Solsgrace resta à Moultrassie-Hall ; et la mélancolie que devait naturellement lui inspirer sa situation ne contribua pas peu à ajouter à l'air sombre du propriétaire de cette maison. Dans la matinée, le ministre congédié faisait quelques visites aux différentes familles du voisinage auxquelles son ministère avait été agréable dans les jours de sa prospérité, et dans le souvenir reconnaissant desquelles il trouvait alors de la pitié et des consolations. Il ne demandait pas qu'on le plaignît parce qu'après avoir perdu une place qui fournissait abondamment à tous ses besoins il se trouvait laissé à la merci du monde. La piété de M. Solsgrace était sincère, et s'il avait conçu contre les autres sectes des préventions peu charitables, que les controverses polémiques avaient engendrées, et que la guerre civile avait fortifiées, il avait aussi ce sentiment profond de ses devoirs qui prête de la dignité à l'enthousiasme, et il était disposé à sacrifier sa vie pour rendre témoignage à sa croyance.

Mais il fallait qu'il se préparât à quitter bientôt le canton qu'il regardait comme la vigne que le ciel lui avait confiée ; il fallait qu'il abandonnât son troupeau au loup; qu'il se séparât de ceux à qui il donnait ses avis, et avec lesquels il était lié par les nœuds de la religion ; qu'il laissât les nouveaux convertis dans le danger de retomber dans de fausses doctrines ; qu'il quittât des ouailles chancelantes encore, et que ses efforts sans relâche auraient pu diriger dans le droit chemin. Telles étaient les véritables causes de son chagrin, et elles étaient probablement aggravées par ces sentimens naturels avec lesquels tous les hommes, et surtout ceux que leurs devoirs ou leurs habitudes renferment dans un cercle très étroit, regardent l'instant où il faut qu'ils renoncent aux lieux témoins de leurs promenades solitaires, de leurs méditations, et de leurs entretiens avec quelques amis.

Il y avait, à la vérité, un projet de placer M. Solsgrace à la tête d'une congrégation de non-conformistes dans la même paroisse, et ses sectateurs auraient volontiers consenti à lui assurer un revenu convenable. Mais quoique l'*acte de conformité* ne fût pas encore passé, on savait que cette mesure devait sous peu être prise ; et l'opinion universelle des presbytériens était que personne ne la ferait probablement exécuter avec plus de rigueur que Peveril du Pic. Solsgrace, s'attribuant peut-être plus d'importance qu'on n'en attachait à sa personne et à ses sermons, regardait le brave chevalier comme son ennemi mortel et acharné, et par conséquent il pouvait croire qu'il courrait un assez grand danger en restant à Martindale-Moultrassie; mais ce qui le déterminait surtout à s'éloigner du comté de Derby, c'était l'idée qu'il rendrait par là un service à son Église.

— Peut-être, disait-il, sera-t-il permis à des pasteurs moins connus, quoique plus dignes de ce nom, de rassembler les débris d'un troupeau dispersé dans des cavernes et des solitudes; et le grapillage des vignes d'Ephraïm rapportera plus entre leurs mains que la vendange de celles d'Abiezer. Mais moi, qui ai si souvent déployé la bannière contre les puissans; moi dont la langue, semblable au garde veillant sur le haut d'une tour, a rendu témoignage soir et matin contre le papisme, l'épiscopat et Peveril du Pic; moi, rester au milieu de vous, ce ne serait qu'attirer le glaive sanglant de la vengeance, qui immolerait le berger et dissiperait le troupeau! Les mains de ceux qui répandent le sang m'ont déjà assailli, même sur le terrain qu'ils appellent eux-mêmes consacré; et vous avez vu outrager le juste, tandis qu'il soutenait ma cause. Je mettrai donc mes sandales, je me ceindrai les reins, et je partirai pour un pays bien éloigné, pour y agir comme mon devoir m'y appellera, et pour rendre témoignage à la vérité, soit dans la chaire, soit au milieu des flammes.

Tels étaient les sentimens que Solsgrace exprimait à ses amis découragés, et il entrait encore dans de plus grands détails avec le major Bridgenorth, ne manquant pas, en même temps, de lui reprocher avec le zèle d'un ami la précipitation avec laquelle il avait tendu la main à une femme amalécite. Il lui rappelait qu'en agissant ainsi il s'était rendu son serviteur et son esclave pour un temps, de même que Samson trahi par Dalila, et qu'il aurait pu rester plus long-temps dans la maison de Dagon si la main de Dieu ne l'eût retiré du piége. C'était aussi parce qu'il avait été à une fête sur les hauts lieux consacrés à Baal, que lui, qui était le champion de la vérité, il avait été renversé dans la poussière et couvert de honte par l'ennemi, à la face d'Israël.

Ces reproches semblant offenser le major Bridgenorth, qui n'aimait pas plus qu'un autre à entendre parler de ses échecs, et surtout de les voir attribuer à sa propre faute, le digne ministre commença à s'accuser lui-même d'avoir montré dans cette affaire une complaisance coupable; car, dit-il, ce malheureux dîner au château de Martindale appelait la vengeance du ciel. C'était proclamer la paix, quand il n'y avait pas de paix; c'était habiter sous les tentes des pécheurs. C'était donc à cette cause qu'il attribuait son expulsion du presbytère, la destruction de ses ouvrages de théologie les plus précieux, la perte de sa robe et de son chapeau, et celle de deux barils d'excellente ale.

L'esprit du major Bridgenorth était fortement empreint d'une dévotion que ses dernières infortunes avaient rendue plus sombre et plus austère; il n'est donc pas étonnant qu'en entendant répéter à chaque instant de semblables raisonnemens, par un pasteur qu'il avait toujours respecté, et qu'il regardait maintenant comme un martyr de leur foi commune, il eût commencé à désapprouver lui-même sa conduite; c'est pourquoi il se reprochait de s'être laissé entraîner trop loin par sa reconnaissance pour lady Peveril; il se disait que les argumens de cette dame en faveur des sentimens de tolérance et de libéralité l'avaient séduit au point de lui faire commettre une action qui tendait à compromettre ses principes religieux et politiques.

Un matin que le major Bridgenorth, après s'être fatigué l'esprit de divers détails relatifs à l'arrangement de ses affaires, se reposait sur son fauteuil de cuir placé près de sa fenêtre, position qui, par un retour d'idées assez naturel, lui rappelait le souvenir du temps passé et la patience avec laquelle il attendait la visite journalière de sir Geoffrey, — Sûrement, dit-il en pensant tout haut, l'amitié que j'avais alors pour cet homme n'était pas un péché.

Solsgrace, qui était dans l'appartement, et qui devinait ce qui se passait dans l'esprit de son ami, dont il connaissait parfaitement toute l'histoire, lui répondit :
— Lorsque Dieu commanda à des corbeaux de nourrir Elisée quand il était caché près du ruisseau de Chérit, nous ne voyons pas qu'il ait caressé les oiseaux impurs qu'un miracle forçait, contre leur nature, à pourvoir à ses besoins.

— Cela peut être, répondit Bridgenorth ; mais le bruit de leurs ailes devait être aussi agréable à l'oreille du prophète affamé, que celui des pas du cheval de sir Geoffrey l'était à la mienne. Les corbeaux reprirent sans doute leur nature quand ce moment fut passé, et c'est ce qui m'est arrivé. Écoutez, s'écria-t-il en tressaillant, je reconnais à l'instant même le bruit des pas de son cheval.

Il était rare que les échos de la cour de cette maison silencieuse fussent éveillés par le trépignement de pieds des chevaux : c'était pourtant ce qui arrivait en ce moment.

Bridgenorth et Solsgrace en furent également surpris, et ils étaient même disposés à croire qu'il s'agissait de quelque nouvel acte d'oppression ordonné par le gouvernement, quand le vieux domestique du major introduisit sans beaucoup de cérémonie, car ses manières étaient presque aussi simples que celles de son maître, un homme de grande taille, d'un âge déjà un peu avancé, que la forme de ses vêtemens, ses longs cheveux, et son chapeau surmonté d'une plume, annonçaient pour être un Cavalier. Il salua les deux amis d'un air un peu raide, mais courtois, et dit qu'il était sir Jasper Cranbourne, chargé d'un message spécial pour M. Ralph Bridgenorth de Moultrassie-Hall, de la part de son honorable ami sir Geoffrey Peveril du Pic, et qu'il désirait savoir s'il plaisait à M. Bridgenorth de lui permettre de s'acquitter de sa mission en cet appartement, ou partout ailleurs.

— Tout ce que sir Geoffrey Peveril peut avoir à me faire savoir, répondit le major Bridgenorth, peut être déclaré à l'instant, et devant mon ami, pour qui je n'ai pas de secrets.

— La présence d'un ami ne serait pas de trop, répondit sir Jasper après avoir hésité un instant et en jetant les yeux sur Solsgrace ; ce serait au contraire la chose du monde la plus désirable, mais il me semble que monsieur a l'air d'appartenir au clergé.

— Je n'ai pas de secrets, dit Bridgenorth, et je ne désire en avoir aucun qu'un membre du clergé ne puisse entendre.

— Comme il vous plaira, répliqua sir Jasper. D'ailleurs votre confiance peut être bien placée, car on sait que vos ministres, soit dit sans vous déplaire, ont prouvé qu'ils ne sont pas ennemis des affaires du genre de celle dont je viens vous parler.

— Au fait, monsieur, dit Bridgenorth d'un air grave; et je vous prie de vous asseoir, à moins que vous ne préfériez rester debout.

— Il faut d'abord que je m'acquitte de ma petite commission, répliqua sir Jasper en se redressant ; ce sera d'après la manière dont vous l'accueillerez que je verrai si je dois ou non m'asseoir à Moultrassie-Hall. Sir Geoffrey Peveril du Pic, M. Bridgenorth, a mûrement réfléchi sur les malheureuses circonstances qui vous ont divisés, comme voisins. Il a trouvé dans les anciens temps divers exemples, je répète ses propres paroles, qui le déterminent à faire tout ce que son honneur lui permet, pour effacer toute trace de ressentiment entre vous ; et, pour parvenir à ce but désirable, il est disposé à un degré de condescendance auquel vous ne pourriez vous attendre, et qui par conséquent vous fera grand plaisir.

— Permettez-moi de vous dire, sir Jasper, répondit le major, que tout cela est inutile. Je ne me suis pas plaint de sir Geoffrey; je n'ai exigé de lui aucune soumission; je suis sur le point de quitter ce pays, et les affaires que nous avons ensemble peuvent se régler par d'autres aussi bien que par nous-mêmes.

— En un mot, dit le ministre, le digne major Bridgenorth a eu assez de commerce avec les impies, et ne veut pas en avoir davantage, sous aucun prétexte.

— Messieurs, dit sir Jasper en les saluant avec une politesse imperturbable, vous vous trompez beaucoup sur la teneur de ma mission, et vous ferez bien de l'entendre en entier, avant d'y répondre. Je présume, M. Bridgenorth, que vous vous rappelez votre lettre à lady Peveril, dont j'ai ici une copie conforme. Vous paraissez vous plaindre du traitement que vous avez reçu de sir Geoffrey, et surtout de la manière dont il vous a jeté de cheval à Hartley-Nich, ou non loin de là. Or, sir Geoffrey pense assez avantageusement de vous pour croire que, sans l'immense distance que le rang et la naissance mettent entre vous et lui, vous lui auriez demandé la satisfaction qu'un gentilhomme doit à un autre, comme la seule manière d'effacer honorablement la tache dont vous êtes couvert. C'est pourquoi il a la générosité de vous offrir, dans ce petit écrit, ce que vous n'avez pas voulu lui demander, par suite de votre modestie; car il n'attribue pas à autre chose le silence que vous avez gardé. Je vous apporte aussi la mesure de son arme, et quand vous aurez accepté le cartel que je vous présente, je serai prêt à régler avec vous le temps, le lieu et tous les autres détails relatifs à cette rencontre.

— Et moi, dit Solsgrace d'une voix solennelle, si l'auteur de tout mal tentait mon ami d'accepter la proposition qui lui est faite par un homme altéré de sang, je serais le premier à prononcer contre lui la sentence d'excommunication.

— Ce n'est pas à vous que je m'adresse, monsieur le révérend, dit sir Jasper ; il est assez naturel que votre intérêt vous détermine à avoir plus d'égards pour la vie de votre patron que pour son honneur ; mais c'est de lui-même que je dois apprendre ce qu'il préfère.

A ces mots, et saluant encore le major, il lui présenta de nouveau le cartel. On pouvait voir évidemment que les conseils de l'honneur humain et ceux des principes religieux se livraient en ce moment un combat cruel dans le cœur de Bridgenorth ; mais la victoire resta aux derniers. Il repoussa d'un air calme le papier que lui présentait sir Jasper, et lui dit : — Il est possible que vous ignoriez, sir Jasper, que depuis que la lumière du christianisme est répandue sur ce royaume, bien des gens respectables ont douté que l'effusion du sang d'un de nos semblables puisse jamais être justifiée ; et quoique cette règle me paraisse difficilement applicable au temps d'épreuve où nous vivons, puisque le défaut de résistance, s'il devenait général, mettrait nos droits civils et religieux entre les mains du premier tyran audacieux, cependant j'ai toujours été et suis encore disposé à limiter l'usage des armes charnelles à la nécessité de la défense personnelle, à la protection de notre patrie contre une invasion étrangère, et au maintien de nos propriétés, de nos lois et de notre liberté de conscience, contre tout pouvoir usurpateur. Comme je n'ai jamais hésité à tirer l'épée pour aucune de ces causes, vous m'excuserez si je la laisse dans le fourreau dans une circonstance où l'homme qui m'a fait une injure grave me provoque au combat, soit par un point d'honneur frivole, soit par pure bravade, comme cela est plus vraisemblable.

— Je vous ai écouté avec patience, dit sir Jasper, et

maintenant, M. Bridgenorth, je vous inviterai à mieux
réfléchir à cette affaire. Je prends le ciel à témoin que
votre honneur est blessé, et qu'en daignant vous accorder
un rendez-vous qui vous offre quelque chance de guérir
cette blessure, sir Geoffrey a été animé par une tendre
compassion de votre malheur, et par le désir sincère de
rétablir votre réputation. Il ne s'agit que de croiser vos
épées quelques minutes, et vous aurez la satisfaction de
vivre ou de mourir en gentilhomme. D'ailleurs, la science
de l'escrime, que l'honorable chevalier possède au plus
haut degré, peut le mettre en état, comme son bon cœur
l'y engagera, à se contenter de vous désarmer en vous
faisant une légère blessure dans les chairs, d'où il résul-
tera peu de mal pour votre personne, et beaucoup de
bien pour votre honneur.

— La tendre compassion du méchant n'est que cruauté,
dit Solsgrace avec emphase, par forme de commentaire
sur ce discours que sir Jasper avait débité du ton le plus
pathétique.

— Je prie Votre Révérence de ne pas m'interrompre
davantage, dit sir Jasper, d'autant plus que je crois que
cette affaire vous concerne fort peu, et je vous prie de me
permettre de m'acquitter régulièrement de la commission
de mon digne ami.

A ces mots, il tira sa rapière, et en passant la pointe
sur le fil de soie qui entourait le cartel, il le présenta encore une fois avec grâce, et littéralement à la pointe de
l'épée, au major Bridgenorth; celui-ci refusa de nouveau
de le recevoir, quoique le rouge lui montât au visage
comme s'il avait eu besoin de faire un violent effort sur
lui-même; il recula quelques pas, et fit un grand salut à
sir Jasper Cranbourne.

— Puisqu'il en est ainsi, dit sir Jasper, je violerai le
sceau de la lettre de sir Geoffrey, et je vous la lirai moi-
même, pour m'acquitter pleinement de la mission qui

m'a été confiée, et vous faire connaître, M. Bridgenorth, les intentions généreuses de mon digne ami à votre égard.

— Si le contenu de cette lettre, dit le major, n'a rapport qu'à ce que vous m'avez déjà dit, il est inutile d'insister : mon parti est bien pris.

— N'importe, répondit sir Jasper en ouvrant la lettre; il convient que je vous en fasse la lecture. Et il lut ce qui suit :

« *Au digne Ralph Bridgenorth, écuyer, de Moultrassie-Hall.* »

» Confié aux soins de l'honorable sir Jasper Cranbourne, chevalier, de Long-Mallington.

» M. Bridgenorth,

» La lettre que vous avez écrite à notre épouse chérie, dame Marguerite Peveril, nous a donné à entendre que vous avez sur le cœur certains évènemens passés récemment entre nous, comme si votre honneur était entaché par ce qui a eu lieu. Et quoique vous n'ayez pas jugé convenable de vous adresser directement à moi pour me demander la satisfaction qu'un homme de condition a droit d'exiger d'un autre en pareil cas, je suis convaincu que je ne dois l'attribuer qu'à votre modestie, ayant pour cause l'inégalité de nos rangs, sans en accuser un manque de courage, puisque vous en avez ailleurs donné des preuves : et plût à Dieu que je pusse ajouter, pour la bonne cause. C'est pourquoi je me suis décidé à vous faire assigner par mon ami sir Jasper Cranbourne un rendez-vous pour ce que vous désirez certainement. Sir Jasper vous donnera la longueur de mes armes, et règlera avec vous tous les arrangemens pour notre rencontre, qui aura lieu le matin ou le soir, à pied ou à cheval, au sabre ou à la rapière, comme cela vous conviendra. Je vous en laisse le choix ainsi que tous les priviléges appartenans à celui qui est défié, vous priant seulement, si vous n'avez pas d'armes semblables aux miennes, de m'envoyer la dimension des vôtres, ne doutant pas que l'issue de ce rendez-vous ne doive être de mettre fin, de manière ou d'autre, à tout ressentiment entre voisins.

« Je demeure

» Votre très humble serviteur,

» Geoffrey Peveril du Pic. »

» Écrit en ma pauvre maison du château de Martindale, le . . . . 1660. »

— Présentez mes respects à sir Geoffrey Peveril, dit le major ; ses intentions à mon égard peuvent être bonnes, suivant sa *lumière;* mais dites-lui que notre querelle a pris naissance dans une agression volontaire, dont il a été coupable envers moi ; et que, quoique je désire vivre en charité avec tous les hommes, je ne tiens pas assez à son amitié pour violer les lois de Dieu et risquer d'être assassin ou assassiné afin de la regagner. Et quant à vous, monsieur, il me semble que votre âge devrait vous ouvrir les yeux sur la folie de pareils messages.

— Je m'acquitterai de votre commission, M. Ralph Bridgenorth, répondit sir Jasper, et je tâcherai alors d'oublier votre nom, indigne d'être prononcé par un homme d'honneur. En attendant, en retour de votre avis incivil, je vous en donnerai un autre : c'est que, puisque votre religion vous empêche de donner satisfaction à un gentilhomme, elle devrait vous faire prendre garde de l'offenser.

A ces mots, et en jetant un regard de mépris orgueilleux, d'abord sur le major et ensuite sur le ministre, l'envoyé de sir Geoffrey enfonça son chapeau sur sa tête, remit sa rapière à son ceinturon, et sortit de l'appartement. Quelques minutes après, il était déjà bien loin, et le bruit des pas de son cheval cessa de se faire entendre.

Bridgenorth avait tenu la main sur son front depuis l'instant de son départ, et une larme arrachée par la honte et la colère tomba sur ses joues quand il fut trop loin pour l'entendre. — Il porte cette réponse au château de Martindale, dit-il, et l'on ne pensera à moi désormais que comme à un homme déshonoré, que chacun peut insulter et bafouer à son gré; je fais bien de quitter la maison de mon père.

Solsgrace s'approcha de son ami en paraissant compatir à ses peines; et, lui prenant la main, il lui dit d'un ton plus affectueux que de coutume : — Mon noble frère, quoique je sois un homme de paix, je sais apprécier ce que ce sacrifice a coûté à ton cœur héroïque. Mais Dieu ne veut pas que notre obéissance à ses ordres soit imparfaite. Nous ne devons pas, comme Ananias et Saphire, réserver quelque désir secret, quelque péché favori, tandis que nous prétendons lui immoler toutes nos affections mondaines. A quoi nous servira de dire que nous n'avons mis en réserve que peu de chose, si le moindre reste de la chose maudite se trouve caché sous notre tente? Croirais-tu te justifier dans tes prières, en disant : je n'ai pas tué cet homme pour l'amour du gain, comme un voleur; pour acquérir du pouvoir, comme un tyran; pour assouvir ma vengeance, comme un sauvage plongé dans les ténèbres; mais parce que la voix impérieuse de l'honneur mondain me disait : va, tue ou sois tué, n'est-ce pas moi qui te le commande? Songes-y bien, mon digne ami; réfléchis si tu pourrais te justifier ainsi dans tes prières; et si tu es forcé de trembler à l'idée du blasphème contenu dans une telle excuse, souviens-toi de rendre grâces au ciel, qui t'a donné la force de résister à une telle tentation.

— Mon digne et révérend ami, répondit Bridgenorth, je sens que ce que vous me dites est la vérité. Le texte qui ordonne au vieil Adam de supporter la honte est plus pénible et plus difficile à exécuter que celui qui lui commande de combattre courageusement pour la vérité. Mais je me trouve heureux de savoir que j'aurai pour compagnon, au moins pour quelque temps, en traversant le désert du monde, un homme dont le zèle et l'amitié ont tant d'activité pour me soutenir quand je suis prêt à faire une chute.

Tandis que les habitans de Moultrassie-Hall raisonnaient ainsi sur le sujet de la visite de sir Jasper Cranbourne, ce digne chevalier causait à sir Geoffrey Peveril une surprise inexprimable en lui racontant l'accueil qu'avait reçu son ambassade.

— Je l'avais pris pour un homme d'une autre trempe, dit sir Geoffrey; je l'aurais même juré, si quelqu'un m'avait demandé mon témoignage. Mais on ne peut faire une bourse de soie avec l'oreille d'une truie [1]. J'ai fait pour lui une folie que je ne ferai jamais pour un autre; celle de croire qu'un presbytérien se battrait sans la permission de son prêcheur. Donnez-leur un sermon de deux heures; laissez-les ensuite hurler un psaume sur un air qui ne vaut pas les cris d'un chien qu'on fouette, et les coquins se démèneront comme des batteurs en grange. Mais pour se présenter en champ clos avec calme et sang-froid, fer contre fer, en braves gentilshommes, en bons voisins, ils n'ont pas assez d'honneur pour l'entreprendre. Allons, c'est assez parler d'un puritain à oreilles en l'air comme ce Bridgenorth. Vous resterez à dîner avec nous, sir Jasper; et vous verrez si la cheminée de la cuisine de dame Marguerite a été bien chauffée. Après le dîner je vous régalerai du vol d'un faucon qui appartient à la comtesse de Derby. Elle l'a apporté sur le poing de Londres à Martindale, malgré la hâte avec laquelle elle voyageait, et elle me l'a laissé pour qu'il reste cette saison sur le perchoir.

Cette partie fut bientôt arrangée, et lady Peveril en-

---

(1) Proverbe populaire anglais. — Éd.

tendit s'exhaler la mauvaise humeur de son époux, avec le même sentiment qu'on éprouve en entendant les derniers coups de tonnerre lorsque l'orage s'éloigne avec le péril. Elle fut, à la vérité, très surprise de la singulière voie que sir Geoffrey avait choisie avec tant de confiance pour essayer d'arriver à une réconciliation avec lui; et par égard pour le major, elle remercia Dieu qu'il n'en fût pas résulté quelque effusion de sang. Mais elle renferma soigneusement ses réflexions dans son sein, sachant bien qu'elles avaient rapport à des sujets sur lesquels le chevalier du Pic ne permettait ni qu'on mît en question sa sagacité, ni qu'on s'opposât à sa volonté.

Notre histoire n'a fait jusqu'ici que des progrès bien lents, mais après l'époque où nous sommes parvenus, il se passa à Martindale si peu d'évènemens remarquables, que nous ne parlerons qu'en peu de mots de ce qui arriva pendant plusieurs années.

CHAPITRE X.

CLÉOPATRE.
« Ce qu'il me faut, dis-tu ? — c'est de la mandragore,
« Pour abréger ce temps dont l'ennui me dévore. »
SHAKSPEARE. *Antoine et Cléopâtre.*

EN terminant le précédent chapitre, nous avons fait entrevoir que pendant quatre ou cinq ans, depuis l'époque à laquelle nous nous sommes si long-temps arrêtés, les évènemens qui arrivèrent au château n'exigent guère que quelques lignes pour l'intelligence de notre histoire. Le chevalier et son épouse continuèrent à résider à Martindale. Milady Peveril tâchait, à force de prudence et de patience, de réparer la brèche que les guerres civiles avaient faite à leur fortune, et murmurait un peu quand ses plans d'économie se trouvaient dérangés par l'hospitalité libérale de son mari, principal objet de sa dépense. Le chevalier Peveril tenait à cette hospitalité, non seulement par caractère, mais par le désir de soutenir la dignité de sa naissance; ses ancêtres, d'après les traditions conservées dans l'office, la cuisine et la cave, ne s'étant pas rendus moins célèbres par les bœufs gras qu'ils faisaient rôtir et par la bonne ale qu'ils distribuaient, que par l'étendue de leurs domaines et le nombre de leurs vassaux.

Cependant ce digne couple vivait heureux et dans l'aisance. Il est vrai que la dette contractée envers l'ancien voisin Bridgenorth n'avait pas été remboursée; mais il était le seul créancier du domaine de Martindale. Tous les autres ayant été payés, il aurait été à désirer qu'il le fût aussi, et c'était le grand but auquel tendaient toutes les mesures économiques de lady Peveril; car quoique les intérêts fussent régulièrement payés au procureur de Chesterfield, Win-the-Fight, le capital pouvait être exigé dans un moment où le remboursement deviendrait embarrassant. D'ailleurs ce suppôt de Thémis avait toujours l'air sombre, important, mystérieux, et semblait ne pouvoir oublier le coup vigoureux qu'il avait reçu sur la tête dans le cimetière du village de Martindale-Moultrassie.

Lady Peveril traitait quelquefois directement cette affaire avec lui; et quand il venait au château pour cela, elle croyait apercevoir sur ses traits, comme dans toutes ses manières, une expression de désobligeance et de malignité. Cependant il était juste et même indulgent dans sa conduite, car il accordait des facilités et des délais pour le paiement, quand quelques circonstances mettaient le débiteur dans l'impossibilité de s'acquitter au terme convenu. Il semblait donc à lady Peveril que cet homme devait agir à cet égard d'après les ordres formels de son mandataire absent, et elle ne pouvait par conséquent s'empêcher de prendre toujours un certain intérêt à son ancien voisin.

Peu de temps après que sir Geoffrey eut échoué dans son étrange projet de réconciliation avec le major Bridgenorth, ce dernier avait quitté Moultrassie-Hall, en y laissant sa vieille femme de charge, et personne ne savait où il était allé. Il avait emmené avec lui le révérend M. Solsgrace, sa fille Alice et mistress Debora Debbitch, installée dans la place de gouvernante. Pendant quelque temps, le bruit courut que le major ne s'était retiré dans quelque partie éloignée de l'Angleterre que pour exécuter son projet d'épouser mistress Debora, et que lorsque les rieurs auraient épuisé leurs railleries à ce sujet il reviendrait l'établir maîtresse de son ancienne demeure. Ce bruit cessa pourtant bientôt de courir, et l'on assura ensuite qu'il était passé en pays étranger pour assurer la santé de sa fille, dont la constitution était toujours très délicate. Mais quand on songeait à la haine du major contre le papisme, et à l'aversion encore plus prononcée de Solsgrace, on convint unanimement que pour qu'ils se hasardassent à mettre leurs pieds sur une terre catholique, il ne leur aurait fallu rien de moins que l'espoir de convertir le pape. L'opinion la plus générale était qu'ils étaient allés dans la Nouvelle-Angleterre, alors le refuge de beaucoup de ceux qui avaient pris trop de part aux affaires des derniers temps, ou que le désir de jouir d'une liberté de conscience illimitée déterminait à quitter l'Angleterre.

Lady Peveril ne pouvait s'empêcher de concevoir une idée vague que Bridgenorth n'était pas si éloigné. L'ordre parfait qui régnait en toutes choses à Moultrassie-Hall, et qui faisait honneur aux soins de mistress Dickens, la femme de charge, et des domestiques sous ses ordres, semblait annoncer que l'œil du maître était assez près pour qu'on eût à en craindre l'inspection d'un moment à l'autre. Il était vrai que ni le procureur ni les domestiques ne répondaient à aucune question sur la résidence de M. Bridgenorth; mais ils avaient, quand on leur en adressait, un air de mystère qui semblait en dire plus qu'ils ne le voulaient.

Environ cinq ans après que M. Bridgenorth eut quitté le pays, il arriva un accident singulier. Sir Geoffrey était allé aux courses de Chesterfield, et lady Peveril, qui était dans l'habitude de se promener dans tous les environs, seule ou accompagnée seulement d'Ellesmere ou de Julien, était sortie un soir pour aller faire une visite de charité dans une chaumière écartée où demeurait une femme attaquée d'une fièvre qu'on supposait contagieuse. Lady Peveril ne souffrait jamais que de semblables craintes l'arrêtassent dans l'exercice de ses œuvres de charité; mais elle ne se souciait pas d'exposer son fils ni son ancienne femme de charge au péril qu'elle voulait bien courir elle-même, parce qu'elle comptait sur les précautions qu'elle prenait pour éviter le danger.

Lady Peveril était partie du château assez tard dans la soirée ; la chaumière qu'elle allait visiter était plus éloignée qu'elle ne le pensait, et diverses circonstances la retinrent assez long-temps chez la malade. C'était une belle soirée d'automne; la lune était dans son plein, et cet astre brillait de tout son éclat quand elle se disposa à se remettre en route, en traversant des clairières et en gravissant des montagnes qui se trouvaient sur son chemin. Elle n'avait aucune inquiétude dans un pays si tranquille et si retiré; d'autant plus que la route traversait ses domaines, et qu'elle avait pris pour escorte le fils de la malade, jeune homme d'environ quinze ans. La distance était de plus de deux milles; mais on pouvait considérablement l'abréger en passant par une avenue dépendante du domaine de Moultrassie-Hall. Elle n'avait pas pris ce chemin en allant, non pas à cause du bruit absurde qui s'était répandu qu'il y revenait des esprits, mais parce que son mari était aussi mécontent quand les habitans de son château mettaient le pied sur les possessions de son ancien voisin, que lorsque ceux de Moultrassie-Hall se permettaient une excursion sur les domaines de Martindale. La bonne dame, peut-être en considération de la latitude qui lui était accordée dans les affaires plus importantes, s'était fait une règle de ne jamais contrarier les fantaisies ni même les préjugés de son mari ; espèce de compromis que nous recommandons sincèrement à toutes les bonnes ménagères de notre connaissance ; car il est surprenant combien les hommes sont disposés à résigner le véritable pouvoir entre les mains du beau sexe, pourvu qu'on les laisse en possession paisible de quelque fantaisie dont ils font leur hochet.

En cette occasion, pourtant, quoique l'avenue de Dobby fît partie des domaines prohibés de Moultrassie-Hall, lady Peveril résolut d'y passer pour abréger sa route, et en conséquence elle se dirigea de ce côté. Mais quand le jeune paysan qui l'accompagnait et qui l'avait suivie jusqu'alors, un bâton d'aubépine à la main, sifflant gaiement, et son chapeau sur l'oreille, s'aperçut qu'elle s'avançait vers cet endroit formidable, il montra des symptômes de grande frayeur, et enfin s'approchant d'elle, lui dit d'une voix entrecoupée : — N'allez pas là, milady, n'allez pas là !

Lady Peveril, voyant que ses dents se heurtaient d'effroi, et que tout son extérieur annonçait l'épouvante, se rappela que le premier propriétaire de Moultrassie-Hall, le brasseur de Chesterfield, qui avait acheté ce domaine, et qui y était mort de mélancolie, faute d'avoir quelque chose à faire, et non sans donner lieu à quelques soupçons qu'il avait attenté lui-même à ses jours, revenait dans cette avenue solitaire, selon le bruit général, accompagné d'un gros dogue qui, lorsqu'il était vivant et qu'il avait sa tête, était le favori de l'ex-brasseur. Compter que le jeune homme qui l'escortait pourrait lui servir de protection dans l'état où l'avait réduit sa crainte superstitieuse, c'eût été véritablement un espoir sans fondement, et lady Peveril, qui ne voyait aucun danger à craindre, crut qu'il y aurait de la cruauté à emmener ce jeune poltron plus loin ; elle lui donna donc une pièce d'argent, et lui permit de retourner chez sa mère. Cette permission lui parut encore plus précieuse que la gratification dont elle était accompagnée; car lady Peveril n'avait pas encore remis sa bourse dans sa poche quand le bruit des sabots de son brave écuyer lui annonça qu'il était déjà bien loin.

Souriant d'une crainte qu'elle trouvait si ridicule, elle passa la barrière ; et la clarté de la lune fut bientôt interceptée par les branches épaisses et touffues des grands ormes qui la bornaient et qui la couvraient d'une espèce de dôme. Ce lieu était fait pour inspirer des méditations graves et solennelles, et une lumière isolée qu'on voyait briller dans le lointain, à travers une fenêtre de Moultrassie-Hall, semblait même y ajouter une teinte de mélancolie. Elle songea au destin de cette famille, à la défunte mistress Bridgenorth, avec qui elle s'était souvent promenée dans cette avenue, et qui, quoiqu'elle ne fût pas douée de talens extraordinaires, lui avait toujours montré autant de respect que de reconnaissance. Elle pensa aux chagrins qu'avait occasionés à cette malheureuse femme la perte de ses enfans, à sa mort prématurée, au désespoir de son mari, au départ de celui-ci, à l'incertitude du sort de la petite Alice, pour qui, même après un intervalle de plusieurs années, elle conservait encore une affection presque maternelle.

Elle était entièrement livrée à ces idées mélancoliques, quand, à mi-chemin de l'avenue, elle crut apercevoir, à la lueur imparfaite qui pénétrait à travers le feuillage, quelque chose semblable à un homme. Lady Peveril s'arrêta un instant, mais elle se remit en marche sur-le-champ. Peut-être la croyance superstitieuse du temps la fit-elle involontairement frissonner; mais elle repoussa aussitôt toute idée d'apparition surnaturelle. Et qu'avait-elle à redouter de la part des hommes? un braconnier était l'être le plus dangereux qu'elle pût rencontrer, et si c'en était un, il ne chercherait qu'à éviter d'être vu. Elle avança donc d'un pas ferme, et elle eut la satisfaction de voir en même temps que l'homme qu'elle avait aperçu lui cédait la place, et s'enfonçait dans les arbres sur la gauche de l'avenue. En passant vis-à-vis de l'endroit où elle l'avait vu disparaître, elle redoubla le pas, en songeant que ce rôdeur de nuit se trouvait probablement à très peu de distance d'elle, et elle le fit avec si peu de précaution, que, son pied heurtant contre une grosse branche d'arbre cassée par le vent, et qui était restée au milieu de l'avenue, elle tomba et poussa un grand cri. Une main vigoureuse ajouta à ses craintes, en l'aidant à se relever presqu'au même instant; et une voix dont les accens ne lui étaient pas étrangers, quoiqu'elle ne l'eût pas entendue depuis long-temps, lui demanda : — N'est-ce pas vous, lady Peveril?

— C'est moi, répondit-elle en exprimant sa surprise et sa crainte; et si mon oreille ne me trompe pas, je parle à M. Bridgenorth.

— Je me nommais ainsi, répondit-il, tant que l'oppression m'avait laissé un nom.

Il ne dit rien de plus, et continua à marcher en silence à côté d'elle pendant une ou deux minutes. Elle se sentit embarrassée, et pour sortir de cette situation, aussi bien que par suite de l'intérêt véritable que lui inspirait cette question, elle lui demanda comment se portait sa filleule Alice.

— Je ne sais ce que c'est qu'une filleule, madame, répondit le major; c'est un de ces mots imaginés lors de la corruption et de la pollution des lois de Dieu. Quant à la jeune fille qui doit la vie et la santé aux soins de Votre Seigneurie, puisque tel est votre titre mondain, elle continue à se bien porter, d'après ce que j'en apprends de ceux qui en sont maintenant chargés, car il y a quelque temps que je ne l'ai vue. C'est le souvenir de vos bontés pour elle; et l'alarme que votre chute m'a fait éprouver, qui m'ont déterminé à me montrer à vous, quoique ce soit une imprudence que le soin de ma sûreté devait peut-être m'interdire.

— Le soin de votre sûreté, M. Bridgenorth! je n'aurais jamais cru que vous fussiez dans le cas de courir quelque danger.

— Vous avez donc encore quelques nouvelles à apprendre, madame. Mais vous saurez demain quelles sont les raisons qui me défendent de me montrer ouvertement, même sur mes propriétés, et qui doivent me faire désirer de ne laisser connaître à aucun des habitans du château de Martindale que je suis en ce moment dans ces environs.

—Vous étiez autrefois prudent et circonspect, M. Bridgenorth; j'espère que vous ne vous êtes pas laissé égarer par des projets téméraires, conçus trop à la hâte; j'espère...

— Pardon si je vous interromps, madame. Il est très vrai que je ne suis plus le même : mon cœur a été changé en moi. Dans le temps auquel il vous plaît de faire allusion, j'étais un homme de ce monde, je lui accordais toutes mes pensées, toutes mes actions, sauf quelques actes de culte extérieur et de pure forme; je ne connaissais guère quels sont les devoirs du chrétien; j'ignorais jusqu'où doit s'étendre l'abnégation de soi-même; mes pensées ne roulaient que sur des objets charnels; sur les moyens d'ajouter champ sur champ, richesse sur richesse; sur la balance à entretenir entre les partis; sur la manière de s'assurer un ami d'un côté, sans en perdre un de l'autre. Le ciel m'a puni de cette apostasie, d'autant plus coupable que, sous le nom de religion, je cherchais mon intérêt en adorateur aveugle et charnel ; mais je rends grâce à celui qui m'a retiré de la terre d'Egypte.

De nos jours, quoique nous ayons parmi nous bien des exemples d'enthousiasme, nous soupçonnerions d'hypocrisie ou de folie quiconque en ferait l'aveu d'une manière si franche et si subite. Mais, dans le temps dont nous parlons, il existait des gens qui avouaient hautement de pareils sentimens. Le sage Vane, le brave et habile Harrison, agissaient sous l'influence avouée de semblables opinions. Lady Peveril fut donc plus fâchée que surprise d'entendre le langage que le major venait de lui adresser, et en conclut, avec assez de raison, que la société qu'il avait vue depuis quelque temps, jointe à d'autres circonstances, avait changé en une flamme ardente l'étincelle qui était toujours restée cachée dans son cœur : cela était d'autant plus probable qu'il tenait de son père un caractère mélancolique, et que la faiblesse de sa constitution n'avait fait que l'aigrir ; il avait en outre essuyé divers malheurs, et il n'existe aucune passion qui se développe plus facilement, quand on s'y livre, que cette espèce d'enthousiasme dont il venait de donner des preuves. Elle se borna donc à lui répondre avec calme qu'elle espérait que l'expression de ses sentimens ne l'avait exposé à aucun danger et ne l'avait pas rendu suspect.

— Suspect, milady ! s'écria le major ; car je ne puis m'empêcher, telle est la force de l'habitude, de vous donner un de ces vains titres que notre orgueil fait que nous autres, misérables fragmens de vases d'argile, nous nous donnons les uns aux autres. Non seulement je suis suspect, mais je cours un grand danger : si votre mari me trouvait en ce moment, moi Anglais de naissance, et sur mes propres domaines, je ne doute pas qu'il ne fît tous ses efforts pour m'offrir en sacrifice au Moloch de la superstition romaine, qui fait rage maintenant pour trouver des victimes parmi les enfans de Dieu.

— Votre langage me surprend, M. Bridgenorth, dit lady Peveril, qui, commençant à désirer d'être débarrassée de sa compagnie, se mit à marcher d'un pas plus précipité. Mais Bridgenorth doubla le pas, et persista à la suivre.

— Ne savez-vous pas, lui dit-il, que Satan est venu sur la terre, armé d'une grande colère, parce que son règne est court? L'héritier présomptif de la couronne est un papiste avoué; et qui oserait assurer, si ce n'est un flatteur et un sycophante, que celui qui la porte aujourd'hui n'est pas également disposé à se courber sous le joug de Rome, s'il n'était tenu en respect par quelques nobles esprits de la chambre des communes? Vous ne me croirez pas; il est pourtant bien vrai que, dans mes prières solitaires et nocturnes, quand je pensais aux bontés que vous avez eues pour les membres morts et vivans de ma famille, j'ai supplié le ciel de me fournir les moyens de vous donner un avertissement salutaire; et il m'a accordé ma demande.

— M. Bridgenorth, dit lady Peveril, vous aviez coutume d'être modéré dans vos sentimens, comparativement parlant du moins; et vous aimiez votre religion sans haïr celle des autres.

— Il est inutile de rappeler ce que j'étais quand j'étais plongé dans le fiel de l'amertume, et chargé des liens de l'iniquité. J'étais alors semblable à Gallio, qui ne s'inquiétait d'aucune de ces choses. J'étais attaché aux biens du monde, je tenais à l'honneur et à la réputation que donne le monde; toutes mes pensées étaient fixées vers la terre, et si parfois elles s'élevaient vers le ciel, c'était avec froideur, par pure forme, comme les méditations des pharisiens. En un mot, je n'offrais sur l'autel que de la paille et du chaume. Le ciel m'a donné une preuve de bienveillance en me châtiant. Il m'a retiré tout ce qui m'attachait à la terre. Il m'a privé de ce que le monde appelle honneur. Il m'a envoyé en exil loin de la demeure de mes pères, seul, désolé, bafoué, battu, déshonoré. Mais qui peut découvrir les voies de la Providence? C'est par de tels moyens qu'elle a fait de moi un champion de la vérité, un homme qui compte la vie pour rien quand il s'agit d'en assurer le règne. Mais ce n'est pas de cet objet que je voulais vous entretenir. Vous avez sauvé la vie temporelle de mon enfant, je veux sauver la vie éternelle de votre âme.

Lady Peveril ne répondit rien. Ils approchaient alors du point où l'avenue, se terminant, communiquait à la grande route, ou, pour mieux dire, à un chemin de traverse ouvert dans un champ, et qu'elle devait suivre quelque temps jusqu'à ce qu'un autre chemin sur la gauche la conduisît dans le parc de Martindale. Elle désirait plus que jamais de se voir éclairée par la lune, et elle garda le silence afin de pouvoir marcher plus vite. Mais comme ils arrivaient à la jonction de l'avenue avec la voie publique, Bridgenorth lui mit la main sur le bras, en la priant ou plutôt en lui commandant de s'arrêter. Lady Peveril obéit. Il lui montra un vieux chêne, de la plus grande taille, qui s'élevait sur une hauteur de la plaine, et qui semblait y avoir été placé tout exprès pour servir de perspective. La lune répandait tant de lumière au-delà de l'avenue, que, grâce aux rayons qu'elle dardait sur cet arbre vénérable, on pouvait voir qu'une partie de ses branches avaient été frappées par le tonnerre.

— Vous souvenez-vous, lui dit-il, de la dernière fois que nous vîmes ensemble cet arbre? ce fut le jour où j'arrivai en poste de Londres, apportant du comité un ordre de protection pour votre mari. Comme je passais sous cet arbre, je vous vis ici, à l'endroit même où nous sommes. Vous étiez avec ma malheureuse Alice. Les deux derniers de mes enfans chéris jouaient près de leur mère. Je sautai à bas de mon cheval. J'étais pour elle un époux; pour eux, un père; pour vous, un protecteur bien venu et révéré. Que suis-je à présent? — Il appuya sa main sur son front, et parut absorbé dans sa douleur.

Il était impossible à lady Peveril d'entendre l'expression du chagrin sans chercher à l'adoucir. — Bridgenorth, lui dit-elle, tout en croyant et en suivant ma religion, je ne blâme celle de personne, et je suis charmée que vous ayez cherché dans la vôtre des consolations à vos afflictions temporelles. Mais les principes religieux de tout chrétien ne doivent-ils pas lui apprendre que l'affliction doit adoucir le cœur?

— Oui, femme, répondit Bridgenorth, comme le tonnerre a amolli le tronc de ce vieux chêne, dont il a rompu les branches. Non, le bois le plus dur est celui que l'ouvrier met le plus facilement en œuvre; le cœur endurci et desséché est celui qui peut le mieux supporter la tâche que nous imposent ces temps malheureux. Ni Dieu ni les hommes ne peuvent souffrir plus long-temps la dissolution sans bornes des méchans, les railleries des impies, le mépris des lois divines, l'infraction de toutes les lois humaines. Le temps présent demande de justes vengeurs, et il s'en présentera.

— Je ne nie pas l'existence du mal, dit lady Peveril faisant un effort sur elle-même pour parler, et commençant en même temps à se remettre en marche; d'après ce que j'ai entendu dire, quoique, Dieu merci, je n'en aie pas été témoin, je suis convaincue de la corruption du siècle. Mais espérons qu'on pourra y remédier sans des moyens aussi violens que ceux auxquels vous semblez faire allusion. Bien certainement les désastres d'une guerre civile (et j'espère que vos pensées ne vont pas jusqu'à cette extrémité effrayante) seraient une alternative qui ne peut être choisie que par le désespoir.

— Terrible, mais sûre, répliqua le major. Le sang de l'agneau pascal chassa l'ange exterminateur; les sacrifices offerts sur l'aire de la grange d'Araunah arrêtèrent la peste. Le fer et le feu sont des remèdes violens, mais ils purifient.

— Hélas! M. Bridgenorth, dit lady Peveril, est-il possible que, sage et modéré comme vous l'étiez dans votre jeunesse, vous ayez adopté, à votre âge avancé, les principes et le langage des gens que vous avez vus amener la nation et eux-mêmes sur le bord d'un précipice!

— Je ne sais ce que j'étais alors, et vous ne savez pas mieux ce que je suis à présent, répliqua-t-il; et il s'interrompit tout-à-coup, car ils étaient alors exposés à toute la clarté que répandaient les rayons de la lune; et l'on aurait dit que, se voyant sous les yeux de lady Peveril, Bridgenorth était disposé à adoucir son ton et son langage.

C'était le premier instant qu'elle le voyait distinctement, et elle remarqua qu'il était armé d'un couteau de chasse et d'un poignard, et qu'il avait des pistolets à sa ceinture; précautions assez extraordinaires dans un homme qui ne portait même une rapière autrefois que les jours de cérémonie, quoique ce fût l'usage constant et habituel des personnes de son rang. Il est vrai qu'il avait toujours eu l'air plus sombre qu'affable; mais il annonçait en ce moment une résolution plus déterminée que de coutume, et lady Peveril ne put s'empêcher de s'écrier, comme elle le pensait: — Oui, vraiment, M. Bridgenorth, vous êtes bien changé.

— Vous ne voyez que l'homme extérieur, répliqua-t-il; le changement intérieur est bien plus grand. Mais ce n'était pas de moi que je voulais vous parler. Comme je vous l'ai déjà dit, vous avez sauvé ma fille de l'obscurité du tombeau, et moi je voudrais sauver votre fils de ces ténèbres bien plus profondes qui enveloppent, à ce que je crains, toutes les voies de son père.

— Je ne dois pas entendre parler ainsi de sir Geoffrey, M. Bridgenorth. Je vous fais mes adieux quant à présent, et lorsque nous nous reverrons, dans quelque moment plus convenable, j'écouterai volontiers vos avis relativement à Julien, quoiqu'il soit possible que je ne les suive pas.

— Ce temps plus convenable peut ne jamais arriver. Le temps se passe, l'éternité approche; écoutez-moi. On assure que vous avez le projet d'envoyer le jeune Julien dans cette île de sang ; de confier le soin de son éducation à votre parente, à cette barbare meurtrière qui a donné la mort à un homme bien plus digne de vivre dans la mémoire des hommes qu'aucun des ancêtres dont elle est si fière. Cette nouvelle se débite partout, est-elle vraie?

— Vous vous exprimez un peu durement sur le compte de ma cousine, la comtesse de Derby, M. Bridgenorth ; et cependant je ne vous en ferai nul reproche, car moi-même je ne puis excuser l'acte dont elle s'est rendue coupable. Cependant mon mari et moi nous pensons que Julien pourra recevoir chez elle, mieux que partout ailleurs, avec le jeune comte de Derby, les instructions qui conviennent à son rang.

— Sous la malédiction de Dieu et la bénédiction du pape de Rome! s'écria Bridgenorth. Vous, madame, vous qui êtes si clairvoyante dans toutes les affaires qui concernent la prudence humaine, êtes-vous assez aveugle pour ne pas voir les pas gigantesques que fait Rome pour rétablir son autorité dans ce pays, jadis le plus riche joyau de sa tiare? La vieillesse se laisse séduire par l'or, la jeunesse par le plaisir, les faibles par la flatterie, les lâches par la crainte, les braves par l'ambition. Mille appâts sont offerts à toutes les passions, et chaque appât cache l'hameçon mortel.

— Je sais, M. Bridgenorth, que ma parente est catholique ; mais son fils est élevé dans les principes de l'église anglicane, conformément aux ordres de feu son père.

— Est-il vraisemblable, madame, que celle qui n'a pas craint de répandre le sang du juste, sur le champ de bataille comme sur l'échafaud, s'inquiète beaucoup de tenir une promesse que sa religion lui ordonnera de violer? Supposons même qu'elle y soit fidèle, votre fils en sera-t-il plus avancé, s'il reste dans le bourbier où son père est enfoncé? Que sont vos évêchés? du pur papisme. N'avez-vous pas pris pour votre pape un tyran temporel? N'avez-vous pas substitué une messe bâtarde en anglais, à celle que vos ancêtres célébraient en latin. Mais pourquoi parlé-je ainsi à une femme qui a des yeux et des oreilles, sans doute, mais qui ne peut ni voir ni entendre, ni comprendre les seules choses qui méritent d'être vues, entendues et comprises? Quel dommage qu'un être qui a reçu du ciel des formes si belles, un cœur si excellent, soit sourd, aveugle et ignorant, comme tout ce qui est périssable!

— Nous ne pouvons être d'accord sur ce sujet, M. Bridgenorth, dit lady Peveril, désirant de plus en plus terminer cette étrange conférence, quoiqu'elle ne vît pas ce qu'elle avait à en appréhender; encore une fois, je vous fais mes adieux.

— Un instant! s'écria-t-il en lui mettant encore la main sur le bras, je vous arrêterais si je vous voyais sur le bord d'un précipice; laissez-moi vous prémunir contre un danger encore plus grand. Mais comment faire impression sur votre esprit incrédule? Vous dirai-je que la dette du sang répandu par la maison de Derby reste encore à payer? Voulez-vous envoyer votre fils parmi ceux dont on en exigera le paiement?

— Vous cherchez en vain à m'alarmer, M. Bridgenorth; quelle peine peut-on imposer à la comtesse pour une action que je ne prétends pas justifier, mais dont elle a été punie il y a déjà long-temps?

— Vous vous trompez. Croyez-vous qu'une misérable somme d'argent, donnée pour alimenter les débauches de Charles, soit une compensation pour la mort d'un homme tel que Christian, d'un homme également précieux au ciel et à la terre? Ce n'est pas à de telles conditions qu'on peut répandre le sang du juste. Chaque heure de délai est comptée comme ajoutant intérêt à une énorme dette dont le paiement sera exigé, un jour, de cette femme couverte de sang.

En ce moment on entendit un bruit éloigné de chevaux sur la route dans laquelle ils venaient d'entrer. Bridgenorth écouta un instant, et dit à la hâte : — Oubliez que vous m'avez vu ; ne me nommez pas à ce que vous avez de plus proche et de plus cher; renfermez mes conseils dans votre sein, profitez-en, et vous vous en trouverez bien.

A ces mots, il la quitta, passa par une fente de la haie qui bordait le bois que le chemin côtoyait, et disparut au milieu d'un épais taillis.

Le bruit des chevaux qui s'avançaient au grand trot augmentait à chaque instant, et lady Peveril put bientôt voir, quoique indistinctement, plusieurs cavaliers descendant une hauteur à quelque distance. Ils l'aperçurent de leur côté, et deux d'entre eux, prenant le grand galop, arrivèrent près d'elle en criant : — Halte là! qui va là? Mais l'un d'eux la reconnut sur-le-champ, et s'écria : — Merci de ma vie! c'est notre maîtresse! Lady Peveril, de son côté, reconnut en lui un de ses domestiques; et son mari, survenant presque au même instant, s'écria : — Comment! c'est vous, Marguerite! par quel hasard êtes-vous si loin du château, et à une pareille heure?

Lady Peveril lui apprit la visite qu'elle avait rendue à une femme malade, mais elle ne crut pas nécessaire de lui parler de son entrevue avec le major Bridgenorth, peut-être parce qu'elle craignait que cet incident ne lui déplût.

— La charité est une belle et bonne chose, répondit sir Geoffrey ; mais il faut que je vous dise, Marguerite, que vous avez tort de courir les champs, comme un empirique, à la demande de la première vieille femme qui a un accès de colique, surtout à une pareille heure, et quand nos environs sont si peu sûrs.

— Je suis fâchée d'apprendre cela. Je n'en avais pas entendu parler.

— C'est un nouveau complot, un complot tramé par les Têtes-Rondes, un complot bien pire que celui de Venner. Et quel est l'homme qui a été le plus en avant ? notre ancien voisin Bridgenorth. On le cherche partout ; et je vous promets que, si on le trouve, on lui règlera ses anciens comptes.

— En ce cas, j'espère qu'on ne le trouvera pas.

— L'espérez-vous ? Et moi j'espère qu'on le trouvera, et ce ne sera pas ma faute si on ne le trouve pas. C'est pour cela que je me rends à Moultrassie-Hall, où je vais faire une stricte visite, comme c'est mon devoir. Aucun traître ni rebelle ne s'enfuira dans son terrier si près du château de Martindale, je vous en assure. Quant à vous, milady, vous vous passerez de selle de femme pour aujourd'hui, et vous monterez en croupe derrière Saunders, comme cela vous est déjà arrivé. Il vous reconduira au château, de crainte d'accident.

Lady Peveril obéit sans répliquer. Elle n'aurait pas même osé essayer de lui répondre, tant elle aurait craint que le tremblement de sa voix annonçât combien elle était déconcertée par la nouvelle qu'elle venait d'apprendre.

Elle monta à cheval, et retourna au château, où elle attendit avec inquiétude le retour de son mari. Il arriva enfin ; mais, à son grand soulagement, sans ramener aucun prisonnier. Il lui expliqua alors, plus en détail que sa précipitation ne lui avait permis de le faire lors de leur rencontre, qu'un exprès arrivé de la cour à Chesterfield, y avait apporté la nouvelle que les anciens partisans de la république, et notamment ceux qui avaient servi dans l'armée, avaient organisé un plan d'insurrection, et que Bridgenorth, qu'on disait caché dans quelque coin du comté de Derby, était un des principaux conspirateurs.

Quelque temps après, on ne dit plus rien de cette conspiration, et il en fut de même de beaucoup d'autres dont on fit courir le bruit à la même époque. On révoqua les mandats d'arrêt; mais on n'entendit plus parler du major Bridgenorth, quoiqu'il soit probable qu'il aurait pu se montrer aussi publiquement que bien des gens qui s'étaient rendus également suspects.

Ce fut à peu près vers la même époque, et non sans verser bien des larmes, que lady Peveril se sépara pour quelque temps de son fils Julien, qui fut envoyé dans l'île de Man, suivant le projet qui en avait été formé, pour y recevoir la même éducation que le jeune comte de Derby. Quoique les discours de mauvais augure de Bridgenorth se représentassent quelquefois à son esprit, ils n'eurent pas assez de poids sur elle pour l'emporter sur les avantages que la protection de la comtesse assurait à son fils.

Ce plan réussit à tous égards; et lorsque Julien, de temps en temps, venait chez son père, lady Peveril avait la satisfaction de voir que les qualités de l'esprit se développaient en lui de même que les qualités extérieures dont la nature l'avait favorisé, et qu'il avait le plus grand désir de s'instruire. Il devint avec le temps un jeune homme accompli, et fit un voyage sur le continent avec le jeune comte. Cette mesure avait paru nécessaire pour leur donner quelque connaissance du monde, la comtesse ne s'étant montrée ni à Londres ni à la cour depuis sa fuite dans l'île de Man en 1660, et ayant constamment résidé dans son petit état aristocratique, visitant seulement quelquefois ses domaines d'Angleterre.

Cette circonstance avait donné à l'éducation des deux jeunes gens, malgré les meilleurs maîtres, quelque chose de rétréci. Mais quoique le caractère du jeune comte fût plus léger et plus versatile que celui de Julien, tous deux profitèrent de ce voyage. Lady Derby enjoignit strictement à son fils, à son retour du continent, de ne pas se montrer à la cour de Charles II; mais, étant devenu majeur, il ne crut pas nécessaire d'avoir pour elle une obéissance absolue à cet égard. Il alla donc passer quelque temps à Londres, et goûta tous les plaisirs d'une cour séjour de la gaieté, avec toute l'ardeur d'un jeune homme qui avait été élevé à peu près dans la retraite.

Pour engager la comtesse à lui pardonner cette transgression de ses ordres, le jeune comte, qui lui conservait toujours le profond respect dans lequel il avait été élevé, consentit à séjourner avec elle dans son île favorite, et lui en abandonna presque entièrement l'administration.

Julien Peveril avait passé au château de Martindale une grande partie du temps pendant lequel son ami était resté à Londres; et à l'époque à laquelle notre histoire est arrivée, *quasi per saltum*, en sautant par-dessus plusieurs années, ils habitaient tous deux, avec la comtesse, le château de Rushin dans l'antique royaume de Man.

CHAPITRE XI.

« Aux matelots Mona long-temps inaccessible... »
COLLINS.

L'ILE de Man, au milieu du dix-septième siècle, était, comme lieu de résidence, quelque chose de tout différent de ce qu'elle est aujourd'hui. On n'en avait pas encore découvert le mérite comme abri contre les tempêtes de la vie ; et la société n'y offait aucune variété. On n'y voyait ni élégans dissipateurs que la fortune avait renversés de leurs barouches[1], ni dupes, ni fripons, ni spéculateurs trompés dans leurs calculs, ni entrepreneurs des mines ruinés ; en un mot, il ne s'y trouvait personne qui méritât qu'on en parlât. La société se bornait aux naturels de l'île, et à quelques marchands faisant la contrebande. Les amusemens y étaient rares et monotones, et le jeune comte fut bientôt ennuyé de ses domaines.

Julien était assis dans l'embrasure d'une fenêtre du vieux château, ayant les bras croisés, et les yeux fixés, avec un air de contemplation profonde, sur le vaste océan qui roulait successivement ses vagues jusqu'au pied du rocher sur lequel s'élevait cet antique édifice. Le comte, souffrant tous les maux de l'ennui, tantôt sifflait, tantôt ouvrait un volume d'Homère, quelquefois se balançait sur sa chaise, et ensuite se promenait dans l'appartement. Enfin son attention se fixa sur son compagnon, dont il admirait la tranquillité.

— Roi des hommes ! s'écria-t-il en répétant l'épithète favorite que donne Homère à Agamemnon. J'espère, pour l'amour de l'ancien prince grec, qu'il avait une place plus gaie que celle du roi de Man. Eh bien ! grand philosophe Julien, rien ne peut-il t'émouvoir, pas même une mauvaise pointe sur ma dignité royale [2] ?

— Je voudrais que vous fussiez un peu plus roi dans l'île de Man, dit Julien sortant de sa rêverie, et alors vous trouveriez plus d'amusemens dans votre souveraineté.

— Quoi ! détrôner la reine Sémiramis ma mère ! s'écria le jeune lord, elle qui a autant de plaisir à jouer le rôle

---

(1) Voiture à la mode anglaise en 1820. — Ed.

(2) Le jeu de mots dont il s'agit ici, et qu'il est impossible de faire passer en français, consiste dans l'opposition qui se trouve entre *King of* men, roi des hommes, et *King of* Man, roi de l'île de Man. — Ed.

de reine que si elle l'était véritablement! Je suis surpris que vous me donniez un tel conseil.

— Votre mère, mon cher Derby, serait enchantée si elle vous voyait prendre quelque intérêt aux affaires de l'île, et vous ne l'ignorez pas.

— Oui, sans doute, elle me permettrait d'être roi, mais elle voudrait être vice-reine, et régner sur moi. Ainsi, elle ne gagnerait qu'un sujet de plus, si je consacrais le loisir qui m'est si précieux aux soins de la royauté. Non, non, Julien, elle regarde comme un acte d'autorité de présider à toutes les affaires des pauvres insulaires de Man, et c'est pour cela même qu'elle y trouve du plaisir. Je n'interviendrai pas, à moins qu'il ne lui prenne envie de tenir encore une haute-cour de justice; car je n'ai pas le moyen de payer une seconde amende à mon frère le roi Charles. Mais j'oublie que c'est un pénible souvenir pour vous.

—Ou du moins pour la comtesse, et je suis surpris que vous en parliez.

— Quoi! je n'ai pas plus de rancune que vous contre le pauvre homme, quoique je n'aie pas les mêmes raisons que vous de respecter sa mémoire, pour laquelle je ne suis pourtant pas sans une sorte de vénération. Je me rappelle l'instant où on le mena à la mort. Ce fut le premier jour de congé que j'eus de ma vie, et je voudrais de tout mon cœur l'avoir obtenu pour toute autre raison.

— Et moi, milord, je voudrais vous entendre parler de toute autre chose.

— Sans doute, et c'est ce qui arrive toutes les fois que je vous parle de quelque sujet qui vous échauffe le sang, que vous avez aussi froid qu'un habitant de la mer [1], pour me servir d'une comparaison de cette île fortunée. Ainsi

---

(1) A *merman*; par opposition à *mermaid* (sirène) : le mot masculin nous manque en français, et nous n'osons dire *sirène mâle* : dans une semblable

donc vous voulez changer d'entretien? Eh bien, de quoi parlerons-nous? O Julien! si vous n'aviez pas été vous enterrer dans les châteaux et les cavernes du comté de Derby, nous ne manquerions pas de sujets délicieux de conversation... les spectacles, le palais du roi, celui du duc. — Le palais de Louis n'est rien en comparaison. Et la promenade du parc, qui laisse bien loin derrière elle celle du *Corso* de Naples; et les belles de Londres, qui l'emportent sur celles de tout l'univers.

— J'écouterai volontiers, milord, tout ce que vous voudrez me dire sur ces divers sujets. Je ne connais Londres que bien peu, et c'est une raison pour que votre récit m'intéresse davantage.

—Eh bien, Julien...; mais par où commencer? par l'esprit de Buckingham, de Sedley, d'Etherege [1]; par les grâces d'Henriette Jermyn, par la courtoisie du duc de Monmouth; ou par l'amabilité de la belle Hamilton, de la duchesse de Richmond, de lady...; par la beauté de Roxelane, ou la vivacité de mistress Nelly... [2]?

— Que ne commencez-vous par les charmes enchanteurs de lady Cynthia.

— Sur ma parole, Julien, je voulais les garder pour moi-même, afin de suivre l'exemple de votre prudence. Mais puisque vous m'en parlez, je conviens franchement que je ne sais que vous en dire, si ce n'est que j'y pense vingt fois plus souvent qu'à toutes les beautés dont je viens de vous parler. Et cependant elle n'est pas à beaucoup près aussi belle que la moins belle de toutes celles que je viens de vous citer; aussi spirituelle que la moins piquante d'entre elles; aussi à la mode, et c'est un grand

---

disette de mots les Anglais appellent un accoucheur *a midwife-man* : un *homme sage-femme*. — Ed.

(1) Courtisans beaux-esprits. — Ed.

(2) On voit encore à Windsor la galerie des portraits de ces beautés de la cour de Charles II. — Ed.

point, que la plus obscure : je ne puis vous dire ce qui fait que j'en raffole, si ce n'est qu'elle a plus de caprices que tout le reste de son sexe.

— Ce serait pour moi une bien petite recommandation.

— Bien petite, dites-vous? Et vous nommerez-vous après cela un confrère de l'hameçon? Eh bien, qu'aimeriez-vous mieux? employer toutes vos forces pour tirer un pesant filet qui ne vous rapporterait qu'un goujon mort, de même que nos pêcheurs suent sang et eau pour engraver leur barque sur le rivage ; ou prendre un saumon vivant qui fait plier le bois de votre ligne, et en fait siffler la corde ; qui vous joue dix mille tours malicieux, qui vous fatigue de craintes et d'espérances, et qui ne tombe palpitant sur le rivage qu'après avoir déployé de mille manières son adresse, sa patience et sa ruse? mais je vois que vous avez envie de continuer à pêcher à votre manière. A bas l'habit galonné, et prenez la casaque brune ; des couleurs trop vives effarouchent le poisson dans les eaux tranquilles de l'île de Man. Sur ma foi vous n'en pêcheriez guère à Londres, à moins que l'amorce ne brillât un peu. Eh bien, vous partez? Allons, je vous souhaite une heureuse pêche : moi, je vais prendre la barge ; la mer et les vents sont moins inconstans que l'eau sur laquelle vous vous êtes embarqué.

— C'est à Londres, milord, que vous avez appris à dire toutes ces belles choses ; mais vous en ferez pénitence si lady Cynthia pense comme moi. Adieu ; bien du plaisir jusqu'à ce que nous nous revoyions.

Les deux jeunes gens se séparèrent ; le comte s'embarqua pour sa partie de plaisir : et Julien, comme son ami l'avait prédit, prit les vêtemens d'un homme qui veut s'amuser à pêcher. Le chapeau à plumes fut changé pour un bonnet de drap gris ; l'habit galonné, pour une jaquette de même couleur et des pantalons semblables ; et enfin, une ligne à la main, un panier sur le dos; et montant un joli petit cheval de l'île de Man, le jeune Peveril arriva au grand trot près d'une de ces belles rivières qui descendent des montagnes de Kirk-Merlagh pour se jeter à la mer.

Arrivé à l'endroit où il avait dessein de commencer l'amusement de sa journée, Julien laissa en liberté son fidèle coursier, qui, y étant accoutumé, le suivait comme un chien, tout en paissant dans la petite vallée que parcourait la rivière, après quoi il venait se placer près de son maître, et, comme s'il eût été grand amateur de la pêche, il regardait les truites que Julien avait prises et qui se débattaient sur le rivage. Mais le maître de Fairy ne montra guère, ce jour-là, la patience d'un véritable pêcheur à la ligne, et il ne suivit pas le conseil que donne le vieux Isaac Walton [1], qui recommande de pêcher dans les rivières *pouce par pouce*. Il est vrai qu'il choisissait, avec l'œil d'un connaisseur, les endroits qui lui promettaient plus de succès, ceux où l'eau, passant en écumant sur quelque grosse pierre, offrait à la truite l'abri qui lui plaît, et ceux où, sortant en bouillonnant d'un courant rapide pour venir mourir sur le rivage, elle coulait lentement sous une rive minée par le temps, ou s'élançait en frémissant par-dessus une cascade peu élevée. En choisissant ainsi judicieusement les lieux où il établissait le théâtre de ses exploits, son panier fut bientôt assez lourd pour prouver que le plaisir de la pêche n'était pas pour lui un vain prétexte; et dès qu'il eut l'esprit tranquille à cet égard, il remonta le vallon, se contentant de jeter de temps en temps sa ligne à l'eau, pour tromper l'œil des curieux qui pourraient l'observer des hauteurs voisines.

La petite vallée que cette rivière arrosait était rocail-

(1) Célèbre auteur d'un traité sur la pêche. Horace Smith fait figurer ce personnage dans son roman intitulé *Brambletye-House*. — Éd.

leuse, quoique couverte de verdure, et très solitaire, quoique traversée par un sentier mal tracé, qui prouvait qu'elle n'était pas tout-à-fait sans habitans. A mesure que Peveril avançait, la vallée s'élargissait sur la droite, laissant entre la colline et la rivière une prairie qui venait joindre le bord de l'eau, et qui offrait le plus riche pâturage, fertilité qu'elle devait peut-être à des débordemens accidentels. Sur la partie la plus élevée du vallon, on voyait une vieille maison de construction singulière, ayant par-devant un jardin en terrasse, et par-derrière quelques champs cultivés. Les Danois ou les Norwégiens avaient autrefois construit en cet endroit une forteresse qu'ils avaient nommée Blackfort[1], d'après la couleur d'un énorme rocher formant de ce côté les limites de la vallée. Il y avait bien long-temps que cet édifice avait été démoli, et les matériaux avaient probablement servi pour la nouvelle maison, ouvrage de quelque ecclésiastique du seizième siècle, comme cela était évident d'après la manière dont étaient enchâssées dans la pierre les vitres des croisées, laissant à peine une issue aux rayons du jour, et d'après deux ou trois arcs-boutans massifs appuyés sur la façade de la maison, où étaient pratiquées de petites niches dans lesquelles on trouvait autrefois des statues; mais ces statues avaient été enlevées, et remplacées par des pots de fleurs autour desquels croissaient diverses plantes grimpantes, taillées et dirigées par une main habile. Le jardin était bien tenu, et quoique ce lieu fût extrêmement solitaire, on y remarquait tout ce qui pouvait être nécessaire ou agréable, et même un air d'élégance nullement commun à cette époque dans les habitations de cette île.

Julien s'approcha avec beaucoup de circonspection du petit porche gothique qui mettait l'entrée de la maison à

---

(1) Le fort noir. — Ed.

l'abri des ouragans auxquels sa situation l'exposait, et qui, de même que les arcs-boutans, était couvert de lierre et d'autres plantes grimpantes. Un gros anneau de fer, arrangé de manière que lorsqu'on le soulevait il frappait en retombant contre la barre à laquelle il était attaché, tenait lieu de marteau. Julien y eut recours, mais avec la plus grande précaution, de peur de faire trop de bruit.

Il se passa quelque temps sans qu'il reçût de réponse, et l'on aurait pu croire que la maison était inhabitée. Enfin son impatience l'emportant, il essaya d'ouvrir la porte, et comme elle n'était fermée qu'au loquet, il y réussit aisément. Il traversa un petit vestibule bas et cintré, au fond duquel était un escalier, et ouvrit à main gauche la porte du salon d'été, boisé en chêne noir, et dont des tables et des chaises couvertes en cuir formaient tout l'ameublement. Cette pièce était fort sombre, le jour n'y pénétrant qu'imparfaitement par une croisée de l'espèce de celles dont nous avons déjà donné la description.

Au-dessus du manteau de la cheminée, en chêne noir comme la boiserie, était suspendu le seul ornement de cette chambre : c'était le portrait d'un officier revêtu de l'uniforme des guerres civiles. L'espèce de fraise qui tombait sur sa cuirasse, son écharpe de couleur orange, et surtout ses cheveux coupés très court autour de sa tête, montraient évidemment auquel des deux partis il avait appartenu. Sa main droite était appuyée sur la poignée de son épée ; de la gauche il tenait une petite Bible sur laquelle on lisait ces mots : *In hoc signo*. Ses yeux étaient noirs, son teint olivâtre, et la forme de son visage ovale. C'était une de ces physionomies auxquelles, sans les trouver désagréables, on attache une idée de mélancolie et d'infortune. Elle était sans doute bien connue de Peveril, car, après y avoir fixé ses regards pendant assez longtemps, il ne put s'empêcher de s'écrier : — Que ne donnerais-je pas pour que cet homme n'eût jamais vécu, ou pour qu'il vécût encore !

— Comment ! que veut dire ceci ? s'écria une femme qui entrait à l'instant où il faisait cette exclamation ; vous ici, M. Peveril, en dépit de tous les avertissemens que vous avez reçus ? vous ici ! en possession de la maison des autres pendant leur absence, et vous parlant à vous-même !

— Oui, mistress Debora, répondit Julien ; je suis ici encore une fois, comme vous le voyez, en dépit de toutes les défenses qui m'ont été faites, et au risque de tous les dangers. Où est Alice ?

— Où vous ne la verrez jamais, M Peveril, vous pouvez en être bien sûr, répondit Debora Debbitch, car c'était cette respectable gouvernante, qui, se laissant tomber en même temps sur une chaise, commença à s'éventer avec son mouchoir, et à se plaindre de la chaleur, en dame du bon ton.

Dans le fait, mistress Debbitch, quoique son extérieur annonçât que sa situation était considérablement améliorée, et que ses traits prouvassent que les vingt années qui avaient passé sur sa tête avaient produit sur elle un effet moins favorable, était, quant au fond et quant à la forme, à peu près la même que quand elle résistait aux volontés de mistress Ellesmere au château de Martindale, c'est-à-dire aussi volontaire, aussi opiniâtre, aussi coquette que jamais ; du reste, assez bonne personne. Son costume était celui d'une femme d'un rang plus élevé ; cependant, d'après la coupe modeste de ses vêtemens et l'uniformité de leur couleur, il était clair qu'elle appartenait à quelque secte qui condamnait la superfluité du luxe dans les habillemens ; mais aucunes règles, pas même celles d'un couvent ou d'une société de quakers, ne peuvent empêcher un peu de coquetterie à cet égard, quand une femme désire faire croire qu'elle a encore quelque titre à obtenir des attentions personnelles. Toute la parure de Debora était arrangée de manière à faire valoir le mieux possible une femme de bonne mine dont l'extérieur annonçait l'aisance, qui se donnait trente-cinq ans, et qui aurait eu le droit, si elle l'avait voulu, de s'en donner douze ou quinze de plus.

Julien fut obligé d'endurer l'ennui de tous ses airs d'importance, et d'attendre avec patience qu'elle eût ajusté sa collerette, attaché quelques épingles, tiré en avant et repoussé en arrière son capuchon, respiré une petite fiole d'essence, fermé les yeux comme une poule mourante, enfin, qu'elle eût épuisé toutes ses minauderies et qu'elle daignât ouvrir la conversation.

— Ces promenades seront ma mort, M. Peveril, et tout cela à cause de vous; car si mistress Christian savait que vous faites des visites à sa nièce, je vous réponds que miss Alice et moi nous serions bientôt obligées de chercher un autre logement.

— Allons, mistress Debora, allons, de la bonne humeur, dit Julien; réfléchissez-y; notre intimité n'est-elle pas entièrement votre ouvrage? N'est-ce pas vous qui vous êtes fait connaître à moi, la première fois que je suis venu dans ce vallon, ma ligne à la main? Ne m'avez-vous pas dit que vous aviez veillé sur mes premières années, et qu'Alice avait été la compagne de mon enfance? N'était-il pas bien naturel que je revinsse voir le plus souvent possible deux personnes si aimables?

— Sans doute, mais je ne vous ai pas dit de devenir amoureux de l'une de nous, et de faire des propositions de mariage, soit à Alice, soit à moi-même.

— C'est la vérité, mistress Debora; je dois vous rendre justice à cet égard. Mais qu'en résulte-t-il? De telles choses arrivent avant qu'on y pense; je suis sûr que vous avez reçu cinquante propositions semblables quand vous vous y attendiez le moins.

— Fi! M. Peveril, fi! Je vous prie de croire que je me

suis toujours conduite de manière à ce que les gens les plus huppés y auraient pensé deux fois, et auraient bien réfléchi à ce qu'ils allaient me dire, autant qu'à la manière dont ils me feraient de pareilles propositions.

— Sans doute, mistress Debora, sans doute; mais tout le monde n'a pas votre discrétion. D'ailleurs Alice Bridgenorth est une enfant, une véritable enfant, et chacun ne demande-t-il pas à une enfant qu'elle veuille bien être sa petite femme? Allons, je sais que vous me pardonnerez, car vous êtes la meilleure personne du monde.

— Oh non! M. Julien; non, non, s'écria Debora : il est possible, à la vérité, que je vous aie dit que vos domaines se convenaient à merveille, et certainement rien n'était plus naturel à une femme qui sort d'une ancienne souche d'honnêtes vassaux de Peveril du Pic, que de souhaiter que ces beaux biens se trouvassent réunis sous le même maître, ce qui ne pourrait manquer d'arriver si vous épousiez Alice Bridgenorth. Mais il y a le chevalier votre père, milady votre mère, et puis le père d'Alice, à qui la religion a tourné à moitié la tête, et sa tante qui porte éternellement du gourgouran noir, à cause de ce malencontreux colonel Christian, et enfin la comtesse de Derby : que n'aurions-nous pas à redouter, si nous pensions à quelque chose qui pût leur déplaire? Indépendamment de tout cela, vous avez manqué de parole à miss Alice, et tout est fini entre vous; je suis d'opinion qu'il vaut mieux que tout soit fini. Peut-être même, M. Peveril, aurais-je dû le penser beaucoup plus tôt, et avant qu'une enfant comme Alice m'y fît songer; mais c'est que j'ai le cœur si bon!

Il n'existe pas de flatteur comme un amant qui désire réussir dans un projet.

— Vous êtes la meilleure et la plus serviable dame du monde, Debora, répondit Julien. Mais vous n'avez pas encore vu la bague que je vous ai rapportée de Paris. Je veux vous la mettre au doigt moi-même. Quoi! ne suis-je donc plus l'enfant que vous aimiez tant, dont vous avez pris tant de soins?

Il réussit, sans trop de peine, à passer au gros doigt de mistress Debora Debbitch un très joli anneau d'or. Debora appartenait essentiellement à cette classe d'êtres qu'on trouve souvent dans les rangs inférieurs du peuple, et quelquefois même dans les rangs plus élevés, qui, sans avoir précisément l'âme vénale, et sans se laisser ouvertement corrompre, sont pourtant fort attachés aux profits qu'ils peuvent tirer de leurs places, et se laissent détourner, peut-être sans s'en apercevoir, du sentier de leurs devoirs, par l'amour qu'ils ont pour de petits égards, de petits complimens et de petits présens. Debora tourna et retourna la bague sur son doigt, et dit enfin à demi-voix : — En vérité, M. Peveril, on ne peut rien refuser à un jeune homme comme vous, car les jeunes gens sont toujours si opiniâtres! Ainsi donc, autant vaut vous dire que miss Alice est revenue avec moi de Kirk-Truagh, et qu'elle vient de monter à la maison en même temps que moi.

— Et pourquoi ne me l'avez-vous pas dit plus tôt? s'écria Julien. Où est-elle?

— Vous feriez mieux de me demander pourquoi je vous le dis à présent, M. Peveril; car j'agis contre ses ordres, je vous le promets, et je ne vous l'aurais pas dit si votre air ne m'eût inspiré de la compassion. Mais, quant à vous voir, elle n'en fera rien. Elle est dans sa chambre à coucher, fermée par une porte en chêne bien verrouillée; c'est une bonne garantie. Ainsi vous voyez que, quand je voudrais me rendre coupable de trahison, car c'est le nom qu'y donnerait la petite mijaurée, c'est une chose impossible.

— Ne me parlez pas ainsi, Debora! Allez seulement.... essayez..., priez-la de m'entendre : dites-lui que j'ai cent excuses à alléguer pour désobéir à ses ordres. Dites-lui que je ne doute pas que je ne surmonte tous les obstacles au château de Martindale.

— Je vous dis que tout cela est inutile. Quand j'ai vu votre bonnet et votre ligne dans le vestibule, je n'ai fait que dire : Le voilà encore ! elle a monté les escaliers avec la vitesse d'un jeune faon, et je l'ai entendue fermer le double tour et tirer le verrou avant de pouvoir dire un seul mot pour l'arrêter. Je suis surprise que vous n'en ayez rien entendu.

— C'est parce que je suis ce que j'ai toujours été, un oison, un fou qui se laisse aller à ses rêves, et qui ne sait pas profiter de ces occasions précieuses que ma funeste étoile me présente si rarement. Eh bien ! allez lui dire que je pars..., que je pars pour toujours..., que je vais dans un lieu d'où elle n'entendra plus parler de moi, d'où personne n'en entendra parler.

— Dieu tout-puissant ! écoutez-le ! Que deviendront sir Geoffrey, votre mère et la comtesse, si vous allez aussi loin que vous le dites ? Que deviendrai-je moi-même ? et que deviendra aussi la pauvre Alice ? car je suis sûre qu'elle vous aime plus qu'elle ne veut en convenir. Ne la vois-je pas tous les jours s'asseoir près de la fenêtre, les yeux fixés sur le chemin par lequel vous venez pour pêcher dans la rivière, et ne me demande-t-elle pas de temps en temps si la saison est favorable pour la pêche ? Et pendant que vous étiez sur le continent, comme on appelle ce pays, je ne crois pas qu'elle ait souri deux fois, si ce n'est quand elle a reçu ces deux belles longues lettres venant de pays étrangers.

— C'est de l'amitié, Debora, ce n'est que de l'amitié ; c'est un souvenir sans conséquence qu'on garde d'un homme qui, grâce à votre obligeante permission, est venu de temps en temps troubler votre solitude, et vous donner des nouvelles de ce qui se passe dans le monde. Il est bien vrai que j'ai cru une fois...! mais tout est dit. Adieu!

A ces mots, il se couvrit le visage d'une main, et tendit l'autre à Debora pour prendre congé d'elle. Mais le bon cœur de la gouvernante ne put résister à la vue de son affliction.

— Pourquoi tant vous presser? s'écria-t-elle: je vais monter chez miss Alice; je lui répèterai tout ce que vous venez de me dire, et je la déterminerai à descendre, s'il est au pouvoir d'une femme de le faire.

Et, en parlant ainsi, elle sortit de l'appartement pour monter chez sa jeune maîtresse.

Cependant Julien, fort agité, se promenait dans le salon, en attendant le succès de l'ambassade de Debora, dont l'absence fut assez longue pour nous donner le temps de faire connaître, en remontant en arrière, les circonstances qui l'avaient amené dans la situation où nous le laissons.

CHAPITRE XII.

« Hélas! tout ce que j'ai pu lire,
« Tous les contes que l'on m'a fait
« Prouvent que le bonheur parfait
« Fut rarement le prix d'un amoureux délire. »
SHAKSPEARE. *Le Songe d'une nuit d'été.*

LE passage célèbre que nous avons mis en tête de ce chapitre est fondé sur l'expérience, comme beaucoup d'autres observations du même auteur. L'époque à laquelle l'amour se fait sentir avec le plus de force est rarement celle où l'on a le plus d'espoir de le voir amener un dénouement heureux. L'état artificiel de la société oppose un grand nombre d'obstacles à ce qu'on puisse se marier dans la première jeunesse, et la plupart de ces obstacles deviennent souvent insurmontables. Bien peu de personnes peuvent reporter leurs pensées sur les premiers évènemens de leur vie, sans retrouver quelques instans où un amour véritable a été repoussé ou trahi, ou rendu inutile par des circonstances contraires. Ces petits passages de notre histoire secrète laissent dans nos cœurs une teinte de romanesque qui nous permet à peine, à un âge plus avancé, et au milieu de l'embarras des affaires, d'écouter avec une indifférence complète le récit d'un amour véritable.

Julien Peveril avait donné son cœur de manière à s'assurer sa part complète des obstacles que rencontre si souvent un attachement contracté de bonne heure. Sa conduite avait pourtant été toute naturelle. Dans le commencement de son séjour dans l'île de Man, mistress Debbitch avait rencontré par hasard le fils de son ancienne maîtresse, dont elle avait elle-même soigné l'enfance. Julien pêchait dans la petite rivière dont nous avons déjà parlé, et qui traversait la vallée dans laquelle Debora demeurait avec Alice Bridgenorth. La curiosité de la gouvernante découvrit bientôt qui était ce jeune homme, et outre l'intérêt que les femmes de cette classe prennent ordinairement aux jeunes gens qu'elles ont élevés, elle était charmée de trouver une occasion pour parler de l'ancien temps, du château de Martindale, de sir Geoffrey et de son épouse, des connaissances qu'elle avait dans ces environs; sans oublier Lance-Outram, le garde forestier.

Le plaisir de répondre à ses questions aurait à peine suffi pour engager Julien à faire de nouvelles visites dans cette vallée solitaire; mais Debora avait une compagne, une jeune fille charmante, élevée dans la solitude, et ayant les goûts simples et tranquilles qu'elle donne. Cette jeune fille ne manquait ni d'esprit ni de vivacité, elle avait aussi des questions à faire, et elle écoutait, avec le sourire sur les lèvres et le plaisir dans les yeux, tout ce que Julien racontait du château et de la ville.

Mistress Debora avait montré assez de bon sens pour ne pas permettre à Julien de faire de trop fréquentes visites à Blackfort, ce qui lui avait peut-être été inspiré par la crainte de perdre sa place si quelque découverte avait lieu. Il est vrai qu'elle avait beaucoup de confiance dans la croyance fortement enracinée et presque superstitieuse du major Bridgenorth, que la santé de sa fille exigeait absolument qu'elle continuât à être confiée aux soins d'une femme qui avait appris de lady Peveril la manière dont il convient de traiter la maladie qu'il avait redoutée pour Alice. Debora avait eu assez d'art pour tirer tout le parti possible de cette croyance, parlant toujours d'un ton d'oracle de la santé de la jeune fille dont elle était chargée, et faisant entendre avec un air de mystère qu'il y avait certaines règles indispensables à suivre pour la maintenir dans un état favorable.

C'était par cet artifice qu'elle s'était procuré un établissement séparé pour elle et pour Alice à Blackfort, car l'intention du major Bridgenorth avait d'abord été que sa fille et sa gouvernante habitassent sous le même toit que la belle-sœur de sa défunte femme, la veuve de l'infortuné colonel Christian. Mais une vieillesse prématurée, amenée par le chagrin, s'était appesantie sur cette dame, et dans une courte visite que lui fit le major il se laissa persuader assez facilement que Kirk-Truagh était un séjour fort triste pour sa fille ; car mistress Debora, qui brûlait du désir de se rendre indépendante, n'avait pas manqué de jeter l'alarme dans son esprit relativement à la santé d'Alice. — La maison de Kirk-Truagh, lui dit-elle, était trop exposée aux vents d'Écosse, qui ne pouvaient être que très froids, puisqu'ils venaient d'un pays où il y avait de la neige et de la glace en plein été. En un mot, elle l'emporta, et fut mise en pleine possession de Blackfort, maison qui, de même que celle de Kirk-Truagh, appartenait autrefois à Christian, et maintenant à sa veuve.

Il fut pourtant enjoint à la gouvernante de conduire de temps en temps Alice à Kirk-Truagh, et de se regarder toujours comme sous les ordres et la surveillance de mistress Christian ; reste d'assujettissement qui semblait à mistress Debora un joug assez pesant, mais qu'elle s'efforça d'alléger en prenant toutes les libertés qu'elle osait se permettre, conservant sans doute le même amour pour l'indépendance qui l'avait portée, dans le château de Martindale, à résister à l'autorité de mistress Ellesmere.

Ce fut cette disposition généreuse à se révolter contre tout ce qui la contrariait, qui fit qu'elle procura secrètement à Alice quelques talens que le génie sévère du puritanisme aurait proscrits. Elle se hasarda à lui faire apprendre la musique, et même la danse ; et le portrait du grave colonel Christian tremblait sur la boiserie à laquelle il était suspendu, tandis qu'Alice, légère comme une sylphide, et la lourde Debora, exécutaient des chassés et des pas de bourrée, au son d'un petit violon dont raclait M. de Pigal, à demi contrebandier, à demi maître à danser. Le bruit de cette abomination parvint aux oreilles de la veuve du colonel, qui s'empressa d'en instruire Bridgenorth ; et l'arrivée soudaine du major dans l'île de Man prouva l'importance qu'il attachait à cette nouvelle. Si mistress Debora se fût abandonnée elle-même, ce jour eût été le dernier de son autorité ; mais elle se renferma dans sa forteresse ordinaire.

— La danse, lui dit-elle, est un exercice réglé et mesuré par la musique, et la raison dit que c'est celui qui est le plus utile à la santé d'une jeune personne, puisqu'on peut le prendre à la maison quand le temps ne permet pas de sortir.

Le major fronçait les sourcils en entendant cette apologie de la danse, et son front était chargé d'un épais

nuage ; mais mistress Debora, qui jouait passablement de
la viole, voulant donner un exemple à l'appui de sa doctrine, se mit à jouer une ronde de Sellenger, et dit à Alice
de danser et de bien marquer la mesure. La jeune fille,
qui n'avait alors qu'environ quatorze ans, moitié d'un
air timide, moitié en souriant, commença à se mouvoir
avec grâce, tandis que l'œil de son père suivait malgré lui
tous ses mouvemens, et voyait avec joie les couleurs qui
venaient orner ses joues. Lorsque la danse fut terminée, il
la serra tendrement dans ses bras ; sa main sépara ses cheveux qui tombaient un peu en désordre sur son front, il
lui donna un baiser paternel, et partit sans dire un seul
mot pour interdire un exercice si salutaire. Il ne communiqua pas lui-même à mistress Christian le résultat de sa
visite à Blackfort, mais elle ne tarda pas à l'apprendre.
Le triomphe de Debora était trop grand pour qu'elle pût
le cacher.

— C'est fort bien, lui dit la vieille dame d'un ton sévère la première fois qu'elle vint ensuite à Kirk-Truagh ;
mon frère vous a permis de faire une Hérodias de sa fille,
en lui faisant apprendre à danser. Il ne vous reste qu'à lui
choisir un mari : pour moi, je ne veux plus me mêler en
rien de ce qui vous concerne.

Dans le fait, le triomphe de dame Debora, ou pour
mieux dire de dame Nature, en cette occasion, eut des
suites plus importantes qu'on n'aurait pu le prévoir ; car
mistress Christian, quoiqu'elle reçût avec tout le décorum
possible les visites que la gouvernante et son élève lui
rendaient, semblait conserver tant de rancune du peu
d'effet qu'avait produit sa remontrance sur l'énorme péché que commettait sa nièce en dansant au son d'un petit
violon de poche, qu'elle avait bien résolu de ne plus se
mêler, comme elle l'avait fait jusqu'alors, de tout ce qui
avait rapport à son éducation ; et elle laissa mistress Debbitch seule maîtresse de la diriger à son gré, de même que

les affaires du ménage, ce qui ne fut pas pour Debora un petit sujet de joie.

Elles vivaient dans cet état d'indépendance quand Julien fit sa première visite à Blackfort, et mistress Debbitch l'encouragea d'autant plus volontiers à en faire d'autres, qu'elle croyait qu'il était le dernier homme du monde avec qui mistress Christian aurait voulu que sa nièce eût quelques relations, l'heureux esprit de contradiction de Debora l'empêchant en cette occasion, comme en beaucoup d'autres, d'examiner de bien près ce qui était le plus convenable. Elle n'agit pourtant pas tout-à-fait sans précautions : elle savait qu'elle avait à se garder non seulement contre une fantaisie qui pourrait prendre à mistress Christian de reporter sur elle un œil de surveillance, mais encore contre l'arrivée soudaine du major Bridgenorth, qui ne manquait jamais d'arriver à Blackfort une fois par an, à l'instant où on l'attendait le moins, et d'y passer quelques jours. Mistress Debbitch exigea donc de Julien qu'il n'y fît que des visites peu fréquentes, et à quelque distance les unes des autres; qu'il voulût bien passer pour un de ses parens aux yeux de deux servantes ignorantes et d'un jeune laquais qui composaient toute leur maison, et qu'il y vînt toujours en habit de pêcheur, vêtu de simple *loughtan*, c'est-à-dire d'une étoffe faite avec les laines de l'île, et à laquelle on laisse la couleur de buffle qui lui est naturelle. Au moyen de ces précautions, elle crut que ses visites à Blackfort n'attireraient aucune attention, ou qu'on n'y attacherait aucune importance, tandis qu'elles procureraient beaucoup d'agrément tant à son élève qu'à elle-même.

Ce fut en effet ce qui arriva d'abord, tandis que Julien n'était presque encore qu'un enfant, et Alice une petite fille plus jeune de deux ou trois ans. Mais l'enfant devint un jeune homme, la petite fille une femme faite; et mistress Debora elle-même eut assez de jugement pour voir que la continuation de leur intimité ne serait pas sans danger. Elle saisit une occasion pour apprendre exactement à Julien qui était miss Bridgenorth, et lui fit connaître les circonstances qui avaient semé la discorde entre leurs pères. Julien entendit l'histoire de leurs querelles avec intérêt et surprise, car il n'avait résidé que par intervalle au château de Martindale, et jamais on n'en avait parlé en sa présence. Son imagination s'enflamma à ce récit, et bien loin de se soumettre aux prudentes remontrances de mistress Debbitch, et de rendre moins fréquentes peu à peu ses visites à Blackfort et à celle qui y demeurait, il lui déclara franchement que, ne devant qu'au hasard le commencement de son intimité avec Alice, il regardait cette circonstance comme annonçant la volonté du ciel; que la Providence les destinait l'un à l'autre, et qu'ils seraient unis en dépit des obstacles que pourraient susciter l'animosité et les préventions. Ils avaient été compagnons d'enfance, et il ne lui avait fallu qu'un léger effort de mémoire pour lui rappeler tout le chagrin qu'il avait éprouvé lors de la disparition subite et inattendue de sa petite compagne, qu'il lui était réservé de retrouver un jour brillante de tout l'éclat de l'adolescence.

Debora fut confondue en entendant cette déclaration, et frémit en songeant aux conséquences qui pouvaient en résulter. Ce qu'elle venait de dire n'avait fait que donner de nouveaux alimens à une passion qu'elle se flattait de pouvoir prévenir ou éteindre. Elle n'avait pas une tête à résister aux remontrances mâles et énergiques d'un attachement passionné, soit qu'elles s'adressassent à elle-même, soit qu'elles eussent une autre pour objet. Elle se lamenta, parla de son étonnement, et sa faible opposition se termina par des pleurs, par de la compassion, et par le consentement qu'elle donna à ce que Julien continuât ses visites à Blackfort, pourvu qu'il ne parlât jamais à Alice que comme ami, car, pour le monde entier, elle ne permettrait rien de plus. Elle n'était pourtant pas assez simple pour n'avoir pas elle-même des pressentimens sur les desseins de la Providence en faveur de ce jeune couple; car bien certainement ces deux jeunes gens paraissaient faits pour être unis, aussi bien que les beaux domaines de Martindale et de Moultrassie.

Vint alors une longue série de réflexions : il ne fallait que quelques réparations au château de Martindale pour le mettre presque en aussi bon état que celui de Chalsworth. On pourrait laisser tomber en ruines Moultrassie-Hall, ou, ce qui vaudrait mieux, quand l'heure de sir Geoffrey serait arrivée (car le bon chevalier avait vu du service et devait être maintenant bien cassé), cette maison pourrait servir pour l'habitation de la douairière, lady Peveril, qui s'y retirerait avec mistress Ellesmere, tandis qu'elle, mistress Debora Debbitch, impératrice de la cave, et souveraine du garde-manger, règnerait au château en qualité de femme de charge, et partagerait peut-être la couronne avec Lance-Outram, pourvu qu'il ne fût ni trop vieux, ni trop gros, ni trop ami de l'ale.

Telles étaient les rêveries consolantes grâce auxquelles mistress Debora voyait avec une sorte de connivence un attachement qui procurait des rêves non moins agréables à son élève et à son jeune amant, quoique d'une autre nature.

Les visites du jeune pêcheur devinrent plus fréquentes de jour en jour; et Debora, fort embarrassée, parce qu'elle prévoyait tous les dangers qui suivraient une découverte, et le risque d'une explication probable entre Alice et Julien, se sentait entièrement subjuguée par l'enthousiasme du jeune amant, et se voyait forcée d'attendre paisiblement le cours des évènemens.

Le départ de Julien pour le continent interrompit ses visites à Blackfort, et tandis que son absence délivrait la plus âgée des deux personnes qui y demeuraient d'une grande partie de ses craintes secrètes, elle jetait un air de langueur et d'abattement sur les traits de la plus jeune, ce qui renouvela toutes les terreurs de Bridgenorth relativement à la santé de sa fille, la première fois qu'il vint ensuite dans l'île de Man.

Debora lui promit que sa fille aurait meilleur visage le lendemain matin, et elle tint parole. Elle avait gardé en sa possession, depuis quelque temps, une lettre que Julien lui avait envoyée par occasion, sous double enveloppe, pour sa jeune amie. La prudente gouvernante avait craint les conséquences, si elle la remettait comme un billet doux; mais, de même que lorsqu'il s'était agi de la danse, elle ne vit aucun inconvénient à l'administrer comme un médicament.

La lettre produisit un effet complet, et, le lendemain, les joues de la jeune fille offraient une teinte de rose qui enchanta tellement son père, qu'en montant à cheval il mit une bourse bien garnie dans la main de Debora, en lui recommandant de ne se laisser manquer de rien de ce qui pourrait contribuer à son bonheur et à celui de sa fille, et en lui assurant qu'elle avait toute sa confiance.

Cette marque de libéralité, et cette confiance de la part d'un homme d'un caractère aussi réservé que le major Bridgenorth, réveillèrent toutes les espérances de mistress Debbitch, et l'enhardirent non seulement à remettre bientôt à Alice une seconde lettre de Julien, mais encore à encourager plus ouvertement que jamais la liaison des deux amans lorsque Peveril fut de retour.

Enfin, en dépit de toutes les précautions de Julien, le jeune comte soupçonna que les fréquentes excursions solitaires de son ami avaient un autre objet que la pêche; et Julien lui-même, connaissant alors le monde mieux qu'il ne le connaissait autrefois, commença à sentir que ses visites fréquentes à une personne aussi jeune et aussi belle qu'Alice, et ses promenades tête à tête avec elle, pouvaient non seulement trahir le secret de son attachement, mais être même essentiellement préjudiciables à la réputation de celle qui en était l'objet.

Convaincu de cette vérité, il s'abstint plus long-temps que de coutume de faire une visite à Blackfort. Mais quand il se permit ensuite d'aller passer une heure dans l'endroit qu'il aurait voulu ne jamais quitter, le changement survenu dans les manières d'Alice, le ton avec lequel elle sembla lui reprocher sa négligence, lui percèrent le cœur, et le privèrent de cet empire sur lui-même qu'il avait conservé dans cette entrevue. Il n'eut besoin que de quelques mots énergiques pour faire connaître à Alice ses sentimens, et l'éclairer en même temps sur la nature véritable de ceux qu'elle éprouvait elle-même. Elle versa des larmes en abondance, mais toutes n'étaient pas amères. Elle resta dans une immobilité passive, tandis qu'il lui expliquait, avec des interjections répétées, les circonstances qui avaient jeté la discorde entre leurs familles; car, jusqu'alors, tout ce qu'elle avait su c'était que M. Peveril, faisant partie de la maison de la grande-comtesse, ou souveraine de l'île de Man, devait employer quelques précautions pour faire des visites à une parente du malheureux colonel Christian.

— Mon pauvre père! s'écria-t-elle lorsque Julien eut terminé son récit par les plus vives protestations d'un amour sans fin, est-ce donc là le résultat de tous vos soins? est-ce de la bouche du fils de celui qui vous a outragé, qui vous a banni de votre pays, que votre fille doit entendre sortir un pareil langage?

— Vous vous trompez, Alice, vous vous trompez, répondit Julien avec vivacité; si je vous tiens ce langage, si le fils de Peveril s'adresse ainsi à la fille de Bridgenorth; s'il s'agenouille ainsi devant vous pour vous demander le pardon d'injures qui ont eu lieu lorsque nous étions tous deux dans l'enfance, c'est une preuve que la volonté du ciel est que l'inimitié de nos parens s'éteigne dans notre affection. Sans cela, pourquoi nous aurait-il réunis dans une vallée de l'île de Man, après nous avoir séparés quand nous n'étions encore qu'enfans?

Quelque nouvelle que fût cette scène pour Alice, et quelle que fût son émotion, elle était douée au plus haut degré de cette délicatesse exquise gravée dans le cœur des femmes pour les avertir de la moindre chose qui peut être inconvenante dans la situation où elles se trouvent.

— Levez-vous, M. Peveril, levez-vous, s'écria-t-elle. Ne soyez pas si injuste envers vous et envers moi. Nous avons eu tort tous les deux, très grand tort; mais mon ignorance a causé ma faute. O mon Dieu! mon pauvre père, qui a tant besoin de consolations, est-ce à moi d'ajouter à ses infortunes! Levez-vous, répéta-t-elle d'un ton plus ferme; si vous gardez plus long-temps cette attitude peu convenable, je sortirai de cette chambre, et jamais vous ne me reverrez.

Le ton d'autorité d'Alice en imposa à l'impétuosité de son amant, qui se releva en silence, et qui alla s'asseoir à quelque distance d'elle. Voyant qu'il se disposait à reprendre la parole, — Julien, lui dit-elle d'un ton plus doux, vous en avez dit assez, et plus qu'il ne fallait. Plût au ciel que vous m'eussiez laissée dans le songe agréable pendant lequel j'aurais pu toujours vous écouter. Mais l'heure du réveil est arrivée.

Peveril attendait la suite de son discours comme un criminel attend sa sentence; car il sentait qu'une réponse prononcée avec tant de résolution, quoique non sans émotion, ne devait pas être interrompue.

— Oui, répéta-t-elle, nous avons eu tort, et grand tort; et si nous nous séparons maintenant pour toujours, le chagrin que nous éprouverons ne sera qu'un juste châtiment de notre faute. Nous n'aurions jamais dû nous voir, et la continuation de notre liaison ne ferait que rendre notre séparation plus pénible. Adieu, Julien; oubliez que nous nous soyons jamais vus.

— L'oublier! s'écria Julien; jamais, jamais! Il vous est bien facile, sans doute, de penser ainsi; mais pour moi, si j'essayais l'un ou l'autre, ce serait préparer ma mort. Pourquoi refusez-vous de croire que l'inimitié de nos parents, de même que celle de tant de gens dont nous avons entendu parler, pourra céder à notre tendresse? Je n'ai d'autre amie que vous; je suis le seul ami que le ciel vous ait donné. Pourquoi les fautes que d'autres ont commises pendant notre enfance nous obligeraient-elles à nous séparer?

— Vous parlez en vain, Julien; j'ai pitié de vous; peut-être ai-je pitié de moi-même; et certes, c'est moi qui en mérite le plus de nous deux, car de nouvelles distractions et de nouvelles connaissances feront bientôt que vous m'oublierez, tandis que moi, dans cette solitude, comment pourrai-je oublier... Mais ce n'est pas la question. Je saurai supporter ce que le sort me réserve, et il ordonne que nous nous séparions.

— Écoutez-moi encore un instant, Alice. Ce malheur n'est pas, ne peut pas être sans remède; j'irai trouver mon père, j'emploierai près de lui l'intercession de ma mère à qui il ne peut rien refuser; j'obtiendrai leur consentement. Ils n'ont pas d'autre enfant, et il faut qu'ils lui accordent sa demande, ou qu'ils le perdent pour toujours. Dites, Alice, si je viens vous retrouver avec le consentement de mes parents, direz-vous encore avec ce ton si touchant et si triste, et pourtant si positif: Il faut que nous nous séparions!

Alice garda le silence. — Alice, cruelle! lui dit son amant, ne daignerez-vous pas me répondre?

— On ne répond pas à ceux qui parlent en rêvant. Vous me demandez ce que je ferais si une chose impossible arrivait. Qui vous donne le droit de faire une telle supposition, de m'adresser une question semblable?

— L'espérance, Alice, l'espérance, le dernier soutien du malheureux; et vous-même vous ne serez pas assez cruelle pour m'en priver; dans toutes les difficultés, dans tous les embarras, dans tous les dangers, l'espérance combat si elle ne peut toujours vaincre. Dites-moi seulement, si je viens vous faire ma demande au nom de mon père, au nom de ma mère, à qui vous devez en partie la vie, quelle réponse me ferez-vous?

— Je vous dirais de vous adresser à mon père, répondit Alice en rougissant et en baissant les yeux; mais, les levant sur lui à l'instant: — Oui, Julien, répéta-t-elle d'un ton plus ferme et plus mélancolique, je vous dirais de vous adresser à mon père, et vous verriez que votre pilote, l'espérance, vous a trompé, et qu'il ne vous a sauvé du banc de sable que pour vous faire échouer contre les rochers.

— Je voudrais pouvoir en faire l'épreuve, Alice; il me semble que je pourrais convaincre votre père qu'une alliance avec ma famille n'est pas à dédaigner aux yeux du monde. Nous avons de la fortune, un rang, une longue suite d'aïeux, tout ce qu'un père désire dans celui à qui il accorde sa fille.

— Et tout cela ne vous servirait à rien; l'esprit de mon père contemple les choses d'un autre monde, et s'il vous écoutait jusqu'au bout, ce ne serait que pour vous dire qu'il rejette vos offres.

— Vous n'en savez rien, Alice; comment le sauriez-vous? Le feu peut fondre le fer. Le cœur de votre père ne peut être assez dur, ses préjugés ne peuvent être assez puissans, pour que je ne puisse trouver aucun moyen d'en triompher. Ne me défendez pas, oh! ne me défendez pas d'en faire l'épreuve.

— Je ne puis que vous donner des avis, Julien; je n'ai

pas le droit de rien vous défendre, car la défense suppose le droit d'ordonner l'obéissance ; mais si vous êtes sage, et si vous voulez m'écouter, c'est en ce lieu, c'est en ce moment que nous nous séparerons pour toujours.

— Non, de par le ciel ! s'écria Julien dont le caractère impétueux voyait à peine quelque difficulté à arriver au but de ses desseins. Nous nous séparerons ici, et en ce moment, soit ; mais ce sera pour me voir revenir armé du consentement de mes parens. Ils désirent que je me marie, ils m'en pressent plus ouvertement encore dans leurs dernières lettres ; eh bien, je ferai ce qu'ils désirent, et jamais bru semblable à celle que je leur présenterai n'aura honoré notre maison, depuis que le Conquérant lui a donné naissance. Adieu, Alice, adieu, mais non pour long-temps.

— Adieu, Julien ; adieu pour toujours.

Julien, huit jours après cette entrevue, était au château de Martindale, avec le dessein de communiquer son projet à ses parens. Mais la tâche qui semble facile de loin se trouve aussi difficile quand on est sur le point de s'en acquitter, que le passage d'une rivière qui, vue de quelque distance, ne paraissait qu'un ruisseau. Les occasions d'entamer l'entretien qu'il avait tant à cœur ne lui manquèrent point, car dans la première promenade à cheval qu'il fit avec son père, celui ci parla de nouveau du désir qu'il avait de voir son fils se marier, et lui laissa avec beaucoup de libéralité la liberté de choisir son épouse, pourvu, ajouta-t-il, qu'elle soit d'une famille loyale et honorable. Si elle a de la fortune, tant mieux ; si elle n'en a pas, il reste encore quelque chose du vieux domaine, et Marguerite et moi nous saurons nous contenter de moins que ce que nous vous en donnerons. Je suis déjà devenu économe, Julien ; vous voyez sur quelle méchante haridelle du nord je suis monté ; elle est bien différente, ma foi, de mon vieux Black-Hastings, qui n'avait qu'un seul défaut, celui de vouloir toujours entrer dans l'avenue conduisant à Moultrassie-Hall.

— Était-ce donc un si grand défaut, mon père? demanda Julien en affectant un air d'indifférence, tandis que son cœur tremblait de manière à lui faire perdre haleine.

— Sans doute, répondit sir Geoffrey, puisque cela me rappelait ce misérable presbytérien Bridgenorth, dont le seul nom me fait mal. On dit qu'il s'est fait Indépendant pour arriver au comble de la brutalité. J'ai renvoyé le gardeur de vaches, parce qu'il avait ramassé des noix dans son bois. Je ferais pendre un chien qui y tuerait un lièvre. Mais qu'avez-vous, Julien? vous pâlissez!

Julien fit une réponse évasive; mais il ne vit que trop, d'après ce langage et le ton de son père, que ses préventions contre le père d'Alice étaient profondes et envenimées, comme le deviennent souvent celles des gentilshommes campagnards, qui, n'ayant que peu de chose à faire, et rien à penser, ne sont que trop portés à passer leur temps à nourrir de petites causes de ressentiment contre leurs voisins.

Dans le cours du même jour, il trouva le moyen de parler de Bridgenorth à sa mère, comme par hasard; mais lady Peveril le conjura sur-le-champ de ne jamais prononcer ce nom, surtout en présence de son père.

— Ce major Bridgenorth, dont j'ai déjà entendu parler, lui demanda-t-il, était-il donc un si mauvais voisin?

— Je ne dis pas cela, répondit lady Peveril; nous lui avons même eu plus d'une fois des obligations. Mais votre père a eu des altercations avec lui, de sorte que la moindre mention qu'on en fait trouble sa tranquillité d'une manière peu ordinaire, ce qui m'alarme quelquefois, aujourd'hui que sa santé n'est plus aussi bonne.

Ainsi donc, mon cher Julien, pour l'amour du ciel, évitez de faire la moindre allusion à Moultrassie-Hall et à aucun de ceux qui l'habitent.

Elle prononça ces mots d'un ton si sérieux, que Julien lui-même vit que s'il s'ouvrait sur ses secrets desseins, ce serait le moyen le plus sûr de les faire avorter. Il retourna donc à l'île de Man, au désespoir.

Il eut pourtant la hardiesse de tirer parti de son voyage pour demander une entrevue à Alice, afin de lui faire part de ce qui s'était passé entre lui et ses parens relativement à elle. Ce ne fut pas sans peine qu'il l'obtint, et Alice Bridgenorth ne lui montra pas peu de déplaisir quand, après beaucoup de circonlocutions et de grands efforts pour donner un air d'importance à ce qu'il avait à lui dire, il fut forcé de se borner à lui annoncer que lady Peveril conservait encore une opinion favorable du major Bridgenorth, ce qu'il tâcha de lui représenter comme le présage heureux d'une réconciliation future.

— Je n'aurais pas cru, M. Peveril, répondit Alice en prenant un air de dignité, que vous eussiez cherché à m'abuser de la sorte; mais j'aurai soin d'éviter à l'avenir des visites peu convenables. Je vous prie de ne plus venir à Blackfort, et je vous supplie, ma bonne mistress Debbitch, de n'encourager ni de permettre les visites de monsieur, car le résultat d'une telle persécution serait de me forcer à prier ma tante et mon père de m'assigner un autre lieu de résidence, et peut-être de me choisir une compagne plus prudente.

Cette dernière menace jeta tant de terreur dans l'esprit de Debora, qu'elle se joignit à Alice pour exiger de Julien qu'il se retirât à l'instant, et il fut obligé d'obéir à cet ordre cruel. Mais le courage d'un jeune amant ne se laisse pas aisément abattre; Julien, après avoir, suivant l'usage, essayé d'oublier son ingrate maîtresse, et éprouvé un redoublement de tendresse, finit par faire à Blackfort la visite dont nous avons rapporté le commencement dans le chapitre qui précède.

Nous l'y avons laissé en proie à l'inquiétude, et même à la crainte, dans l'attente d'une entrevue avec Alice, et telle était l'agitation de son esprit, que tout en se promenant dans le salon, il lui semblait que les yeux noirs et mélancoliques de Christian suivaient tous ses pas, et que son regard fixe, sombre et de mauvais augure, annonçait des infortunes à l'ennemi de sa famille.

La porte de l'appartement s'ouvrit enfin, et toutes ses visions s'évanouirent.

CHAPITRE XIII.

« Les pères ont, ma foi, de vrais cœurs de rocher;
« Larmes, gémissemens, rien ne peut les toucher. »
OTWAY.

Lorsque enfin Alice Bridgenorth entra dans la salle où son amant l'avait attendue si long-temps, et avec tant d'impatience, ce fut d'un pas lent et avec un air composé. L'attention avec laquelle ses vêtemens avaient été arrangés rehaussait sa simplicité puritaine, et frappa Julien comme étant de mauvais augure; car, quoique le temps qu'une jeune fille passe à sa toilette puisse souvent indiquer le désir qu'elle a de se montrer, dans de semblables entrevues, armée de tous ses avantages, cependant l'arrangement cérémonieux de la parure annonce une détermination prise d'avance de traiter un amant avec une froide politesse.

La robe de couleur sombre, le bonnet pincé et plissé, qui cachait une profusion de longs cheveux châtains, la petite collerette, et les longues manches, auraient produit un effet désavantageux sur une taille moins gracieuse que celle d'Alice Bridgenorth ; mais ses formes exquises, quoiqu'elles ne fussent pas encore suffisamment arrondies pour la perfection de son sexe, pouvaient lutter contre ce costume, et même lui prêter de la grâce. Sa peau blanche et douce, ses yeux noirs, son front d'albâtre, offraient pourtant des beautés moins régulières que sa taille, et auraient pu justifier la critique. On remarquait cependant une vivacité spirituelle dans son enjouement, et une sensibilité profonde dans sa gravité, qui faisaient qu'Alice, quand elle conversait avec le peu de personnes qu'elle voyait, était si séduisante dans ses manières, si touchante par la simplicité et la pureté de ses pensées, et avait des traits si expressifs, que des beautés plus brillantes auraient été éclipsées auprès d'elle. Il n'était donc pas étonnant qu'un caractère ardent comme celui de Julien, éprouvant l'influence de ses charmes, et trouvant un nouvel attrait dans le mystère qui accompagnait ses entrevues avec Alice, préférât la recluse de Blackfort à toutes les belles qu'il avait rencontrées dans la société.

Son cœur battit vivement lorsqu'elle entra dans l'appartement, et ce fut presque sans songer à adresser la parole à la fille de Bridgenorth qu'il témoigna en la saluant qu'il s'apercevait de son arrivée.

— C'est une dérision, M. Peveril, dit Alice en faisant un effort pour parler avec fermeté, effort qui fut déconcerté par les accens d'une voix tremblante; c'est une dérision, et c'en est une cruelle. Vous venez dans ce lieu solitaire, qui n'est habité que par deux femmes, trop simples pour vous ordonner d'en sortir; trop faibles pour vous y forcer; vous y venez en dépit de mes plus vives prières, négligeant vos propres affaires, et au risque de nuire à ma réputation, comme je puis le craindre; vous abusez de votre influence sur la femme à qui je suis confiée; et vous croyez que tout est réparé par un profond salut et par une politesse contrainte ! Cette conduite est-elle honorable? est-elle juste? parlez, ajouta-t-elle après avoir hésité un instant, est-elle inspirée par la tendresse?

Le tremblement de sa voix devint plus sensible tandis qu'elle prononçait le dernier mot, et le ton de reproche dont il fut accompagné était si doux, qu'il alla droit au cœur de Julien.

— Alice, lui répondit-il, s'il existait un moyen de vous prouver, au péril de ma vie, mon estime, mon respect, ma tendresse et mon dévouement, le danger aurait pour moi plus de charmes que le plaisir n'en eut jamais.

— Vous m'avez tenu souvent de semblables discours, dit Alice; et ils sont tels que je ne dois ni ne désire les entendre. Je n'ai pas de tâche à vous imposer, point d'ennemis à vaincre, nul besoin de protection, nulle envie, Dieu le sait! de vous exposer à aucun danger, mais il ne peut qu'en résulter de vos visites ici. Vous n'avez qu'à dompter votre caractère fougueux, à tourner d'un autre côté vos pensées et vos soins, et je n'ai rien à demander, rien à désirer. Faites usage de votre raison, considérez le tort que vous vous faites à vous-même, l'injustice dont vous vous rendez coupable envers nous, et souffrez que je vous supplie encore une fois très franchement de ne plus vous montrer ici jusqu'à ce que..... jusqu'à ce que.....

Elle hésitait, et Julien l'interrompit vivement.

— Jusqu'à quand, Alice? jusqu'à quand? Condamnez-moi à une absence aussi longue que votre rigueur le voudra, pourvu que ce ne soit point une séparation éternelle..... Dites-moi de m'éloigner pour tel nombre d'années, mais de revenir quand elles se seront écoulées; et quelque lent, quelque pénible que doive m'en paraître le cours, la perspective de le voir enfin se terminer me donnera la force d'y survivre. Permettez-moi donc de vous conjurer, Alice, de nommer une date, de fixer un terme, de me dire *jusqu'à quand*.

— Jusqu'à ce que vous puissiez ne me regarder que comme une amie, comme une sœur.

— C'est donc une sentence de bannissement à perpétuité. C'est avoir l'air de fixer un terme à mon exil, mais en y attachant une condition impossible à remplir.

— Et pourquoi serait-elle impossible? demanda Alice d'un ton persuasif; n'étions-nous pas plus heureux avant que vous eussiez jeté le masque qui vous déguisait, et déchiré le voile qui me couvrait les yeux? Notre temps ne se passait-il pas dans le bonheur? Ne nous séparions-nous pas sans amertume? Ne nous revoyions-nous pas avec joie, parce que nous ne manquions à aucun devoir, et que notre conscience ne nous faisait pas de reproche? Faites renaître cet état d'heureuse ignorance, et vous n'aurez aucun motif pour m'accuser de cruauté. Mais tandis que vous formez des projets dont je sais que l'exécution est impossible, et que vous m'adressez des discours qui annoncent la violence de la passion, vous devez m'excuser si je vous dis aujourd'hui et une fois pour toutes que si Debora répond si peu à la confiance qu'on a eue en elle, et m'expose à des persécutions de cette nature, j'écrirai à mon père qu'il ait à me choisir une autre résidence, et en attendant je me retirerai chez ma tante à Kirk-Truagh.

— Écoutez-moi, cruelle Alice, dit Peveril, écoutez-moi, et vous verrez combien je suis disposé à vous obéir, en tout ce qu'il est en mon pouvoir de faire. Vous dites que vous étiez heureuse quand nous ne parlions pas de tels sujets? Eh bien, aux dépens d'une sensibilité qu'il me faudra réprimer, ce temps fortuné renaîtra. En vous voyant, en me promenant avec vous, en vous faisant une lecture, je serai comme un frère avec sa sœur, comme un ami avec son amie. Ma langue ne donnera plus un corps à mes pensées, n'importe qu'elles me soient inspirées par l'espérance ou le désespoir. Je ne pourrai donc plus vous offenser. Debora sera toujours près de vous, et sa présence préviendra jusqu'à la moindre allusion à ce qui pourrait vous déplaire. Tout ce que je vous demande, c'est de ne pas me faire un crime de ces pensées, qui sont la partie la plus chère de mon existence. Croyez qu'il vaudrait mieux, il serait plus humain de me priver de la vie.

— C'est le langage exagéré de la passion, Julien; l'égoïsme et l'opiniâtreté nous représentent comme impossible tout ce qui nous est désagréable. Je n'ai pas de confiance dans le plan que vous me proposez; je n'en ai pas plus dans votre résolution, et j'en ai encore moins dans la protection de Debora. Jusqu'à ce que vous puissiez renoncer franchement et pleinement aux vœux que vous m'avez exprimés depuis peu, nous devons être étrangers l'un pour l'autre; et quand même vous pourriez y renoncer dès ce moment, le mieux serait encore de nous séparer pour long-temps; et, pour l'amour du ciel, que ce soit le plus tôt possible. Peut-être même est-il déjà trop tard pour prévenir quelque accident désagréable. N'ai-je pas entendu du bruit?

— Rassurez-vous, Alice, c'est Debora. Nous n'avons pas à craindre d'être surpris.

— Je ne sais ce que vous voulez dire. Je n'ai rien à cacher. Je n'ai pas cherché cette entrevue, car je l'ai au contraire évitée aussi long-temps que je l'ai pu, et mon plus grand désir en ce moment est d'en voir le terme.

— Et pourquoi le désirez-vous, Alice, puisque vous dites que ce doit être la dernière? Pourquoi agiter l'horloge dont le sable s'écoule si vite? L'exécuteur lui-même laisse aux malheureux placés sur l'échafaud le temps d'achever leurs prières. Et ne voyez-vous pas que je raisonne avec autant de sang-froid que vous pouvez le désirer? ne voyez vous pas que vous manquez vous-même à votre parole, que vous détruisez les espérances que vous m'aviez données?

— Quelle parole vous ai-je donnée, Julien? Quelles espérances vous ai-je fait concevoir? Celles auxquelles vous vous livrez n'ont aucun fondement : ne m'accusez donc pas de détruire ce qui n'a jamais existé. Par pitié pour vous, Julien, par pitié pour moi, par pitié pour tous deux, éloignez-vous, et ne revenez que lorsque vous pourrez être plus raisonnable.

— Raisonnable! s'écria Julien; c'est vous, Alice, qui me priverez entièrement de raison. Ne m'avez-vous pas dit que si l'on pouvait amener nos parens à consentir à notre union, vous ne seriez plus contraire à mes vœux?

— Non, non, non, dit vivement Alice, le visage couvert de rougeur, je n'ai pas dit cela, Julien. C'est votre imagination qui a interprété ainsi mon silence et ma confusion.

— Vous ne me tenez donc pas ce langage consolant? répliqua Julien; et si tous les autres obstacles étaient surmontés, j'en trouverais encore un dans ce cœur glacé, dans le cœur de rocher de celle qui ne répond que par l'indifférence et le mépris à l'affection la plus sincère et la plus ardente. Est-ce là, ajouta-t-il avec le ton d'une sensibilité profonde, est-ce là ce qu'Alice Bridgenorth dit à Julien Peveril?

— En vérité, Julien, reprit la jeune fille presqu'en pleurant, je ne vous dis pas cela; je ne vous dis rien, je ne dois rien vous dire sur ce que je ferais dans des circonstances qui peuvent ne jamais arriver. Réellement, Julien, vous ne devriez pas me presser ainsi. Me trouvant sans protection, vous désirant du bien, beaucoup de bien, pourquoi voulez-vous que je dise ou que je fasse ce qui me dégraderait à mes propres yeux, pourquoi avouerais-je de l'affection pour celui dont le sort m'a séparée pour toujours! Cela est peu généreux à vous, c'est une cruauté, c'est vouloir vous procurer une jouissance égoïste et momentanée, aux dépens de ma sensibilité.

— C'en est assez, Alice, dit Julien les yeux étincelans ; vous m'en avez dit assez pour mettre fin à mes instances ; je ne vous presserai pas davantage. Mais vous vous exagérez les obstacles qui nous séparent ; ils disparaîtront, il faudra qu'ils disparaissent.

— C'est ce que vous m'avez déjà dit, et vous savez avec quelle probabilité. Vous n'avez pas même osé vous ouvrir à ce sujet à votre père ; comment vous hasarderiez-vous à en parler au mien ?

— C'est sur quoi je vous mettrai bientôt en état de prononcer. Le major Bridgenorth, à ce que m'a dit lady Peveril, est un digne homme, un homme estimable. Je lui rappellerai que c'est aux soins de ma mère qu'il doit son plus précieux trésor, la consolation de sa vie, et je lui demanderai s'il croit prouver sa reconnaissance à cette mère en la privant de son fils ? Que je sache seulement où le trouver, Alice, et vous apprendrez bientôt si j'ai craint de plaider ma cause devant lui.

— Hélas ! vous savez que j'ignore moi-même quel est le lieu qu'habite mon père. Combien de fois l'ai-je supplié ardemment de me permettre de partager sa retraite solitaire, ou de l'accompagner dans ses courses fugitives ! Mais je ne puis jouir de sa présence que dans les visites aussi rares que courtes qu'il me fait dans cette maison. A coup sûr, je pourrais contribuer, du moins en partie, à calmer les soucis qui le tourmentent.

— Nous pourrions y contribuer ensemble, dit Peveril. Quel plaisir j'aurais à vous aider dans une tâche si douce ! Les anciennes querelles s'oublieraient, l'ancienne amitié renaîtrait. Les préjugés de mon père sont ceux d'un Anglais, violens, mais susceptibles de céder à la raison. Dites-moi donc où est le major Bridgenorth, et laissez-moi le soin du reste, ou bien apprenez-moi par quel moyen vous lui faites parvenir vos lettres, et j'essaierai sur-le-champ de découvrir sa demeure.

— N'en faites rien, je vous en supplie, répondit Alice; il succombe déjà sous le poids des chagrins; et que penserait-il si j'étais capable de me livrer à une passion qui ne peut que les augmenter? D'ailleurs, quand je le voudrais, je ne saurais vous dire où vous pourriez le trouver. Mes lettres lui parviennent de temps en temps par le moyen de ma tante Christian, mais j'ignore son adresse.

— Eh bien, de par le ciel! s'écria Julien, j'épierai son arrivée dans cette île, son entrée dans cette maison; et il ne vous serrera dans ses bras qu'après avoir fait une réponse à ma demande.

— Demandez-la-moi donc sur-le-champ, dit une voix qui se fit entendre derrière la porte que quelqu'un ouvrait en même temps avec lenteur; demandez-moi cette réponse, car vous voyez Ralph Bridgenorth.

A ces mots le major entra dans l'appartement avec sa démarche mesurée; il ôta le chapeau rabattu et à haute forme qui lui couvrait le front, et s'avançant au milieu de la salle, jeta alternativement un regard pénétrant sur sa fille et sur Julien Peveril.

— Mon père! s'écria Alice étonnée et effrayée de son apparition subite dans un tel moment; mon père, je ne suis point blâmable.

— C'est ce dont nous parlerons plus tard, Alice, répondit Bridgenorth; en attendant, retirez-vous dans votre appartement, mon entretien avec ce jeune homme ne doit pas avoir lieu en votre présence.

— En vérité, mon père, en vérité, dit Alice alarmée par le sens qu'elle attachait à ces paroles, Julien n'est pas plus blâmable que moi. C'est le hasard, le hasard seul qui a voulu que nous nous soyons rencontrés. Se précipitant alors vers son père, elle le serra dans ses bras, en ajoutant : — Ne vous emportez pas contre lui, il n'a voulu me faire aucune injure. O mon père, vous avez toujours été un homme raisonnable, paisible et religieux.

— Et pourquoi ne le serais-je plus? dit Bridgenorth en relevant sa fille, qui, dans la chaleur de sa prière, s'était presque prosternée à ses pieds. — Connaissez-vous quelque chose qui doive m'enflammer contre ce jeune homme d'une colère que la raison et la religion ne puissent réprimer ? Rentrez dans votre chambre, calmez votre agitation, apprenez à maîtriser vos passions, et laissez-moi parler à ce jeune obstiné.

Alice se releva, et sortit de l'appartement à pas lents et les yeux baissés; Julien la suivit des yeux, jusqu'à ce que le dernier pli de ses vêtemens eût disparu derrière la porte qui se fermait. Il jeta ensuite un regard sur le major Bridgenorth, et baissa les yeux vers la terre ; — le major continuait à le regarder en silence. Il avait l'air mélancolique et sévère, mais rien n'annonçait en lui l'agitation ou le ressentiment. Il fit signe à Julien de s'asseoir, et prit lui-même une chaise ; après quoi il ouvrit la conversation ainsi qu'il suit :

— Il n'y a qu'un instant, jeune homme, vous paraissiez désirer savoir où me trouver; du moins je l'ai présumé d'après le peu de mots que le hasard m'a fait entendre, car je me suis permis, quoique cela puisse être contraire au code de la politesse moderne, d'écouter quelques instans pour savoir quel pouvait être le sujet de l'entretien, sans témoins, d'un jeune homme comme vous avec une fille aussi jeune qu'Alice.

— Je me flatte, monsieur, dit Julien, rassemblant toutes ses forces pour s'en servir dans ce qu'il regardait comme un cas d'extrémité; je me flatte que vous n'avez entendu sortir de ma bouche aucune expression capable d'offenser un homme inconnu pour moi jusqu'ici, mais auquel je dois tant de respect.

— Au contraire, répondit Bridgenorth avec le même ton de gravité, je suis charmé de voir que vous paraissez avoir affaire à moi plutôt qu'à ma fille. Je crois seulement que vous auriez mieux fait de m'en parler d'abord, puisque j'y suis seul intéressé.

Quoique Julien l'écoutât avec la plus vive attention, il lui fut impossible de distinguer si Bridgenorth lui parlait ainsi sérieusement ou avec ironie. Mais il avait plus de présence d'esprit que son peu d'expérience du monde n'aurait pu le faire supposer, et il avait intérieurement résolu de chercher à découvrir quelque chose du caractère et de l'humeur de celui qui lui parlait. Dans ce dessein, réglant sa réponse sur l'observation que venait de faire le major, Julien lui dit que, n'ayant pas l'avantage de connaître le lieu de sa résidence, il était venu chercher cette information près de sa fille.

— Que vous ne connaissez que d'aujourd'hui, dit le major; est-ce ainsi que je dois l'entendre?

— Point du tout, répondit Julien en baissant les yeux; je suis connu de votre fille depuis plusieurs années, et ce que je désirais vous dire concerne son bonheur et le mien.

— Je dois donc vous comprendre, comme les hommes charnels s'entendent entre eux dans les affaires de ce monde; vous êtes attaché à ma fille par les nœuds de l'amour, je le sais depuis long-temps.

— Vous, major! s'écria Peveril; vous le savez depuis long-temps?

— Oui, jeune homme. Pensez-vous que le père d'Alice Bridgenorth eût souffert que sa fille unique, le seul gage de la tendresse de celle qui est maintenant un ange dans le ciel, fût restée dans cette retraite, s'il n'avait pu être instruit de la manière la plus sûre de toutes ses actions? J'ai vu de mes propres yeux plus de choses que vous ne pouvez le supposer, et quand j'étais absent de corps, il me restait d'autres moyens de surveillance. Jeune homme, on dit qu'un amour tel que celui que vous avez pour ma fille donne de la subtilité; mais, croyez-moi, il ne peut lutter contre l'affection qu'un père, un père privé de son épouse, a pour une fille unique.

Le cœur de Julien battait d'émotion et de joie. — Si vous avez connu depuis si long-temps ma liaison avec votre fille, dit-il, puis-je espérer que vous ne l'avez pas désapprouvée?

Le major réfléchit un instant, et répondit ensuite : — A quelques égards, certainement non ; si je l'eusse désapprouvée, si j'eusse aperçu dans vos visites quelque chose qui les eût rendues désagréables pour moi, ou dangereuses pour elle, elle n'aurait pas habité long-temps cette solitude ou cette île. Mais n'ayez pas pour cela la présomption d'en conclure à la hâte que tout ce que vous pouvez deviner à ce sujet puisse s'accomplir avec promptitude et facilité.

— Il est vrai que je prévois des difficultés, dit Julien ; mais, avec votre secours obligeant, je me flatte qu'il est possible de les surmonter. Mon père est généreux, ma mère est franche et bonne ; ils vous ont aimé autrefois ; j'espère qu'ils vous aimeront encore. Je servirai de médiateur entre vous ; la paix et l'harmonie reviendront se fixer dans notre voisinage, et...

Bridgenorth l'interrompit par un sourire ironique, car le sourire prenait en lui ce caractère toutes les fois qu'il se peignait un instant sur sa physionomie mélancolique. — Ma fille avait raison de dire, il n'y a pas long-temps, que vous êtes un faiseur de songes, un architecte formant des plans dont l'exécution est impraticable, un homme se livrant à des espérances aussi bizarres que les visions de la nuit. Savez-vous bien ce que vous me demandez en aspirant à la main de ma fille unique ? — Tout ce que je possède sur la terre, quoique je ne compte pas pour un grain dans la balance ; la clef de la seule source où je puisse espérer de puiser un rafraîchissement agréable ; la garde exclusive et absolue de tout mon bonheur en ce monde. Et que m'offrez-vous, qu'avez-vous à m'offrir, en retour de ce que vous exigez de moi?

— Je ne sens que trop, dit Peveril, reconnaissant qu'il s'était trop promptement livré à l'espérance, que ce sacrifice doit être pénible pour vous.

— Fort bien, mais ne m'interrompez pas jusqu'à ce que je vous aie fait connaître la valeur de ce que vous m'offrez en échange d'un don auquel vous attachez un grand prix, quelle que puisse être sa valeur intrinsèque, et qui comprend ce que j'ai de plus précieux à donner sur la terre. Vous pouvez avoir entendu dire que dans ces derniers temps je fus l'antagoniste des principes de votre père et de ceux de sa faction profane, mais non son ennemi personnel.

— Jamais on ne m'a dit que vous l'ayez été, et il n'y a qu'un instant que je vous rappelais que vous aviez été son ami.

— Oui, je fus son ami; et quand il était dans l'affliction et que j'étais dans la prospérité, je ne manquai ni de volonté, ni même de pouvoir pour lui en donner des preuves. Eh bien! la roue a tourné; les temps ont changé. Un homme paisible, et qui ne voulait offenser personne, aurait pu espérer d'un voisin, devenu puissant à son tour, la protection qu'ont droit d'attendre, même de ceux qui leur sont entièrement étrangers, tous les hommes sujets d'un même royaume, quand ils ne s'écartent pas des sentiers tracés par les lois. Qu'arrive-t-il? Je poursuis, armé de l'autorité du roi et des lois, une meurtrière dont la main était teinte du sang d'un de mes proches. J'avais, en pareil cas, le droit d'appeler tout sujet fidèle à mon aide pour mettre à exécution le mandat décerné contre elle. Mon voisin, mon ancien ami était tenu, comme homme et comme magistrat, à prêter main-forte à la loi; il était tenu, par la reconnaissance et les obligations qu'il m'avait, à respecter les droits et la personne d'un ami; que fait-il? il se jette entre moi, moi le vengeur du sang, et celle que la loi rendait ma captive : il porte la main sur moi, me renverse, met ma vie en danger, ternit mon honneur, du moins aux yeux des hommes; et, sous sa protection, la femme madianite atteint, comme l'aigle de mer, le nid qu'elle s'était construit sur les rochers. Elle y reste jusqu'à ce que l'or adroitement semé à la cour ait effacé la mémoire de son crime, et l'ait soustraite à la vengeance due à la mémoire du plus brave et du meilleur des hommes. Mais, ajouta-t-il en apostrophant le portrait de Christian, tu n'es pas encore oublié, et si la vengeance poursuit ta meurtrière d'un pas lent, ce pas n'en est que plus sûr.

Il y eut ici une pause de quelques instans, et Julien Peveril, qui brûlait de savoir à quelle conclusion le major Bridgenorth voulait arriver, ne chercha pas à l'interrompre. Le major reprit bientôt la parole.

— Si je parle de ces évènemens avec amertume, ce n'est point parce qu'ils me sont personnels. Ce n'est pas un esprit de vengeance qui fait que je les rappelle en ce moment, quoiqu'ils aient été la cause qui m'a banni du domicile de mes pères, du lieu où est enseveli tout ce que j'eus de plus cher en ce monde. Mais un sujet plus important, un sujet qui intéresse tout le public, sema de nouveaux germes d'inimitié entre votre père et moi. Qui déploya autant d'activité que lui à exécuter le fatal édit du jour infame de Saint-Barthélemy, lorsque tant de prédicateurs de l'Evangile furent chassés de leurs maisons, de leurs autels, de leurs paroisses, pour faire place à des larrons, à des hommes dont le ventre est le dieu? Lorsqu'une poignée d'hommes dévoués au Seigneur se furent réunis pour relever l'étendard renversé et faire triompher la bonne cause, qui fut le plus empressé à faire avorter leur dessein, à les chercher, à les persécuter, à les arrêter? Quel est celui qui me poursuivait de si près, que je sentis la chaleur de son haleine? Quel est celui dont l'épée nue brilla à un pied de mon corps, lorsque j'étais caché pendant les ténèbres dans la maison de mes pères, comme un voleur qui craint d'être découvert? C'est Geoffrey Peveril; c'est votre père. Qu'avez-vous à répondre à tous ces faits, et comment peuvent-ils se concilier avec vos désirs?

Julien ne put que lui répondre qu'il y avait bien longtemps que ces évènemens s'étaient passés; qu'il fallait en accuser la fureur des factions et le malheur des temps, et que la charité chrétienne ne permettait pas au major Bridgenorth d'en conserver un vif ressentiment, quand une porte pouvait s'ouvrir à la réconciliation.

— Paix, jeune homme, dit Bridgenorth; vous parlez de ce que vous ne connaissez point. Pardonner une injure personnelle est un acte louable et le devoir du chrétien; mais il ne nous est pas enjoint de pardonner celles qui ont été faites à cause de la religion et de la liberté, et de serrer la main de ceux qui ont versé le sang de nos frères.

Il jeta encore les yeux sur le portrait de Christian, garda le silence quelques minutes, comme s'il eût craint de se laisser trop entraîner par son impétuosité, et reprit la parole d'un ton adouci.

— Je vous ai tracé ce tableau, Julien, pour vous prouver combien serait impossible, aux yeux d'un homme purement mondain, l'union que vous désirez. Mais le ciel a quelquefois ouvert une porte là où l'homme n'aperçoit aucun moyen d'issue. Votre mère, Julien, pour une femme à qui la vérité est inconnue, et pour n'en parler que dans le langage du monde, est une des femmes les meilleures et les plus vertueuses que je connaisse; la Providence, qui lui a donné tant d'attraits, et qui a voulu que ce bel extérieur fût animé par une âme aussi pure que le permet la fragilité de la nature humaine, ne souffrira pas, je l'espère, qu'elle continue à être un vase de colère et de perdition. Je ne dis rien de votre père. Il est ce que l'ont fait les temps, l'exemple des autres et les conseils des prêtres qui le dominent. Encore une fois, je ne dis rien de lui, si ce n'est que j'ai sur lui un ascendant dont il aurait déjà ressenti les effets si son toit n'abritait un être qui aurait souffert de ses souffrances. Je ne désire pas la ruine de votre ancienne famille. Si je n'attache pas autant de prix qu'elle à ses honneurs et à sa généalogie, je ne voudrais pas en être le destructeur : non, pas plus que je ne voudrais abattre une tour que le temps aurait couverte de mousse, ni déraciner un vieux chêne, à moins que ce ne fût pour redresser la voie publique et pour le bien général. Je n'ai donc aucun ressentiment contre la maison humiliée de Peveril, j'ai même du respect pour elle dans son humiliation.

Il fit une seconde pause, comme s'il eût attendu une réponse de Julien. Mais malgré l'ardeur que le jeune homme mettait à ses sollicitations, il avait été élevé dans l'idée de l'importance de sa famille, et il avait trop contracté l'habitude plus louable du respect filial, pour entendre sans déplaisir une partie du discours du major Bridgenorth.

— La maison de Peveril, répliqua-t-il, n'a jamais été humiliée.

— Si vous aviez dit que les fils de cette maison n'ont jamais été humbles, reprit le major, vous auriez été plus près de la vérité. N'êtes-vous donc pas humilié? N'êtes-vous pas ici le laquais d'une femme hautaine? le compagnon des jeux d'un jeune homme à tête vide? Si vous quittez cette île, et que vous alliez à la cour d'Angleterre, vous verrez quel égard on y aura pour cette généalogie qui vous fait descendre des rois et des conquérans. Une plaisanterie basse ou obscène, un air impudent, un habit brodé, quelques pièces d'or et l'assurance nécessaire pour la hasarder sur une carte ou un dé, vous avanceront plus vite à la cour de Charles, que l'ancien nom de votre père et le dévouement servile avec lequel il a consacré son sang et sa fortune à la cause du père de notre monarque.

— Il est vrai que cela n'est que trop probable, répondit Julien, mais la cour n'est pas l'élément dans lequel je compte vivre. Je vivrai, comme mon père, au milieu de mes vassaux, pourvoyant à leurs besoins, jugeant leurs différends...

— Plantant un mai, et dansant autour, ajouta Bridgenorth avec un de ces sourires ironiques dont l'expression donnait à ses traits quelque chose de sinistre : tel serait l'effet d'une clarté qui luirait un moment dans l'obscurité d'un caveau funéraire. Non, Julien, ce n'est pas dans le temps où nous vivons qu'un homme peut servir son malheureux pays en se chargeant du rôle subalterne de magistrat de canton, ou en remplissant les devoirs si faciles de propriétaire campagnard. De grands projets ont été formés, et il faut qu'on se prononce entre Dieu et Baal. L'ancienne superstition, l'abomination de nos pères, relève sa tête et tend ses filets sous la protection des princes de la terre; mais elle ne relève pas la tête sans être remarquée, sans être surveillée. Des milliers de véritables cœurs anglais n'attendent qu'un signal pour prouver aux rois de la terre la vanité de leurs combinaisons. Nous nous affranchirons de leurs liens, et nous ne porterons pas à nos lèvres la coupe de leurs abominations.

— Vos discours sont un peu obscurs, major. Mais puisque vous me connaissez si bien, vous pouvez savoir aussi que, moi du moins, j'ai vu de trop près les erreurs de Rome pour désirer qu'elles se propagent dans mon pays.

— Et sans cela, te parlerais-je si librement, si cordialement? Ne sais-je pas avec quelle présence d'esprit précoce tu déjoues les tentatives astucieuses du prêtre d'une femme pour te faire renoncer à la foi protestante? Ne sais-je pas comme tu as été assiégé chez l'étranger, comme tu as persisté dans ta foi, et comme tu as soutenu la foi chancelante de ton ami? N'ai-je pas dit alors que je reconnaissais à cette conduite le fils de Marguerite Peveril? N'ai-je pas dit :—Il ne connaît encore que la lettre morte; mais les bonnes semences germeront et fructifieront quelque jour? En voilà assez sur ce sujet. Pour aujourd'hui, cette maison est la tienne. Je ne verrai en toi, ni le serviteur de cette fille d'Eshbaal, ni le fils de celui qui a attaqué ma vie et souillé mon honneur. Tu seras pour moi aujourd'hui l'enfant de celle sans qui ma race eût été éteinte.

En parlant ainsi, il lui tendit sa main sèche et maigre; mais en faisant à Peveril cet accueil hospitalier, sa physionomie portait une telle empreinte de tristesse, que, quelque plaisir que le jeune homme se promît en restant si long-temps près d'Alice Bridgenorth, et peut-être en sa compagnie, et quoiqu'il sentît que la prudence lui ordonnait de se concilier les bonnes grâces de son père, il ne pouvait s'empêcher de reconnaître que son cœur se trouvait comme glacé près de lui.

CHAPITRE XIV.

« Qu'à l'amitié ce jour soit du moins consacré,
« Et demain au combat on sera préparé. »
OTWAY.

DEBORA DEBBITCH, appelée par son maître, parut alors, un mouchoir sur les yeux, et avec un air de trouble et d'embarras.

— Ce n'est pas ma faute, major Bridgenorth, dit-elle;

comment aurais-je pu l'empêcher? Qui se ressemble, s'assemble. Le jeune homme voulait venir, la jeune fille n'était pas fâchée de le voir, et...

— Paix, femme insensée! dit Bridgenorth, et écoutez ce que j'ai à vous dire.

— Je sais parfaitement ce que Votre Honneur a à me dire, répondit Debora. Je vois que le service n'est pas un héritage aujourd'hui; mais il y a des gens plus avisés les uns que les autres. Si je ne m'étais pas laissé enjôler au point de quitter Martindale, j'aurais une maison à moi au jour qu'il est.

— Paix, idiote! répéta Bridgenorth. Mais Debora était si occupée du soin de se justifier, qu'elle ne lui laissa que le temps de proférer cette interjection, entre les exclamations qu'elle continuait à faire avec la volubilité ordinaire à ceux qui, ayant mérité une réprimande, cherchent à l'éviter par l'éclat de leur justification, avant même qu'on leur ait adressé un reproche.

— Il n'est pas étonnant qu'on ait réussi à me faire perdre de vue mes propres intérêts, ajouta-t-elle, quand il s'agissait d'être placée auprès de la jolie miss Alice. Tout l'or de Votre Honneur n'aurait pu me tenter, si je n'avais su qu'elle se trouverait comme perdue, la pauvre innocente, séparée de milady et de moi. Et ainsi, voilà quelle en est la fin. Couchée tard et levée matin. Voilà comme on me remercie. Mais Votre Honneur fera bien de ne pas agir à la légère. Miss Alice a encore quelquefois une toux sèche: elle devrait prendre une médecine au printemps et à la chute des feuilles.

— Paix donc, bavarde! lui dit son maître aussitôt que le besoin de respirer, coupant la parole à Debora, lui fournit l'occasion de placer un mot à son tour; croyez-vous que je n'étais pas informé des visites de ce jeune homme à Blackfort, et que si elles m'eussent déplu je n'aurais pas su y mettre un terme?

— Ne savais-je pas que Votre Honneur était instruit de ses visites? s'écria Debora d'un ton triomphant; car, de même que la plupart des femmes de sa condition, elle ne songeait jamais à se défendre que par un mensonge, quelque évident quelque invraisemblable qu'il pût être. Ne savais-je pas que Votre Honneur en était instruit? sans cela, aurais-je permis ses visites? Je ne sais pour qui Votre Honneur me prend. Si je n'eusse été bien sûre que c'était la chose que Votre Honneur désirait le plus dans le monde, me serais-je avisée de prêter la main pour l'aider? Je crois que je connais trop bien mon devoir. Informez-vous si j'ai jamais laissé entrer un autre jeune homme dans la maison. Je savais que Votre Honneur était un homme sage, et les querelles ne peuvent durer éternellement. L'amour commence où la haine finit, et, à coup sûr, ils semblent être nés l'un pour l'autre; et ensuite les domaines de Moultrassie et de Martindale se conviennent comme le couteau et la gaîne.

— Perroquet femelle! s'écria Bridgenorth, dont la patience était presque entièrement épuisée, retenez votre langue, ou, s'il faut que vous jasiez, que ce soit à la cuisine et avec vos égaux. Faites-nous préparer à dîner sur-le-champ, car M. Peveril est loin de sa demeure.

— Je vais le faire, et de tout mon cœur, répondit Debora, et s'il y a dans l'île de Man une paire de volailles plus grasses que celles qui vont montrer leurs ailes sur votre table dans un instant, je consens que vous m'appeliez oison et perroquet tout à la fois.

A ces mots elle sortit de l'appartement.

— Et c'est à une pareille femme, dit Bridgenorth à Julien, en la suivant des yeux d'un air de mépris, que vous supposiez que j'avais entièrement confié une fille unique! Mais en voilà bien assez sur ce sujet; nous irons faire une promenade, si vous le voulez, tandis qu'elle va s'occuper de soins plus à la portée de son intelligence.

En parlant ainsi, il quitta la maison, accompagné de Julien Peveril, et ils se promenèrent bientôt en se tenant par le bras, comme s'ils eussent été d'anciennes connaissances.

Il peut être arrivé à quelques uns de nos lecteurs, et il nous est arrivé à nous-même, de nous trouver par hasard dans la compagnie d'un individu dont les prétentions à ce qu'on appelle *un caractère sérieux* s'élevaient infiniment plus haut que les nôtres, et avec lequel nous avions regardé comme probable que nous passerions le temps avec gêne et contrainte ; tandis que de son côté notre compagnon pouvait avoir à craindre d'être fatigué par la légèreté supposée et la gaieté inconsidérée d'un caractère si différent du sien. Nous avons pourtant remarqué plus d'une fois que lorsque, avec cette urbanité et cette bonne humeur qui nous caractérisent, nous nous sommes pliés aux dispositions de notre compagnon, en jetant dans nos manières et nos discours autant de sérieux que nos habitudes nous le permettaient, notre interlocuteur à son tour, ému par cet exemple, se dépouillait d'une partie de son austérité, et il en résultait que notre entretien prenait cette tournure satisfaisante, tenant le milieu entre l'utile et l'agréable, et ressemblant à ce qu'on appelle

> De la nuit et du jour la frontière enchantée;

ce qui veut dire, en prose, le crépuscule. Il est probable qu'en pareille occasion chacune des parties peut se féliciter d'avoir rencontré l'autre, quand même cette rencontre n'aurait servi qu'à établir momentanément un rapport de sentimens entre des hommes qui, différant peut-être par le caractère plutôt que par les principes, ne sont que trop portés à s'accuser réciproquement de fanatisme d'une part, et de l'autre d'une frivolité profane.

Ce fut ce qui arriva dans la promenade de Peveril avec Bridgenorth, et dans l'entretien qu'ils eurent ensemble.

Évitant avec soin le sujet dont il avait déjà été question, le major fit principalement tomber la conversation sur ses voyages en pays étrangers, sur les merveilles qu'il avait vues dans les contrées lointaines, et qu'il paraissait avoir examinées avec un œil curieux et observateur. Ce discours accéléra la marche du temps; car quoique les anecdotes racontées par Bridgenorth, et les réflexions dont il les accompagnait, prissent la teinte de l'esprit sérieux et un peu sombre du narrateur, elles contenaient de ces traits capables d'exciter l'intérêt et l'étonnement, et que la jeunesse aime ordinairement à entendre. Ce fut ce qui arriva à l'égard de Julien, pour qui le merveilleux et le romanesque n'étaient pas sans attraits.

Bridgenorth paraissait connaître parfaitement le midi de la France. Il pouvait raconter bien des histoires des huguenots français, qui commençaient déjà à éprouver ces persécutions, dont le résultat fut, quelques années après, la révocation de l'édit de Nantes. Il avait même été en Hongrie, car il parlait, comme le connaissant, du caractère de plusieurs chefs de la grande insurrection protestante qui venait d'avoir lieu sous le célèbre Tékéli, et il allégua de solides raisons pour prouver qu'ils avaient droit de faire cause commune avec le Grand-Turc, plutôt que de se soumettre au pape de Rome. Il parla aussi de la Savoie, où les membres de la religion réformée souffraient encore une cruelle persécution; enfin, il prit un ton d'enthousiasme quand il en vint à la protection qu'Olivier [1] avait accordée aux églises protestantes opprimées, ajoutant qu'il était plus en état d'exercer le pouvoir suprême, que ceux qui, le réclamant par droit de nais-

---

(1) Olivier Cromwell. — Éd.

sance, ne s'en servaient que pour se livrer à leur goût
pour les voluptés et les vanités du monde.

— Je ne m'attendais pas, dit modestement Peveril, à
entendre le panégyrique d'Olivier sortir de la bouche du
major Bridgenorth.

— Je n'en fais point le panégyrique, répondit le major ; je ne dis que la vérité sur cet homme extraordinaire
qui n'existe plus, et à qui je ne craignis pas de résister
en face pendant sa vie. C'est la faute du malheureux roi
qui nous gouverne, si nous sommes forcés de reporter
les yeux avec regret sur le temps où la nation était respectée au dehors, et avait contracté à l'intérieur des habitudes de religion et de sobriété. Mais je n'ai pas dessein
de faire avec vous une guerre de controverse. Vous avez
vécu au milieu de gens qui trouvent plus facile et plus
agréable de recevoir des pensions de la France, que de
lui donner des lois ; de dépenser l'argent qu'elle leur prodigue, que de réprimer la tyrannie avec laquelle elle
opprime nos pauvres frères en religion. Vous verrez tout
cela quand le voile qui couvre vos yeux sera tombé, et
alors peut-être vous apprendrez à concevoir le mépris et
l'indignation.

Ils avaient alors fini leur promenade, et ils retournèrent à Blackfort par un chemin différent de celui qu'ils
avaient pris en en sortant. L'exercice et le ton général de
la conversation avaient dissipé jusqu'à un certain point
l'embarras et la timidité que la présence de Bridgenorth
avait d'abord fait éprouver à Peveril, et que les premières
remarques du major avaient contribué à augmenter plutôt
qu'à diminuer.

Le banquet promis par Debora fut bientôt sur la table.
La simplicité, la propreté et le bon ordre qui régnaient
dans ce repas répondaient aux promesses qu'elle avait
faites ; mais, sous un seul rapport, elle tenait plus qu'elle
n'avait promis, et l'on pouvait même soupçonner un peu

d'affectation. Au lieu de la vaisselle de bois et d'étain que Peveril avait vu employer à Blackfort dans de semblables occasions, la plupart des plats étaient d'argent, et les assiettes étaient du même métal.

Ce fut avec la sensation d'un homme qui fait un rêve délicieux qu'il tremble de voir se terminer par le réveil, et dont la jouissance est troublée par l'incertitude, la crainte et l'étonnement, que Julien Peveril se trouva assis entre Alice Bridgenorth et le père de cette jeune fille, entre celle qu'il aimait le plus sur la terre, et celui qu'il avait toujours considéré comme le plus grand obstacle à leur union. Son esprit était dans une telle confusion, qu'il était à peine capable de répondre aux civilités importunes de dame Debora, qui, ayant sa place à table en qualité de gouvernante, faisait alors les honneurs des mets préparés sous son inspection.

Quant à Alice, elle semblait avoir formé la résolution de jouer le rôle d'un personnage muet, car elle n'ouvrait la bouche que pour répondre brièvement aux questions de Debora. Son père ayant même essayé deux ou trois fois de lui faire prendre une part plus active dans la conversation, elle se borna à lui faire les réponses que son respect rendait absolument indispensables.

Ce fut donc sur Bridgenorth lui-même que tomba le soin d'entretenir la compagnie, et, contre sa coutume, il n'en parut nullement embarrassé. Il s'exprimait non seulement avec aisance, mais presque avec enjouement, quoique son discours fût entrecoupé de temps en temps par des expressions qui annonçaient son état naturel et habituel de mélancolie, ou qui semblaient prophétiser des revers et faire entrevoir des malheurs dans l'avenir. Des éclairs d'enthousiasme brillaient aussi dans sa conversation : tels sont les feux dont on voit l'horizon s'éclairer dans une soirée d'automne, et qui, communiquant au crépuscule un éclat momentané, donnent à tout ce qu'ils découvrent un caractère plus imposant et plus remarquable. En général pourtant, les remarques du major étaient simples et sensées, et comme il ne cherchait point à parer ses discours d'ornemens ambitieux, ils n'étaient relevés que par l'intérêt qu'il y mettait, et qu'il faisait partager à ses auditeurs.

Par exemple, quand Debora, dans l'orgueil d'un cœur sordide, eut appelé l'attention de Julien sur l'argenterie qui brillait sur la table, Bridgenorth crut nécessaire de faire une apologie pour cette dépense superflue.

— C'est un symptôme qui annonce l'approche du danger, dit-il, quand on voit des hommes qui ne se laissent pas ordinairement séduire par les vanités de la vie, employer des sommes considérables en ornemens formés de métaux précieux. C'est une preuve que le commerçant ne peut placer avec avantage les capitaux auxquels il donne cette forme stérile; c'est un signe que les nobles et les riches craignent la rapacité du pouvoir, quand ils donnent à leurs richesses une forme qui les rend plus portatives et plus faciles à cacher; c'est une démonstration de l'incertitude du crédit, quand un homme de bon sens préfère la possession certaine d'une masse d'argent à la reconnaissance si commode d'un orfèvre ou d'un banquier. Tant qu'il reste une ombre de liberté, les droits domestiques sont ceux qu'on envahit les derniers, et c'est pour cette raison qu'on place sur sa table et sur son buffet les richesses qu'on suppose devoir y être plus long-temps à l'abri de la main rapace d'un gouvernement tyrannique; mais qu'il survienne une demande de capitaux pour soutenir un commerce profitable, la masse brillante tombe dans la fournaise, et ce qui formait le lourd et vain ornement du banquet devient un agent actif et puissant pour augmenter la prospérité du pays.

— Et en temps de guerre, dit Peveril, on a aussi

quelquefois trouvé dans l'argenterie une ressource aussi prompte qu'utile.

— Que trop souvent, répondit Bridgenorth. Dans les derniers temps, l'argenterie des nobles, celle des colléges et la vente des joyaux de la couronne, ont mis le roi en état de faire cette malheureuse résistance qui a empêché le retour de la paix et de l'ordre, et qui a donné à l'épée une injuste supériorité sur l'autorité royale et sur celle du parlement.

En parlant ainsi, il regardait Julien, à peu près comme celui qui, voulant éprouver un cheval, lui présente tout-à-coup quelque objet devant les yeux, et examine ensuite si cette vue l'effraie ou le fait tressaillir. Mais les pensées de Julien étaient trop occupées ailleurs pour qu'il manifestât quelque alarme. Sa réponse eut rapport à une autre partie du discours de Bridgenorth, et il ne la fit qu'après un intervalle de quelques instans.

— La guerre, dit-il alors, la guerre, qui appauvrit les nations, est aussi la créatrice des richesses qu'elle dévore.

— Oui, répondit Bridgenorth, comme l'écluse donne le mouvement aux eaux dormantes du lac qu'elle finit par dessécher. La nécessité invente les arts et découvre les moyens; et quelle nécessité est plus impérieuse que celle d'une guerre civile? La guerre même n'est donc point, par son essence, un mal sans compensation, puisqu'elle crée une impulsion et une énergie qui sans elle n'existeraient pas dans la société.

— Il en résulte donc, dit Peveril, qu'il faut qu'on fasse la guerre, afin qu'on envoie l'argenterie à la fonte, et qu'on se serve de plats d'étain et d'assiettes de bois?

— Ce n'est pas cela, mon fils, répliqua Bridgenorth. Et s'arrêtant en voyant la rougeur dont le front de Julien était couvert, il ajouta : Pardonnez ma familiarité; mais je n'entendais pas limiter ce que je viens de dire à des résultats si frivoles, quoiqu'il puisse être salutaire d'arracher les hommes à leur pompe et à leur luxe, et d'apprendre à ceux qui autrement seraient des Sybarites, à devenir des Romains. Je voulais dire que les temps de danger public, en rappelant dans la circulation le trésor amassé par l'avare, et l'argenterie accumulée par le riche orgueilleux, et en ajoutant ainsi à la richesse intérieure du pays, mettent aussi en évidence des esprits nobles et braves qui languiraient dans l'inaction, au lieu de donner un bel exemple à leurs contemporains, et de léguer leurs noms aux siècles futurs. La société ne connaît ni ne peut connaître les trésors intellectuels qui sommeillent dans son sein, avant que la nécessité et l'occasion aient fait sortir l'homme d'état et le guerrier de l'ombre d'une vie obscure, pour jouer le rôle auquel la Providence et la nature les ont destinés. Ainsi s'éleva Olivier, ainsi s'éleva Milton, ainsi s'élevèrent tant d'autres dont les noms ne peuvent être oubliés. C'est comme la tempête qui met dans tout son jour le talent du marin.

— Vous parlez, dit Peveril, comme si une calamité nationale pouvait être, en quelque sorte, un avantage.

— C'est ce qui doit arriver dans cette vie d'épreuves, où tout mal temporaire est adouci par quelque chose d'heureux dans ses progrès et ses résultats, et où tout ce qui est bien est intimement lié avec ce qui est mal en soi-même.

— Ce doit être un noble spectacle que de voir l'énergie assoupie d'une grande âme s'éveiller tout-à-coup, s'armer de toutes ses forces, et prendre sur les esprits d'un ordre inférieur l'autorité à laquelle elle a droit.

— J'en ai joui une fois, dit Bridgenorth; et comme l'histoire est courte, je vous la raconterai, si vous le désirez.

Dans ma vie errante, je n'ai pas oublié nos établissemens transatlantiques, et encore moins la Nouvelle-Angleterre, pays que la Grande-Bretagne, semblable à l'homme ivre qui jette ses trésors loin de lui, a enrichi à ses dépens en y envoyant tout ce qu'elle avait de plus précieux aux yeux de Dieu et de ses enfans. Là, des milliers de nos concitoyens les plus pieux, de ces justes qui peuvent se placer entre le Tout-Puissant et sa colère pour empêcher la ruine des cités, consentent à vivre dans le désert, parmi d'ignorans sauvages, plutôt que de s'exposer à voir dans leur patrie l'oppression éteindre la lumière divine qui éclaire leurs âmes. J'y restai quelque temps, pendant les guerres que la colonie eut à soutenir contre Philippe, grand chef indien, ou Sachem, comme on l'appelait, qui semblait un messager de persécution envoyé par Satan. Sa cruauté était sans bornes, comme sa dissimulation; et l'adresse ainsi que la vivacité avec lesquelles il conduisait une guerre destructive d'escarmouches firent subir aux colons des calamités désastreuses.

— J'étais par hasard dans un petit village, au milieu des bois, à plus de trente milles de Boston, placé dans une situation très solitaire, et entouré de taillis fort épais. Cependant on ne croyait avoir alors aucun danger à craindre de la part des Indiens, attendu que l'on comptait sur la protection d'un corps de troupes considérable mis en campagne pour défendre les frontières, et campé, ou du moins supposé l'être, entre le hameau et le pays occupé par l'ennemi. Mais on avait affaire à un homme à qui le démon lui-même avait inspiré son astuce et sa barbarie.

— C'était un dimanche matin, et nous étions assemblés dans la maison du Seigneur pour y prier ensemble. Notre temple était grossièrement construit en troncs d'arbres; mais jamais les voix de chantres salariés, et l'harmonie sortant de tubes de cuivre et d'étain dans la plus riche cathédrale, ne s'élèveront vers le ciel avec autant de douceur que les psaumes dans lesquels nous unissions nos cœurs et nos voix. Un homme vertueux, long-temps le compagnon de mes pèlerinages, qui dort maintenant dans le sein du Seigneur, Nehemiah Solsgrace, venait de commencer la prière, quand une femme, les cheveux épars, les yeux égarés, et les vêtemens en désordre, se précipita dans la chapelle en répétant à grands cris : — Les Indiens ! les Indiens !

— Dans ce pays, personne n'ose se séparer de ses instrumens de défense. Qu'on soit à la ville ou à la campagne, sur les terres labourées ou dans la forêt, chacun a ses armes à sa portée, comme les Juifs lorsqu'ils rebâtirent le temple. Nous sortîmes donc de la maison du Seigneur avec nos fusils et nos piques, et nous entendîmes les hurlemens de ces démons incarnés, qui, déjà en possession d'une partie du village, exerçaient leur cruauté sur le petit nombre de ceux que des motifs puissans ou une maladie avaient empêchés de venir prendre part au culte public. On remarqua même, comme un jugement de Dieu, que ce jour du sabbat marqué par le sang, Adrien Hanson, Hollandais, à qui il n'y avait nul reproche à faire aux yeux des hommes, mais dont l'esprit était trop occupé des affaires de ce monde, fut tué et *scalpé*[1] dans sa boutique, tandis qu'il calculait le gain de la semaine.

— Les Indiens avaient déjà fait bien du mal quand nous arrivâmes. Notre attaque les fit d'abord reculer ; mais nous avions été surpris, nous étions sans chef, nous combattions sans ordre et en confusion, et ces enfans du démon, qui ne cessaient de tirer sur nous, eurent quelque avantage. On ne pouvait entendre sans frémir les cris des femmes et des enfans au milieu des coups de fusil, du sifflement des balles et des rugissemens féroces que ces sauvages appellent leur cri de guerre. Ils mirent le feu à plusieurs maisons de l'extrémité du village, et le bruit des

---

(1) *Scalped* : to scalp, en anglais, signifie dépouiller le crâne de ses tégumens. Le mot *scalper*, employé fréquemment dans la traduction des romans de Fenimore Cooper, évite une périphrase, et mériterait d'être *francisé*. — Éd.

flammes, et le craquement des poutres embrasées, ajoutèrent à l'horreur, tandis que la fumée, que le vent poussait contre nous, donnait un autre avantage à nos ennemis, qui combattaient pour ainsi dire invisibles et à couvert, tandis que leurs coups bien dirigés éclaircissaient nos rangs.

— En ce moment affreux, et lorsque nous allions adopter le projet désespéré d'évacuer le village, de placer au centre les femmes et les enfans, et de tâcher de faire retraite vers les habitations les plus voisines, il plut au ciel de nous envoyer un secours inespéré. Un homme de grande taille, d'un air respectable, que personne de nous n'avait vu auparavant, parut tout-à-coup au milieu de nous pendant que nous discutions à la hâte la proposition de battre en retraite. Ses vêtemens étaient de peau d'élan [1], et il portait un sabre et un fusil. Jamais je ne vis rien de plus auguste que ses traits ombragés par une chevelure blanche, qui allait rejoindre une longue barbe de même couleur.

— Amis, frères, s'écria-t-il avec cette voix qui rend la confiance aux fuyards, pourquoi livrez-vous vos cœurs à l'abattement et au désespoir? Craignez-vous que le Dieu que nous servons vous abandonne à la fureur de ces païens? Suivez-moi, et vous verrez aujourd'hui qu'il existe un capitaine dans Israël!

— Il donna en peu de mots quelques ordres précis et distincts, du ton d'un homme habitué à commander; et telle fut l'influence de ses discours, de son air imposant et de sa présence d'esprit, qu'il fut implicitement obéi par des gens qui ne l'avaient jamais vu jusqu'à ce moment. D'après son ordre, nous nous divisâmes à la hâte en deux corps; l'un continua à défendre le village, avec plus de

---

(1) L'élan est le *cervus alces* de Linnée. C'est le plus grand des cerfs. Son bois s'écarte horizontalement de la tête et forme deux grandes lames aplaties et dentelées. Sa peau est excellente pour la buffleterie. — Ed.

courage que jamais, dans la conviction que Dieu avait envoyé cet inconnu à notre secours ; d'après ses instructions, il prit la position la meilleure et la plus abritée pour rendre aux Indiens leur feu meurtrier ; tandis que, couvert par la fumée, l'étranger sortit du village à la tête de la seconde division, et, après avoir fait un circuit, attaqua les guerriers rouges par-derrière.

Cette attaque imprévue produisit sur les sauvages son effet accoutumé. Ils ne doutèrent pas qu'ils ne se trouvassent placés entre les habitans du village et un détachement arrivé de l'armée de la Nouvelle-Angleterre. Ces païens prirent la fuite en désordre, abandonnèrent la partie du village dont ils étaient déjà presque maîtres, et laissèrent un si grand nombre de leurs guerriers étendus morts sur le champ de bataille, que cette peuplade ne s'est jamais relevée de cette perte.

Jamais je n'oublierai l'air, les traits et le maintien de notre vénérable chef, au moment où nos hommes, et non seulement les hommes, mais leurs femmes et leurs enfans qu'il avait sauvés du thomahawk [1] et du couteau à scalper, s'attroupèrent debout autour de lui, osant à peine s'en approcher, et plus portés peut-être à l'honorer comme un ange descendu du ciel, qu'à lui adresser des remerciemens comme à un mortel semblable à eux.

— Que ce ne soit pas à moi qu'appartienne la gloire, dit-il : je ne suis qu'un instrument aussi fragile que vous-mêmes dans la main de celui qui est le fort et le libérateur. Apportez-moi un verre d'eau pour rafraîchir mon gosier desséché, avant que j'adresse l'offrande de nos remerciemens à qui ils sont dus.

— J'étais le plus près de lui tandis qu'il parlait, et ce fut moi qui lui présentai l'eau qu'il demandait. En ce moment nous échangeâmes un regard, et il me sembla que je

---

(1) Hache des sauvages : il en est de deux sortes, le tomahawk à pipe, et le tomahawk sans pipe. — Ep.

reconnaissais en lui un noble ami que je croyais depuis long-temps dans le sein de la gloire; mais il ne me donna pas le temps de parler, s'il eût été prudent de le faire. Se prosternant à genoux, et nous faisant signe de l'imiter, il prononça d'énergiques actions de grâce pour le succès du combat, d'une voix claire et retentissante, comme le son d'une trompette de guerre, et qui fit tressaillir jusque dans la moelle de leurs os, ceux qui l'écoutaient. J'ai entendu dans ma vie bien des actes de dévotion, et plût au ciel que j'eusse reçu la grâce d'en profiter! mais une prière comme la sienne, prononcée au milieu des morts et des mourans, avec l'accent animé du triomphe et de l'adoration, était au-dessus de tout. C'était comme le chant de la prophétesse inspirée sous le palmier entre Ramah et Bethel. Il cessa enfin de parler, et pendant quelques minutes nous restâmes le visage courbé vers la terre, n'osant tourner les yeux sur lui. Nous levâmes enfin la tête pour regarder notre libérateur; il n'était plus parmi nous, et jamais on ne le revit dans le village qu'il avait sauvé.

Bridgenorth avait mis dans le détail de cette histoire singulière une éloquence et une vivacité qui contrastaient avec la sécheresse habituelle de sa conversation; il garda un instant le silence avant de reprendre la parole.

— Tu vois, jeune homme, dit-il alors, que les hommes que le ciel a doués de valeur et de talent sont appelés au commandement lorsque le bien d'un pays l'exige, quoique leur existence même soit inconnue au peuple qu'ils sont prédestinés à délivrer.

— Mais que pensa-t-on de cet étranger mystérieux? demanda Julien, qui avait écouté avec la plus vive attention une histoire si propre à intéresser un jeune homme ardent et courageux.

— Bien des choses, répondit Bridgenorth, et qui, suivant l'usage, n'étaient guère importantes. L'opinion la plus générale fut que cet étranger était réellement un être surnaturel, quoiqu'il eût dit le contraire. D'autres le regardèrent comme un champion inspiré, transporté en corps de quelque climat éloigné, pour nous montrer le chemin du salut; d'autres enfin virent en lui un solitaire que des motifs de piété ou d'autres puissantes raisons avaient porté à s'ensevelir dans le désert, et à fuir la face de l'homme.

— Et, s'il m'est permis de vous le demander, laquelle de ces opinions étiez-vous disposé à adopter?

— La dernière était celle qui s'accordait le mieux avec le coup d'œil que j'avais jeté sur les traits de cet étranger; car, quoique je ne doute pas qu'il puisse plaire au ciel, dans de grandes occasions, de susciter, même du sein du tombeau, un défenseur de la patrie, je fus convaincu, comme je le suis encore, que je voyais alors un être vivant, un être qui avait de puissans motifs pour se cacher dans les entrailles d'un rocher.

— Ces motifs sont-ils un secret?

— Pas absolument, car je ne crains pas que tu trahisses la confiance que je te témoigne en cet entretien; et d'ailleurs, quand tu serais capable de cette bassesse, la proie est trop loin pour que les chasseurs puissent en suivre la piste. Mais le nom de ce digne homme sonnera mal à ton oreille, à cause d'une action de sa vie, à cause de la part qu'il prit à une grande mesure qui fit trembler les îles les plus éloignées de la terre. N'avez-vous jamais entendu parler de Richard Whalley?

— De Richard Whalley le régicide? s'écria Peveril en faisant un mouvement d'horreur.

— Donnez-lui le nom qu'il vous plaira, répondit Bridgenorth; il ne fut pas moins le sauveur de ce malheureux village, quoique, avec les autres esprits entreprenans du siècle, il ait siégé sur le banc des juges quand Charles Stuart fut accusé à la barre, et quoiqu'il ait souscrit la sentence de condamnation rendue contre lui.

— J'ai toujours entendu dire, reprit Julien d'une voix altérée et les joues couvertes d'une vive rougeur, que vous, major Bridgenorth, et les autres presbytériens, vous étiez entièrement contraires à ce crime détestable, et que vous étiez prêts à faire cause commune avec les Cavaliers, pour prévenir un si horrible parricide.

— Si cela était alors, nous en aurions été richement récompensés par son successeur.

— Récompensés! La distinction entre le bien et le mal, et l'obligation qui nous est imposée de faire l'un et de nous abstenir de l'autre, dépendent-elles donc de la récompense qui peut être accordée à nos actions?

— A Dieu ne plaise! et cependant quand on voit tous les maux que cette maison de Suart a faits à l'Église et à l'État, et la tyrannie qu'elle exerce sur les personnes et les consciences, il est bien permis de douter que ce soit un crime de prendre les armes pour leur défense. Vous ne m'entendez pourtant faire ni l'éloge ni la justification de la mort du roi, quoiqu'il l'eût sans doute méritée en faussant le serment qu'il avait prêté comme prince et comme magistrat. Je vous dis seulement ce que vous désiriez savoir, que Richard Whalley, un des juges du feu roi, était l'homme dont je viens de vous parler. Je reconnus son front élevé, quoique la main du temps l'eût encore découvert en le privant de son ornement; son œil conservait tout le feu de ses regards; et sa grande barbe blanche ne m'empêcha pas de le reconnaître. Les limiers altérés de son sang étaient à sa piste; mais, grâce à l'aide des amis que le ciel avait chargés de veiller à sa conservation, il resta soigneusement caché, et ne se montra que pour obéir aux ordres de la Providence, le jour de ce combat. Peut-être sa voix se ferait-elle encore entendre sur le champ de bataille, si l'Angleterre avait besoin d'un de ses plus nobles cœurs.

— C'est à moi maintenant à dire : à Dieu ne plaise ! s'écria Julien.

— Amen ! répliqua Bridgenorth ; puisse la bonté de Dieu détourner de nous la guerre civile, et pardonner à ceux dont le délire pourrait l'exciter !

Il se fit alors une longue pause, pendant laquelle Peveril, qui avait à peine porté les yeux vers Alice pendant cette conversation, jeta un regard sur elle, et fut frappé de l'air de mélancolie profonde qui obscurcissait des traits dont l'expression naturelle était l'enjouement, sinon la gaieté. Dès qu'elle eut rencontré ses regards, elle fit remarquer d'un air expressif, à ce qu'il parut à Julien, que les ombres allaient s'agrandissant, et que la nuit approchait.

Il comprit sa pensée, et quoique convaincu qu'elle avait pour but de lui faire sentir qu'il était temps qu'il songeât à son départ, il ne put recueillir à l'instant même assez de résolution pour rompre le charme qui le retenait. Le langage de Bridgenorth était non seulement nouveau pour lui, mais il lui semblait même alarmant, tant il était contraire aux principes dans lesquels il avait été élevé. En toute autre occasion, comme fils de sir Geoffrey Peveril du Pic, il se serait cru obligé d'en combattre les conclusions, même à la pointe de l'épée. Mais Bridgenorth énonçait ses opinions avec tant de calme, et elles semblaient tellement le résultat de sa conviction, qu'elles excitaient en Julien l'étonnement plutôt que l'esprit de controverse. Dans tout ce qu'il disait, il régnait un air de décision tranquille et de mélancolie paisible qui aurait rendu difficile à Julien de s'en offenser, quand même il n'aurait pas vu en lui le père d'Alice ; et peut-être ignorait-il lui-même combien cette circonstance avait d'influence sur lui. Ses discours et ses sentimens annonçaient cette résolution calme qui rend presque impossible d'en faire le sujet d'une discussion ou d'une querelle, quoiqu'il soit aussi difficile d'en adopter les conclusions.

Tandis que Peveril restait assis sur la chaise où il semblait que l'effet d'un talisman le fixait, presque aussi surpris de la compagnie dans laquelle il se trouvait, que des opinions qu'il venait d'entendre énoncer, une autre circonstance lui rappela que le temps qu'il pouvait convenablement passer à Blackfort était déjà écoulé. Fairy, petite jument de l'île qui, accoutumée aux environs de cette maison, était habituée à paître dans une prairie voisine, quand son maître y était en visite, commençait à trouver qu'il y faisait un trop long séjour. C'était un présent que la comtesse avait fait à Julien quand il était encore bien jeune, et elle était issue d'une race de chevaux des montagnes, pleine de feu, infatigable, remarquable par sa longévité, et douée d'une sagacité comparable à celle du chien. Fairy donna une preuve de cette dernière qualité par le moyen qu'elle prit pour exprimer son impatience de partir ; du moins tel semblait être le sens du hennissement prolongé qu'elle fit entendre, et qui fit tressaillir les deux femmes qui se trouvaient dans l'appartement ; mais le moment d'après, elles ne purent s'empêcher de sourire en voyant la tête de la petite Fairy paraître à la porte.

— Fairy me rappelle, dit Julien en regardant Alice et en se levant, que le terme de mon séjour ici est arrivé.

— J'ai encore un mot à vous dire, reprit Bridgenorth en l'entraînant vers l'embrasure d'une fenêtre gothique de l'appartement, et baissant la voix de manière à ne pouvoir être entendu d'Alice et de sa gouvernante, qui, pendant ce temps, s'amusaient à présenter des morceaux de pain à Fairy, en la caressant. — Vous ne m'avez pas encore appris, ajouta-t-il, pour quelle raison vous êtes venu ici. Il se tut comme pour jouir un instant de son embarras. — Il est vrai, continua-t-il ensuite, que vous n'aviez pas besoin de m'en instruire. Je n'ai pas encore assez oublié les jours de ma jeunesse, et ces liens d'affection qui n'attachent que trop la pauvre et faible humanité aux choses de ce monde. Ne trouverez-vous pas d'expression pour me prier de vous octroyer le don que vous désirez de moi, et dont peut-être vous n'auriez pas hésité à vous assurer la possession à mon insu et contre mon gré? Ne cherchez pas à vous justifier, mais écoutez-moi. Le patriarche acheta celle qu'il aimait par quatorze ans de services rendus à Laban, au père de Rachel, et ce temps ne lui parut que quelques jours. Celui qui veut obtenir ma fille n'a, par comparaison, que quelques jours à me servir, mais dans des affaires de telle importance, que ces jours lui paraîtront de longues années. Ne me répondez pas à présent; partez, et que la paix vous accompagne!

Il se retira si promptement après avoir parlé ainsi, que Peveril n'eut pas un instant pour lui répondre; il jeta les yeux autour de l'appartement, mais Alice et Debora avaient aussi disparu. Ses regards se fixèrent un instant sur le portrait de Christian, et son imagination lui fit croire qu'il voyait ses traits sombres éclaircis par un sourire de triomphe et d'orgueil. Il tressaillit, et le regarda plus attentivement. Ce n'était que l'effet d'un rayon du soleil couchant qui tombait sur le tableau. Cet effet cessa, et il ne resta plus que les traits fixes, graves et inflexibles du guerrier républicain.

Julien sortit de l'appartement, comme un homme qui marche en dormant. Il monta sur Fairy, et, agité de mille pensées contraires, il retourna au château de Rushin, et y arriva avant la nuit. Il y trouva tout en mouvement. D'après quelques nouvelles qu'on avait reçues, ou quelque résolution qu'on avait prise en son absence, la comtesse et son fils s'étaient retirés avec la plus grande partie de leur maison dans le château encore mieux fortifié d'Holm-Peel. Ce château, situé à environ huit milles de distance dans la même île, était dans un état de dégradation bien pire que Castletown, résidence moins agréable. Mais Holm-Peel était plus fort que Castletown, et à moins d'un siége régulier il était presque imprenable. Ce château était toujours occupé par une garnison à la solde des souverains de Man. Peveril y arriva à la chute du jour, et on lui dit dans le village, habité par des pêcheurs, que la cloche de nuit du château [1] avait été sonnée de meilleure heure que de coutume, et qu'on y montait la garde avec des précautions inusitées, qui annonçaient des inquiétudes.

Ne voulant pas troubler la garnison en rentrant si tard, il prit dans le village le premier logement qu'il trouva, pour y passer la nuit, et résolut d'entrer dans le château le lendemain de bonne heure. Il n'était pas fâché de gagner ainsi quelques heures de solitude pour réfléchir aux évènemens qui l'avaient agité la journée précédente.

CHAPITRE XV.

— « Ce qui semblait sa tête
« Semblait porter l'ombre d'une couronne. »
Milton. *Le Paradis perdu.*

Sodor ou Holm-Peel, car tels sont les noms du château vers lequel Julien Peveril dirigea sa course le lendemain à la pointe du jour, est un de ces singuliers monumens d'antiquité qu'offre en si grand nombre cette île intéressante. Il occupe la totalité d'un rocher élevé formant une péninsule, ou, pour mieux dire, une île, car il est entiè-

---

(1) Cloche qui annonçait la retraite et la fermeture des portes. — Éd.

rement environné par la mer pendant la marée haute, et
à peine est-il même accessible quand elle s'est retirée,
quoiqu'on ait fait construire une chaussée en pierres d'une
grande solidité pour communiquer avec l'île. Tout cet espace est entouré par de doubles murs d'une épaisseur considérable; au temps dont nous parlons, on ne pouvait
avoir accès dans l'intérieur que par deux escaliers étroits
et escarpés, séparés l'un de l'autre par une forte tour
contenant un corps-de-garde, et sous laquelle était une
porte cintrée. L'étendue du terrain entre les deux murs
comprend environ deux acres, et renferme divers objets
dignes de la curiosité d'un antiquaire. Indépendamment
du château, il s'y trouvait deux cathédrales dédiées l'une
à saint Patrice, l'autre à saint Germain, avec deux autres
églises de moindre grandeur. Même à cette époque, elles
étaient déjà toutes quatre plus ou moins en ruines. Leurs
murs à demi écroulés, offraient aux yeux l'architecture
grossière et massive des temps les plus reculés, et étaient
construits d'une pierre grise usée par le temps, et formant
un contraste singulier avec les pierres de tailles de couleur
rouge dont étaient composés les appuis de croisées, les entablemens, les encognures et les autres détails de l'édifice.

Outre ces quatre églises en ruines, l'espace renfermé
par les massives murailles extérieures d'Holm-Peel présentait beaucoup d'autres vestiges des anciens temps. On
y voyait un amoncellement de terre de forme carrée dont
les angles faisaient face aux quatre points cardinaux; c'était un de ces *môles*, comme on les appelait, c'est-à-dire
une de ces élévations sur lesquelles les tribus du nord faisaient autrefois l'élection ou la reconnaissance de leurs
chefs, et où ils tenaient leurs assemblées générales et solennelles, appelées aussi Comices. Nous devons mentionner encore une de ces tours singulières, assez communes
en Irlande pour être devenues le sujet favori sur lequel
s'exercent les antiquaires de cette île, mais dont l'usage et

la destination véritables semblent avoir disparu dans la nuit des siècles. On avait fait de celle d'Holm-Peel une tour d'observation. On y voyait aussi des monumens runiques dont il était impossible de déchiffrer les inscriptions, excepté celles d'une date plus récente, en l'honneur de guerriers dont elles n'avaient préservé de l'oubli que les noms. Mais la tradition et l'antiquité superstitieuse, qui parlent toujours lorsque l'histoire se tait, avaient rempli les lacunes de la vérité par des contes de rois de la mer, de pirates, de chefs des Hébrides, et de conquérans norwégiens qui avaient jadis attaqué ou défendu ce fameux château. La superstition avait aussi ses fables de fées, d'esprits, de spectres, ses légendes de saints et de démons, de génies et d'esprits familiers, fables qui ne sont ni racontées ni accueillies nulle part avec autant de crédulité que dans l'île de Man.

Au milieu de toutes ces ruines des siècles passés s'élevait le château, dont les appartemens tombaient eux-mêmes en ruines, mais qui, sous le règne de Charles II, était encore occupé par une forte garnison, et qui, sous le point de vue militaire, avait été maintenu en très bon état. C'était un édifice vénérable et très ancien, contenant divers appartemens de grandeur et de hauteur suffisante pour lui donner un air de pompe. Mais lors de la reddition de l'île par Christian, l'ameublement en avait été en grande partie pillé ou détruit par les soldats républicains, de sorte que, comme nous l'avons déjà dit, son état actuel ne le rendait plus digne de former la résidence de son noble propriétaire. Il avait pourtant été souvent le séjour, non seulement des souverains de Man, mais aussi des prisonniers d'état que les rois de la Grande-Bretagne confiaient quelquefois à leur garde.

Ce fut dans le château d'Holm-Peel que ce grand faiseur de rois, Richard, comte de Warwick, fut enfermé, à une certaine époque de sa vie si fertile en évènemens, pour réfléchir à loisir sur les projets de son ambition. Ce fut encore là qu'Éléonore, l'épouse hautaine du bon duc de Glocester, languit dans la retraite, pendant les derniers jours de son bannissement. Les sentinelles prétendaient que souvent son esprit irrité traversait pendant la nuit les créneaux des murs extérieurs, ou qu'il restait immobile sur une tourelle solitaire, s'évanouissant dans les airs au premier chant du coq, ou au son de la cloche d'une tour seul reste de l'église de Saint-Germain.

Tel était Holm-Peel, comme les mémoires historiques nous l'apprennent, vers la fin du dix-septième siècle.

Ce fut dans un des grands appartemens presque démeublés de cet antique château que Julien Peveril trouva son ami le comte de Derby, à qui l'on venait de servir un déjeuner composé de différentes sortes de poissons.

— Vous êtes le bienvenu, impérial Julien, lui dit-il, le très bienvenu dans notre forteresse royale, dans laquelle il paraît que nous n'avons pas à craindre de mourir de faim, quoique nous y soyons presque morts de froid.

Julien lui répondit en lui demandant la cause d'un changement de domicile si subit.

— Sur ma parole, vous en savez presque autant que moi, lui répondit le comte. Ma mère ne m'en a rien dit, présumant sans doute que je serai à la fin tenté de lui faire des questions ; mais elle sera trompée dans ses calculs. J'aime mieux croire à la sagesse de toutes ses démarches que de lui donner la peine d'en rendre raison, quoique aucune femme ne soit plus en état de le faire.

— Allons, allons, c'est de l'affectation, mon cher ami ; vous devriez, en pareille occasion, avoir plus de curiosité.

— Et à quoi bon ? pour entendre de vieilles histoires sur les lois de Tynwald, sur les droits opposés des lords et du clergé, et tout le reste de cette barbarie celtique qui, comme la doctrine parfaite de Burgesse, entre par une oreille et sort par l'autre !

— Allons, milord, vous n'êtes pas aussi indifférent que vous voudriez le faire croire : convenez que vous mourez de curiosité de savoir pourquoi ce mouvement a eu lieu, mais que vous pensez qu'il est du bon ton de paraître insouciant sur vos propres affaires.

— Et que voulez-vous qui en soit la cause, si ce n'est quelque querelle entre le ministre de NOTRE MAJESTÉ, le gouverneur Nowel, et nos vassaux, ou peut-être quelque dispute entre la juridiction ecclésiastique et celle de NOTRE MAJESTÉ [1]? objets importans dont NOTRE MAJESTÉ se soucie aussi peu qu'aucun roi de la chrétienté.

— Je crois plutôt qu'on a reçu des nouvelles d'Angleterre. J'ai entendu dire hier soir à Peel-Town que Greenhalgh est arrivé, et qu'il en a apporté de mauvaises.

— Il est très certain qu'il ne m'a rien apporté d'agréable. J'attendais quelques écrits de Saint-Evremont ou d'Hamilton, quelque nouvelle comédie de Lee ou de Dryden, quelques satires du café de la Rose, et le drôle ne m'a apporté que de misérables traités relatifs aux protestans et aux papistes, et un volume de pièces in-folio, une des *conceptions*, comme elle le dit, de cette vieille folle la duchesse de Newcastle.

— Paix, milord, s'écria Peveril; paix, pour l'amour du ciel ! voici la comtesse, et vous savez comme elle prend feu au moindre sarcasme contre son ancienne amie.

— Qu'elle se charge donc de lire elle-même les œuvres de cette ancienne amie, répondit le comte, et qu'elle la dise aussi savante qu'elle le pourra. Quant à moi, je ne donnerais ni une chanson de Waller, ni une satire de Denman, par une charrette pleine de fariboles de Sa

---

(1) La manière ironique dont le jeune roi de Man parle de sa dignité royale indique que c'est dans un sens de parodie que l'auteur a choisi l'épigraphe du chapitre. — ÉD.

Grâce. Mais voici notre mère, le front chargé de soucis.

La comtesse de Derby entra en ce moment, tenant en mains divers papiers. Elle était vêtue d'habits de deuil, et sa robe avait une longue queue de velours noir, portée par une petite suivante favorite, jeune sourde et muette qu'elle avait prise à son service par compassion pour son infortune. Romanesque dans la plupart de ses actions, lady Derby avait donné à cette infortunée le nom de Fenella, d'après celui de quelque ancienne princesse de l'île. La comtesse elle-même n'était pas trop changée depuis le moment où nous l'avons présentée à nos lecteurs. L'âge avait rendu sa démarche plus lente, mais non moins majestueuse; et le temps, en traçant quelques rides sur son front, n'avait pu éteindre tout l'éclat de ses yeux. Les jeunes gens se levèrent pour la recevoir avec ces marques formelles de respect qu'ils savaient qu'elle aimait, et elle les accueillit avec une égale bonté.

— Cousin Peveril, dit-elle, car c'était ainsi qu'elle nommait toujours Julien, attendu que la mère de ce jeune homme était parente du feu comte de Derby, — vous avez eu tort d'être absent hier soir, car nous avions besoin de vos conseils.

Julien ne put s'empêcher de rougir en répondant que la chasse l'avait entraîné trop loin sur les montagnes; qu'il était retourné un peu tard à Castletown, et que, voyant que la comtesse en était partie, il l'avait suivie sur-le-champ à Holm-Peel; mais que la cloche de la nuit ayant déjà été sonnée, et la garde étant placée, il avait jugé plus respectueux de passer la nuit dans le village.

— C'est très bien, répondit la comtesse; et pour vous rendre justice, Julien, je dois dire que vous oubliez rarement les heures fixées pour la retraite, quoique, de même que les autres jeunes gens de ce siècle, vous vous permettiez trop souvent de consacrer à vos amusemens un temps qui pourrait être mieux employé. Mais quant à votre ami

Philippe, il méprise ouvertement le bon ordre, et semble prendre plaisir à perdre son temps, sans même en retirer aucune jouissance.

— Je viens du moins d'en goûter une véritable, dit le comte en se levant de table, et en se servant d'un curedent avec un air d'insouciance. Ces mulets sont frais et délicieux, et j'en dis autant du Lacryma-Christi. Croyez-moi, Julien, mettez-vous à table et profitez des bonnes choses dont ma prudence royale s'est pourvue. Jamais roi de Man n'a été plus près d'être laissé à la merci de l'exécrable eau-de-vie de ses domaines. Le vieux Griffiths, hier au soir, au milieu de notre retraite précipitée, n'aurait jamais eu assez de bon sens pour se munir de quelques flacons, si je ne l'avais fait songer à cet objet important. Mais j'ai toujours conservé la présence d'esprit dans le tumulte et le danger.

— Je voudrais donc, Philippe, que vous en donnassiez des preuves plus utiles, dit la comtesse, qui ne put s'empêcher de sourire malgré son mécontentement, car elle aimait son fils avec toute la tendresse d'une mère, en lui reprochant même avec aigreur d'être dépourvu du caractère chevaleresque qui avait distingué son père, et qui avait tant d'analogie avec celui de cette femme romanesque et hautaine. Prêtez-moi votre sceau, ajouta-t-elle en soupirant, car je crois qu'il serait inutile de vous engager à lire ces dépêches arrivées d'Angleterre, et de rendre exécutoires les mandats que j'ai cru devoir faire préparer en conséquence.

— De tout mon cœur, madame, répondit le comte Philippe ; vous pouvez disposer de mon sceau ; mais épargnez-moi la révision des ordres que vous êtes beaucoup plus capable que moi de donner. Vous savez que je suis un véritable *roi fainéant*, et que jamais je ne contrarie mon *maire du palais* dans ses opérations.

La comtesse fit quelques signes à la petite fille qui portait la queue de sa robe, et qui, étant sortie un instant, revint aussitôt avec de la cire et une lumière.

Pendant ce temps la comtesse adressa la parole à Peveril. — Philippe ne se rend pas justice, lui dit-elle. Pendant que vous étiez absent, car, si vous aviez été ici, je vous aurais fait l'honneur de croire que vous aviez inspiré votre ami, il soutint une contestation très animée contre l'évêque, qui voulait prononcer les censures spirituelles contre une pauvre malheureuse, et la faire enfermer dans le cachot sous la chapelle.

— Ne pensez pas de moi plus favorablement que je ne le mérite, dit le comte à son ami. Ma mère a oublié de vous dire que la coupable était la gentille Peggy de Ramsay, et que son crime était ce qu'on aurait appelé une peccadille dans la cour de Cupidon.

— Ne vous faites pas pire que vous ne l'êtes, répliqua Peveril, qui vit la rougeur monter aux joues de la comtesse; vous savez que vous en auriez fait autant pour la plus pauvre, la plus vieille et la plus laide des femmes de l'île. Ce cachot est situé sous le cimetière de la chapelle, et s'avance même, à ce que je pense, jusque sous l'Océan, tant le bruit du mugissement des vagues y est épouvantable; je crois que personne ne pourrait y rester longtemps sans perdre la raison [1].

— C'est un trou infernal, s'écria le comte, et je le ferai combler quelque jour, rien n'est plus certain. Eh bien! eh bien! madame, qu'allez-vous donc faire? examinez le sceau, avant de l'apposer aux mandats. Vous verrez que c'est un superbe camée antique : Cupidon à cheval sur un poisson volant. Je l'ai acheté vingt sequins du signor Furabosco à Rome; c'est un morceau très curieux pour un antiquaire, mais qui donnerait peu d'autorité à un mandat dans l'île de Man.

(1) Voyez le chant second de Marmion. — Ed.

— Comment pouvez-vous vous amuser de semblables plaisanteries, jeune étourdi ? répondit la comtesse avec l'air et le ton d'une femme contrariée. Donnez-moi votre sceau, ou, pour mieux dire, prenez ces mandats et scellez-les vous-même.

— Mon sceau, mon sceau ! ah ! vous voulez dire ce cachet monté sur trois pieds monstrueux, et qu'on a imaginé, je crois, comme tout ce qu'on pouvait trouver de plus ridicule pour représenter Notre très absurde Majesté de Man. Mon sceau ! je ne l'ai pas vu depuis que je l'ai donné pour jouer à mon singe Gibbon ; il criait pour l'avoir, à faire pitié. Fasse le ciel qu'il n'ait pas fait présent aux poissons de l'Océan du symbole de ma souveraineté ?

— J'implore le ciel ! s'écria la comtesse en tremblant et en rougissant de colère ; c'était le sceau de votre père, le dernier gage qu'il m'envoya avec un nouveau serment de tendresse pour moi et sa bénédiction pour vous, la nuit qui précéda son assassinat à Bolton.

— Ma mère, ma chère mère, s'écria le comte sortant de son apathie, et lui prenant la main, qu'il baisa tendrement, je ne faisais que plaisanter ; le sceau est en sûreté, Peveril vous l'attestera. Pour l'amour du ciel, Julien, courez le chercher ; voici mes clefs, il est dans le second tiroir de mon nécessaire de voyage. Pardon, ma mère, pardon ; c'était une mauvaise plaisanterie, mal imaginée, de mauvais goût, j'en conviens ; ce n'est autre chose qu'une des folies de Philippe. Regardez-moi, ma chère mère, et dites-moi que vous me pardonnez.

La comtesse leva les yeux sur lui, et ses larmes s'échappèrent en abondance.

— Philippe, répondit-elle, vous me soumettez à des épreuves trop dures et trop sévères. Si les temps sont changés, comme je vous ai entendu le prétendre ; si la dignité du rang et les sentimens élevés d'honneur et de devoir font place à des plaisanteries triviales et à des amusemens puérils, souffrez du moins que moi, qui vis dans une retraite absolue, je meure sans m'apercevoir du changement qui s'est opéré, et surtout sans avoir à le remarquer dans mon propre fils. Que je n'apprenne point ce débordement général d'une légèreté qui ne respecte rien, et qui, dans les idées les plus sérieuses de devoir et de dignité, ne trouve que matière à rire ; ne me faites pas penser qu'après ma mort...

— De grâce, n'en dites pas davantage, ma mère, dit le comte en l'interrompant d'un ton affectueux ; il est vrai que je ne puis vous promettre d'être tout ce que mon père fut, tout ce que furent mes ancêtres, car nous portons maintenant des habits de soie au lieu de leurs armures d'airain, et un chapeau à plumet en place de leur casque. Mais, croyez-moi, quoique la nature n'ait pas voulu faire de moi un véritable Palmerin d'Angleterre, jamais fils n'a aimé sa mère plus tendrement, et n'a été disposé à faire davantage pour l'obliger. Et pour vous en donner une preuve, non seulement je vais moi-même sceller ces mandats sur-le-champ, au grand péril de mes doigts, mais je consens encore à les lire d'un bout à l'autre, ainsi que ces volumineuses dépêches.

Une mère s'apaise aisément, même quand elle est le plus offensée ; et la comtesse sentit son cœur s'épanouir, quand elle vit les beaux traits de son fils prendre, tandis qu'il lisait ces papiers, une expression sérieuse qu'elle n'avait pas souvent occasion d'y remarquer ; il lui semblait que sa ressemblance avec son brave et malheureux père devenait plus frappante quand sa physionomie prenait un air de gravité. Le comte lut les dépêches avec beaucoup d'attention, et se leva ensuite en disant : — Julien, suivez-moi.

La comtesse parut surprise. — J'étais habituée à être admise aux délibérations de votre père, dit-elle ; mais ne croyez pas, mon fils, que je veuille m'initier malgré vous aux vôtres ; je suis trop charmée de vous voir consulter votre devoir et votre dignité en commençant à penser par vous-même, comme je vous ai si souvent pressé de le faire. Cependant l'expérience de celle qui a si long-temps exercé votre autorité dans l'île de Man ne vous serait peut-être pas inutile dans l'affaire dont il s'agit.

— Excusez-moi, ma chère mère, répondit le comte d'un ton grave ; ce n'est pas moi qui ai cherché à m'occuper de cette affaire. Si vous l'aviez arrangée sans me consulter, je l'aurais trouvé fort bon ; mais puisque j'en ai pris connaissance, et elle me paraît suffisamment importante, je dois la terminer aussi bien que mes facultés me le permettront.

— Allez donc, mon fils, dit la comtesse, et que le ciel vous aide de ses conseils, puisque vous refusez les miens. Cousin Peveril, j'espère que vous lui rappellerez ce qu'il doit à son honneur, et que vous lui ferez sentir qu'il n'y a qu'un lâche qui abandonne ses droits, et un fou qui se fie à ses ennemis.

Le comte ne répondit rien, et, prenant Peveril par la main, il monta avec lui dans son appartement par un escalier en spirale, et le conduisit ensuite dans une tourelle donnant sur la mer, où, au milieu des mugissemens des vagues et des cris des mouettes, il eut avec lui la conversation suivante.

— Peveril, il est heureux que j'aie jeté les yeux sur ces mandats. Ma mère joue le rôle de reine de manière à risquer de me faire perdre, non seulement ma couronne, dont je me soucie fort peu, mais peut-être ma tête ; et quelque peu de cas que puissent en faire les autres, je trouverais quelque inconvénient à en être privé.

— De quoi s'agit-il donc ? demanda Peveril d'un ton d'inquiétude.

— Il paraît que la vieille Angleterre, qui, tous les

deux ou trois ans, s'amuse à avoir un transport de fièvre au cerveau pour l'utilité de ses docteurs, et pour secouer cette léthargie mortelle, résultat de la paix et de la prospérité, est sur le point de devenir décidément folle, à l'occasion d'un complot réel ou supposé des papistes. J'ai lu un programme à ce sujet, écrit par un drôle nommé Oates, et je l'ai regardé comme la plus grande extravagance que j'eusse jamais lue. Mais ce rusé coquin de Shaftesbury et quelques autres parmi les grands se sont emparés des rênes et courent d'un train à crever les chevaux. Le roi, qui a juré de ne jamais se servir de l'oreiller sur lequel son père s'est endormi, temporise et s'abandonne au courant; le duc d'York, suspect et haï à cause de sa religion, est sur le point d'être chassé sur le continent. Plusieurs des principaux nobles catholiques sont déjà logés dans la Tour; et la nation, comme le taureau que s'amusent souvent à poursuivre les habitans de Tutbury, est assaillie de tant de provocations, de tant de pamphlets pestilentiels, qu'elle a mis la queue entre ses jambes, a montré les talons, a pris le mors aux dents, et est devenue aussi furieuse, aussi indomptable qu'en 1642.

— Vous deviez déjà savoir tout cela, dit Peveril. Je suis surpris que vous ne m'ayez pas communiqué des nouvelles si importantes.

— Il m'aurait fallu bien du temps pour vous le dire, répondit le comte; d'ailleurs je désirais vous voir *solus*[1]; ensuite, j'allais vous en parler, quand ma mère est entrée; et enfin c'était une affaire qui ne me concernait point. Mais ces dépêches du correspondant particulier de ma politique mère font prendre aux choses un nouvel aspect; car il paraît que quelques délateurs, métier qui

---

(1) Seul : ce terme latin est conservé dans le style moderne du théâtre avec quelques autres comme *exeunt*, etc., pour l'indication des mouvemens de la scène. Le jeune roi l'emploie à dessein, ne manquant pas une occasion de se moquer de sa royauté de théâtre. — Ed.

étant devenu profitable, est exercé aujourd'hui par bien des gens, ont osé voir dans la comtesse même un agent de ce complot, et ont trouvé des personnes assez disposées à prêter l'oreille à ce rapport.

— Sur mon honneur, dit Julien, vous prenez tous les deux les choses avec beaucoup de sang-froid, mais surtout la comtesse, à ce qu'il me semble ; car, à l'exception de son départ subit pour ce château, elle n'a donné aucun signe d'alarme, et elle n'a pas semblé plus empressée que la décence ne l'exigeait de vous communiquer cette nouvelle.

— Ma bonne mère aime le pouvoir, quoiqu'il lui ait coûté bien cher. Je voudrais pouvoir dire avec vérité que mon insouciance pour les affaires est entièrement affectée, afin de laisser entre ses mains l'exercice de mon autorité, et que des motifs plus louables se joignent à une indolence naturelle. Mais le fait est qu'elle semble avoir craint en ce moment que mes idées sur le danger qui nous menace ne s'accordassent pas tout-à-fait avec les siennes, et elle a eu raison de le supposer.

— Mais en quoi consiste ce danger, mon cher comte, et sous quelle forme se présente-t-il ?

— Je vais vous l'expliquer. Je n'ai pas besoin de vous rappeler l'affaire du colonel Christian. Cet homme, sans parler de sa sœur, dame Christian de Kirk-Truagh, dont vous avez souvent entendu parler, que vous avez peut-être vue, et qui possède des propriétés considérables, a laissé un frère nommé Edouard Christian, que vous n'avez jamais vu. Or, ce frère... Mais je suis sûr que vous savez toute cette histoire.

— Non, sur mon honneur ; vous savez qu'il est bien rare que la comtesse se permette la moindre allusion à cette affaire.

— Ma foi, je crois qu'au fond du cœur elle est un peu honteuse de cet acte hardi de royauté et de juridiction suprême, dont les conséquences ont si cruellement écorné mes domaines. Eh bien, cousin, ce même Edouard Christian était alors un des *deemsters*[1] du pays, et il était assez naturel qu'il ne se souciât pas de concourir à la sentence qui condamnait son frère aîné à être tué comme un chien. Ma mère, dont l'autorité était alors dans toute sa force, et qui ne souffrait pas que personne résistât à ses volontés, aurait volontiers confondu le juge et l'accusé dans la même sentence; mais Edouard fut assez prudent pour partir à temps de cette île. Depuis cette époque on a dormi sur cette affaire; et, quoique nous sachions que le *deemster* vient de temps en temps y faire des visites secrètes avec deux ou trois autres puritains du même calibre, et notamment avec un rusé coquin nommé Bridgenorth, cependant ma mère a eu jusqu'ici assez de bon sens pour fermer les yeux, quoiqu'elle prétende avoir certaines raisons pour se défier principalement de ce Bridgenorth.

— Et pourquoi, dit Peveril, faisant un effort pour parler afin de cacher la surprise très désagréable qu'il éprouvait; pourquoi la comtesse dévie-t-elle aujourd'hui d'une ligne de conduite si prudente?

— Il faut que vous sachiez que le cas est maintenant tout différent. Ce n'est plus assez pour ces coquins d'être tolérés, ils veulent dominer. Dans ce moment d'effervescence générale, ils ont su trouver des amis. Le nom de ma mère et surtout celui de son confesseur, du jésuite Aldrick, ont été prononcés au milieu de ce complot inexplicable, auquel elle est aussi étrangère que vous et moi, si toutefois il est vrai qu'il en existe un. Néanmoins, elle est catholique, et cela suffit. Je ne doute pas que si les drôles pouvaient mettre la griffe sur notre rogaton de royaume, et nous couper la gorge à tous, ils ne reçussent les remerciemens de la chambre actuelle des communes,

---

[1] Juges. — Ed.

aussi libéralement que le vieux Christian, pour un service semblable, reçut ceux du parlement auquel on donna le surnom de *croupion*[1].

— Et de qui tenez-vous tous ces détails? demanda Peveril, parlant encore avec le même effort que fait un homme pour prononcer quelques mots en dormant.

— Aldrick a vu en secret le duc d'York. Son Altesse royale pleurait en avouant son manque de pouvoir pour protéger ses amis; et il faut plus qu'une bagatelle pour lui arracher des larmes. Ce prince l'a chargé de nous faire donner avis de veiller à notre sûreté, attendu que le *deemster* Christian et Bridgenorth sont dans cette île, porteurs d'ordres secrets et sévères, qu'ils avaient ici un parti nombreux, et devaient être avoués et protégés dans tout ce qu'ils entreprendraient contre nous. Les habitans de Ramsay et de Castletown sont malheureusement mécontens de quelques nouveaux règlemens sur les impôts; et, pour vous dire la vérité, quoique ma première idée fût que le départ précipité d'hier soir n'était qu'un caprice de ma mère, je suis presque convaincu qu'ils nous auraient assiégés dans le château de Rushin, où nous n'aurions pu tenir faute de vivres. Ici, nous sommes mieux approvisionnés; et comme nous sommes sur nos gardes, il est probable que l'insurrection projetée n'aura pas lieu.

— Et qu'y a-t-il à faire dans ce danger?

— Voilà précisément la question, mon bon cousin. Ma mère ne voit qu'un moyen de se mettre en besogne, et c'est de faire agir l'autorité royale. Voici les mandats qu'elle avait préparés pour chercher, saisir et appréhender au corps Edouard Christian et Robert..., non, Ralph Bridgenorth, et les faire mettre en jugement sur-le-champ, jugement qui aurait sans doute pour résultat de les faire

---

[1] The rump. — Ed.

conduire dans la cour du château, avec une douzaine de vieux fusils braqués contre eux, car c'est sa manière de résoudre toutes les difficultés.

— Mais c'est une manière que vous n'adopterez pas, j'espère, milord, s'écria Peveril, dont les pensées se reportèrent à l'instant sur Alice, si l'on peut dire qu'elles s'en laissaient jamais distraire un moment.

— Non, certainement, je ne l'adopte pas. La mort de William Christian m'a déjà coûté une belle moitié de mon héritage ; je n'ai nulle envie d'encourir le déplaisir de mon royal frère, le roi Charles, par une nouvelle échauffourée du même genre. Mais je ne sais comment calmer ma mère. Je voudrais que l'insurrection eût lieu, car, étant mieux armés que ces coquins ne peuvent l'être, nous pourrions les assommer, et puisqu'ils auraient été les auteurs de la querelle, nous aurions la loi en notre faveur.

— Ne vaudrait-il pas mieux chercher quelques moyens pour déterminer ces gens à quitter l'île ?

— Sans doute ; mais c'est ce qui ne sera pas facile. Ils sont opiniâtres dans leurs principes, et des menaces vagues ne les effraieront pas. Cette tempête qui gronde à Londres est un vent qui enfle leurs voiles, et ils voudront voguer tant qu'il soufflera, vous pouvez y compter. Cependant j'ai donné des ordres pour nous assurer de ceux des habitans sur l'assistance desquels ils comptaient ; et, si je puis trouver ces deux dignes personnages eux-mêmes... Il ne manque pas de sloops dans le havre, et je prendrai la liberté de les envoyer si loin, que les affaires seront arrangées, j'espère, avant qu'ils reviennent pour en rendre compte.

En ce moment, un soldat, faisant partie de la garnison, s'approcha des deux jeunes gens en les saluant, et avec toutes sortes de marques de respect.

— Eh bien, l'ami, lui dit le comte, trêve de politesses, et dis-nous ce qui t'amène près de nous.

Cet homme, qui était un insulaire de Man, répondit, dans la langue de cette île, qu'il était chargé d'une lettre pour Son Honneur M. Julien Peveril. Julien la lui arracha des mains, et demanda qui la lui envoyait.

Le soldat lui répondit qu'elle lui avait été remise par une jeune femme qui lui avait donné une pièce d'argent pour la rendre à M. Peveril en mains propres.

— Tu es un heureux coquin, Julien, dit le comte. Avec ton air de gravité, et ta réputation de sagesse et de raison, tu inspires de l'amour aux filles sans te donner la peine de leur en demander, tandis que je ne suis que leur jouet, et que je perds auprès d'elles mon temps et mes discours sans en obtenir un seul regard, un seul mot de bonté, bien moins encore un billet doux.

Le jeune comte prononça ces mots avec un air de triomphe, car, dans le fait, il avait une idée assez avantageuse de l'intérêt qu'il se supposait capable d'inspirer au beau sexe.

Cependant la lettre faisait sur Peveril une impression bien différente de ce que son compagnon soupçonnait. Elle était écrite par Alice, et ne contenait que ce peu de mots :

« Je crains que ce que je vais faire ne soit mal ; mais il faut que je vous voie. Venez me trouver à midi, près du rocher de Goddard-Crovan, et mettez-y le plus grand secret possible. »

Cette lettre n'était signée que des initiales A. B.; mais Julien n'eut pas de peine à en reconnaître l'écriture ; il avait vu souvent celle d'Alice, et elle était d'une régularité remarquable. Il resta un moment en suspens, car il sentait qu'il n'était ni facile ni convenable de quitter la comtesse et son jeune ami, à l'instant où un danger les menaçait ; et cependant, ne pas se rendre à cette invitation, c'était à quoi il ne pouvait penser. Il se trouvait donc dans une grande perplexité.

— Expliquerai-je votre énigme? dit le comte : allez où l'amour vous appelle ; je me charge de vous excuser auprès de ma mère. Seulement, grave anachorète, ayez désormais pour les faiblesses des autres plus d'indulgence que vous n'en avez montré jusqu'ici, et ne blasphémez plus le pouvoir de l'amour.

— Mais, cousin Derby..., dit Peveril ; et il n'acheva pas sa phrase, car il ne savait que dire. Garanti, par une passion vertueuse, de l'influence contagieuse du temps, il avait vu avec regret son noble parent donner dans plus d'écarts qu'il ne l'aurait voulu, et il avait plusieurs fois joué le rôle de conseiller. Les circonstances semblaient en ce moment donner au comte le droit de prendre sa revanche. Il resta les yeux fixés sur Julien, comme s'il eût attendu la fin de sa phrase ; et, voyant qu'elle n'arrivait pas, il finit par s'écrier :

— Oui, cousin, jusqu'à la mort! O judicieux Julien! ô prudent Peveril ! avez-vous tellement épuisé votre sagesse en ma faveur, qu'il ne vous en reste plus pour vous-même! Allons, soyez franc ; dites-moi le nom et le lieu ; dites-moi seulement quelle est la couleur des yeux de celle... ou du moins que j'aie le plaisir de vous entendre dire : — J'aime! Avouez que vous avez cédé à la fragilité humaine ; conjuguez le verbe *amo*, et je serai un pédagogue indulgent. Je vous accorderai *licentiam exeundi*, comme nous le disait le père Richard lorsque nous étions sous sa férule.

— Vous pouvez vous égayer à mes dépens, milord, dit Peveril ; ce que je puis vous avouer franchement, c'est que, si cela pouvait s'accorder avec mon honneur et votre sûreté, je désirerais beaucoup avoir deux heures à ma disposition, d'autant plus qu'il est possible que la manière dont j'emploierai ce temps ne soit pas sans utilité pour l'île.

— J'ose dire que cela est très probable, répondit le

comte en riant. Vous êtes sans doute mandé par quelque belle politique pour discuter une loi somptuaire. Mais ne vous inquiétez de rien ; partez, et partez promptement, afin de revenir le plus tôt possible. Je ne m'attends pas à une explosion soudaine de cette grande conspiration. Quand les drôles verront que nous sommes sur nos gardes, ils réfléchiront deux fois avant de se déclarer. Seulement, je vous le répète, faites diligence.

Peveril pensa que ce dernier avis n'était pas à négliger, et, charmé de pouvoir se dérober aux railleries de son cousin, il prit le chemin de la porte du château, dans le dessein de se rendre au village, de seller son cheval dans les écuries du comte, et de courir au lieu du rendez-vous.

CHAPITRE XVI.

Acasto.   « Ne peut-elle parler ? »
Oswald. « Si, pour se faire entendre, il faut articuler
« Des sons qui soient produits par la bouche et la langue :
« Elle est muette ; mais, en place de harangue,
« S'il suffit d'un regard intelligent et vif,
« D'un mouvement adroit et d'un geste expressif,
« Elle parle, seigneur : ses yeux pleins d'éloquence
« N'ont pas à regretter des lèvres l'assistance. »
Ancienne comédie.

Sur le palier du premier escalier qui conduisait à l'entrée difficile et bien défendue du château d'Holm-Peel, Peveril fut rencontré et arrêté par la petite suivante de la comtesse. C'était une des filles les plus sveltes et des moins hautes de taille qu'on pût voir ; mais elle offrait dans tous ses membres une rare perfection ; une tunique de soie verte, d'une forme particulière, contribuait à faire valoir les dons qu'elle tenait de la nature. Sa peau était plus brune que ne l'est ordinairement celle des Européens, et ses longs cheveux soyeux, dont les tresses auraient tombé plus bas que ses genoux, paraissaient être aussi l'attribut d'une origine étrangère. C'était comme une charmante miniature ; et il y avait une vivacité, un feu, une décision dans la physionomie de Fenella, surtout dans ses yeux, qu'elle devait probablement à l'imperfection de ses autres organes, puisque ce n'était que par la vue qu'elle pouvait s'instruire de ce qui se passait autour d'elle.

Cette jolie muette possédait plusieurs petits talens qu'elle devait à son aptitude peu ordinaire et à la compassion qu'avait inspirée à la comtesse sa malheureuse situation. Par exemple, personne ne savait mieux se servir de l'aiguille, et elle dessinait avec tant d'adresse que, de même que les anciens Mexicains, elle faisait quelquefois à la hâte une esquisse au crayon pour exprimer plus promptement ses idées, soit par la représentation même des objets dont elle voulait parler, soit par quelques signes emblématiques. Elle avait surtout fait tant de progrès dans l'art de l'écriture embellie d'ornemens, en vogue à cette époque, qu'elle aurait pu rivaliser la renommée de MM. Snow, Shelley et des autres maîtres en ce genre d'écrire, dont les cahiers d'exemples, conservés dans les bibliothèques des curieux, montrent encore sur leur frontispice ces artistes sourians, couverts de longues robes flottantes et d'énormes perruques, à la gloire éternelle de la calligraphie.

Indépendamment de ces talens, Fenella avait encore un esprit subtil et une intelligence admirable. Elle était la favorite déclarée de lady Derby et des deux jeunes gens, avec qui elle causait avec beaucoup de liberté par le moyen d'un système de signes qui, établi peu à peu parmi eux, suffisait pour les besoins ordinaires de la conversation.

Mais, quoique heureuse de l'indulgence et de la faveur de sa maîtresse, dont il était rare qu'elle se séparât, cette jeune fille n'était nullement la favorite du reste de la maison. Dans le fait, il semblait que son caractère, aigri peut-être par le sentiment de son infortune, ne répondait pas à ses autres qualités. Elle avait des manières hautaines, même à l'égard des domestiques de première classe, car la maison de lady Derby était de plus haut rang et de meilleure condition que les maisons de la noblesse en général. Maintes fois on se plaignait, non seulement de son air de réserve et de hauteur, mais de son caractère irascible et vindicatif. Il est vrai que son penchant à une sorte de colère avait été mal à propos encouragé par les jeunes gens, et surtout par le comte, qui s'amusait quelquefois à la tourmenter pour se procurer le plaisir de voir les mouvemens singuliers et d'entendre les murmures inarticulés par lesquels elle exprimait son ressentiment. A son égard, elle ne se permettait qu'une sorte de pétulance, et des gestes exprimant l'impatience qu'elle éprouvait. Mais quand elle était courroucée contre des gens d'une condition inférieure, l'expression de sa colère, ne pouvant se soulager par des paroles, avait quelque chose qui était presque effrayant, tant étaient extraordinaires les tons et les gestes convulsifs qu'elle appelait à son aide. Les domestiques de seconde classe, envers lesquels elle était plus généreuse que ses moyens ne paraissaient le lui permettre, lui témoignaient beaucoup de déférence et de respect; mais c'était le résultat de la crainte plutôt que d'un attachement réel, car les caprices de son caractère se faisaient remarquer jusque dans ses dons, et ceux qui en profitaient le plus souvent semblaient douter des motifs de sa libéralité.

Toutes ces particularités conduisirent à une conclusion digne de l'esprit superstitieux des habitans de l'île de Man. Dévots, croyant à toutes les légendes des fées, si chères aux tribus celtes, ils regardaient comme un fait incontestable que les lutins avaient coutume d'enlever les enfans avant qu'ils fussent baptisés, pour y substituer ceux de leur race, mais auxquels il manquait toujours quelqu'un des organes propres au genre humain. Telle était l'origine qu'ils attribuaient à Fenella; et la petitesse de sa taille, son teint brun, ses cheveux longs et soyeux, la singularité de ses manières et les caprices de son humeur, étaient, suivant eux, les attributs de la race irritable, inconstante et dangereuse dont ils la supposaient issue. Il paraissait même que, quoique aucune plaisanterie n'eût l'air de l'offenser davantage que lorsque lord Derby l'appelait en riant *la reine des lutins*, ou faisait quelque autre allusion à sa parenté prétendue avec la race des pygmées, cependant son affectation à porter sans cesse une robe verte, couleur qu'on supposait affectionnée par les fées, semblait avoir pour but de confirmer ces idées superstitieuses, peut-être parce qu'elles lui donnaient plus d'autorité sur les classes subalternes.

Mille contes circulaient sur le lutin de la comtesse, car c'était ainsi qu'on nommait généralement Fenella dans toute l'île, et les mécontens de la secte la plus rigoriste étaient convaincus qu'il n'y avait qu'une papiste et une femme mal pensante qui pût garder près de sa personne une créature d'une origine si suspecte. On prétendait que Fenella n'était sourde et muette qu'à l'égard des habitans de ce monde, et qu'on l'avait entendue rire, parler et chanter en véritable lutin, avec les êtres invisibles de sa propre race. On disait encore qu'elle avait *un double*, une sorte d'apparition lui ressemblant, qui couchait dans l'antichambre de la comtesse, tandis que la véritable Fenella allait chanter au clair de la lune avec les sirènes, sur le sable de la mer, ou danser avec les fées dans le vallon enchanté de Glenmoy, ou sur les montagnes de Snawfell et de Barool. Les sentinelles aussi auraient fait serment au besoin qu'ils avaient vu cette jeune fille passer près d'eux pendant la nuit, tandis qu'ils étaient de garde sur les murailles, sans qu'il fût plus en leur pouvoir de lui adresser la parole que s'ils eussent été aussi muets qu'elle. Les gens instruits n'accordaient pas plus d'attention à tous ces contes absurdes, qu'on n'en donne ordinairement aux exagérations ridicules des ignorans, qui confondent si souvent l'extraordinaire avec le surnaturel.

Telle était la jeune fille qui, tenant en main une petite baguette d'ébène de forme antique, qu'on aurait pu prendre pour une baguette divinatoire, arrêta Julien au haut de l'escalier qui descendait du rocher dans la cour du château. Nous aurions dû faire observer que Julien montrait toujours beaucoup de bonté à Fenella, et ne se permettait jamais ces plaisanteries auxquelles se livrait la gaieté de son ami, qui avait moins d'égards pour la situation et la sensibilité de cette infortunée; de même Fenella, de son côté, avait pour Julien plus de déférence que pour qui que ce fût dans la maison, lady Derby toujours exceptée.

En cette occasion, s'arrêtant au milieu de l'étroit escalier, de manière à empêcher Peveril d'y passer, elle commença à le questionner, en faisant des gestes que nous allons essayer de décrire. Elle étendit d'abord la main, en y joignant le regard expressif dont elle se servait comme d'un point d'interrogation. Julien lui répondit en étendant le bras à son tour pour lui faire entendre qu'il allait à une distance considérable. Fenella prit un air grave, secoua la tête, et lui montra la fenêtre de la chambre de la comtesse, qu'on pouvait voir de l'endroit où ils étaient. Peveril sourit, et fit un signe de tête pour lui indiquer qu'il n'y avait aucun danger à laisser sa maîtresse pour si peu de temps. La muette toucha alors une plume d'aigle qu'elle portait dans ses cheveux, signe dont elle se servait ordinairement pour désigner le comte, et jeta sur Julien un de ces regards interrogateurs, qui semblait dire: Va-t-il avec vous? Julien fit un signe négatif en souriant; et, fatigué de cet interrogatoire, fit un effort pour passer à côté d'elle. Fenella fronça le sourcil, frappa la terre perpendiculairement du bout de sa baguette d'ébène, et secoua de nouveau la tête, comme pour s'opposer à son passage. Mais voyant que Julien persistait, elle eut recours tout-à-coup à un moyen plus doux et plus efficace pour le retenir. Elle saisit d'une main un pan de son habit, et leva l'autre vers lui, comme si elle eût voulu l'implorer, tandis que tous les traits de sa jolie figure prenaient l'expression de la plus instante supplication, et que le feu de ses grands yeux noirs, généralement si vifs et si perçans qu'ils annonçaient une ame trop grande pour la petite sphère qu'elle animait, semblait momentanément éteint par les grosses larmes suspendues aux cils de ses paupières.

Il s'en fallait de beaucoup que Peveril n'éprouvât aucun intérêt pour une pauvre fille dont les motifs pour s'opposer à son départ semblaient être son affection pour sa maîtresse, et les craintes qu'elle concevait pour la sûreté de cette dame. Il tâcha de la rassurer en souriant, et de lui faire comprendre, par tous les signes qu'il put imaginer, qu'il n'y avait aucun péril, et qu'il reviendrait incessamment. Ayant réussi à dégager des mains de Fenella le pan de son habit, il passa brusquement, et descendit l'escalier le plus promptement qu'il lui fut possible, afin d'éviter de nouvelles importunités.

Mais l'activité de la jeune fille ne le cédait en rien à la sienne. Elle persista à vouloir l'arrêter, et elle réussit, au risque de perdre la vie ou de se briser les membres, à se jeter une seconde fois sur son passage, pour l'empêcher de continuer sa route. Avant d'en venir à bout, elle fut obligée de se laisser couler le long de la rampe d'une batterie où étaient placés deux petits obusiers pour nettoyer le passage dans le cas où quelques ennemis seraient parvenus à gravir jusqu'à cette hauteur. Julien avait à peine eu le temps de frémir en la voyant glisser le long de ce parapet, qu'il la vit semblable à ces réseaux de duvet qui voltigent dans l'air pendant une matinée de printemps, debout et en face de lui sur la plate-forme, sans qu'il lui fût arrivé aucun accident. Il s'efforça, par son air grave et par ses gestes, de lui faire comprendre combien il blâmait sa témérité ; mais ce reproche, quoiqu'elle parût parfaitement le comprendre, fut absolument perdu. Un geste de la main fait à la hâte lui annonça qu'elle méprisait le danger, et s'inquiétait peu de la remontrance ; elle recommença avec plus d'ardeur que jamais les gestes expressifs par lesquels elle avait déjà cherché à le retenir dans la forteresse.

Julien fut presque ébranlé par son opiniâtreté. — Est-il possible, pensa-t-il, que la comtesse soit en danger, et que cette jeune fille, par sa pénétration, ait eu l'adresse d'apercevoir ce qui a échappé aux observations des autres?

Il fit signe à la hâte à Fenella de lui donner les tablettes et le crayon qu'elle portait ordinairement sur elle, et il y écrivit cette question :

— Votre maîtresse est-elle en danger pour que vous m'arrêtiez ainsi?

Fenella écrivit à l'instant : — Ma maîtresse est en danger ; mais votre projet en offre encore davantage.

— Comment? Quoi! Que savez-vous de mon projet? s'écria Julien, oubliant, dans l'excès de sa surprise, que celle à qui il parlait ainsi n'avait ni oreilles pour l'entendre, ni voix pour lui répondre. Pendant ce temps elle avait repris ses tablettes, et d'un crayon rapide elle y dessina presque d'un trait une scène qu'elle montra à Julien.

A sa grande surprise, il y reconnut le rocher de Goddard-Crovan, monument remarquable dont elle avait tracé l'esquisse avec assez d'exactitude. On y voyait aussi un homme et une femme, et quoique leurs visages ne fussent indiqués que par quelques coups de crayon, il crut y remarquer quelque ressemblance aux siens et à ceux d'Alice Bridgenorth.

Après qu'il eut regardé un instant cette esquisse avec une surprise extrême, Fenella reprit ses tablettes, mit un doigt sur le dessin, branla la tête d'un air expressif, et fronça en même temps le sourcil comme pour lui défendre de se trouver au rendez-vous qu'elle avait représenté. Julien, quoique déconcerté, n'était pourtant nullement disposé à se soumettre à l'autorité de celle qui se mêlait de lui donner des avis. Quels que fussent les moyens par lesquels une jeune fille qui ne sortait presque jamais de l'appartement de la comtesse eût pu découvrir un secret dont il se croyait seul dépositaire, il n'en trouvait que plus nécessaire de voir Alice, afin d'apprendre d'elle, s'il était possible, comment ce secret avait transpiré. Il avait aussi formé le projet de chercher Bridgenorth, se persuadant qu'un homme aussi raisonnable et aussi calme qu'il avait paru dans leur dernière conférence pourrait, quand il saurait que la comtesse était instruite de ses intrigues, se laisser persuader de mettre fin, en s'éloignant de l'île, aux dangers qu'il faisait courir à cette dame et à ceux auxquels il s'exposait lui-même. Et s'il pouvait y réussir, pensait-il, il rendrait en même temps un service signalé au père de sa bien-aimée Alice; au comte, qu'il tirerait de son état d'inquiétude; et à la comtesse, à qui il épargnerait le danger de mettre une seconde fois sa juridiction féodale en opposition avec celle de la couronne d'Angleterre; c'était par là lui assurer à elle et à sa famille la possession tranquille de l'île de Man.

L'esprit occupé de ce plan de médiation, Peveril résolut de se débarrasser de l'opposition que Fenella mettait à son départ, avec moins de cérémonie qu'il ne l'avait fait jusqu'alors. L'enlevant tout-à-coup entre ses bras, avant qu'elle pût s'apercevoir de son dessein, il lui fit faire un demi-tour, l'assit sur l'escalier au-dessus de lui, et descendit à pas précipités.

Ce fut alors que la jeune muette s'abandonna à toute la violence de son caractère. Frappant des mains plusieurs fois, elle fit entendre en même temps, pour exprimer son

mécontentement, un son si discordant, qu'il ressemblait
au cri d'un sauvage plutôt qu'à une articulation produite
par les organes d'une femme. Peveril fut si effrayé de ce
cri, qui retentit de rocher en rocher, qu'il ne put s'empêcher de s'arrêter et de se retourner, pour voir si Fenella n'avait éprouvé aucun accident. Il la vit debout,
les yeux ardens, et défigurée par la colère. Elle frappa du
pied, le menaça de son poing fermé, et, lui tournant le
dos sans lui faire d'autres adieux, elle remonta les marches escarpées de l'escalier avec la légèreté d'une chèvre
qui gravit un rocher, et s'arrêta un instant sur le premier
palier pour se retourner.

Julien ne put éprouver que surprise et compassion en
voyant la colère impuissante d'une infortunée, isolée en
quelque sorte du reste du genre humain, et qui n'avait
pu recevoir dans son enfance ces instructions salutaires
grâce auxquelles nous parvenons à dompter nos passions
rebelles avant qu'elles aient acquis tout leur développement. Il lui fit signe de la main, comme pour lui adresser
un adieu amical, mais elle n'y répondit qu'en le menaçant de nouveau du poing; et franchissant le reste de
l'escalier avec une vitesse presque surnaturelle, elle disparut bientôt à ses yeux.

Peveril ne réfléchit pas davantage sur la conduite de
la jeune muette; mais, se hâtant de courir au village où
étaient les écuries, et y ayant pris sa petite jument, il se
mit en marche vers le rendez-vous avec plus de vitesse
qu'on n'aurait cru pouvoir en attendre de la petite taille
de l'animal qu'il montait.

Quelle cause avait pu produire un si grand changement
dans la conduite d'Alice à son égard, se disait-il, puisque
au lieu de me recommander l'absence, suivant sa coutume, elle m'a volontairement assigné un rendez-vous?

Livré ainsi à toutes les idées qui se succédaient l'une à
l'autre dans son imagination, tantôt il pressait légère-

ment de ses jambes les flancs de Fairy, tantôt il lui appuyait doucement sa houssine sur le cou, quelquefois il l'excitait de la voix; car Fairy n'avait besoin de sentir ni le fouet ni l'éperon, et elle parcourut la distance qui séparait le château d'Holm-Peel de la pierre de Goddard-Crovan, à raison de douze milles par heure.

La pierre monumentale destinée à conserver le souvenir de quelque haut fait d'un roi de l'île de Man, oublié depuis long-temps, est située sur l'un des côtés d'une étroite vallée, ou pour mieux dire d'un défilé, à l'abri de tous les regards par les monts escarpés qui le bordent. C'est sur un de leurs sommets que s'élève un fragment de rochers informe, gigantesque, et comme suspendu sur la petite rivière qui arrose le vallon.

CHAPITRE XVII.

> « Quoi! c'est un rendez-vous que l'amour a donné?
> « La fille a l'œil en pleurs, l'amant est consterné;
> « Leurs regards tristement se baissent vers la terre :
> « Les chagrins de l'amour sont si doux d'ordinaire !
> « Non, il n'a pas conduit ce qui se passe entre eux. »
> *Ancienne comédie.*

En approchant du monument de Goddard-Crovan, Julien jeta en avant plus d'un regard inquiet pour reconnaître si quelque objet visible au-delà de l'énorme rocher lui apprendrait s'il avait été prévenu au rendez-vous. Bientôt une mante agitée par le vent, et le mouvement que fit celle qui la portait pour l'assujettir sur ses épaules, lui firent connaître qu'Alice y était déjà arrivée. Un instant lui suffit pour sauter à bas de Fairy, qu'il laissa, la bride sur le dos, libre d'errer dans la vallée, et l'instant d'après le vit à côté d'Alice Bridgenorth.

Alice tendit la main à son amant, qui accourait vers elle en franchissant avec toute l'ardeur d'un jeune lévrier les obstacles que lui opposait un sentier raboteux ; Julien la saisit, et la dévora de baisers. Pendant un moment ou deux la belle Alice ne s'opposa point à cette hardiesse, et la main qui aurait dû défendre l'autre ne servit qu'à cacher la rougeur de ses joues. Mais Alice, quelque jeune qu'elle fût, et quoique attachée à Julien par une longue habitude d'intimité, savait parfaitement maîtriser la force d'une affection dont elle devait se défier.

— Cela n'est pas bien, dit-elle en dégageant sa main de celle de son amant ; cela n'est pas bien, Julien. Si j'ai commis une imprudence en vous donnant un rendez-vous en ce lieu, ce n'est pas à vous à me le faire sentir.

Le cœur de Peveril avait été embrasé de bonne heure par ce feu qui prive l'amour de tout égoïsme, et qui l'élève à une générosité sublime, à un dévouement désintéressé. Il n'opposa aucune résistance lorsque Alice retira sa main, et il la lui rendit avec le même respect qu'il aurait eu pour une femme d'un rang de beaucoup supérieur au sien. Alice s'assit sur un fragment de rocher que la nature avait couvert d'un tapis de mousse, de lichens et de fleurs sauvages, et auquel elle avait donné pour dossier un bouquet de bois taillis. Julien s'y plaça près d'elle, mais à une distance suffisante pour indiquer qu'il n'était venu que par ses ordres, et uniquement pour l'écouter et lui obéir. Alice reprit plus d'assurance en remarquant le pouvoir qu'elle avait sur son amant, et celui que Peveril exerçait sur lui-même ; et ce que bien des jeunes filles, à la place d'Alice, auraient regardé comme incompatible avec une passion ardente, lui parut une preuve de sincérité respectueuse et d'un amour désintéressé. Elle reprit donc, en lui parlant, ce ton de confiance qui appartenait plutôt aux sentimens de leur première connaissance qu'aux scènes qui s'étaient passées entre eux depuis que Peveril lui avait avoué sa tendresse, et avait par là jeté de la contrainte dans leur liaison.

— Julien, lui dit-elle, votre visite d'hier, cette visite faite si mal à propos, m'a causé beaucoup de chagrin. Elle a égaré mon père; elle vous a mis en danger. J'ai résolu de braver tous les risques pour vous en avertir; ne me blâmez pas d'avoir agi avec imprudence en vous demandant cette entrevue solitaire, car vous savez combien il est difficile de se fier à la pauvre Debora.

— Pouvez-vous craindre que j'interprète mal aucune de vos actions, Alice, répondit Julien avec chaleur, moi à qui vous avez accordé une faveur si précieuse, moi qui vous en ai tant d'obligation?

— Point de protestations, Julien; elles ne servent qu'à me faire mieux sentir combien j'ai agi avec imprudence. Mais j'ai fait pour le mieux. Je ne pouvais me résoudre à vous voir, vous que je connais depuis si long-temps, vous qui dites que vous me regardez d'un œil favorable...

— D'un œil favorable! s'écria Peveril en l'interrompant; ah! Alice, quelle expression froide et insignifiante pour peindre la tendresse la plus sincère et la plus dévouée!

— Nous ne nous querellerons pas sur les mots, dit Alice d'un air mélancolique; mais ne m'interrompez plus. Je ne pouvais vous voir, disais-je, vous qui avez conçu pour moi un attachement sincère, mais inutile et sans espoir, vous jeter en aveugle dans un piége, et vous laisser tromper et séduire par suite de vos sentimens pour moi.

— Je ne vous comprends point, Alice, et je ne vois pas à quel danger je puis être exposé en ce moment. Les sentimens que votre père a exprimés sont inconciliables avec des projets hostiles. S'il n'est pas offensé des désirs audacieux que je puis avoir formés, et toute sa conduite prouve le contraire, je ne connais pas un homme sur la terre en qui j'aie moins à craindre de trouver un ennemi.

— Mon père veut le bien de son pays et le vôtre, Julien. Cependant je crains quelquefois qu'il ne nuise à la bonne cause au lieu de la servir; et je crains encore davantage qu'en voulant vous engager comme auxiliaire dans ses projets, il n'oublie les liens qui doivent vous attacher, qui vous amèneront, j'en suis sûre, à une conduite différente de la sienne.

— Vous redoublez les ténèbres autour de moi, Alice ; je sais fort bien que les sentimens politiques de votre père sont tout différens des miens ; mais, même pendant les scènes sanglantes de la guerre civile, combien avons-nous vu d'exemples d'hommes vertueux et respectables mettre de côté les préjugés et les affections de parti, et avoir l'un pour l'autre un respect sincère, une véritable affection même, sans renoncer à leurs principes !

— Cela peut être, mais ce n'est pas ce genre de liaison que mon père désire former avec vous. C'est vers un autre but qu'il prétend vous entraîner, et vers lequel il espère que votre malheureuse affection pour sa fille vous décidera à marcher.

— Et que pourrais-je lui refuser, avec la perspective qu'il offre à mes yeux?

— La trahison et le déshonneur, tout ce qui vous rendrait indigne de l'objet auquel vous attachez tant de prix, ce prix fût-il cent fois au-dessous de celui que vous lui supposez.

— Quoi! s'écria Peveril se livrant involontairement à l'impression qu'Alice désirait faire sur lui, votre père, dont les idées de devoir sont si sévères, pourrait-il désirer de m'entraîner dans quelque entreprise qui pourrait mériter même l'ombre d'un reproche déshonorant de trahison?

— Ne vous méprenez pas sur le sens de mes paroles, Julien. Mon père est incapable de vous demander la

moindre chose sans la regarder comme juste et honorable.
Il pense même qu'il ne demande de vous que le paiement
d'une dette dont vous êtes redevable comme créature à
votre Créateur, comme homme à vos semblables.

— S'il n'exige pas autre chose de moi, Alice, quel peut
être le danger de notre liaison? Si nous sommes déterminés, lui à ne me demander, et moi à ne lui accorder
que ce que notre conviction nous représente comme juste,
qu'ai-je à craindre, et comment mes liaisons avec votre
père peuvent-elles devenir dangereuses? Croyez-moi, ses
discours ont déjà fait impression sur moi à quelques
égards, et il a écouté avec patience et tranquillité les objections que je lui ai faites de temps en temps. Vous ne
rendez pas justice au major Bridgenorth en le confondant
avec ces esprits exagérés qui, sur l'article de la politique
et sur celui de la religion, ne veulent rien entendre qui
ne soit d'accord avec leurs préventions.

— C'est vous, Julien, qui vous trompez sur les sentimens de mon père, sur ses projets relativement à vous,
et sur vos moyens de résistance. Je ne suis qu'une jeune
fille, mais les circonstances m'ont appris à penser par
moi-même et à réfléchir sur le caractère de ceux qui
m'entourent. Les opinions de mon père, en religion et
en politique, lui sont aussi chères que l'existence à laquelle il n'est attaché que pour la consacrer à les faire
réussir. Ces opinions l'ont accompagné toute sa vie, à
bien peu de modifications près. Il fut un temps où elles
l'élevèrent à la prospérité; et quand elles ne convinrent
plus à l'esprit du jour, il souffrit pour les avoir conservées. Elles font partie, la plus chère partie de son existence. S'il ne vous les montre pas d'abord dans toute la
force qu'elles ont acquise sur son esprit, ne croyez pas
pour cela qu'elles aient moins de pouvoir sur lui. Celui
qui veut faire des prosélytes doit marcher pas à pas. Mais
qu'il sacrifie à un jeune homme sans expérience, dont le

motif déterminant ne lui paraîtra mériter que le nom de passion puérile, quelque partie de ces principes qu'il a gardés comme un trésor précieux, dont on lui a fait tour à tour une vertu et un crime, c'est une chose impossible : ne vous livrez pas à de pareils rêves. Si vous revoyez mon père, il faut que vous soyez la cire, et qu'il soit le cachet ; qu'il vous donne l'impression, une impression profonde, et que vous la receviez.

— Cela serait déraisonnable, dit Peveril. Je vous avouerai pourtant, Alice, que je ne suis pas tout-à-fait l'esclave des opinions que mon père a embrassées, quelque respect que j'aie pour sa personne. Je voudrais que nos Cavaliers, ou quel que soit le nom qu'il leur plaise de se donner, eussent un peu plus de charité pour ceux qui n'adoptent pas leurs principes religieux et politiques ; mais espérer que je renoncerai à ceux dans lesquels j'ai vécu jusqu'ici, ce serait me supposer capable d'abandonner ma bienfaitrice et de briser le cœur de mes parens.

— C'était le jugement que je portais de vous, et c'est pourquoi je vous ai demandé cette entrevue pour vous conjurer de rompre toute liaison avec ma famille, de retourner dans le sein de la vôtre, ou, ce qui serait beaucoup plus sûr, de passer une seconde fois sur le continent, et d'y attendre que Dieu fasse luire de plus beaux jours sur l'Angleterre ; car l'horizon est chargé de nuages précurseurs de terribles tempêtes.

— Et pouvez-vous m'ordonner de partir, dit le jeune homme en lui prenant une main qu'elle ne chercha pas à retirer ; pouvez-vous m'ordonner de partir, et prendre encore quelque intérêt à ma destinée ? Pouvez-vous m'ordonner, par crainte de dangers auxquels je dois faire face comme homme, comme noble, comme sujet loyal, d'abandonner lâchement mes parens, mes amis, mon pays ; de souffrir l'existence de maux que je pouvais aider à prévenir ; de perdre l'espoir de faire le peu de bien qu'il est en mon pouvoir; de déchoir d'un rang honorable pour devenir un fugitif, un vil esclave des évènemens? Est-il possible que ce soit là ce que vous m'ordonnez? Pouvez-vous me dire de faire tout cela, et de renoncer en même temps pour jamais à vous et au bonheur? Cela m'est impossible. Je ne saurais trahir à la fois l'honneur et l'amour.

— Il n'y a pas de remède, dit Alice; mais elle ne put retenir un soupir en prononçant ces paroles; il n'y a pas de remède, il n'en existe aucun. Il est inutile de penser aujourd'hui à ce que nous aurions pu être l'un pour l'autre si nous eussions été placés dans des circonstances plus favorables, puisque dans celles où nous nous trouvons, quand la guerre est à la veille de se déclarer entre nos parens et nos amis, nous ne pouvons que nous souhaiter réciproquement du bonheur, bien froidement, de bien loin, et nous séparer en ce moment, en ce lieu même, pour ne plus nous revoir.

— Non, de par le ciel! s'écria Peveril animé par ses propres sensations, et surtout par l'émotion que sa belle compagne cherchait en vain à dissimuler; non, de par le ciel! nous ne nous séparerons pas, Alice; nous ne nous séparerons pas. S'il faut que je quitte mon pays natal, il faut que vous soyez ma compagne d'exil. Qu'avez-vous à perdre? Qui avez-vous à quitter? votre père? La bonne vieille cause, comme il l'appelle, lui est plus chère que mille filles; et, votre père excepté, quel lien peut retenir mon Alice dans cette île stérile, dans quelque partie que ce soit des domaines britanniques, où son Julien ne se trouverait pas près d'elle?

— Oh! Julien, répondit la jeune fille, pourquoi me rendre mes devoirs plus pénibles par des projets visionnaires, par des discours que je ne devrais pas écouter, et que vous ne devriez pas tenir? Vos parens...., mon père...: c'est une chose impossible.

— Ne craignez rien relativement à mes parens, Alice, dit Julien en se rapprochant d'elle, et en se hasardant à placer son bras autour de sa taille; ils m'aiment, et ils apprendront bientôt à aimer dans Alice le seul être sur la terre qui pouvait rendre leur fils heureux. Quant à votre père, lorsque ses intrigues religieuses et politiques lui permettront de vous accorder une pensée, ne jugera-t-il pas que votre bonheur, votre sûreté, seront plus à l'abri des évènemens une fois devenue mon épouse, que si vous continuez à être confiée aux soins mercenaires d'une femme aussi folle qu'ignorante? Son orgueil peut-il désirer pour vous un établissement plus convenable? Ce que je dois posséder un jour ne doit-il pas suffire à son ambition? Venez donc, Alice, et puisque vous me condamnez au bannissement, puisque vous me défendez de prendre part aux mouvemens qui paraissent sur le point d'agiter l'Angleterre, venez, car vous seule, oui, vous seule pouvez me réconcilier avec l'exil et l'inaction, et donner le bonheur à celui qui est disposé à renoncer pour vous à l'honneur.

— Cela ne se peut, cela ne se peut, dit Alice; et sa voix tremblait en prononçant ce refus. Et cependant, ajouta-t-elle, combien de jeunes filles à ma place, si elles se trouvaient, comme moi, seules et sans protecteurs..... Mais non, Julien, non, je ne le dois pas, je ne le dois pas pour vous-même.

— Ne dites pas que vous ne le devez pas pour moi, Alice, s'écria Julien avec chaleur, ce serait ajouter l'insulte à la cruauté. Si vous voulez faire quelque chose pour moi, vous me direz *oui*, ou si vous craignez de prononcer ce mot, laissez tomber sur mon sein cette tête charmante. Le moindre signe, le moindre coup d'œil suffira pour m'annoncer votre consentement. Tout sera prêt dans une heure; celle qui suivra nous verra unir par la main d'un prêtre, et, avant la fin de la troisième, nous verrons cette île fuir derrière nous, et nous serons en route pour le continent.

Mais tandis qu'il parlait ainsi, se flattant d'obtenir le consentement sollicité avec tant d'instances, Alice était parvenue à s'armer de toute sa résolution, d'abord ébranlée par l'ardeur de son amant, par l'impulsion de sa propre tendresse, et par la singularité de sa situation, qui semblait justifier en elle ce qui aurait été blâmable dans une autre.

Le résultat d'un moment de délibération fut donc fatal aux projets de Julien. Elle écarta le bras qui lui pressait la taille, se leva, et repoussant ses tentatives pour se rapprocher d'elle ou la retenir; dit avec une simplicité qui n'était pas sans dignité :

— Julien, je savais parfaitement que je courais de grands risques en vous donnant ce rendez-vous; mais je ne m'imaginais guère que j'aurais été assez cruelle envers vous et envers moi pour vous laisser découvrir, comme vous ne l'avez vu aujourd'hui que trop clairement, que je vous aime plus que vous ne m'aimez. Mais, puisque vous le savez, je vous prouverai que l'amour d'Alice est désintéressé. Elle ne portera pas un nom déshonoré dans votre ancienne maison. Si, par la suite des temps, il se rencontre dans votre famille quelque individu qui trouve les prétentions de la hiérarchie ecclésiastique exorbitantes, qui juge les pouvoirs de la couronne trop étendus, on ne dira pas qu'il a puisé ses idées dans le sang de son aïeule Alice, de la fille d'un Whig.

— Pouvez-vous parler ainsi, Alice? s'écria son amant; pouvez-vous employer de semblables expressions? Ne sentez-vous pas qu'elles prouvent évidemment que c'est votre orgueil, et non votre amour pour moi, qui vous porte à vous refuser à notre bonheur commun?

— Il n'en est rien, Julien, il n'en est rien, répondit Alice les larmes aux yeux. C'est la voix du devoir qui nous parle à tous deux, et que nous ne pouvons refuser d'écouter sans risquer notre bonheur en ce monde et en l'autre. Pensez à ce que je souffrirais, moi la cause de tous ces maux, si je voyais votre père froncer le sourcil, votre mère pleurer, vos nobles amis s'éloigner de vous, et vous-même faire la pénible découverte que vous avez encouru leur mépris et leur ressentiment pour satisfaire une passion de jeunesse, tandis que les faibles attraits qui vous auraient détourné du droit chemin disparaîtraient peu à peu sous l'influence des chagrins et des regrets. Je ne puis courir un tel risque : je ne vois que trop clairement qu'il vaut mieux que nous rompions ensemble et que nous nous séparions, et je remercie Dieu de m'avoir assez éclairée pour me faire apercevoir ma folie et la vôtre, et de m'avoir donné la force d'y résister. Adieu donc, Julien; mais écoutez d'abord un avis solennel ; ce n'est que pour vous le donner que je vous ai fait venir ici : fuyez mon père; vous ne pouvez marcher dans le même sentier que lui et rester fidèle à la reconnaissance et à l'honneur. Ce qu'il fait d'après des motifs purs et honorables, vous ne pourriez le faire qu'en cédant à l'impulsion d'une passion folle et intéressée, et contraire à tous les engagemens que vous avez contractés en recevant le jour.

— Encore une fois, Alice, je ne vous comprends pas. Si une action est bonne en elle-même, il est inutile d'en chercher la justification dans les motifs de celui qui la fait ; si elle est mauvaise, ces motifs ne peuvent la justifier.

— Si votre passion ne peut l'emporter sur ma raison, Julien, vos sophismes ne pourront m'aveugler. Si le patriarche avait destiné son fils à la mort par tout autre motif que la foi et une humble obéissance à un commandement divin, il aurait médité un meurtre et non un sacrifice. Dans nos dernières guerres, aussi sanglantes que déplorables, combien d'hommes ont tiré l'épée des deux côtés, d'après des motifs purs et honorables? Mais combien d'autres ont pris les armes par ambition, par égoïsme, par soif du pillage? Cependant, quoiqu'ils aient marché dans les mêmes rangs, que leurs chevaux se soient avancés au son des mêmes trompettes, on chérit la mémoire des premiers, soit royalistes, soit patriotes, tandis que celle de ces êtres qui ont agi d'après une impulsion basse et sordide est oubliée ou détestée. Je vous le répète donc encore une fois, évitez mon père; quittez cette île, qui sera bientôt le théâtre d'étranges incidens; et tant que vous y resterez, méfiez-vous de tout, même de ceux auxquels il paraît impossible que l'ombre même du soupçon s'attache. Ne vous fiez pas même aux pierres d'Holm-Peel, car elles trouveraient des ailes pour aller porter bien loin votre secret.

Alice s'interrompit en poussant un cri étouffé par la frayeur; car, sortant inopinément de derrière le buisson qui l'avait caché, son père parut tout-à-coup devant elle.

Nos lecteurs ne peuvent avoir oublié que c'était la seconde fois que les entretiens secrets des deux amans avaient été interrompus par l'apparition inattendue du major Bridgenorth; mais en cette occasion sa physionomie annonçait le courroux joint à la gravité. Il ressemblait à un esprit qui reproche à celui auquel il apparaît, d'avoir négligé une condition imposée la première fois qu'il s'était rendu visible pour lui. La colère même ne produisit pourtant en lui d'autre signe extérieur qu'une froide sévérité dans ses manières et dans ses actions.

— Je vous remercie, Alice, dit-il à sa fille, des peines que vous avez prises pour contrecarrer les projets que j'avais formés pour ce jeune homme et pour vous-même; je vous remercie, car j'en ai assez entendu pour voir que sans mon apparition inattendue vous auriez poussé la confiance jusqu'à mettre ma vie et celle de mes amis à la merci d'un jeune homme qui lorsqu'il a devant lui la cause de

Dieu et de son pays n'a pas le loisir d'y songer, tant il est occupé de la figure d'une jeune fille.

Alice, pâle comme la mort, resta immobile, les yeux fixés sur la terre, sans essayer de répondre un seul mot aux reproches de son père.

— Et vous, monsieur, continua le major en s'adressant à Julien Peveril, vous avez bien récompensé la confiance que je vous avais accordée avec si peu de réserve. J'ai aussi à vous remercier de m'avoir donné une leçon qui peut m'apprendre à rester satisfait du sang roturier que la nature a versé dans mes veines, et de l'éducation grossière que mon père m'a donnée.

— Je ne vous comprends pas, monsieur, répondit Peveril, qui, sentant la nécessité de dire quelque chose, était hors d'état de trouver en ce moment une meilleure réponse.

— Oui, monsieur, reprit Bridgenorth avec le même air de froideur et le même ton de sarcasme; je vous remercie de m'avoir appris que l'oubli des droits de l'hospitalité, le manque de bonne foi, et de semblables peccadilles, peuvent se rencontrer dans le cœur et dans la conduite de l'héritier d'une famille noble qui compte vingt générations. C'est une grande leçon pour moi, monsieur, car jusqu'ici j'avais cru, comme le vulgaire, que la noblesse du sang procurait la noblesse de l'âme. Mais la courtoisie est peut-être une qualité trop chevaleresque pour qu'on y ait recours dans les relations qu'on peut avoir avec un fanatique, une Tête-Ronde comme moi.

— Major Bridgenorth, répliqua Julien, quelque chose qui ait pu se passer dans cette entrevue, quoi que vous ayez entendu qui ait pu vous déplaire, tout a été causé par la crise du moment. Rien n'était prémédité.

— Pas même votre rendez-vous, je suppose? dit le major avec le même sang-froid. Vous êtes venu ici d'Holm-Peel, ma fille s'y est rendue de Blackfort, en se promenant, et le hasard vous a réunis près du rocher de Goddard-Crovan ! Jeune homme, ne vous dégradez point par de pareilles justifications, elles sont plus qu'inutiles. Et vous, jeune fille, que la crainte de perdre un amant a pu conduire presque jusqu'à trahir ce qui aurait pu vous coûter la vie d'un père, retournez chez vous; je vous parlerai plus à loisir, et je vous enseignerai la pratique de ces devoirs que vous paraissez avoir oubliés.

— Sur mon honneur, monsieur, dit Julien, votre fille n'a rien à se reprocher de tout ce qui peut vous avoir offensé. Elle a résisté à toutes les offres que la violence inconsidérée de ma passion m'a porté à lui faire.

— Ainsi donc, en deux mots, dit Bridgenorth, je ne dois pas croire que ce soit d'après l'invitation spéciale d'Alice que vous êtes venu dans ce lieu écarté?

Peveril ne savait que répondre, et le major fit encore signe de la main à sa fille de se retirer.

— Je vous obéis, mon père, répondit Alice, qui avait eu le temps de se remettre de sa surprise extrême; mais je prends le ciel à témoin que vous êtes injuste si vous me supposez capable de trahir vos secrets, quand même il s'agirait de sauver ma vie et celle de Julien. Je sais parfaitement que vous marchez dans un sentier dangereux; mais vous le faites les yeux ouverts, et vous pouvez apprécier vos motifs. Mon seul désir était d'empêcher ce jeune homme de s'exposer aveuglément aux mêmes périls, et j'avais droit de l'en avertir, puisque les sentimens par lesquels il se laisse aveugler lui sont inspirés par moi.

— Fort bien, jeune fille ! Vous avez dit tout ce que vous aviez à dire; retirez-vous, et laissez-moi terminer la conférence que vous avez si sagement commencée.

— Je pars, mon père. — Julien, c'est à vous que j'adresse mes dernières paroles, et je vous en dirais autant à mon dernier soupir : adieu, soyez prudent.

A ces mots, elle se retira, s'enfonça dans les broussailles, et disparut à leurs yeux.

— Voilà un véritable échantillon de ce que sont les femmes, dit le major en la regardant s'éloigner. Elles mettraient en danger la cause des nations, plutôt qu'un cheveu de la tête d'un amant. Et vous, M. Peveril, vous partagez sans doute son opinion, que le meilleur amour est celui qui n'expose à aucun danger?

— Si je n'avais que des dangers à craindre, répondit Julien fort surpris du ton adouci avec lequel Bridgenorth lui faisait cette observation, il en est peu que je n'oserais braver pour.... pour mériter votre bonne opinion.

— Ou plutôt, pour obtenir la main de ma fille, dit le major. Eh bien! jeune homme, une chose m'a plu dans votre conduite, quoique j'aie plus d'une raison de m'en plaindre; oui, une chose m'a plu. Vous avez franchi cette haute barrière d'orgueil aristocratique dans laquelle votre père et probablement ses pères se tenaient emprisonnés comme dans l'enceinte d'une forteresse féodale; vous l'avez franchie, dis-je, et vous vous êtes montré disposé à vous allier à une famille que votre père méprise comme basse et ignoble.

Quelque favorable que ce discours parût à Julien pour ses désirs et ses projets, il faisait si bien sentir quelles seraient, relativement à ses parens, les conséquences du succès qu'il pouvait obtenir, qu'il trouva très difficile d'y répondre. Voyant pourtant que Bridgenorth semblait déterminé à attendre patiemment une réponse, il recueillit assez de courage pour lui dire : — Les sentimens que j'ai conçus pour votre fille, major, sont de nature à faire taire bien des considérations auxquelles, en tout autre cas, je regarderais comme un devoir de donner la plus respectueuse attention. Je ne vous dissimulerai pas que les préjugés de mon père s'élèveraient fortement contre un pareil mariage, mais je crois fermement que, lorsqu'il viendrait à connaître le mérite d'Alice, et à sentir qu'elle seule pourrait faire le bonheur de son fils, ses objections finiraient par s'évanouir.

— En attendant, vous désirez contracter l'union que vous proposez, sans le consentement de vos parens, sauf à la leur faire approuver ensuite? N'est-ce pas ainsi que je dois entendre la proposition que vous venez de faire à ma fille?

La nature humaine et les passions des hommes ont des retours si irréguliers et si incertains, que quoique Julien, quelques minutes auparavant, eût proposé à Alice de consentir à l'épouser en secret, et à l'accompagner sur le continent, comme l'unique moyen d'assurer le bonheur de toute sa vie, cette proposition ne lui présenta plus les mêmes idées de bonheur quand il l'entendit sortir de la bouche du major, d'un ton calme, froid et dictatorial. Elle ne sonnait plus à son oreille comme l'expression d'une passion ardente qui ferme les yeux sur toute autre considération, mais comme le sacrifice de toute la dignité de sa maison fait à un homme qui semblait regarder leur situation comme le triomphe de Bridgenorth sur Peveril. Il resta muet un instant, cherchant en vain des termes propres à exprimer son acquiescement à ce que venait de dire le major, en conciliant son respect pour ses parens et ce qu'il devait à l'honneur de sa famille.

Ce délai fit naître les soupçons de Bridgenorth; son œil s'enflamma, ses lèvres tremblèrent, et il s'écria avec un ton de colère : — Jeune homme, ne tergiversez pas avec moi dans cette affaire, à moins que vous ne vouliez que je vous regarde comme un détestable scélérat qui voulait séduire une malheureuse fille à l'aide d'une promesse qu'il n'avait pas dessein d'accomplir jamais. Que j'aie seulement lieu de le soupçonner, et vous verrez si votre orgueil et votre généalogie pourront vous sauver de la juste vengeance d'un père.

— Vous êtes injuste à mon égard, major, aussi injuste qu'il est possible de l'être. Je suis incapable de l'infamie dont vous venez de me parler. La proposition que j'ai faite à votre fille était aussi sincère que jamais homme put en faire à une femme. Si j'ai hésité à vous répondre, c'est parce que vous jugez nécessaire de me faire subir un interrogatoire si précis, et que vous prétendez connaître mes sentimens et mes projets dans toute leur étendue, sans me donner la moindre explication sur les vôtres.

— Votre proposition se réduit donc à ceci : Vous consentez à conduire ma fille unique en exil dans un pays étranger, et à lui donner un droit à la tendresse et à la protection d'une famille qui la méprisera, comme vous le savez fort bien, à condition que je consente à vous accorder sa main, avec une fortune suffisante pour égaler celle de vos ancêtres à l'époque où ils avaient le plus de raison pour être fiers de leurs richesses. La balance ne serait pas égale dans ce marché. Et cependant, jeune homme, continua-t-il après une pause d'un moment, j'attache si peu d'importance aux biens de ce monde, qu'il ne serait pas tout-à-fait hors de votre pouvoir de me faire consentir au mariage que vous me proposez, quelque inégal qu'il puisse paraître.

— Apprenez-moi quels sont les moyens de m'assurer vos bonnes grâces, major Bridgenorth ; car je ne puis douter qu'ils ne soient d'accord avec mon honneur et mon devoir, et vous verrez avec quelle docilité je suivrai vos avis, et avec quelle ardeur je souscrirai à toutes vos conditions.

— On peut les récapituler en peu de mots : Soyez honnête homme, et l'ami de votre pays.

— Personne n'a jamais douté que je ne sois l'un et l'autre.

— Pardonnez-moi, jeune homme ; car jusqu'ici vous n'en avez encore donné de preuve à personne. Ne m'interrompez pas. Je ne révoque pas en doute votre volonté d'être honnête homme et bon citoyen ; mais jusqu'à présent vous n'avez eu ni les lumières ni les occasions nécessaires pour prouver vos principes et vous rendre utile à votre patrie. Vous avez vécu dans un temps où l'apathie, succédant à l'agitation des guerres civiles, a rendu les hommes indifférens sur les affaires publiques, et plus disposés à songer à leur bien-être qu'à se tenir sur la brèche quand le Seigneur luttait contre Israël. Mais nous sommes Anglais, et une léthargie si peu naturelle ne peut nous engourdir long-temps. Déjà la plupart de ceux qui désiraient le plus le retour de Charles Stuart le regardent comme un roi que le ciel, importuné par nos supplications, nous a donné dans sa colère. Sa licence effrénée, offrant aux jeunes gens dissipés qui l'entourent un exemple qu'ils suivent si volontiers, a dégoûté tous les hommes sages et pensant bien. Je ne vous parlerais pas à cœur ouvert, comme je le fais sur ce sujet, si je ne savais que Julien Peveril s'est préservé de la corruption du siècle. Le ciel, qui a rendu féconds les amours illicites du roi, a frappé de stérilité son lit nuptial, et dans le caractère sombre et sévère de son superstitieux successeur nous voyons déjà quelle espèce de monarque le remplacera sur le trône d'Angleterre. C'est un moment de crise, et c'est un devoir impérieux pour tous les hommes de bien de se mettre en avant chacun à son rang, et à secourir la patrie.

Peveril se rappela l'avis que lui avait donné Alice, et baissa les yeux sans faire de réponse.

— Que veut dire cela? reprit le major après un moment de silence ; jeune comme vous l'êtes, et n'étant pas uni par les liens de la débauche avec les ennemis de votre patrie, seriez-vous déjà assez endurci pour méconnaître les droits qu'elle peut avoir de vous faire entendre son appel à l'heure de ses périls?

—Il serait facile de vous répondre en termes généraux, major Bridgenorth; il serait facile de vous dire que ma patrie ne peut me faire un appel que je ne sois prêt à y répondre au risque de mes biens et de ma vie. Mais en nous en tenant à des hypothèses générales, nous nous tromperions l'un l'autre. Quelle est la nature de cet appel? Par qui doit-il être proclamé? Quels doivent en être les résultats? Car je crois que vous avez vu d'assez près les maux qui suivent la guerre civile, pour ne pas vouloir en réveiller les horreurs dans un pays heureux et tranquille.

— Ceux qui ont pris un poison narcotique, répondit le major, doivent être réveillés par leurs médecins, fût-ce au son de la trompette. Il vaut mieux mourir avec bravoure, les armes à la main, en Anglais libre, que de descendre lâchement dans la tombe paisible, mais honteuse, que l'esclavage creuse pour ses vassaux. Mais ce n'est pas de la guerre que je voulais vous parler, ajouta le major en prenant un ton plus doux; les maux dont l'Angleterre se plaint maintenant sont de nature à trouver un remède dans l'administration salutaire de celles de ses lois qu'on tolère encore. Ces lois n'ont-elles pas droit à l'appui de tous les individus qui vivent sous leur empire? n'ont-elles pas droit au vôtre?

Il se tut, et comme il semblait attendre une réponse, Peveril répliqua : — J'ai encore à apprendre, major, comment les lois anglaises sont devenues assez faibles pour avoir besoin d'un appui tel que le mien. Quand cela me sera démontré, personne ne s'acquittera plus volontiers que nous de ce qu'il doit aux lois, comme au souverain de son pays. Mais les lois de l'Angleterre sont sous la protection de juges intègres et éclairés, et de notre gracieux monarque...

— Et d'une chambre des communes, ajouta Bridgenorth en l'interrompant, qui ne fait plus son idole de la monarchie, mais qui a ouvert les yeux, éveillée comme par le bruit de la foudre sur les périls de notre religion et de notre liberté. J'en appelle à votre conscience, Julien Peveril, et je lui demande si ce réveil n'a pas eu lieu à temps, puisque vous savez mieux que personne quels pas rapides Rome a faits en secret pour ériger son dragon de l'idolâtrie sur notre terre protestante.

Julien voyant ici ou pensant qu'il voyait sur quoi tombaient les soupçons de Bridgenorth, se hâta, pour se disculper, de lui expliquer qu'il ne favorisait nullement la religion catholique romaine. — Il est vrai, lui dit-il, que j'ai été élevé dans une famille où cette foi est professée par une personne que j'honore, et que j'ai voyagé depuis ce temps dans des pays catholiques. Mais ces circonstances mêmes sont ce qui m'a fait voir le papisme de trop près pour que je sois jamais ami de ses dogmes. La bigoterie des laïques, la persévérance astucieuse des prêtres, leurs intrigues perpétuelles pour multiplier les formes de la religion, sans songer à son esprit; l'usurpation de cette Église sur les consciences des hommes, ses prétentions impies à l'infaillibilité : tout cela ne peut vous paraître à vous plus qu'à moi contraire au bon sens, à la liberté d'esprit, à la liberté de conscience et à la vraie religion.

— C'est parler en digne fils de votre excellente mère, dit Bridgenorth en lui serrant la main, et c'est pour l'amour d'elle que j'ai tant enduré de la part de votre maison sans chercher à me venger, même quand j'avais dans les mains des moyens de vengeance.

— Il est bien vrai, dit Peveril, que ce furent les instructions de cette excellente mère qui me mirent en état de résister, dans ma jeunesse, aux attaques insidieuses que firent, pour ébranler ma foi religieuse, les prêtres catholiques dans la compagnie desquels je fus nécessairement jeté. Comme elle, j'espère vivre et mourir dans la foi de l'église réformée d'Angleterre.

— De l'église d'Angleterre! s'écria Bridgenorth en laissant échapper de ses mains celle de son jeune ami, mais la reprenant aussitôt. Hélas! cette église, telle qu'elle est constituée maintenant, n'usurpe guère moins que celle de Rome sur la conscience et la liberté des hommes, et cependant c'est de la faiblesse de cette église à demi réformée, qu'il peut plaire à Dieu de faire sortir la délivrance de l'Angleterre, en s'assurant ainsi à lui-même de nouveaux tributs de louange. Je ne dois pas oublier qu'un homme qui a rendu à la bonne cause des services incalculables porte l'habit de prêtre anglais, et a reçu l'ordination épiscopale. Ce n'est pas à nous de discuter sur le choix de l'instrument, pourvu qu'il puisse nous tirer des filets de l'oiseleur. Il me suffit de te trouver préparé à profiter de la pure doctrine quand l'étincelle de la vérité aura allumé une nouvelle lumière dans ton cœur encore plongé dans les ténèbres. Il me suffit surtout de te voir disposé à rendre témoignage, à élever la voix, et à ne pas épargner les erreurs et les artifices de l'église de Rome. Mais souviens-toi que tu seras bientôt appelé à justifier ce que tu viens de dire, de la manière la plus solennelle, la plus terrible.

— Ce que j'ai dit, répondit Julien, n'étant que l'expression des véritables sentimens de mon cœur, je l'avouerai hautement toutes les fois que l'occasion l'exigera, et je trouve fort étrange que vous puissiez en douter.

— Je n'en doute pas, mon jeune ami, répondit Bridgenorth, et j'espère voir ton nom placé bien haut parmi ceux des hommes de bien qui arracheront la proie aux puissans du monde. A présent, tes préjugés occupent ton esprit, comme le gardien de la maison dont parle l'Écriture. Mais il s'en présentera un plus fort que lui; il y entrera, et déploiera sur les murailles ce signe de la foi sans lequel il n'est point de salut. Veille, espère, prie, afin que l'heure puisse arriver.

Il y eut en ce moment une pause dans la conversation, et ce fut Peveril qui rompit le silence le premier.

— Vous m'avez parlé en énigmes, major Bridgenorth, et je ne vous ai pas demandé d'explication. Qu'il me soit permis à présent de vous donner un avis dicté par l'intérêt le plus sincère. Comprenez bien ce que je vais vous dire, quelque obscures que puissent être mes paroles. Vous êtes ici, ou du moins vous êtes supposé y être, avec des desseins dangereux pour le souverain de cette île; ce danger retombera sur vous, si vous y restez plus longtemps. Profitez donc de ce conseil, et quittez l'île de Man pendant qu'il en est temps encore.

— Et confiez votre fille aux soins de Julien Peveril : n'est-ce pas là la fin de votre avis, jeune homme? Fiez-vous à ma prudence pour ma sûreté, Julien. J'ai été habitué à conduire ma barque parmi des écueils plus dangereux que ceux qui m'environnent aujourd'hui. Je vous remercie pourtant de votre avis, il est franc, et j'aime à le croire désintéressé, du moins en partie.

— Vous ne me quittez donc pas avec ressentiment?

— Non, mon fils, mais avec amitié, avec une tendre affection. Quant à ma fille, vous devez abjurer toute pensée de la voir sans mon aveu. Je ne vous promets ni ne vous refuse sa main. Je désire seulement que vous sachiez que celui qui veut être mon gendre doit d'abord se montrer le véritable fils, le fils affectueux de son pays trompé et opprimé. Adieu, ne me réponds pas en ce moment; tu es encore plongé dans l'amertume du fiel, et il pourrait s'élever quelque différend entre nous, ce que je désire éviter. Adieu, tu entendras parler de moi plus tôt que tu ne le penses.

Il serra cordialement la main de Peveril, et se retira en le laissant livré à une sensation de plaisir mêlée de doute.

et de surprise. Il n'était pas peu étonné de se voir assez avant dans les bonnes grâces du père d'Alice pour que celui-ci accordât à son amour une sorte d'encouragement tacite, et il ne put s'empêcher de soupçonner, d'après les discours du père et ceux de la fille, que Bridgenorth désirait que, pour prix de son amitié, il adoptât une ligne de conduite qui ne serait pas d'accord avec les principes dans lesquels il avait été élevé.

— Vous n'avez rien à craindre, Alice, se dit-il en lui-même; quand il s'agirait de votre main, je ne voudrais pas l'acheter par une complaisance indigne de moi, et qui semblerait approuver des principes que mon cœur désavoue; je sais que si j'étais assez vil pour le faire, l'autorité même de votre père ne réussirait pas à vous faire ratifier une transaction si honteuse. Mais livrons-nous à de meilleures espérances. Quoique Bridgenorth ait une âme forte et un jugement éclairé, il est agité par la crainte du papisme, épouvantail de sa secte; mon séjour dans la famille de la comtesse de Derby est plus que suffisant pour lui inspirer des soupçons sur ma foi; mais, grâce au ciel, je me flatte que ma conscience et la vérité m'en justifient.

Tout en faisant ces réflexions, il remettait le mors de Fairy, qu'il avait détaché pour qu'elle pût paître en liberté; il reprit ensuite la bride à la main, et, montant à cheval, il suivit le chemin d'Holm-Peel, ne pouvant s'empêcher de craindre qu'il n'y fût arrivé quelque chose d'extraordinaire en son absence.

Le vieil édifice s'éleva bientôt à ses yeux, solitaire et sombre, au-dessus des eaux de l'Océan endormi. La bannière qui indiquait que le lord de Man résidait dans son enceinte, ou plutôt dans ses ruines, flottait immobile dans les airs. Les sentinelles se promenaient sur les murailles en sifflant ou fredonnant des airs nationaux. Laissant sa fidèle monture dans le village où il l'avait prise,

Julien entra dans le château, et y trouva dans l'intérieur le même ordre et la même tranquillité que les apparences extérieures lui avaient annoncés.

CHAPITRE XVIII.

> « Donnez-moi votre avis, mon frère :
> « Où trouverai-je un messager
> « Pour envoyer en Angleterre ? »
> *Ballade du roi Estmere.*

La première personne que Julien rencontra en entrant dans le château fut le jeune lord, qui le reçut avec son air ordinaire de bonté et de légèreté.

— Soyez trois fois le bienvenu, chevalier des Dames, dit le comte, vous qui parcourez à votre gré nos domaines, recevant des rendez-vous, et mettant à fin des aventures amoureuses, tandis que nous sommes condamné à végéter dans nos appartemens royaux, aussi ennuyé, aussi immobile que si Notre Majesté était sculptée en bois sur la poupe de quelque lougre contrebandier de notre île, et baptisé *le roi Arthur de Ramsay*.

— En ce cas, répondit Julien, vous voyageriez sur les flots, et vous ne manqueriez pas d'aventures.

— Oui, mais il pourrait arriver qu'un calme m'arrêtât en pleine mer, ou qu'un navire de la douane me retînt dans le port, ou que je fusse échoué sur le sable de la côte. Supposez mon image royale dans la plus ennuyeuse de toutes les situations, et vous n'aurez pas encore une idée de la mienne.

— Je vois avec plaisir du moins que vous n'avez eu aucune occupation désagréable. Je suppose que les alarmes de ce matin se sont dissipées.

— Complètement, Julien ; et, après avoir pris les informations les plus exactes, nous ne trouvons aucun motif pour croire à l'insurrection qu'on nous faisait craindre. Que ce Bridgenorth soit dans l'île, c'est ce qui paraît certain ; mais on prétend que ce sont des affaires particulières et importantes qui l'ont obligé à faire ce voyage. Je ne me soucie pas de le faire arrêter sans pouvoir fournir aucune preuve que lui ou ses amis s'occupent d'intrigues criminelles. Dans le fait, il me semble que nous avons pris l'alarme trop tôt. Ma mère parle de vous consulter à ce sujet, et je ne me permettrai pas d'anticiper sur la communication solennelle qu'elle se propose de vous faire. Elle sera en partie apologétique, je suppose; car je commence à croire que notre retraite a été peu royale, et que, comme le méchant, nous avons pris la fuite quand personne ne songeait à nous poursuivre. Cette idée afflige ma mère, qui, comme reine douairière, comme reine régente, comme héroïne, en un mot comme femme, serait extrêmement mortifiée de penser que sa retraite précipitée en ce château l'expose à être tournée en ridicule par nos insulaires ; aussi est-elle déconcertée et de mauvaise humeur. Quant à moi, je n'ai trouvé d'amusement pendant votre absence que dans les grimaces et la pantomime bizarre de cette petite Fenella, qui est aussi de plus mauvaise humeur et par conséquent plus risible que vous ne l'avez jamais vue. Morris dit que c'est parce que vous l'avez forcée à descendre l'escalier du rocher : cela est-il vrai, Julien ?

— Le rapport de Morris n'est pas tout-à-fait exact, car je n'ai fait que la forcer à le remonter, pour me débarrasser de son importunité. Elle voulait à sa manière m'empêcher de sortir du château, et elle y mettait tant d'obstination, que je n'ai eu que ce moyen pour m'en délivrer.

— Il faut qu'elle ait supposé que votre départ, dans un moment si critique, était dangereux pour notre garnison. Cela prouve le prix qu'elle attache à la sûreté de ma mère, et le cas qu'elle fait de votre prouesse. Mais, grâce au ciel, j'entends la cloche qui annonce le dîner. Je voudrais que les philosophes qui prétendent que le temps qu'on passe à table est perdu, et que l'amour de la bonne chère est un péché, nous trouvassent quelque autre passe-temps à moitié aussi agréable.

Le repas que le jeune comte attendait depuis longtemps comme un moyen de faire passer plus rapidement une journée dont il ne savait que faire, fut bientôt terminé, aussitôt du moins que le permit la gravité du cérémonial de la maison de la comtesse. Accompagnée de ses dames et de ses suivantes, elle se retira dès qu'on eut desservi, et laissa nos deux jeunes amis ensemble. Le vin n'avait de charmes en ce moment ni pour l'un ni pour l'autre. Le comte éprouvait des mouvemens d'impatience, ennuyé et mécontent de la vie monotone et solitaire qu'il menait; et les évènemens du jour avaient fourni à Peveril trop de sujets de réflexion pour lui permettre de chercher des sujets d'entretien qui pussent amuser ou intéresser son ami. Après s'être passé silencieusement la bouteille l'un à l'autre une ou deux fois, chacun d'eux se retira séparément dans une embrasure des fenêtres de la salle à manger; et telle était l'épaisseur des murs, que ces embrasures étaient assez profondes pour que chacune d'elles formât une espèce de cabinet isolé en quelque sorte du reste de l'appartement.

Là, le comte de Derby était assis, feuilletant quelques nouvelles brochures reçues de Londres, et montrant de temps en temps combien peu de charmes et d'intérêt lui offrait cette lecture, en bâillant d'une manière effrayante tout en jetant un coup d'œil sur la vaste étendue de la mer, qui n'offrait à son attention d'autre variété que le vol d'une troupe de mouettes, ou d'un cormoran solitaire.

Peveril, de son côté, tenait aussi un pamphlet à la main; mais sans s'en occuper, sans même affecter d'en avoir l'air. Toutes ses pensées se reportaient sur l'entrevue qu'il avait eue dans la matinée avec Alice Bridgenorth et son père; et il cherchait en vain à établir quelque hypothèse qui pût lui expliquer pourquoi la fille, à qui il n'avait aucune raison de se croire indifférent, avait paru désirer tout-à-coup leur séparation éternelle, tandis que le père, dont il avait tant redouté l'opposition, semblait voir ses désirs au moins avec un air de tolérance. Tout ce qu'il put en conclure, ce fut qu'il était en son pouvoir de nuire ou d'être utile à quelque projet qu'avait conçu le major Bridgenorth, tandis que la conduite et les discours d'Alice lui donnaient tout lieu de craindre qu'il ne pût se concilier les bonnes grâces de son père qu'en se prêtant à quelque chose qui serait bien près d'une renonciation à ses principes. Mais aucune conjecture ne put lui donner la moindre idée de ce que Bridgenorth pouvait attendre de lui. Il ne pouvait s'imaginer, quoique Alice eût parlé de trahison, que son père osât lui proposer d'entrer dans aucun complot capable de compromettre la sûreté de la comtesse ou la tranquillité de son petit royaume de Man. Il y aurait eu de sa part tant d'infamie à y accéder, qu'il lui était impossible de croire que qui que ce fût se hasardât à le lui proposer sans être préparé à défendre, l'épée à la main, à l'instant même, une insulte faite à son honneur. Une telle démarche ne pouvait s'accorder avec la conduite du major à tout autre égard. D'ailleurs il était trop calme, trop réfléchi, pour se permettre de faire un mortel affront au fils d'un ancien voisin, à celui à la mère duquel il reconnaissait qu'il avait tant d'obligations.

Tandis qu'il s'efforçait en vain d'extraire des diverses insinuations du père et de la fille quelque chose qui pût lui offrir une explication probable de leurs idées, et qu'en véritable amant il s'occupait du projet de concilier son amour avec son honneur et sa conscience, Peveril sentit

qu'on le tirait doucement par l'habit. Il laissa aller ses
bras que, pendant le cours de ses réflexions, il avait croisés
sur sa poitrine, et, détournant les yeux de la perspective
monotone de la mer et des côtes sur lesquelles il avait fixé
ses regards, sans savoir sur quoi ils s'arrêtaient, il vit
près de lui la petite muette, le lutin Fenella. Elle était
assise sur son coussin, ou petit tabouret, qu'elle avait apporté tout près de Julien, déjà depuis quelques instans,
et s'attendait sans doute qu'il s'apercevrait de sa présence;
mais voyant enfin qu'il ne lui accordait aucune attention,
elle se décida à la solliciter, comme nous l'avons déjà dit.
Tiré de sa rêverie par ce mouvement, et apercevant Fenella, il baissa les yeux sur elle, et ne put voir sans intérêt cette créature infortunée.

Elle avait détaché ses longs cheveux flottant sur ses
épaules, et dont une partie, tombant jusqu'à terre, formait une espèce de voile, non seulement autour de sa tête,
mais jusqu'autour de sa taille svelte et gracieuse. A travers
ces boucles nombreuses, on apercevait ses jolis traits,
qui, malgré sa peau brune, formaient une miniature charmante, et deux grands yeux noirs brillant du feu le plus
vif. Toute sa contenance lui donnait l'air suppliant d'une
personne qui ne sait quel accueil elle va recevoir d'un ami
qu'elle estime, et à qui elle va avouer une faute, faire
des excuses, ou offrir une justification. En un mot, sa physionomie était si expressive, que, quoiqu'elle fût familière
à Julien, il put à peine se persuader qu'elle n'en avait
pas changé. La vivacité légère et fantasque de ses traits
avait fait place à un air touchant de chagrin et de tendresse, aidé par l'expression de deux beaux yeux qui, en
se tournant vers Julien, paraissaient humides, mais sans
que leurs paupières fussent mouillées.

Supposant que l'air extraordinaire de cette jeune fille
était occasioné par le souvenir de l'altercation qu'ils
avaient eue pendant la matinée, Peveril chercha à lui

rendre sa gaieté en lui faisant comprendre qu'il n'avait pas conservé le moindre mécontentement de ce qui s'était passé entre eux. Il lui sourit avec bonté, lui prit la main dans l'une des siennes, tandis qu'avec la familiarité d'un homme qui l'avait connue depuis son enfance, il passait l'autre sur les longues boucles de sa chevelure. Elle baissa la tête, comme si cette simple caresse lui eût fait éprouver en même temps honte et plaisir. Il continuait le même geste, quand tout-à-coup, sous le voile que semblaient jeter sur elle ses beaux cheveux, il sentit son autre main, qui tenait toujours celle de Fenella, légèrement effleurée par les lèvres de l'intéressante muette, et mouillée d'une larme.

Sur-le-champ, et pour la première fois de sa vie, le danger que la familiarité qu'il se permettait avec une jeune fille qui ne pouvait entendre que par le secours des yeux ne fût mal interprétée, se présenta à l'esprit de Julien. Retirant à l'instant sa main, et changeant d'attitude, il lui demanda, par un signe convenu, si elle avait quelque message pour lui de la part de la comtesse. La contenance de Fenella changea en un moment. Elle tressaillit, se remit sur son tabouret avec la rapidité de l'éclair, releva les belles tresses de ses cheveux, et les disposa sur sa tête avec une grace inexprimable. Lorsqu'elle leva les yeux sur lui, ses joues brunes étaient encore animées par la rougeur; mais l'expression languissante et mélancolique de ses regards avait fait place à cette vivacité légère et volage qui lui était habituelle. Ses yeux brillaient de plus de feu que de coutume, et leur langage était plus expressif, plus touchant qu'il ne l'avait jamais été. Elle répondit à la question de Julien en appuyant la main sur son cœur, geste par lequel elle désignait toujours sa maîtresse, et se levant en prenant le chemin de l'appartement de la comtesse, elle fit signe à Julien de la suivre.

La distance n'était pas grande entre la salle à manger et celle où Peveril était conduit par son guide muet. Cependant, en la parcourant, il eut assez de temps pour souffrir cruellement de la crainte soudaine que cette malheureuse fille n'eût mal interprété la bonté avec laquelle il l'avait toujours traitée, et n'eût en conséquence conçu pour lui un sentiment plus tendre que celui de l'amitié. Le malheur dans lequel une telle passion pouvait plonger une créature déjà si infortunée, et dont les sensations étaient si vives, s'offrait à lui sous un jour assez sombre pour qu'il cherchât à repousser toute espèce de soupçon, et il forma en même temps la résolution de se conduire désormais à l'égard de Fenella de manière à réprimer un sentiment déplacé, si malheureusement elle l'avait laissé introduire dans son cœur.

En arrivant dans l'appartement de la comtesse, ils trouvèrent devant elle tout ce qu'il fallait pour écrire, et plusieurs lettres cachetées. Elle reçut Julien avec sa bonté ordinaire, et lui ayant dit de s'asseoir, elle fit signe à la muette de reprendre son aiguille. Fenella s'assit au même instant devant un métier à broder, où, sans le mouvement de ses doigts agiles, on aurait pu la prendre pour une statue, tant sa tête et ses yeux restaient immobiles sur son ouvrage.

Le sens qui lui manquait faisant que sa présence ne pouvait gêner la conversation la plus confidentielle, la comtesse commença à parler à Peveril avec la même liberté que s'ils eussent été seuls.

— Julien, lui dit-elle, je n'ai pas dessein de me plaindre à vous des sentimens et de la conduite de Derby. Il est votre ami, il est mon fils; il a des talens, de la vivacité, et cependant....

— Madame, dit Peveril, pourquoi vous créer des chagrins en arrêtant vos regards sur des défauts qu'il faut attribuer au changement des temps et des mœurs, plutôt qu'aux sentimens de mon noble ami? Attendez qu'il ait occasion de s'acquitter de ses devoirs, soit en paix, soit en guerre ; et accusez-moi de n'avoir pas su le juger, s'il ne se conduit pas d'une manière digne de son rang.

— Fort bien, répliqua la comtesse ; mais me direz-vous quand l'appel du devoir se fera entendre à lui plus haut que celui du plaisir le plus futile qui peut servir à lui faire passer une heure de nonchalance? Combien le caractère de son père était différent! Que de fois n'ai-je pas été obligée de le supplier de ne pas apporter une exactitude si rigide à remplir les devoirs que sa haute naissance lui imposait, et de prendre un repos nécessaire!

— Mais vous devez convenir, milady, que les devoirs auxquels les circonstances appelaient alors votre honorable époux étaient d'une nature plus pressante que ceux que votre fils aurait à remplir.

— Je n'en sais rien. La roue paraît encore en mouvement, et elle peut ramener des scènes semblables à celles dont mes premières années ont été témoins. N'importe ! elles ne trouveront pas Charlotte de la Trémouille dépouillée d'énergie, quoique accablée sous le poids du temps. C'était même relativement à ce sujet que je voulais vous parler, mon jeune ami. Depuis notre première connaissance, depuis l'instant où je vis votre conduite, lorsque je me montrai à vos yeux enfantins comme une apparition, en sortant de ma retraite chez votre père, je me suis plu à vous regarder comme un digne rejeton des Stanley et des Peveril. Je me flatte que la manière dont vous avez été élevé dans ma famille a répondu à l'estime que j'ai pour vous. Je ne désire pas de remerciemens : j'ai à vous demander en retour un service qui n'est peut-être pas sans danger pour vous, mais que personne n'est mieux que vous en état de rendre à ma maison dans les circonstances actuelles.

— Vous avez toujours été ma bonne et noble maîtresse, milady, ma tendre protectrice ; je pourrais dire une mère : vous avez le droit de commander à tous les cœurs dans lesquels coule le sang de Stanley, et tout celui qui se trouve dans mes veines vous appartient.

— Les avis que je reçois d'Angleterre, Julien, ressemblent aux rêves d'un homme malade plutôt qu'aux informations régulières que j'aurais dû attendre de correspondans comme les miens. Leurs expressions sont semblables à celles d'un homme qui parle en dormant, et dont les discours sans suite donnent à peine une idée de ce qui se passe dans ses rêves. On dit qu'on a découvert un complot réel ou supposé; que les catholiques en sont les auteurs, que ses ramifications s'étendent très loin, et qu'il inspire plus de terreur que celui du 5 novembre. Les détails qu'on en donne semblent incroyables, et ne sont appuyés que sur le témoignage des misérables les plus vils et les plus indignes de foi qui puissent exister; et cependant le peuple anglais y prête l'oreille avec la crédulité la plus stupide.

— C'est une singulière illusion, milady, que de vouloir une insurrection sans en avoir quelque motif véritable.

— Je ne suis pas bigote, cousin Julien, quoique je sois catholique. J'ai craint depuis long-temps que le zèle louable de nos prêtres pour faire des prosélytes n'attirât sur eux les soupçons de la nation anglaise. Leurs efforts se sont renouvelés avec une double énergie, depuis que le duc d'York s'est déclaré en faveur de la foi catholique, et le même évènement a redoublé la haine et les inquiétudes des protestans. J'avouerai même qu'ils peuvent avoir raison de craindre que le duc d'York ne soit meilleur catholique que bon Anglais, et que, la bigoterie produisant sur lui le même effet que l'avarice et les besoins de la prodigalité sur son frère, ils se soient engagés l'un et l'autre dans des relations avec la France, dont il est possible que l'Angleterre n'ait que trop à se plaindre. Mais les calomnies grossières et palpables d'une conspiration par le meurtre, le sang et le feu; les armées qu'on croit déjà voir, les massacres prétendus, forment une masse de mensonges qu'on aurait cru que le grossier vulgaire n'aurait pu digérer, quel que soit son goût pour tout ce qui est horrible ou merveilleux. Cependant ils sont reçus comme autant de vérités par les deux chambres du parlement, et il n'est pas permis de les révoquer en doute, à moins de s'exposer aux surnoms odieux d'ami des papistes sanguinaires et de fauteur de leurs projets barbares et infernaux.

— Mais qu'opposent à ces bruits ridicules ceux qu'ils paraissent particulièrement intéresser? Que disent les catholiques anglais? C'est un corps riche et nombreux et qui comprend un grand nombre de nos noms les plus nobles.

— Leurs cœurs sont morts en eux. Ils sont comme des moutons enfermés dans la tuerie afin que le boucher puisse choisir parmi eux. Dans les dépêches brèves et obscures qu'une main sûre m'a fait passer, ils ne font qu'anticiper leur ruine et la nôtre, tant l'abattement est général, tant le désespoir est universel!

— Mais le roi et les protestans royalistes, que disent-ils de l'orage qui se prépare?

— Charles, avec sa prudence et son égoïsme ordinaires, cède à l'orage; et il souffrira que la corde et la hache scellent le destin des hommes les plus innocens de son royaume, plutôt que de perdre une heure de plaisir en essayant de les sauver. Quant aux royalistes, ou ils ont été saisis du même délire qui s'est emparé des protestans en général, ou ils se tiennent sur la réserve et observent la neutralité; craignant de montrer quelque intérêt en faveur des malheureux catholiques, de peur d'être confondus avec eux et d'être regardés comme fauteurs et complices de l'horrible conspiration dont on les accuse. Dans le fait, je ne puis les blâmer. Il est difficile d'espérer qu'une simple compassion pour une secte persécutée, ou, ce qui est encore plus rare, un amour abstrait pour la justice, soient assez puissans pour engager les hommes à s'exposer à la fureur d'un peuple dont le ressentiment s'éveille; car dans l'agitation générale, quiconque refuse de croire le moindre mot des mensonges accumulés par ces infâmes délateurs est à l'instant dénoncé comme voulant étouffer la découverte du complot. C'est véritablement une tempête effroyable, et quelque éloignés que nous soyons de la scène où elle gronde, nous devons nous attendre à en ressentir bientôt les effets.

— Lord Derby m'en a déjà dit quelque chose; il a même ajouté qu'il se trouve dans cette île des agens dont le but est d'y exciter une insurrection.

— Oui, répondit la comtesse, dont les yeux lançaient des éclairs en parlant ainsi; et si mon avis eût été suivi, ils eussent été pris sur le fait, et traités de manière à servir d'exemple à quiconque oserait concevoir le projet de venir exécuter un pareil message dans cette principauté indépendante. Mais mon fils, qui est ordinairement coupable de tant de négligence dans l'administration de ses affaires, a jugé à propos de s'en charger dans ce moment de crise.

— Je suis heureux, milady, d'apprendre que les mesures de précaution que mon parent a adoptées ont eu l'effet de déconcerter complètement cette conspiration.

— Pour le moment, Julien; mais elles auraient dû être de nature à faire trembler l'homme le plus hardi quand il aurait songé à l'avenir à commettre une telle infraction à nos droits. Le plan de Derby est plein de dangers, et cependant il a quelque chose de chevaleresque qui fait que je ne saurais le désapprouver.

— Quel est ce plan, milady? demanda Julien avec empressement. En quoi puis-je y coopérer ou en détourner les dangers?

— Il a dessein de partir sur-le-champ pour Londres. Il

est, dit-il, non seulement le chef féodal d'une petite île, mais un des plus nobles pairs d'Angleterre, et en cette qualité il ne doit pas rester tranquille dans un château obscur et éloigné, tandis que son nom et celui de sa mère sont calomniés devant son roi et ses concitoyens. Il veut aller prendre sa place dans la chambre des pairs, et y demander publiquement justice de l'insulte faite à sa maison par des dénonciateurs parjures et intéressés.

— C'est une noble résolution, dit Peveril, et elle est digne de mon ami. Je l'accompagnerai, et je partagerai son destin, quel qu'il puisse être.

— Hélas! jeune insensé, autant vaudrait demander à un lion affamé d'éprouver de la compassion, qu'à un peuple prévenu et furieux d'être juste. Il ressemble au fou parvenu au plus haut degré de frénésie, qui assassine sans remords son meilleur et son plus cher ami, et à qui sa cruauté ne fait éprouver des regrets que lorsque le moment de délire est passé.

— Pardon, milady, mais cela ne peut être. Le peuple anglais est noble et généreux, et il est impossible qu'il se laisse égarer d'une manière si étrange. Quelques préventions que l'esprit grossier du vulgaire ait pu concevoir, les deux chambres du parlement ne peuvent en avoir été infectées. Elles n'oublieront pas le sentiment de leur dignité.

— Hélas! cousin, que n'oublieraient pas les Anglais, même du plus haut rang, quand ils sont entraînés par la violence de l'esprit de parti? Ceux mêmes qui ont trop de bon sens pour ajouter foi aux fables qui abusent la multitude se garderont bien de les démentir, si le parti politique auquel ils sont attachés peut gagner un avantage momentané en les laissant s'accréditer. Et c'est pourtant parmi de pareilles gens que votre jeune parent a trouvé des amis et des compagnons! Négligeant les anciens amis de sa maison, comme ayant l'humeur trop grave et trop sérieuse pour le siècle où nous vivons, il n'a eu d'intimité qu'avec le versatile Shaftesbury, le léger Buckingham, des gens qui n'hésiteraient pas à sacrifier au Moloch populaire du jour un ami, n'importe lequel, dont la ruine pourrait leur rendre la divinité propice. Pardonnez les larmes d'une mère, mon jeune cousin, mais je vois de nouveau l'échafaud s'élever à Bolton. Si Derby va à Londres tandis que ces tigres altérés de sang cherchent leur proie, suspect comme il l'est, et comme je l'ai rendu par ma foi religieuse et par ma conduite dans cette île, il mourra de la mort de son père. Et cependant quelle autre marche adopter?

— Souffrez que j'aille à Londres, milady, s'écria Peveril, touché de l'affliction de sa protectrice. Vous aviez la bonté de compter un peu sur mon jugement. J'agirai pour le mieux. Je me concerterai avec ceux que vous me désignerez, avec eux seulement; et je me flatte que je pourrai bientôt vous informer que cette illusion, quelque forte qu'elle puisse être, est sur le point de se dissiper. En mettant les choses au pire, je pourrais vous donner avis des dangers, s'il s'en présentait qui fussent à craindre pour le comte ou pour vous-même, et peut-être serais-je en état de vous indiquer les moyens de les détourner.

La comtesse, en écoutant Julien, et prête à céder à son inquiétude maternelle, semblait encore lutter contre son caractère naturellement noble et désintéressé.

— Pensez-vous à ce que vous me demandez, Julien? lui répondit-elle en laissant échapper un soupir. Puis-je consentir à exposer la vie du fils de mon amie à des périls auxquels je ne veux pas que le mien se livre?

— Songez, milady, que je ne cours pas les mêmes risques. Ma personne est inconnue à Londres; mon rang, quoiqu'il soit loin d'être obscur dans mon pays, est trop ignoré dans la capitale pour me faire remarquer dans cette vaste réunion de tout ce que le royaume offre de plus noble et de plus riche. Je ne crois pas que mon nom ait été prononcé, même indirectement, parmi ceux des prétendus conspirateurs. Enfin, et par-dessus tout, je suis protestant, et l'on ne peut m'accuser d'aucune relation directe ou indirecte avec l'église de Rome. Je n'ai de liaisons qu'avec des gens qui, s'ils ne veulent ou ne peuvent me servir d'appui, ne pourront du moins m'exposer à aucun danger. En un mot, je puis rester à Londres avec sécurité, tandis que le comte y courrait le plus grand péril.

— Ces raisonnemens vous sont inspirés par votre générosité, Julien, et quoiqu'ils puissent être justes, ils ne peuvent être écoutés que par une mère, par une mère veuve. Je me reproche de l'égoïsme en songeant que ma parente a, dans tous les cas, l'appui d'un époux qui l'aime tendrement ; car c'est ainsi que raisonne l'intérêt personnel, quand nous ne rougissons pas de lui subordonner des sentimens plus louables.

— Ne donnez pas un pareil nom à celui que vous éprouvez, milady, et ne me regardez que comme le frère puîné de mon ami. Vous avez rempli à mon égard tous les devoirs d'une mère, et c'en est un pour moi de vous servir comme un fils. Le voyage que je vous demande de faire à Londres pour reconnaître quelle est la disposition des esprits dût-il me faire courir des risques dix fois plus grands, je n'en serais pas effrayé. Je vais trouver le comte à l'instant, et lui annoncer mon départ.

— Arrêtez, Julien ! S'il faut que vous fassiez ce voyage pour nous rendre service, et hélas ! je n'ai pas assez de générosité pour refuser votre offre pleine de noblesse, il faut que vous partiez seul, et sans en informer Derby. Je le connais parfaitement ; sa légèreté d'esprit n'offre aucun alliage de bassesse ni d'égoïsme, et, pour le monde entier, il ne souffrirait pas que vous vous éloignassiez sans lui de cette île. Or, s'il partait avec vous, à quoi servirait votre dévouement si noble et si désintéressé? Vous ne pourriez que partager sa ruine, de même que le nageur qui cherche à sauver un homme que le courant entraîne finit par subir le même destin s'il souffre que celui qu'il veut secourir le saisisse.

— Je ferai ce que vous jugerez convenable, milady; et je serai prêt à partir dans une demi-heure.

— Cette nuit donc, dit la comtesse après un instant de réflexion; je prendrai les mesures les plus secrètes pour vous faciliter les moyens de mettre à exécution votre généreux projet; car je ne voudrais pas exciter contre vous le préjugé qui ne manquerait pas de s'élever sur-le-champ si l'on savait que vous avez quitté si tard cette île et sa maîtresse catholique. Vous ferez peut-être bien de prendre à Londres un nom supposé.

— Pardon, milady, répondit Peveril; je ne ferai rien qui puisse attirer sur moi l'attention sans nécessité; je vivrai de la manière la plus retirée; mais prendre un nom supposé et recourir au déguisement, ce serait peut-être une imprudence, et, je crois, une faiblesse peu digne de moi. En cas de découverte, quel motif pourrais-je alléguer pour justifier la pureté de mes intentions?

La comtesse réfléchit encore un instant. — Je crois que vous avez raison, dit-elle ensuite; vous vous proposez sans doute de passer par le comté de Derby, et de faire une visite au château de Martindale?

— Je le désirerais certainement, milady, si le temps le permettait, et que les circonstances le rendissent convenable.

— C'est ce dont vous jugerez vous-même, Julien. La célérité est désirable, sans contredit; mais, d'une autre part, vous éveillerez moins le soupçon et l'inquiétude en partant pour Londres du château qu'habite votre famille, que si vous y arriviez directement d'ici, avec un air de précipitation, sans même vous donner le temps d'aller visiter vos parens. En cela, comme en tout, vous devez vous laisser guider par votre prudence. Allez donc, mon cher fils, car vous devez m'être aussi cher qu'un fils; allez vous disposer à partir. Je vais vous préparer quelques dépêches, et je vous remettrai l'argent qui vous sera nécessaire. Point d'objections. Ne suis-je pas votre mère? N'allez-vous pas remplir le devoir d'un fils? Ne me contestez donc pas le droit de pourvoir à vos dépenses. Et ce n'est pas encore tout: comme je dois me fier entièrement à votre zèle et à votre prudence pour agir en notre faveur, suivant que les circonstances l'exigeront, je vous donnerai des lettres de recommandation les plus pressantes pour nos amis et nos parens, que je supplierai et auxquels j'enjoindrai de vous accorder tous les secours dont vous pourrez avoir besoin, soit pour votre sûreté personnelle, soit pour ce que vous pourrez entreprendre pour nous.

Peveril ne s'opposa pas long-temps à un arrangement qu'il était vrai que la situation de ses finances rendait presque indispensable, à moins qu'il n'eût voulu avoir recours à son père. La comtesse lui remit donc différentes traites sur un négociant de la cité, jusqu'à concurrence de deux cents livres. Elle lui permit alors de se retirer pour une heure, lui disant qu'après ce court espace de temps elle aurait encore à lui parler.

Les préparatifs de son voyage ne furent pas capables de le distraire des pensées qui se présentaient en foule à son esprit. Il trouva qu'une demi-heure de conversation avait encore une fois complètement changé ses projets pour le présent et ses plans pour l'avenir. Il avait offert à la comtesse de Derby un service que la tendresse qu'elle lui avait toujours témoignée méritait bien de lui; mais, en l'acceptant, elle l'avait obligé à se séparer sur-le-champ d'Alice Bridgenorth, dans un moment où elle lui était devenue plus chère que jamais par l'aveu d'une tendresse mutuelle. Son image se présentait à ses yeux telle qu'il l'avait vue dans la matinée en la pressant sur son cœur. Il croyait entendre sa voix lui demander s'il était bien vrai qu'il songeât à s'éloigner d'elle dans une crise que tout semblait annoncer comme prochaine. Mais Peveril, malgré sa jeunesse, connaissait ses devoirs, et ne manquait point de résolution pour les exécuter. Il ne permit pas à son imagination de se livrer à une si douce illusion, et, prenant la plume avec fermeté, il écrivit à Alice la lettre suivante pour lui faire connaître sa nouvelle situation, autant qu'il le pouvait, sans manquer à la confiance de la comtesse.

« Je vous quitte, ma chère Alice, lui disait-il, je vous quitte ; et, quoique en vous quittant je ne fasse qu'obéir aux ordres que vous m'avez donnés, je n'ai pas le droit de vous demander que vous me sachiez gré de ma déférence, puisque si des raisons bien fortes ne fussent venues à l'appui de vos ordres, je crois que je n'aurais pas eu le courage d'y obéir. Mais d'importantes affaires de famille me forcent à m'absenter sur-le-champ de cette île, et j'ai à craindre que ce ne soit pour plus d'une semaine. Mes pensées, mes espérances, mes désirs, vont appeler sans cesse l'heureux moment qui me ramènera à Blackfort et dans son aimable vallée. Quoiqu'il me soit permis de me flatter que les vôtres auront quelquefois pour objet l'exilé solitaire qui n'aurait pu se résoudre à le devenir si la voix du devoir et de l'honneur ne le lui eût commandé, ni vous ni votre père ne devez craindre que je cherche à vous engager à entretenir avec moi une correspondance clandestine ; je vous aimerais moins sans la franchise et la candeur de votre caractère, et je ne vous demande pas de cacher au major Bridgenorth un seul mot de ce que je vous avoue en ce moment. Sur tout autre sujet, il ne peut lui-même désirer plus ardemment que moi le bien de notre patrie commune. Nous pouvons différer sur les moyens de le procurer ; mais, en principe, je suis convaincu que le même esprit nous anime tous deux ; et je ne puis refuser d'écouter la voix de son expérience et de sa sagesse, quand même elle devrait ne pas réussir à me persuader. Adieu, Alice, adieu ! Je pourrais ajouter bien des choses à ce triste mot ; mais quelles expressions me suffiraient pour peindre l'amertume avec laquelle je viens de l'écrire? Je pourrais pourtant le répéter encore bien des fois pour prolonger davantage le dernier entretien que je dois avoir avec vous d'ici à quelque temps. Ma seule consolation, c'est que mon absence ne sera probablement pas assez longue pour vous permettre d'oublier celui qui ne vous oubliera jamais. »

Il tint cette lettre dans sa main une minute après l'avoir pliée avant de la cacheter, tandis qu'il réfléchissait si les termes concilians dont il s'était servi en parlant du major Bridgenorth ne pourraient pas lui donner l'espérance de faire de lui un prosélyte à sa cause, espérance que sa conscience lui disait qu'il ne pourrait réaliser avec honneur. Cependant, d'une autre part, il n'avait pas le droit de conclure de ce que le major lui avait dit, que leurs principes fussent diamétralement opposés et inconciliables ; car, quoique fils d'un Cavalier, quoique élevé dans la famille de la comtesse de Derby, il était lui-même, par principe, ennemi des prérogatives injustes, et ami de la liberté du peuple. Ces considérations imposèrent silence aux objections que le point d'honneur lui adressait intérieurement : vainement sa conscience lui disait tout bas que les expressions conciliatrices qu'il avait employées lui avaient été principalement dictées par la crainte que le major, en son absence, ne fût tenté de faire changer de résidence à Alice, et de l'emmener en quelque lieu où il lui serait impossible de la retrouver.

Ayant cacheté sa lettre, Julien appela son domestique, et le chargea de la porter, sous une enveloppe adressée à mistress Debora Debbitch, dans une maison du village de Rushin, où l'on déposait ordinairement les paquets et messages destinés à la famille demeurant à Blackfort. Il le fit monter à cheval sur-le-champ, et se débarrassa ainsi d'un homme qui aurait été en quelque sorte l'espion de tous ses mouvemens. Il changea de costume pour se revêtir d'habits plus convenables à un voyageur, mit une petite provision de linge dans une valise, et prit pour arme une excellente épée à double tranchant et une bonne paire de pistolets qu'il eut soin de charger à deux balles. Il termina ses préparatifs en garnissant sa poche de vingt pièces d'or, et en serrant dans un portefeuille les traites dont nous avons parlé ; cela fait, il n'attendit plus que les derniers ordres de la comtesse.

L'enthousiasme, si naturel à la jeunesse, et l'espérance, qui avait été glacée un moment par les circonstances pénibles et inquiétantes dans lesquelles il se trouvait, et par l'idée de la privation à laquelle il allait être condamné, reprirent alors toute leur force. Son imagination, se détournant des sombres idées qu'il s'était formées de l'avenir, lui suggéra qu'il entrait alors dans la vie, en un moment de crise où le courage et les talens devaient presque certainement faire la fortune de celui qui en était doué. Pouvait-il faire un début plus honorable sur la scène tumultueuse du monde, chargé de s'y montrer par une des plus nobles maisons de l'Angleterre, et pour en prendre la défense? Et s'il pouvait s'acquitter de sa mission avec la résolution et la prudence nécessaires pour en assurer le succès, combien ne pouvait-il pas arriver d'évènemens qui rendissent sa médiation nécessaire à Bridgenorth, et qui le missent en état d'acquérir à des termes justes et honorables des droits sur sa reconnaissance, et d'en obtenir la main de sa fille?

Tandis qu'il s'occupait de ces idées agréables, quoique appuyées sur des fondemens bien incertains, il ne put s'empêcher de s'écrier tout haut : — Oui, Alice, je t'obtiendrai noblement! A peine ses lèvres avaient-elles laissé échapper ces mots, qu'il entendit comme un profond soupir à la porte de son appartement, que son domestique avait laissée entr'ouverte, et presque au même instant on y frappa tout doucement.

— Entrez, dit Julien un peu honteux de son exclamation, et craignant que quelque écouteur aux portes ne l'eût entendue; entrez, répéta-t-il s'apercevant que l'on frappait une seconde fois. Personne ne se présentant encore, il ouvrit lui-même la porte, et il y trouva Fenella.

Les yeux encore rouges des larmes qu'il paraissait qu'elle venait de verser, et avec l'air de l'abattement le plus profond, la jeune muette, portant la main sur son cœur, lui fit signe du doigt de la suivre, car c'était ainsi qu'elle lui annonçait toujours que la comtesse désirait le voir. Elle se retourna alors, comme pour le conduire à l'appartement de sa maîtresse. En la suivant le long des corridors voûtés et sombres qui offraient les moyens de communication entre les divers appartemens du château, il remarqua que la démarche vive et légère qui lui était habituelle s'était changée en un pas lent et mélancolique, qu'elle accompagnait de sons inarticulés semblables à des gémissemens, et qu'elle se permettait sans doute avec d'autant moins de contrainte, qu'il lui était impossible de juger si les autres pouvaient les entendre. Elle se tordait les mains en marchant, et donnait toutes les marques d'une extrême affliction.

Une idée qui se présenta en ce moment à l'esprit de Peveril le fit frissonner involontairement, en dépit de toute sa raison. Né dans le comté de Derby, et ayant résidé long-temps dans l'île de Man, il connaissait beaucoup de légendes adoptées par la superstition, et il savait notamment qu'une croyance populaire attribuait un esprit familier à la puissante famille des Stanley; que cet esprit, du sexe féminin, et de l'espèce qu'on appelle *Ban-Shie*, avait coutume, disait-on, de pousser des gémissemens pour annoncer des évènemens malheureux ; qu'il se montrait ordinairement versant des larmes et jetant des cris, avant la mort de toute personne de distinction appartenant à cette famille. Pendant un instant, Julien put à peine se défendre de l'idée que la jeune fille qui marchait devant lui, une lampe à la main, en pleurant et en gémissant, ne fût le génie de la famille de sa mère, qui venait lui annoncer le destin qui lui était réservé. Une réflexion analogue s'offrit en même temps à son esprit : c'était que, si le soupçon qu'il avait conçu dans la matinée relativement à Fenella était fondé, le malheureux attachement de cette jeune fille pour lui, semblable à celui de la *Ban-Shie* pour sa famille, ne pouvait prédire que désastres, lamentations et malheurs.

CHAPITRE XIX.

« Levez l'ancre à l'instant, amis, et que la voile,
« Par vos soins déployée, offre son sein au vent. »
Anonyme.

La présence de la comtesse dissipa les idées superstitieuses qui s'étaient emparées un instant de l'imagination de Julien, et le força de reporter son attention sur les affaires de la vie réelle.

— Voici vos lettres de créance, lui dit-elle en lui remettant un petit paquet soigneusement enveloppé d'une peau de veau marin ; vous ferez bien de ne les ouvrir que lorsque vous serez à Londres. Vous ne devez pas être surpris d'en trouver une ou deux adressées à des personnes qui professent la même religion que moi ; et, quant à celles-là, notre intérêt commun exige que vous preniez les plus grandes précautions pour les remettre.

— Je suis votre messager, madame, et, quels que soient les ordres dont vous me chargiez, je les exécuterai: permettez-moi pourtant de vous dire que je doute que des relations avec des catholiques puissent être utiles pour me faire arriver au but de ma mission.

— Vous avez déjà donné entrée dans votre esprit aux préventions générales d'une maudite secte, dit la comtesse en souriant; et, dans les dispositions où sont actuellement les Anglais, vous n'en êtes que plus propre à vous trouver parmi eux. Mais, mon prudent ami, l'adresse de ces lettres est conçue de telle manière que vous ne courrez aucun danger en les remettant; d'ailleurs, les gens à qui vous devez les remettre sont si bien déguisés, que vous pourrez converser avec eux sans aucun risque. Sans leur aide, soyez sûr que vous ne pourriez obtenir avec assez d'exactitude les renseignemens que vous allez chercher. Personne ne peut vous dire aussi exactement d'où vient le vent, que le pilote dont le vaisseau est exposé à la tempête. D'ailleurs, quoique, vous autres protestans, vous refusiez à nos prêtres l'innocence de la colombe, vous êtes assez disposés à leur accorder toute la prudence du serpent. Pour parler sans figure, je vous dirai qu'ils ont les moyens les plus étendus de savoir tout ce qui se passe, et que la volonté d'en faire usage ne leur manque point. Je désire donc que vous profitiez de leurs connaissances et de leurs avis, s'il est possible.

— Quelques ordres que vous me donniez, madame, je me ferai un devoir de les exécuter avec exactitude. Et maintenant, comme il est inutile de différer l'exécution d'un projet une fois arrêté, faites-moi connaître le moment auquel vous avez fixé mon départ.

— Il doit être aussi prompt que secret. Cette île est pleine d'espions, et je ne voudrais pas qu'aucun d'eux se doutât que je fais partir de Man un envoyé pour Londres. Pouvez-vous être prêt à partir demain matin?

— Cette nuit, à l'instant même. Mes petits préparatifs de départ sont terminés.

— Soyez donc prêt dans votre chambre à deux heures du matin. J'enverrai quelqu'un vous avertir, car notre secret, quant à présent, doit avoir le moins de confidens possible. Votre passage est retenu à bord d'un sloop étranger ; vous vous rendrez à Londres, soit en passant par le château de Martindale, soit par telle autre route que vous jugerez convenable. Lorsqu'il sera nécessaire d'annoncer votre absence, je dirai que vous êtes allé voir vos parens. Mais un moment : après votre débarquement à Whitehaven, il faudra que vous voyagiez à cheval. Vous avez à la vérité des lettres de change ; mais avez-vous assez d'argent comptant pour vous procurer un bon coursier?

— J'en ai suffisamment, madame, et l'on ne manque pas de bons chevaux dans le Cumberland. Il s'y trouve des gens qui savent s'en procurer d'excellens et à bon marché.

— Ne vous y fiez pas ; mais voici ce qui vous procurera le meilleur cheval qu'on puisse trouver sur les frontières... Quoi ! seriez-vous assez simple pour me refuser?

Tout en parlant ainsi, elle lui présentait une bourse bien remplie, et Peveril se vit obligé de l'accepter.

— Un bon cheval et une bonne épée, Julien, ajouta la comtesse, sont, après un bon cœur et une bonne tête, ce qui convient le mieux à un Cavalier.

— Je vous baise donc les mains, madame, dit Peveril, et je vous prie humblement de croire que, s'il me manque quelque chose pour réussir dans mon entreprise, ce ne sera jamais le désir de servir ma noble parente, ma généreuse bienfaitrice.

— Je le sais, mon ami, je le sais ; et que Dieu me par

donne si mes inquiétudes pour mon fils vous font courir des dangers auxquels il aurait été plus juste qu'il s'exposât lui-même! Allez! allez! que les saints et les anges veillent sur vous! Fenella informera le comte que vous souperez dans votre appartement. Je garderai aussi le mien, car je ne serais pas en état de soutenir ce soir les regards de mon fils. Il ne me saura pas beaucoup de gré de vous avoir chargé de cette mission, et bien des gens se demanderont si j'ai agi en dame de Latham quand j'ai exposé le fils de mon amie à des périls qui auraient dû être bravés par le mien. Mais je suis une malheureuse veuve, Julien, et le malheur m'a rendue égoïste.

— Ne parlez pas ainsi, madame; ce serait encore moins agir en dame de Latham, que de prévoir des dangers qui peut-être n'existent pas, et qui, s'ils existaient, sont moins à craindre pour moi que pour mon noble parent. Adieu! que la protection du ciel soit avec vous! Rappelez-moi au souvenir de Derby, et faites-lui mes excuses. J'attendrai vos ordres à deux heures après minuit.

Ils se séparèrent après un adieu affectueux, plus affectueux encore de la part de la comtesse, dont la générosité lui reprochait toujours d'exposer Peveril à des dangers pour les épargner à son fils.

Julien s'était retiré dans son appartement solitaire. Son domestique lui apporta bientôt du vin et des rafraîchissemens; et, malgré toutes les réflexions qui se croisaient dans son esprit, il n'oublia pas le besoin d'en profiter. Mais, après cette occupation indispensable, ses pensées se succédant l'une à l'autre comme les vagues du reflux de la mer, son imagination lui rappela le passé, et chercha à soulever le voile qui couvrait l'avenir. Ce fut en vain qu'enveloppé d'une grande redingote il se jeta sur son lit pour appeler le sommeil: la perspective incertaine qui s'ouvrait devant lui, ses doutes sur la manière dont Bridgenorth pourrait disposer de sa fille pendant son absence, ses craintes que le major lui-même ne tombât au pouvoir de la vindicative comtesse, mille vagues appréhensions dont il ne pouvait lui-même se rendre compte, agitèrent son sang et ne lui permirent de goûter aucun repos. Tantôt il s'asseyait dans un grand fauteuil de bois de chêne, et écoutait le bruit des vagues qui se brisaient sous ses fenêtres, et les cris des oiseaux de mer qui troublaient le silence de la nuit; tantôt il se promenait lentement à grands pas dans sa chambre, et il s'arrêtait quelquefois devant une croisée pour contempler la mer, qui semblait sommeiller sous l'influence de la pleine lune, dont les rayons argentaient chaque vague. Telles furent les seules distractions qu'il put imaginer jusqu'à une heure après minuit, et il passa l'heure qui suivit dans l'attente de l'ordre de son départ.

Deux heures sonnèrent enfin. Un coup légèrement frappé à sa porte et suivi d'un murmure inarticulé, lui fit soupçonner que la comtesse avait encore employé sa suivante muette comme la personne qui devait être le ministre le plus sûr de ses volontés en cette occasion. Il crut trouver quelque chose d'inconvenant dans ce choix, et ce fut avec un mouvement d'impatience, étranger à la générosité naturelle de son cœur, qu'en ouvrant la porte il vit la jeune muette debout devant lui. La lampe qu'il tenait à la main réfléchissait une vive lumière sur ses traits, et fit probablement reconnaître à Fenella l'expression qui les animait. Elle baissa tristement ses grands yeux noirs vers la terre, et sans oser les relever sur lui elle lui fit signe de la suivre. Il ne prit que le temps nécessaire pour assurer ses pistolets dans sa ceinture, serrer son manteau autour de lui, mettre sa petite valise sous son bras, et ils sortirent de la partie habitée du château par divers passages obscurs conduisant à une poterne que Fenella ouvrit par le moyen d'une clef qu'elle choisit dans un trousseau suspendu à sa ceinture.

Ils étaient alors dans la cour du château, éclairée par un clair de lune jetant une lumière pâle et lugubre sur les ruines qui les entouraient, et qui donnaient à ce lieu l'apparence d'un ancien cimetière plutôt que celle de l'intérieur d'une place fortifiée. La tour ronde et élevée, l'ancien monticule faisant face à l'édifice jadis honoré du nom de cathédrale, semblaient avoir une forme encore plus antique et plus bizarre, vus à la lueur douteuse qui les frappait alors.

Fenella se dirigea vers une des églises dont nous avons déjà parlé, et Julien la suivit, quoiqu'il devinât le chemin qu'elle allait prendre, et qu'il fût assez superstitieux pour ne pas se soucier d'y passer. C'était par un passage secret, traversant cette église, que le corps-de-garde extérieur de la garnison communiquait autrefois avec l'intérieur de la place, et c'était par là qu'on apportait chaque soir au gouverneur les clefs du château, lorsque les portes en étaient fermées et que les sentinelles étaient à leur poste. Cette coutume avait été abandonnée sous le règne de Jacques Ier, et ce passage avait cessé d'être fréquenté, à cause de la légende bien connue du *chien Manthe*[1], esprit ou démon qui avait pris la forme d'un chien noir, et par qui cette église était hantée. On croyait, comme article de foi, que ce spectre était devenu jadis si familier avec les hommes, qu'il se montrait presque toutes les nuits dans le corps-de-garde, où il arrivait par le passage dont nous venons de parler, et par lequel il se retirait dès le point du jour. Les soldats s'habituèrent à cette apparition, mais pas assez pour se permettre de prononcer un seul mot avant son départ. Une nuit pourtant, un d'entre eux, rendu hardi par l'ivresse, jura qu'il saurait si c'était un chien ou un diable; et, tirant son sabre, il suivit le spectre quand il s'en alla par sa route

---

(1) *Manthe dog*, ce qui probablement signifie le chien de l'île de Man. Ép.

ordinaire. Il revint au bout de quelques minutes : la terreur avait dissipé son ivresse; il avait la bouche ouverte, et ses cheveux étaient dressés sur sa tête ; mais, malheureusement pour les amis du merveilleux, il se trouva hors d'état de pouvoir raconter les horreurs qu'il avait vues. Ce évènement fit du bruit, et mit ce lieu en discrédit. On abandonna le corps-de-garde ; on en fit construire un nouveau ; on ouvrit une autre communication, quoique moins directe, avec le gouverneur ou sénéchal du château, et l'on cessa de fréquenter le passage qui traversait les ruines de l'église.

En dépit des terreurs que cette légende, conservée par la tradition, attachait à ce passage, Fenella, suivie de Peveril, traversa hardiment ses voûtes chancelantes sous lesquelles ils étaient guidés, à travers les débris, tantôt par la lueur précaire de la lampe que portait la jeune muette, tantôt par la clarté de la lune, qui pénétrait par les brèches faites aux murailles par le temps ou par quelques fenêtres qu'il avait encore épargnées. Ce chemin faisant beaucoup de détours, Peveril ne put s'empêcher d'être surpris de la connaissance que sa singulière compagne paraissait avoir de cette espèce de labyrinthe, et de la hardiesse avec laquelle elle le traversait. Il n'était pas lui-même assez exempt des préjugés du siècle où il vivait, pour ne pas songer avec quelque appréhension qu'il était possible qu'ils avançassent jusqu'au repaire du *chien-fantôme*, et, chaque fois que le vent soufflait à travers les ruines, il lui semblait l'entendre aboyer contre les audacieux mortels qui osaient venir le troubler dans son royaume ténébreux.

Rien ne les interrompit pourtant dans leur marche, et au bout de quelques minutes ils arrivèrent au vieux corps-de-garde abandonné. Ce qui restait des murs de ce petit édifice servit à les dérober à la vue des sentinelles, dont l'une, à demi endormie, était de garde à la porte extérieure du château, tandis que l'autre, assise tranquillement sur les marches de pierre qui conduisaient au parapet du mur de clôture, dormait en toute sécurité, à côté de son mousquet. Fenella fit signe à Peveril de marcher en silence et avec précaution, et lui montra, à sa grande surprise, par une fenêtre du corps-de-garde, une barque avec quatre rameurs, au pied du roc sur lequel s'élevait le château, car c'était l'heure de la haute marée. Elle lui fit voir ensuite qu'il devait y descendre par une échelle très haute appuyée contre une croisée.

Julien fut mécontent et alarmé de la négligence des sentinelles, qui avaient laissé faire de semblables préparatifs sans s'en apercevoir et sans donner l'alarme, et il ne savait trop s'il ne devait pas appeler l'officier de garde pour lui reprocher sa nonchalance, et lui faire voir combien il serait facile à quelques hommes résolus de surprendre Holm-Peel, en dépit de la force naturelle de sa position et de sa réputation d'imprenable. Fenella sembla deviner ses pensées, avec ce tact et cette finesse d'observation que la nature paraissait lui avoir donnés en dédommagement de l'imperfection de ses sens. Elle mit une main sur son bras, et posa un doigt de l'autre sur ses lèvres, comme pour lui enjoindre la prudence; et Peveril, sachant qu'elle agissait d'après les ordres de la comtesse, n'hésita pas à obéir, mais avec la résolution de ne pas perdre de temps pour informer le comte du danger auquel le château était exposé sur ce point.

Cependant il descendit l'échelle avec précaution, car les échelons étaient inégaux, humides et glissans; quelques uns même étaient rompus. S'étant assis sur la poupe de la barque, il fit signe aux bateliers de prendre le large, et se retourna pour faire ses adieux à son guide. Mais quelle fut sa surprise en voyant Fenella se laisser glisser rapidement le long de l'échelle périlleuse au lieu de la descendre échelon à échelon, et, s'arrêtant sur le dernier, sauter avec une agilité incroyable sur la barque, qui commençait déjà à s'éloigner, et s'asseoir à côté de lui avant qu'il eût le temps de lui exprimer sa surprise et de lui faire des remontrances. Il ordonna aux bateliers de se rapprocher de l'échelle, et donnant à ses traits l'expression du déplaisir qu'il éprouvait réellement, il s'efforça de lui faire comprendre qu'elle devait aller retrouver sa maîtresse. Fenella croisa les bras, et le regarda avec un sourire hautain qui annonçait que sa résolution était inébranlable. Peveril se trouva fort embarrassé; il craignait de mécontenter la comtesse et de déranger ses plans en donnant l'alarme, ce qu'en tout autre cas il aurait été fort tenté de faire. Il était évident que tous les gestes auxquels il pourrait avoir recours ne feraient aucune impression sur l'esprit de Fenella; la seule question était donc de savoir comment, si elle partait avec lui, il se débarrasserait d'une compagnie si singulière, de manière à pourvoir en même temps à la sûreté de cette jeune fille.

Les bateliers se chargèrent de décider l'affaire, car, après s'être reposés un instant sur leurs rames, et avoir échangé entre eux quelques mots en allemand ou en hollandais, ils se mirent à ramer vigoureusement, et ils furent bientôt à quelque distance du château. La possibilité que les sentinelles envoyassent quelques balles ou même un boulet de canon fut encore pour Peveril un objet d'inquiétude momentanée; mais la barque s'éloigna inaperçue et sans être hélée; ce qui, quoique les rames fussent enveloppées de linge, et que les bateliers parlassent peu et très bas, prouvait, à ce que pensait Julien, beaucoup de négligence de la part des factionnaires. Quand ils furent à une certaine distance du château, les rameurs redoublèrent leurs efforts pour gagner un petit vaisseau qui n'était pas très éloigné. Pendant ce temps Peveril eut tout le loisir de remarquer que les bateliers se parlaient l'un à l'autre à voix basse, en jetant des regards inquiets sur Fenella, comme s'ils eussent craint qu'on ne les blâmât de l'avoir amenée.

Après un quart d'heure environ de navigation, ils arrivèrent au sloop. Le capitaine attendait Peveril sur le pont, et il lui offrit des rafraîchissemens; mais un mot que lui dit un des bateliers l'interrompit dans ce soin hospitalier, et il courut au bord de ce bâtiment pour s'opposer à l'intention d'y monter que témoignait Fenella. Lui et ses bateliers parlaient hollandais avec vivacité, en regardant la jeune fille avec un air d'inquiétude. Peveril se flatta que le résultat serait qu'on la ferait reconduire à terre; mais elle avait résolu de triompher de tous les obstacles. Comme on avait retiré l'échelle dès que Julien s'en était servi, elle saisit le bout d'une corde et se hissa sur le bâtiment avec autant de dextérité qu'aurait pu le faire un marin de profession, ne laissant à l'équipage d'autre moyen que la force ouverte pour l'empêcher de monter à bord : il paraît qu'on ne voulut pas y avoir recours. Dès qu'elle fut sur le pont, elle tira le capitaine par la manche, l'emmena vers la proue, et ils parurent causer ensemble par signes, mais d'une manière intelligible à tous deux.

Peveril oublia bientôt la présence de la muette, et commença à réfléchir sur sa situation et sur la probabilité qu'il y avait qu'il était séparé pour un temps assez considérable de l'objet de son affection. — Constance! se répéta-t-il à lui-même, constance! Et comme s'il eût trouvé un rapport avec le sujet de ses méditations, il fixa les yeux sur l'étoile polaire, qui brillait cette nuit avec un éclat plus qu'ordinaire : emblème d'une passion pure et d'une invincible résolution. Les pensées qui s'élevaient dans son esprit, pendant que ses regards se fixaient sur cette clarté invariable, étaient nobles et désintéressées. Chercher à procurer à son pays le bonheur et les bienfaits de la paix intérieure, considérer son amour pour Alice

Bridgenorth comme l'astre qui devait le guider à de nobles actions, telles étaient les résolutions que cette vue lui faisait concevoir et qui élevaient son esprit à cet état de mélancolie romanesque plus délicieux peut-être que la sensation d'un transport de joie.

Il fut distrait de ces réflexions par un mouvement léger. Un soupir, dans lequel on pouvait reconnaître la voix d'une femme, se fit entendre assez près de lui pour le troubler dans sa rêverie. Il tourna la tête, et vit Fenella les yeux fixés sur la même étoile qui venait d'attirer les siens. Son premier sentiment fut celui du déplaisir; mais il lui fut impossible d'en conserver long-temps contre un être si malheureux sous plusieurs rapports, si intéressant sous tant d'autres, dont les grands yeux noirs étaient mouillés d'une larme qu'on voyait briller à la clarté de la lune, et dont l'émotion semblait prendre sa source dans une tendresse digne au moins de l'indulgence de celui qui en était l'objet. Il résolut pourtant de profiter de cette occasion pour lui faire sur son étrange conduite les remontrances que la pauvre fille serait en état de comprendre. Il lui prit la main avec beaucoup de bienveillance, mais en même temps d'un air sérieux, lui montra la barque et ensuite le château, dont on pouvait à peine alors distinguer les murs et les tours dans l'éloignement, voulant ainsi lui faire comprendre qu'il était nécessaire qu'elle retournât à Holm-Peel. Fenella baissa les yeux et secoua la tête comme pour répondre qu'elle n'y consentirait jamais. Julien lui fit de nouvelles représentations, en employant successivement le langage des yeux et celui des gestes; il mit la main sur son cœur, pour désigner la comtesse, et fronça le sourcil, pour lui indiquer le mécontentement qu'elle éprouverait. A tout cela la jeune fille ne répondit que par des pleurs.

Enfin, comme si elle eût été réduite à s'expliquer par ces remontrances multipliées, elle le saisit tout-à-coup par le bras pour fixer son attention, jeta à la hâte les yeux autour d'elle, comme pour voir si personne ne l'examinait, passa l'autre main en travers sur son propre cou, lui montra la barque et le château, et lui fit un signe de tête.

Tout ce que Peveril put conclure de ces différens gestes, ce fut que Fenella croyait qu'il était menacé de quelque danger, qu'elle se flattait de pouvoir détourner par sa présence. Il était facile de comprendre surtout qu'elle semblait tenir opiniâtrément à son projet, quel qu'il fût; du moins il était clair pour Julien qu'il n'avait aucun moyen pour l'en faire changer. Il fallait donc qu'il attendît la fin de cette courte traversée, pour chercher à se débarrasser de sa compagne; et jusque là, agissant d'après la supposition que la conduite de la jeune muette lui était inspirée par l'attachement qu'elle avait conçu pour lui, il jugea que ce qu'il pouvait faire de mieux pour elle et pour lui, c'était de s'en tenir aussi éloigné que les circonstances le permettaient. En conséquence, il lui fit le signe dont elle se servait pour annoncer qu'elle allait se coucher, en appuyant la tête sur sa main; et lui ayant ainsi recommandé d'aller se reposer, il se leva, et pria le capitaine de le conduire dans le lieu où il devait passer la nuit.

Le capitaine l'introduisit dans une petite chambre où on lui avait préparé un hamac, dans lequel il se jeta pour y chercher le repos dont l'exercice et l'agitation du jour précédent et l'heure avancée de la nuit lui faisaient sentir un besoin véritable. Un sommeil profond ne tarda pas à s'emparer de lui; mais il ne fut pas de longue durée. Il fut troublé dans son sommeil par les cris d'une femme, et enfin il entendit, ou du moins il crut entendre distinctement la voix d'Alice Bridgenorth qui l'appelait par son nom.

Il s'éveilla; et, voulant sauter à bas de son lit il s'aperçut, au mouvement du navire et au balancement de son hamac, que son rêve l'avait trompé. Il doutait pourtant encore que ce ne fût qu'un rêve. Les cris : Julien Peveril, au secours ! Julien Peveril ! retentissaient encore à son oreille. La voix était bien celle d'Alice ; et il avait peine à se persuader que son imagination l'eût trompé à ce point. Était-il possible qu'elle fût à bord du même bâtiment ? Le caractère du major Bridgenorth et les intrigues dont il s'occupait ne rendaient pas cette idée trop invraisemblable ; mais, si cela était, à quel péril était-elle donc exposée, pour qu'elle l'appelât ainsi à son secours ?

Voulant sortir d'incertitude à l'instant même, il sauta à demi vêtu à bas de son hamac, et marchant à tâtons dans sa petite chambre, où il faisait aussi noir que dans un four, il parvint enfin, non sans difficulté, à en trouver la porte. Ne pouvant venir à bout de l'ouvrir, il appela à grands cris le matelot de quart. Le maître du navire, qui s'appelait capitaine, était le seul homme à bord qui pût parler quelques mots d'anglais.

— D'où vient tout ce bruit ? lui demanda Julien.

— Rien, rien, reprit-il dans son baragouin ; c'est une chaloupe qui part avec la jeune fille ; elle a pleuré un peu en quittant le bâtiment ; pas autre chose.

Cette explication satisfit Julien, qui présuma qu'un peu de violence avait été nécessaire pour déterminer Fenella à retourner au château ; et quoiqu'il fût charmé de ne pas en avoir été témoin, il ne put être fâché qu'on eût employé ce moyen. Son opiniâtreté à rester à bord, et la difficulté qu'il aurait trouvée à se débarrasser de cette singulière compagne, après être débarqué, lui avaient déjà donné beaucoup d'inquiétude, et il ne regretta nullement que le capitaine l'en eût délivré par ce coup de main.

Son rêve se trouvait ainsi pleinement expliqué. Il avait été éveillé par les cris inarticulés qu'avait poussés Fenella en résistant à la violence qu'on exerçait contre elle ; son imagination les avait convertis en paroles, et leur avait prêté la voix d'Alice Bridgenorth. Notre imagination nous joue presque toutes les nuits des tours encore plus étranges.

Tout en lui répondant, le capitaine ouvrit la porte, et parut avec une lanterne, sans l'aide de laquelle Peveril aurait eu bien de la peine à regagner son hamac ; il dormit alors d'un sommeil paisible jusqu'à ce que le capitaine vînt lui demander s'il voulait déjeuner ; et il y avait déjà long-temps que le soleil était sur l'horizon.

CHAPITRE XX.

« Quel est cet être étrange, où follet ou lutin,
« Qui, léger comme l'air, le soir et le matin,
« S'attache à tous mes pas, me suit comme mon ombre ? »
Ben Jonson.

Peveril trouva le capitaine du sloop un peu moins grossier que ne le sont ordinairement les personnes de sa profession, et il reçut de lui tous les détails qu'il désirait avoir relativement au départ de Fenella, que le marin envoya très énergiquement à tous les diables pour l'avoir obligé à jeter l'ancre jusqu'au retour de la chaloupe qu'il avait chargée de la reconduire à terre.

— J'espère, dit Julien, qu'on n'a pas eu besoin de recourir à la violence pour la déterminer à partir ? Je présume qu'elle n'a pas fait une folle résistance.

— Résistance ! répéta le capitaine : *mein Gott !* elle a fait la résistance d'un escadron, elle a crié à se faire entendre jusqu'à Whitehaven ; elle a grimpé aux cordages comme un chat sur un arbre. Mais c'était un tour de son ancien métier.

— De quel métier voulez-vous parler ?

— Oh! moi la connaître mieux que vous, *mein herr;* je l'ai connue quand elle était petite fille, toute petite fille, et qu'elle avait pour maître un *seiltanzer*, quand milady la comtesse eut la bonne fortune de l'acheter.

— Un *seiltanzer!* Qu'entendez-vous par ce mot?

— J'entends un danseur de corde, un saltimbanque, un faiseur de tour de passe-passe. Oh! je connais Adrien Brackel, *mein Gott!* qui vend des poudres pour vider l'estomac des autres, et remplir sa bourse. Oui, oui, je connais Brackel; j'ai fumé plus d'une livre de tabac avec lui.

Peveril se souvint alors que la comtesse s'était attaché Fenella pendant un voyage qu'elle avait fait sur le continent, et tandis que le jeune comte et lui étaient en Angleterre. Elle ne leur avait jamais dit où elle l'avait trouvée, et leur avait seulement donné à entendre qu'elle s'en était chargée par compassion, afin de la tirer d'une extrême détresse. Il dit au marin ce qu'il savait à cet égard.

— Détresse! dit le capitaine; je sais seulement que Brackel avait coutume de bien la battre quand elle ne voulait pas danser sur la corde, et il la nourrissait fort légèrement quand elle dansait, pour l'empêcher de grandir. Ce fut moi qui conclus le marché entre la comtesse et lui; parce qu'elle avait loué mon sloop pour son voyage sur le continent. Personne que moi ne savait d'où elle venait. La comtesse l'avait vue sur un théâtre à Ostende, et avait eu pitié de sa situation, et de la manière dont elle était traitée. Milady m'avait chargé alors d'acheter la pauvre créature de son maître, et m'avait défendu d'en parler à aucun de ses domestiques. Aussi, continua le fidèle confident, je garde le silence quand mon bâtiment est dans les havres de Man; mais en pleine mer je suis maître de parler. Ces imbéciles de l'île de Man disent que c'est une *wechselbalg,* ce que vous autres vous appelez une fée, un lutin qui change de forme à volonté, *mein Gott!* Vous n'avez jamais vu une *wechselbalg!* j'en ai vu une à Cologne, et deux fois plus grosse que cette jeune fille, mangeant trois fois plus, et ruinant les pauvres gens qui étaient avec elle, comme le coucou dans le nid du moineau. Mais cette Fenella ne mange pas plus qu'une autre jeune fille ; oh! ce n'est pas une *wechselbalg.*

Par une suite de raisonnemens tout différens, Julien était arrivé à la même conclusion. Pendant que le marin faisait son récit, il réfléchissait que cette malheureuse fille devait l'étonnante flexibilité de ses membres et l'agilité de tous ses mouvemens à l'apprentissage qu'elle avait fait sous Adrien Brackel ; et que des germes de passions fantasques et capricieuses pouvaient avoir été semés dans son cœur pendant son enfance, qu'elle avait passée à courir le pays avec un saltimbanque. L'éducation qu'avait reçue Peveril ayant rempli sa tête d'idées aristocratiques, les anecdotes qu'il venait d'apprendre sur la vie et la première situation de Fenella augmentèrent encore le plaisir qu'il éprouvait en se voyant débarrassé de sa compagnie, et cependant il désirait connaître tous les détails que le capitaine pouvait encore avoir à lui communiquer sur ce sujet. Mais le marin lui avait déjà dit tout ce qu'il savait. Il ignorait quels étaient les parens de la jeune muette ; seulement il fallait que son père eût été un misérable *schelm*, c'est-à-dire un infâme coquin, pour avoir vendu sa chair et son sang à Adrien Brackel ; car c'était à prix d'argent que le charlatan était devenu maître de son élève.

Cette conversation dissipa tous les doutes qui avaient commencé à s'élever dans l'esprit de Julien sur la fidélité du capitaine, puisqu'il paraissait connaître la comtesse depuis long-temps, et avoir eu quelque part à sa confiance. Le geste effrayant qu'avait fait Fenella ne lui parut plus mériter aucune attention, et il ne le regarda que comme une nouvelle preuve de son caractère irritable.

Il s'amusa quelque temps à se promener sur le pont, en réfléchissant sur les évènemens passés de sa vie, et sur ceux que l'avenir pouvait lui réserver. Mais bientôt son attention fut forcée de changer d'objet. Le vent venait de passer au nord-ouest, et il était si contraire à la marche que le bâtiment devait suivre, que le capitaine, après avoir fait de vains efforts pour y résister, déclara que son sloop, qui n'était pas excellent voilier, était hors d'état de gagner Whitehaven, et qu'il était forcé de suivre le vent et de se diriger vers Liverpool. Peveril n'y fit aucune objection. Son voyage par terre en serait moins long s'il passait par le château de son père; et, de manière ou d'autre, les intentions de la comtesse n'en seraient pas moins exécutées.

Le vaisseau fut donc mis sous le vent, et il vogua avec beaucoup de rapidité. Cependant le capitaine faisant valoir des motifs de prudence, résolut de jeter l'ancre dans la rade, et ne voulut pas entrer pendant la nuit dans l'embouchure de la Mersey. Le jour parut enfin, et Peveril eut alors la satisfaction de débarquer sur le quai de Liverpool, qui montrait déjà quelques signes de cette prospérité commerciale portée depuis ce temps à un si haut point.

Le capitaine, qui venait souvent dans ce port, indiqua à Julien une assez bonne auberge, principalement fréquentée par les marins; car, quoique Peveril eût déjà été à Liverpool, il ne jugeait pas à propos de se montrer cette fois dans aucun endroit où l'on aurait pu le reconnaître. Il prit donc congé du capitaine, après l'avoir forcé, non sans peine, à accepter un petit présent pour son équipage. Quant au prix du passage, le capitaine ne voulut point en entendre parler, et ils se séparèrent de la manière la plus amicale.

L'auberge était remplie d'étrangers, de marins et de commerçans, tous occupés de leurs propres affaires, et s'en entretenant avec ce bruit et cette vivacité qu'on remarque dans un port de mer florissant. Mais quoique la plupart des entretiens qui avaient lieu dans la salle destinée au public eussent pour objet des affaires particulières, il s'y mêlait un sujet général de conversation qui semblait intéresser tous les interlocuteurs ; de sorte qu'au milieu des discussions sur le fret et les assurances, on entendait les cris : — maudit complot ! — conspiration infernale ! — le roi est en danger ! — abominables papistes ! — la potence est un châtiment trop doux pour eux !

Il était évident que la fermentation de Londres s'était étendue jusqu'à ce port éloigné, et qu'elle y avait été reçue par les habitans avec cette énergie orageuse qui donne aux habitans des côtes de la mer quelque rapport avec les vents et les vagues de leurs parages. Les intérêts commerciaux et maritimes de l'Angleterre étaient à la vérité anticatholiques, quoiqu'il ne soit peut-être pas facile d'en donner une bonne raison, puisqu'on ne peut guère supposer qu'ils aient aucun rapport avec des disputes théologiques. Mais, dans les classes inférieures du peuple, le zèle est souvent en raison inverse des connaissances, et quoique les marins ne connussent rien des points qui divisaient les deux églises, ils n'en étaient pas moins entièrement dévoués au protestantisme. Quant aux commerçans, ils étaient en quelque sorte ennemis nés de la noblesse des comtés de Lancastre et de Chester ; la plupart des nobles de ces environs étant encore attachés à la foi de l'église romaine, le catholicisme leur devenait dix fois plus odieux, comme étant la marque distinctive de gens qu'ils détestaient à cause de leur morgue aristocratique.

D'après le peu que Peveril venait d'entendre des sentimens des habitans de Liverpool, il jugea qu'il agirait prudemment en s'éloignant de cette ville le plus tôt possible, et avant qu'on vînt à le soupçonner d'avoir quelques liaisons avec un parti devenu l'objet de la haine générale.

Pour continuer son voyage, il fallait d'abord qu'il achetât un cheval, et pour cela il résolut d'avoir recours aux écuries d'un maquignon bien connu à cette époque, et qui demeurait dans un faubourg de cette ville. S'étant procuré son adresse, il se rendit chez lui.

Les écuries de Joe Bridlesley nourrissaient un grand nombre de bons chevaux, car ce commerce était alors beaucoup plus étendu qu'il ne l'est à présent. Il était assez ordinaire de voir un étranger qui avait un voyage à faire acheter un cheval qu'il vendait ensuite, pour ce qu'il pouvait en tirer, au lieu de sa destination. Il en résultait des demandes fréquentes de chevaux, et les marchands avaient soin de n'en être jamais dépourvus. Mais soit qu'ils en achetassent ou qu'ils en vendissent, Bridlesley et ses confrères avaient toujours soin de faire de bons profits.

Julien, assez bon connaisseur en chevaux, en choisit un vigoureux, d'environ seize palmes de hauteur, et le fit conduire dans la cour pour voir si son allure répondait à son extérieur. Comme il en fut parfaitement content, il ne restait qu'à en fixer le prix avec Bridlesley. Celui-ci ne manqua pas de jurer que sa pratique avait choisi le meilleur cheval qui eût jamais passé par la porte de ses écuries depuis qu'il faisait ce commerce; qu'il serait impossible d'en trouver un semblable, attendu que la jument qui l'avait mis bas était morte, et il finit par en demander un prix proportionné à l'éloge. On se mit alors à marchander, suivant l'usage, pour arriver à ce que les marchands français appellent *le juste prix*.

Si le lecteur connaît un peu ce genre de trafic, il sait qu'on y met en général beaucoup de vivacité, et qu'il attire ordinairement un cercle d'oisifs toujours disposés à donner leur opinion et leur avis. Parmi les assistans se trouvait en cette occasion un homme maigre, un peu au-dessous de la taille ordinaire et assez mal vêtu, mais qui parlait d'un ton à annoncer beaucoup de confiance en lui-même, et de manière à prouver qu'il connaissait bien l'objet dont il parlait. Le prix du cheval ayant été convenu à quinze livres sterling, prix considérable pour cette époque, il restait à fixer celui de la selle et de la bride, et l'homme maigre et de mauvaise mine dont nous avons déjà parlé trouva presque autant à dire sur ce sujet que sur le premier. Comme toutes ses remarques avaient un air d'obligeance pour l'étranger, et tendaient à le favoriser, Peveril le regarda comme un de ces oisifs qui, n'ayant pas le moyen de se livrer à leur goût pour leur propre compte, ne sont pas fâchés d'employer leurs connaissances pour le service des autres, dans l'espoir d'en obtenir quelque récompense; et croyant qu'il pourrait obtenir d'un tel homme quelques renseignemens utiles, il allait lui faire la politesse de lui offrir de vider une bouteille de vin avec lui, quand il s'aperçut qu'il avait disparu tout-à-coup. A peine avait-il remarqué cette circonstance, que de nouvelles pratiques entrèrent dans la cour, et leur air d'importance attira sur-le-champ l'attention de Bridlesley et de toute sa milice de jockeys et de palefreniers.

— Trois bons chevaux, dit celui qui paraissait à la tête des nouveau-venus, et dont la respiration sonore annonçait en même temps l'embonpoint et l'importance; trois chevaux bons et vigoureux, pour le service des communes d'Angleterre.

— J'ai quelques chevaux, dit Bridlesley, dignes d'être montés au besoin par le président même de la chambre; mais, pour dire la vérité en chrétien, je viens de vendre le meilleur de mon écurie au jeune homme que vous voyez, et qui sans doute ne refusera pas de vous céder son marché, si ce cheval est nécessaire pour le service de l'État.

— C'est bien parler, l'ami, dit le personnage important. Et se tournant vers Julien, il lui demanda d'un ton impérieux de lui céder le cheval qu'il venait d'acheter.

Peveril éprouvait le plus violent désir de répondre à cette demande déraisonnable par un refus positif, et ce ne fut pas sans peine qu'il le réprima, se souvenant que la situation dans laquelle il se trouvait alors exigeait beaucoup de circonspection ; il lui répliqua donc simplement que s'il lui prouvait qu'il était autorisé à prendre des chevaux pour le service public, il devait naturellement consentir à lui céder celui qu'il venait d'acheter.

L'inconnu, avec un air de grande dignité, tira de sa poche et mit dans la main de Peveril un ordre signé par le président de la chambre des communes, autorisant Charles Topham, huissier de la verge noire, à poursuivre et arrêter certains individus dénommés audit ordre, et toutes autres personnes qui étaient ou qui seraient accusées par des témoins compétens d'être fauteurs ou complices du complot infernal des papistes, complot ourdi dans le sein même du royaume ; par lequel ordre étaient tenus tous sujets fidèles et loyaux de prêter aide et assistance audit Charles Topham dans l'exécution de sa mission.

En voyant une pièce de cette importance, Julien n'hésita plus à céder son cheval à ce fonctionnaire formidable, que quelqu'un a comparé à un lion qu'il fallait bien nourrir à force de mandats d'arrêts, puisqu'il plaisait à la chambre des communes d'entretenir un tel animal. Aussi les mots : *Sus, Topham!* devinrent un proverbe, et un proverbe redoutable dans la bouche du peuple.

La complaisance de Peveril lui valut les bonnes grâces

de l'émissaire, qui, avant de choisir des chevaux pour ses deux compagnons, lui permit d'acheter un cheval gris, fort inférieur, à la vérité, à celui qu'il avait d'abord choisi, autant pour la tournure que pour l'activité, mais dont le prix fut à peu près le même; car Bridlesley, voyant qu'on lui demandait des chevaux pour le service des communes d'Angleterre, avait formé la résolution tacite d'en augmenter le prix de vingt pour cent.

Peveril convint du prix, et le paya pour cette fois beaucoup plus promptement qu'il ne l'avait fait lors de son premier marché; car il avait lu dans le mandat dont Topham était porteur le nom de son père, sir Geoffrey Peveril, du château de Martindale, écrit en grosses lettres, comme un des individus que cet officier devait arrêter.

Instruit de ce fait important, Julien n'en fut que plus pressé de partir de Liverpool pour se rendre dans le comté de Derby et donner l'alarme à son père, si toutefois M. Topham n'avait pas déjà exécuté l'ordre de son arrestation, ce qui ne lui paraissait pas vraisemblable, car on pouvait supposer qu'il aurait voulu d'abord s'assurer de la personne de ceux qui demeuraient dans le voisinage des ports de mer. Un mot ou deux qu'il entendit le confirmèrent dans cette opinion.

— M'entendez-vous, l'ami? disait Topham au maquignon; vous ferez conduire ces chevaux, dans deux heures, à la porte de M. Shortell, marchand mercier, où nous nous rafraîchirons en buvant un verre de vin, tout en nous informant s'il se trouve dans les environs quelques personnes que je puisse arrêter chemin faisant. Et vous voudrez bien faire rembourrer cette selle, car on dit que les routes du comté de Derby sont dures. Quant à vous, capitaine Dangerfield, et vous, M. Everett, il faut que vous mettiez vos lunettes de protestant, et que vous me montriez jusqu'à l'ombre d'un prêtre ou d'un ami des prêtres, car je suis venu ici avec un balai pour nettoyer le pays de pareil bétail.

Un de ceux à qui il parlait ainsi, et qui avait l'air d'un marchand ruiné, lui répondit seulement : — Oui, oui, M. Topham ; il est temps de balayer la grange.

La réponse de l'autre fut moins laconique. C'était un homme qui avait une paire de moustaches formidables, le nez rouge, un habit galonné montrant la corde, et un chapeau dont les dimensions ne le cédaient en rien à celui de Pistol [1].

— Je veux être damné, s'écria ce zélé protestant, si je ne reconnais pas les marques de la bête sur toutes personnes de seize à soixante-dix-sept ans, aussi clairement que si elles avaient pris de l'encre au lieu d'eau bénite pour faire le signe de la croix. Puisque nous avons un roi qui veut faire justice et une chambre des communes qui encourage les poursuites, la bonne cause ne doit pas souffrir faute de dénonciations.

— Tenez-vous-en là, noble capitaine, répondit l'officier ; mais croyez-moi, réservez vos sermens pour en faire usage devant les cours de justice ; c'est les prodiguer inutilement que de vous en servir comme vous le faites dans une conversation ordinaire.

— Ne craignez rien, M. Topham, répliqua Dangerfield ; il faut bien entretenir les talens qu'on a reçus du ciel. Si je renonçais aux sermens dans mes entretiens ordinaires, je ne saurais plus comment en faire un quand l'occasion l'exigerait. Mais vous ne m'entendez pas prononcer de sermens papistes ; je ne jure ni par la messe, ni par saint Georges, ni par aucune chose appartenant à l'idolâtrie. Je ne fais que des sermens convenables à un pauvre gentilhomme protestant qui désire servir Dieu et son roi.

— Bien parlé, très noble Festus, dit son camarade.

---

[1] Personnage d'une pièce de Shakspeare. — Éd.

Mais quoique je n'entrelarde pas mes paroles de sermens hors de saison, ne croyez pas que je sois embarrassé pour en faire quand on invoquera mon témoignage sur la *hauteur*, la *profondeur*, la *longueur* et la *largeur* de cet infernal complot contre le roi et la foi protestante.

Fatigué et presque dégoûté d'entendre des propos qui annonçaient une si franche brutalité, Peveril se hâta de conclure son marché avec Bridlesley, et prit son cheval gris pour l'emmener; mais à peine était-il à la porte de la cour qu'il entendit la conversation ci-après, et elle était d'autant plus alarmante qu'il en était l'objet.

— Quel est ce jeune homme? demanda la voix lente et douce du plus concis des deux interlocuteurs subalternes; il me semble que je l'ai vu quelque part. Est-il de ce pays?

— Non pas que je sache, dit Bridlesley, qui, de même que tous les habitans de l'Angleterre à cette époque, répondait aux questions de ces drôles avec le même respect qu'on a en Espagne pour celles d'un inquisiteur; il est étranger, tout-à-fait étranger. C'est la première fois que je le vois. Un jeune poulain sauvage, j'en réponds; il connaît aussi bien que moi la bouche d'un cheval.

— Je commence à me rappeler, dit Everett, que j'ai vu une figure semblable à la sienne à l'assemblée tenue par les jésuites à la taverne du *Cheval Blanc*.

— Et moi, dit le capitaine Dangerfield, je crois me souvenir que...

— Allons, allons, messieurs, dit la voix imposante de Topham, nous n'avons pas besoin de vos souvenirs en ce moment; nous savons d'avance à quoi ils aboutiront; mais il est bon que vous sachiez que vous ne devez courir le gibier que quand vous êtes hors de lesse. Ce jeune homme a bonne mine, et il a cédé de bonne grâce son cheval pour le service de la chambre des communes. Il sait comment il doit se conduire à l'égard de ses supérieurs, je vous en réponds; et d'ailleurs je doute qu'il ait dans sa bourse de quoi payer les frais de l'arrestation.

Ce discours termina l'entretien, que Peveril, se trouvant intéressé au résultat qu'il pouvait avoir, crut devoir écouter jusqu'au bout. Maintenant qu'il était fini, il jugea que ce qu'il avait de mieux à faire était de sortir de la ville sans se faire remarquer, et de prendre le chemin le plus court pour se rendre au château de son père. Il avait payé son écot à l'auberge; il avait apporté chez Bridlesley la petite valise contenant le peu d'objets qui lui étaient nécessaires, de sorte qu'il n'avait pas besoin d'y retourner. Il résolut donc de faire quelques milles sans s'arrêter même pour faire donner de l'avoine à son cheval, et, connaissant assez bien le pays, il espéra qu'il pourrait arriver à Martindale avant l'honorable M. Topham, dont il fallait d'abord rembourrer la selle, et qui, lorsqu'il serait à cheval, marcherait sans doute avec la précaution d'un homme craignant les effets d'un trot trop alongé.

D'après toutes ces réflexions, Julien prit la route de Warrington, lieu qu'il connaissait parfaitement; mais il ne s'y arrêta point, et passant la Mersey sur un pont construit par un des ancêtres de son ami le comte de Derby, il se dirigea vers Dishley, sur les frontières du comté. Il aurait aisément atteint ce village, si son cheval eût été en état de faire une marche forcée; mais pendant le cours de son voyage il eut plus d'une fois occasion de maudire la dignité officielle du personnage à qui il avait cédé une meilleure monture.

Il suivait la route qui lui semblait la plus directe dans un pays qu'il ne connaissait que superficiellement; mais près d'Altringham il se trouva enfin forcé de faire halte, et il ne fut plus question que de chercher un endroit tranquille et retiré pour s'y arrêter. Il crut l'avoir trouvé dans un petit hameau composé de quelques chaumières; le propriétaire de la plus considérable réunissait le métier

de meunier à celui de cabaretier. L'enseigne d'un chat
(fidèle allié de son maître pour la défense de ses sacs de
farine), botté comme le Grimalkin [1] des contes de fées,
et jouant du violon pour se donner meilleure grâce, annonçait au public que John Whitecraft exerçait ces deux
honnêtes professions ; et sans doute il avait soin de tirer
double profit de sa double industrie.

Un tel endroit promettait à un voyageur qui voulait
garder l'incognito, sinon un logement plus somptueux,
du moins une retraite plus sûre qu'une auberge plus fréquentée. En conséquence Julien descendit de cheval à
l'enseigne du *Chat jouant du violon*.

CHAPITRE XXI.

« Dans ces temps de désordre on a quelque raison
« Pour craindre des méchans l'obscure trahison. »
OTWAY.

A la porte de cette auberge du *Chat jouant du violon*,
Julien reçut les soins qu'on rend ordinairement aux voyageurs qui s'arrêtent dans ces maisons de classe subalterne.
Un garçon en guenilles, chargé du soin des chevaux,
conduisit le sien dans une misérable écurie, où pourtant
il ne manqua ni d'avoine ni de litière.

Après avoir veillé lui-même à ce qu'on eût pour son
coursier tous les soins qu'exigeait un animal sur lequel
reposait l'espoir de son voyage et peut-être sa propre sûreté, Peveril entra dans la cuisine, qui était en même
temps le salon et la salle à manger de cette petite auberge,
pour voir quels rafraîchissemens il pourrait y obtenir. Il

---

(1) Grimalkin. — Grey-Malkin, *Minet gris*; c'est le nom du chat dans la
poésie burlesque, et répondant alors à notre Rominagrobis. Les sorcières de
Macbeth invoquent aussi Grimalkin : c'est un démon qu'on suppose affection-
ner la forme du chat. — ED.

apprit, à sa grande satisfaction, qu'il ne s'y trouvait qu'un étranger; mais il fut moins content quand on lui dit qu'il fallait partir sans dîner ou partager avec cet inconnu les seules provisions qui se trouvaient dans la maison, et qui consistaient en un ragoût de truites et d'anguilles que l'hôte avait pêchées dans le petit ruisseau dont l'eau faisait tourner la roue de son moulin.

A la demande particulière de Julien, l'hôtesse se chargea d'y ajouter un plat substantiel d'œufs au lard, ce qu'elle n'aurait peut-être pas fait si l'œil perçant de Peveril n'eût découvert la tranche de lard suspendue sous le manteau de la cheminée; et comme elle ne pouvait en nier l'existence, force lui fut d'en sacrifier une partie.

C'était une femme de bonne mine, d'environ trente ans, dont l'air de propreté et d'enjouement faisait honneur au choix du joyeux meunier, son tendre époux. Elle était accroupie devant une énorme et antique cheminée, car le feu était son département, comme l'eau était celui de son mari, et elle préparait les bonnes choses qui devaient lui faire oublier ses fatigues et le renvoyer satisfait à sa besogne. Quoique la bonne femme eût paru d'abord peu disposée à se donner beaucoup de peines pour notre voyageur, cependant l'air distingué, la belle taille et les manières civiles de son nouvel hôte, attirèrent bientôt une bonne partie de son attention; et, tout en s'occupant de la cuisine, elle jetait sur lui de temps en temps un regard de complaisance, mais auquel on aurait dit qu'il se joignait un sentiment de pitié. La fumée qui s'exhalait de la poêle contenant le lard et les œufs remplissait déjà l'appartement, et le bruissement de la friture faisait chorus avec le bouillonnement du pot dans lequel le poisson cuisait à un feu plus lent. La table fut couverte d'une nappe de grosse toile, mais fort blanche, et tout était prêt pour le repas que Julien commençait à attendre avec quelque impatience, quand le compagnon qui devait le partager avec lui entra dans l'appartement.

Du premier regard, Julien reconnut en lui, à sa grande surprise, ce même homme maigre et assez mal vêtu qui, pendant son premier marché avec Bridlesley, lui avait officieusement donné son opinion et ses avis. Déjà mécontent d'être obligé d'admettre un étranger en sa compagnie, Peveril le fut bien davantage en reconnaissant en lui un homme qui pouvait avoir des prétentions, quelque minces qu'elles fussent, à sa connaissance, dans un moment où il se trouvait forcé à observer la plus grande réserve. Il lui tourna donc le dos sans affectation, fit semblant de s'amuser à regarder par une croisée, et résolut d'éviter d'entrer en conversation avec lui, à moins qu'une nécessité absolue ne l'y contraignît.

Cependant l'étranger avança droit vers l'hôtesse, qui tenait encore en main la queue de la poêle, et lui demanda à quoi elle songeait de préparer des œufs au lard, quand il lui avait dit positivement qu'il ne voulait que du poisson.

La bonne femme, avec l'air d'importance de tout cuisinier qui remplit ses fonctions, resta quelques instants sans daigner paraître avoir entendu le reproche qui venait de lui être adressé; et quand elle se détermina à parler, ce fut pour y répondre d'un ton magistral et décidé.

— Si vous n'aimez pas le lard, du lard de mon propre cochon, bien nourri de pois et de son; si vous n'aimez pas le lard et les œufs, des œufs tout frais pondus par mes poules, et que j'ai dénichés de mes propres mains, eh bien, tant pis pour Votre Honneur; il pourra se trouver des gens qui les aiment.

— Il pourra se trouver des gens qui les aiment! répéta l'étranger; cela veut-il dire que j'aurai un compagnon de table, brave femme?

— Ne m'appelez pas brave femme, répondit la meunière, avant que je vous appelle brave homme ; et je vous promets qu'il y a bien des gens qui ne voudraient pas donner ce nom à quelqu'un qui refuse de manger des œufs au lard un vendredi.

— Il ne faut pas mal interpréter ce que je vous dis, ma bonne hôtesse, répliqua l'étranger. Je suis convaincu que vos œufs et votre lard sont excellens, mais c'est une nourriture un peu trop pesante pour mon estomac.

— Ou pour votre conscience, peut-être, riposta l'hôtesse ; et maintenant que j'y pense, vous désirez peut-être que votre poisson soit assaisonné à l'huile, au lieu de la bonne graisse que j'allais y mettre. Je voudrais pouvoir deviner ce que tout cela signifie ; mais je réponds que John Bigstaff, le constable, en viendrait aisément à bout.

Un moment de silence s'ensuivit ; mais Julien, un peu alarmé de la tournure que prenait la conversation, devint intéressé à examiner le jeu muet qui y succéda. En inclinant la tête vers son épaule gauche, mais sans tourner le corps, et sans quitter la fenêtre devant laquelle il s'était posté, il remarqua que l'étranger, se croyant sûr de ne pas être observé, s'approcha de l'hôtesse, et il crut le voir lui glisser dans la main une pièce d'argent. Le changement de ton de la meunière confirma cette supposition.

— Au surplus, dit-elle, ma maison est le palais de la liberté, et il en doit être de même de celle de tout aubergiste. Que m'importe ce qu'on y mange et ce qu'on y boit, pourvu qu'on paie honorablement ? Il y a des gens très honnêtes dont l'estomac ne peut digérer le lard et la graisse, surtout le vendredi ; mais que m'importe à moi ou à mes confrères, pourvu que nous soyons raisonnablement récompensés de nos peines ? J'ajouterai seulement que, d'ici à Liverpool, on ne pourrait trouver de meilleur lard ni de meilleurs œufs, et c'est une vérité que je soutiendrai à la vie et à la mort.

— Je n'ai pas la moindre envie de contester ce point, dit l'étranger. Et se tournant vers Julien : C'est sans doute monsieur, ajouta-t-il, qui doit être mon compagnon de table ; je souhaite qu'il trouve à son goût le mets que je ne puis l'aider à manger.

— Je vous assure, monsieur, dit Peveril, qui se vit alors forcé à se retourner et à répondre avec civilité, que ce n'est pas sans peine que j'ai déterminé notre hôtesse à ajouter mon couvert au vôtre, et à préparer ses œufs au lard, qu'elle est maintenant si empressée de voir manger.

— Je ne suis empressée, répondit la meunière, que de voir mes hôtes manger ce que bon leur semble et payer leur écot ; et s'il y a dans un plat de quoi manger pour deux, je ne vois pas la nécessité d'en apprêter un autre. Au surplus les voilà prêts l'un et l'autre, et j'espère qu'on les trouvera bons. — Alice ! Alice !

Le son de ce nom bien connu fit tressaillir Julien ; mais l'Alice qui se présenta ne ressemblait en rien à l'Alice que son imagination avait conjurée. C'était une grosse servante les pieds nus et faisant les plus vils ouvrages de l'auberge. Elle aida sa maîtresse à placer les mets sur la table, et un pot d'ale mousseuse, brassée à la maison, fut mis au milieu ; dame Whitecraft assurant qu'elle était de première qualité : — Car, dit-elle, nous savons par expérience que trop d'eau noie le meunier, et nous l'épargnons dans notre cuve à brasser comme nous désirons que le ciel l'épargne sous la roue de notre moulin.

— Je bois à votre santé, ma bonne hôtesse, dit l'étranger, et à l'oubli de notre petite querelle, en vous remerciant de l'excellent poisson que vous avez préparé.

— Je vous remercie moi-même, monsieur ; mais je n'ose vous faire raison, car notre homme dit que cette ale est trop forte pour la tête d'une femme. Je ne me per-

mets qu'un verre de vin des Canaries de temps en temps
avec une commère ou quelque voyageur qui en a envie.

— Vous en boirez donc un verre avec moi, dame
Whitecraft, dit Peveril, si vous voulez m'en donner un
flacon.

— De tout mon cœur, monsieur, répondit-elle, et je
vous garantis que vous le trouverez aussi bon qu'aucun
qui ait jamais été mis en perce. Mais il faut que j'aille au
moulin pour demander la clef du caveau à notre homme.

En parlant ainsi, ayant retroussé les pans de sa robe
en les faisant passer par les fentes des poches, afin de
pouvoir marcher d'un pas plus agile et d'éviter la poussière à ses vêtemens, elle courut au moulin qui était à
deux pas.

La meunière est jolie, et partant dangereuse,

dit l'étranger en regardant Peveril. N'est-ce pas ainsi que
s'exprime le vieux Chaucer?

— Je... je le crois, répondit Peveril, qui connaissait
fort peu les vers de Chaucer, qu'on lisait à cette époque
encore moins qu'à présent, et qui était fort surpris d'entendre un homme dont la mise était si mesquine citer un
ouvrage de littérature.

— Oui! ajouta l'étranger, je vois que, comme la plupart des jeunes gens d'aujourd'hui, vous connaissez
mieux Waller et Cowley que la source du pur anglais.
Je ne puis m'empêcher d'être d'un avis différent. Il y a
des traits de nature dans le vieux poète de Woodstock
qui valent toutes les tournures de l'esprit recherché de
Cowley, et toute la simplicité ornée et artificielle du
courtisan son compétiteur. Par exemple, sa description
de la coquette du village...

Aimant à folâtrer, en coursier jeune encore
Dont la bride jamais n'a dégradé le cou;
Douce comme une fleur, roide comme un verrou,

Et si vous voulez du pathos, où trouverez-vous mieux que la scène de la mort d'Arcite ?

> O reine de mon cœur ! ô femme tant chérie !
> O toi, qui m'as donné, toi, qui m'ôtes la vie !
> Qu'est-ce donc que ce monde, et qu'y vient-on chercher ?
> Au printemps de nos jours l'amour sait nous toucher ;
> L'hiver vient, et la tombe est tout ce qui nous reste.

Mais je vous ennuie, monsieur, et je fais tort au poète en le citant ainsi par lambeaux.

— Au contraire, monsieur, répondit Julien ; en me récitant ses vers, vous les rendez plus intelligibles pour moi qu'ils me l'ont jamais paru toutes les fois que j'ai essayé de les lire.

— C'est que vous vous laissez effrayer par l'ancienne orthographe et par les lettres gothiques, lui dit son compagnon. Il en est de même de plus d'un savant qui prend une noisette, que ses doigts pourraient casser avec un léger effort, pour un noyau de pêche sur lequel il faut qu'il se brise les dents. Mais les vôtres ont une meilleure occupation. Vous servirai-je un morceau de ce poisson ?

— Non, monsieur, non, répliqua Julien, voulant prouver à son tour qu'il n'était pas sans érudition ; je suis de l'avis du vieux Caïus dont j'admire le jugement[1] ; je pense, comme lui, qu'il faut se battre quand on ne peut faire mieux, et ne pas manger de poisson.

L'étranger promena autour de lui un regard effrayé, en entendant cette observation que Julien avait jetée en avant pour chercher à découvrir, s'il était possible, quelle était la véritable qualité de son compagnon, dont le langage était si différent de celui qu'il avait tenu lors de leur première entrevue chez Bridlesley. Ses traits n'offraient rien d'extraordinaire ni de remarquable, mais sa physionomie avait cet air d'intelligence que l'éducation

---

[1] C'est le nom d'un docteur français dans les *Merry wives of Windsor* de Shakspeare. — Ed.

donne à la figure la moins prévenante ; et ses manières étaient si pleines d'aisance, si peu embarrassées, qu'on reconnaissait évidemment en lui un homme habitué à voir la bonne et même la haute société. L'alarme qu'il n'avait pu s'empêcher de montrer lors de la réponse de Peveril ne fut que momentanée, car il lui répondit presque au même instant en souriant : — Je vous assure, monsieur, que vous ne vous trouvez pas en compagnie dangereuse, et, malgré mon dîner maigre je suis très disposé à goûter du mets savoureux placé devant vous, si vous voulez m'en servir.

Peveril plaça sur l'assiette de l'étranger ce qui restait des œufs au lard, et le vit en avaler une bouchée avec une apparence de plaisir. Mais l'instant d'après il se mit à jouer avec son couteau et sa fourchette en homme qui n'a plus d'appétit, but un grand verre d'ale, et avança son assiette à un gros chien qui, alléché par l'odeur du dîner, était venu se placer près de lui depuis quelque temps, se léchant le museau de temps en temps, et suivant de l'œil chaque morceau que l'étranger portait à sa bouche.

— Tiens, mon pauvre ami, lui dit-il, tu n'as pas mangé de poisson, et tu as besoin plus que moi du superflu qui se trouve sur cette assiette. Je ne puis résister plus longtemps à tes demandes muettes.

Le chien répondit à ces politesses en remuant la queue tandis qu'il avalait ce que lui offrait la bienveillance de l'étranger, avec d'autant plus de hâte qu'il entendait la voix de sa maîtresse à la porte.

— Voilà le vin des Canaries, messieurs, dit la meunière, et mon homme a arrêté le moulin afin de venir vous servir lui-même. Il n'y manque jamais toutes les fois qu'il a chez lui des hôtes qui boivent du vin.

— Ce qui signifie qu'il vient pour avoir la part de l'hôte, c'est-à-dire la part du lion, dit l'étranger en regardant Peveril.

— C'est sur moi qu'il tire à bout portant, pensa Julien ; mais si mon hôte veut prendre sa part de ce flacon, j'en ordonnerai volontiers un second pour lui de même que pour vous, monsieur. Je me conforme toujours aux anciens usages.

Ces mots frappèrent les oreilles de John Whitecraft, qui entrait en ce moment dans la chambre. C'était un admirable type des hommes de son robuste métier, prêt à jouer le rôle d'hôte civil ou grondeur, suivant que la compagnie lui était plus ou moins agréable. A l'invitation de Julien, il ôta son bonnet poudreux, secoua de sa manche les molécules de farine, et s'asseyant sur le bout d'un banc, à environ trois pieds de la table, il remplit un verre de vin des Canaries, et but à la santé de ses hôtes, spécialement à celle de ce noble gentilhomme, ajouta-t-il en s'inclinant vers Peveril, qui avait demandé le nectar.

Julien répondit à sa politesse en buvant à son tour à sa santé, et en lui demandant quelles nouvelles il y avait dans le pays.

— Aucune, monsieur, aucune, si ce n'est ce complot, comme on l'appelle, au sujet duquel on poursuit les papistes. Mais cela fait venir l'eau à mon moulin, comme dit le proverbe. Les exprès qu'on envoie çà et là, les gardes et les prisonniers qu'on fait courir de côté et d'autre, les voisins qui s'habituent à venir causer ici des nouvelles du jour, tous les soirs, toutes les nuits, devrais-je dire, au lieu d'y venir une fois par semaine, comme par le passé, tout cela fait tourner le robinet, messieurs, et votre hôte en profite. D'ailleurs, exerçant les fonctions de constable, et étant un protestant bien connu, j'ai mis en perce au moins dix tonneaux d'ale d'extraordinaire, sans parler d'un débit de vin raisonnable pour une auberge située dans un trou de village.

— Je conçois aisément, mon cher ami, dit Julien, que la curiosité est une passion qui conduit naturellement au cabaret, et que la colère, la haine et la crainte en sont d'autres qui altèrent, et qui occasionent une grande consommation d'ale. Mais je suis tout-à-fait étranger en ce pays, et je voudrais bien apprendre d'un homme sensé comme vous l'êtes en quoi consiste ce complot dont on parle tant, et qu'il paraît que l'on connaît si peu.

— Que l'on connaît si peu! Quoi! c'est le complot le plus horrible, le plus damnable complot que l'enfer puisse avoir imaginé. Mais un moment, un moment, mon bon monsieur; j'espère avant tout que vous croyez qu'il existe un complot, sans quoi la justice aurait un mot à vous dire, aussi sûr que je me nomme John Whitecraft.

— Cela n'est pas nécessaire, mon cher hôte, dit Peveril, car je vous assure que je crois à ce complot aussi fermement qu'un homme peut croire à ce qu'il lui est impossible de comprendre.

— A Dieu ne plaise que quelqu'un prétende le comprendre! car notre juge de paix dit qu'il est à plus d'un mille au-dessus de lui, et cependant c'est un homme qui a l'esprit aussi élevé que qui que ce soit. Mais on peut croire sans comprendre, et c'est ce que disent les papistes eux-mêmes. Tout ce dont je suis sûr, c'est que c'est un temps de remue-ménage pour les juges, les témoins et les constables. Ainsi donc, messieurs, je bois à votre santé un second coup de ce bon vin des Canaries.

— Allons donc, John Whitecraft, lui dit sa femme; ne vous dégradez pas vous-même en mettant les témoins au même rang que les juges et les constables. Tout le monde sait comment ils gagnent leur argent.

— Oui, mais tout le monde sait qu'ils le gagnent, ma femme, et c'est une grande consolation. N'est-ce pas à eux qu'on accorde toutes les dignités militaires et ecclésiastiques? Oui, oui, le maudit renard fait son chemin. Et pourquoi maudit? Voyez le docteur Titus Oates, le sauveur de la nation ; n'a-t-il pas un logement à Whitehall ? ne le sert-on pas dans de l'argenterie ? n'a-t-il pas une pension de je ne sais combien de mille livres par an ? ne doit-il pas être évêque de Litchfield aussitôt que le docteur Doddrum sera mort ?

— Je souhaite donc que Sa Révérence le docteur Doddrum vive encore vingt ans, dit l'hôtesse, et j'ose dire que je suis la première personne qui ait jamais fait un tel souhait. Quant à moi, je n'entends rien à tout cela ; non, je n'y entends rien ; et si cent jésuites venaient tenir une assemblée dans ma maison, comme ils l'ont fait à la taverne du *Cheval Blanc*, je ne croirais pas devoir rendre témoignage contre eux, pourvu qu'ils eussent bien bu et bien payé.

— C'est bien pensé, notre hôtesse, dit l'étranger ; c'est ce que j'appelle avoir la bonne conscience d'un aubergiste. Ainsi donc je vais payer mon écot, et continuer ma route.

Peveril s'occupa aussi à payer le sien, et il le fit avec tant de libéralité, que le meunier le remercia en agitant son bonnet en l'air, et sa femme par une révérence jusqu'à terre.

Les chevaux des deux hôtes leur furent amenés, et ils y montèrent pour partir ensemble. Le meunier et sa femme se mirent à la porte pour les voir partir. Le mari offrit le coup de l'étrier à l'étranger, et la meunière remplit le même devoir à l'égard de Peveril. Elle était montée pour cela sur un banc de pierre, tenant un flacon d'une main et un verre de l'autre, de sorte qu'il fut facile à Julien, quoiqu'il fût à cheval, de répondre à sa politesse de la manière la plus galante, c'est-à-dire en lui passant le bras au-dessus des épaules et en l'embrassant.

Dame Whitecraft ne put s'opposer à cette civilité un peu familière, car elle était adossée contre un mur, et les mains, dont elle aurait pu se servir pour résister, tenaient des objets trop précieux pour qu'elle risquât de les laisser tomber dans cette lutte. Il paraît d'ailleurs qu'elle avait autre chose dans la tête; car, après une courte affectation de résistance, elle saisit l'instant où la tête de Peveril s'approchait de la sienne, pour lui dire à l'oreille : — Méfiez-vous des embûches. Avis effrayant, dans ce temps de méfiance, de soupçon et de trahison; avis aussi efficace pour empêcher les communications franches et sociales, que l'est pour empêcher d'entrer dans un verger l'écriteau qui annonce aujourd'hui qu'on y a placé des fusils à ressort et des piéges pour y prendre les hommes[1]. Julien lui serra la main pour lui faire comprendre qu'il l'avait entendue, et elle pressa la sienne en retour en lui disant qu'elle priait Dieu de le protéger. On apercevait en ce moment un nuage sur le front de John Whitecraft, et son dernier adieu ne fut pas à moitié aussi cordial que celui qu'il avait fait auparavant. Mais Peveril songea que le même voyageur n'est pas toujours également bien accueilli de l'hôte et de l'hôtesse, et ne croyant avoir rien fait pour exciter le mécontentement du meunier, il se mit en chemin sans y penser davantage.

Julien fut un peu surpris et ne fut pas très charmé de voir que sa nouvelle connaissance suivait la même route que lui. Il avait plusieurs raisons pour désirer de voyager seul, et l'avis de son hôtesse retentissait encore à ses oreilles. Si cet homme avait autant d'astuce que sa physionomie et sa conversation portaient à le croire; si, caché sous des habits qui évidemment n'appartenaient pas à sa condition, il était, comme cela paraissait vraisemblable, un jésuite ou un prêtre déguisé, travaillant à la grande tâche de convertir l'Angleterre et d'extirper l'hérésie profondément enracinée dans le nord, il ne pouvait avoir un compagnon plus dangereux dans les circon-

---

(1) Petites précautions homicides dont les propriétaires anglais hérissent volontiers leurs parcs. — Ed.

stances où il se trouvait; car se laisser voir en pareille société, ce serait accréditer les bruits qu'on faisait courir sur l'attachement de sa famille au parti catholique. Cependant il lui paraissait difficile de se débarrasser d'une manière honnête de la compagnie d'un homme qui paraissait décidé à rester à son côté, qu'il lui parlât ou non.

Peveril, pour première épreuve, mit son cheval au petit pas; mais l'étranger, déterminé à ne pas le quitter, ralentit celui du sien. Julien prit alors le grand trot, mais il reconnut bientôt que son compagnon, malgré la modestie extrême de son costume, était beaucoup mieux monté que lui, et qu'il ne devait pas espérer de le devancer. Il fit donc reprendre à son cheval une allure plus modérée, comme en désespoir de cause. En ce moment l'étranger, qui avait gardé le silence jusqu'alors, lui fit observer qu'il n'était pas aussi en état de faire assaut de vitesse sur la route, qu'il l'aurait été s'il s'en fût tenu au premier cheval qu'il avait marchandé le matin.

Julien en convint d'un ton sec, en ajoutant que son cheval suffisait pour la course qu'il avait à faire, mais qu'il craignait de ne pas être en état de suivre un cavalier beaucoup mieux monté.

— Ne vous en inquiétez nullement, lui répondit son compagnon. J'ai tant voyagé, que je suis accoutumé à faire prendre à ma monture l'allure la plus agréable à ceux avec qui je me trouve.

Peveril ne répondit rien à cette politesse, ayant trop de franchise pour faire les remerciemens qui eussent été la réponse convenable. Il s'ensuivit un second intervalle de silence, et ce fut Julien qui le rompit en demandant à son compagnon s'il croyait qu'ils continueraient long-temps à voyager tous deux dans la même direction.

— C'est ce que je ne puis vous dire, répondit l'étranger en souriant, à moins que vous ne m'appreniez où vous allez.

— Je ne sais trop jusqu'où j'irai ce soir, répondit Peveril, feignant de se méprendre sur le sens de la réponse qui venait de lui être faite.

— Je puis vous en dire autant, répliqua son compagnon ; car quoique mon cheval supporte mieux la fatigue que le vôtre, je crois qu'il sera prudent de le ménager. Ainsi donc, si nous suivons la même route, il est probable que nous souperons ensemble, comme nous avons dîné.

C'était annoncer franchement ses intentions. Julien ne fit aucune réponse, et continua sa route, réfléchissant si le parti le plus sage ne serait pas d'en venir à une explication décisive avec son opiniâtre compagnon, et de l'informer, en termes bien précis, que son bon plaisir était de voyager seul. Mais, d'après l'espèce de connaissance qu'ils avaient faite en dînant, il lui répugnait de commettre un acte d'impolitesse envers un homme dont les manières annonçaient qu'il avait reçu une éducation soignée. Il était également possible qu'il se trompât dans l'idée qu'il avait conçue de la profession et du caractère de son compagnon ; et, en ce cas, refuser de voyager avec un bon protestant, ce serait s'exposer aux soupçons, autant qu'en voyageant avec un jésuite déguisé.

Après quelques courtes réflexions, il résolut donc de supporter la compagnie de l'étranger jusqu'à ce qu'il trouvât une occasion favorable pour s'en délivrer ; et, en attendant, d'agir envers lui avec beaucoup de circonspection, et de s'observer dans tous ses discours ; car l'avis que lui avait donné dame Whitecraft était toujours présent à son esprit, et les conséquences de son arrestation, s'il devenait suspect, devaient le mettre hors d'état de servir son père, la comtesse, et le major Bridgenorth, aux intérêts duquel il s'était aussi promis de veiller.

Pendant que ces différentes idées se succédaient dans son imagination, nos voyageurs avaient fait plusieurs milles en silence, et ils étaient alors dans un pays moins riche, et sur une route plus mauvaise qu'ils n'en avaient trouvé jusqu'alors, car ils approchaient de la partie montagneuse du comté de Derby. En passant sur un chemin rocailleux et inégal, le cheval de Julien trébucha plusieurs fois, et il serait certainement tombé si son maître n'eût fait un usage judicieux de la bride pour le retenir.

— Le temps où nous vivons exige des précautions en voyageant, monsieur, lui dit son compagnon; et à la manière dont vous êtes en selle et dont vous tenez la bride, on voit que vous vous y entendez.

— Je suis habitué depuis long-temps au cheval, monsieur, répondit Peveril.

— Et aux voyages aussi, monsieur, je suppose; car, d'après la circonspection que vous observez, vous semblez croire que la bouche de l'homme a besoin d'un frein comme celle du cheval.

— Des hommes plus sages que moi ont été d'opinion qu'il était prudent de garder le silence quand on n'avait à dire que peu de chose ou rien.

— Je ne puis être de leur avis. On ne peut s'instruire que par les communications qu'on a, soit avec les morts par le moyen des livres, soit avec les vivans par le secours plus agréable de la conversation. Le *sourd-muet* seul est privé d'acquérir des connaissances, et certainement sa situation ne doit pas inspirer assez d'envie pour qu'on cherche à lui ressembler.

A cette comparaison, qui éveilla soudain un écho dans le cœur de Peveril, le jeune homme fixa un regard pénétrant sur son compagnon. Mais dans sa physionomie tranquille, dans ses yeux bleus pleins de calme, il ne vit rien qui dût le porter à y attacher un sens plus détourné que celui qu'elle présentait naturellement. Il réfléchit un moment, et lui répondit : — Vous semblez, monsieur, un homme doué de beaucoup de pénétration, et j'aurais cru que vous auriez pu vous imaginer que, dans un temps où le soupçon plane sur chacun, on peut, sans s'exposer au blâme, désirer d'éviter toutes relations avec des étrangers. Vous ne me connaissez pas, et vous m'êtes tout-à-fait inconnu. Il n'y a donc pas lieu à beaucoup de conversation entre nous, à moins que nous ne la fassions rouler sur les évènemens du jour, sujet qui engendre des germes de division entre amis, et à plus forte raison entre étrangers. En tout autre temps, la société d'un homme instruit me serait fort agréable dans mon voyage solitaire; mais en ce moment...

— En ce moment! s'écria l'étranger en l'interrompant. Vous êtes donc comme les anciens Romains, qui donnaient au mot *hostis* la signification d'ennemi et d'étranger? Eh bien, je n'en serai pas un pour vous plus long-temps. Mon nom est Ganlesse; ma profession, prêtre catholique romain; je voyage craignant pour ma vie, et je suis très charmé de vous avoir pour compagnon.

— Je vous remercie de tout mon cœur de l'avis que vous me donnez, dit Peveril; et, pour en tirer le meilleur parti possible, je vous prierai ou de prendre l'avance, ou de rester derrière, ou de choisir un chemin de côté, comme vous le jugerez le plus convenable. Je ne suis point catholique; je voyage pour une affaire très importante, et je m'exposerais à éprouver des retards, et même à courir des dangers, en restant dans une compagnie si suspecte. Ainsi, M. Ganlesse, faites votre choix, et le mien sera en sens inverse, car je vous demande la permission de vous faire mes adieux.

Et en parlant ainsi il arrêta son cheval et cessa de marcher.

L'étranger partit d'un éclat de rire.

— Quoi! s'écria-t-il, vous voulez me quitter parce que ma compagnie peut avoir pour vous quelques petits inconvéniens? Saint Antoine! Comme le sang ardent des Cavaliers est glacé dans les veines des jeunes gens d'aujourd'hui! Voilà pourtant un jeune homme dont je garantis que le père a couru plus d'aventures pour des prêtres persécutés, qu'aucun chevalier errant pour des belles en détresse.

— Cette plaisanterie est inutile, monsieur, dit Peveril; et je vous prie de continuer votre chemin.

— Mon chemin est le même que le vôtre, reprit l'opiniâtre Ganlesse, nom qu'il venait de se donner; et, en voyageant ensemble, nous en serons tous deux plus en sûreté. Je connais le secret de la graine de fougère, mon jeune ami; et j'ai le talent de me rendre invisible. D'ailleurs, comment pourrais-je vous quitter sur cette route, où il n'y a aucun chemin ni à droite ni à gauche?

Peveril se remit en route, voulant d'autant moins en venir à une rupture ouverte, que le ton d'indifférence du voyageur ne lui en donnait aucun prétexte. Cependant sa compagnie ne lui en était pas moins désagréable, et il était toujours résolu à s'en débarrasser à la première occasion.

L'étranger prit le même pas que lui, retenant la bride de son cheval avec soin, comme pour se ménager l'avantage en cas de querelle; mais ses discours ne trahissaient pas la moindre appréhension.

— Vous ne me rendez pas justice, lui dit-il, et vous vous faites tort à vous-même. Vous ne savez où loger cette nuit; laissez-moi le soin de vous guider; je connais un ancien château, à quatre milles d'ici, où il y a pour seigneur suzerain un vieux chevalier Pantalon; pour jolie châtelaine, une dame Barbara bien empesée; pour sommelier, un jésuite chargé de dire le *benedicite*. Vous y trouverez un vieux conte des batailles d'Edgehill et de Worcester pour assaisonner un pâté de venaison, une bouteille de vin couverte de toiles d'araignée, un lit dans la cachette du prêtre, et, à ce que je crois, la jolie Betty, la fille de basse-cour, pour l'apprêter.

— Tout cela n'a aucun charme pour moi, monsieur, répondit Peveril, qui, en dépit de lui-même, ne pouvait s'empêcher de s'amuser de l'esquisse improvisée que son compagnon venait de tracer de plus d'un vieux château des comtés de Chester et de Derby, dont les propriétaires conservaient la foi catholique.

— Eh bien, si je ne puis vous plaire sur ce ton, continua l'étranger, il faut frapper sur une autre clef. Je ne suis plus Ganlesse, prêtre catholique ; vous voyez en moi, ajouta-t-il en prenant un accent nasal, Simon Canter, pauvre prédicateur de la sainte parole, voyageant pour appeler les pécheurs au repentir, pour fortifier, édifier, et faire fructifier le peu de fidèles dispersés qui tiennent à la vérité. Que dites-vous à cela, monsieur ?

— J'admire votre versatilité, monsieur; et elle m'amuserait en tout autre moment, mais en celui-ci la sincérité est tout ce que je désire.

— La sincérité ! C'est une flûte d'enfant qui n'a que deux notes : oui, oui, et non, non. Quoi ! les quakers eux-mêmes y ont renoncé, et ont pris en place un vieux procureur nommé Hypocrisie, qui ressemble extérieurement à la Sincérité, mais dont la voix a bien plus d'étendue, et embrasse tout le clavier. Allons, laissez-vous gouverner ; soyez ce soir un disciple de Simon Canter, et nous laisserons sur la gauche le vieux château ruiné dont je viens de vous parler, pour entrer dans une maison neuve, bâtie en briques, et construite pour un éminent raffineur de sel de Nampt-Wich. Il attend ledit Simon pour préparer un baume spirituel destiné à la conservation d'une âme un peu gâtée par de funestes communications avec un monde corrompu. Qu'en dites-vous ? Il a deux filles ; jamais de plus beaux yeux n'ont brillé sous un modeste capuchon. Quant à moi, je pense qu'il y a plus de feu dans celles qui ne vivent que pour l'amour et la dévotion, que dans les beautés de la cour dont les cœurs sont ouverts à vingt autres folies. Vous ne connaissez pas le plaisir d'être le directeur d'une jeune *précisienne* qui fait presque au même instant l'aveu de ses faiblesses et celui de sa passion. Peut-être cependant l'avez-vous connu dans votre temps? Allons, monsieur, il commence à faire trop obscur pour que je puisse voir votre rougeur, mais je suis sûr que vos joues sont en feu.

— Vous prenez de grandes libertés, monsieur, dit Peveril comme ils allaient traverser une grande prairie; et vous semblez compter sur ma patience plus que vous n'avez raison de le faire. Nous voilà presque sortis du chemin étroit qui nous a forcés de marcher de compagnie depuis une demi-heure; je vais prendre le sentier sur la gauche de cette prairie, pour ne pas rester plus long-temps avec vous. Si vous me suivez, ce sera à votre péril; faites attention que je suis bien armé, et que par conséquent la rencontre serait inégale.

— Pas si inégale, répondit l'opiniâtre étranger; car, grâce à mon bon cheval, je puis m'approcher ou m'éloigner de vous à volonté. Voici un texte de quelques pouces de longueur, ajouta-t-il en montrant un pistolet caché dans son sein, qui décharge une doctrine très persuasive, rien qu'avec la pression d'un doigt, et qui fait disparaître toute inégalité de jeunesse et de forces. Point de querelles entre nous, au surplus; voilà la prairie devant nous; choisissez votre côté, et je prendrai l'autre.

— Je vous souhaite donc le bonsoir, monsieur, et je vous demande pardon si je vous ai mal interprété en quelque chose; mais les temps sont difficiles, et la vie d'un homme peut dépendre de la compagnie en laquelle il voyage.

— C'est la vérité; mais quant à ce qui vous concerne, vous avez déjà encouru le danger, et vous devriez chercher à le détourner. Vous avez voyagé avec moi assez long-temps pour fournir un épisode intéressant à l'histoire du complot des papistes. Que penserez-vous, quand vous verrez paraître en beau format in-folio la narration de Simon Canter, autrement dit Étienne Ganlesse, relativement à l'horrible conspiration des papistes pour le meurtre du roi, le massacre de tous les protestans, ainsi qu'elle a été dénoncée sous serment à l'honorable chambre des communes, exposant comme quoi Julien Peveril, du château de Martindale, a pris part à ladite....

— Comment, monsieur! Que voulez-vous dire? s'écria Julien en tressaillant.

— N'interrompez donc pas le récit de mon titre. Maintenant qu'Oates et Bedloe ont remporté les grands prix, les délateurs subalternes ne peuvent gagner quelque chose que par la vente de la relation de leurs découvertes; et Janeway, Newman, Simmons, et tous les libraires, vous diront que le titre fait la moitié de l'ouvrage. Le mien mettra au jour les divers projets que vous m'avez communiqués, comme, par exemple, de faire partir dix mille soldats de l'île de Man, de faire un débarquement sur la côte du comté de Lancastre, et de marcher ensuite sur le pays de Galles pour y joindre les dix mille pèlerins attendus d'Espagne, afin de compléter ainsi le renversement de la foi protestante, et la destruction de la ville de Londres, qui y est si dévouée. En vérité, je crois qu'une telle relation, assaisonnée de quelques horreurs, et publiée *cum privilegio parliamenti*, pourrait, quoique le marché soit passablement fourni de cette denrée, valoir encore vingt à trente pièces d'or.

— Vous semblez me connaître, monsieur; et en ce cas je crois qu'il m'est permis de vous demander quel est votre projet en persistant à m'accompagner, et ce que signifie la rapsodie que vous venez de débiter. Si c'est une plaisanterie, je puis la supporter jusqu'à un certain point, quoiqu'elle soit peu civile de la part d'un étranger. Si vous avez d'autres motifs, faites-les-moi connaître; je ne suis pas un homme dont on puisse se jouer.

— Fort bien maintenant, dit l'étranger en riant; comme vous vous échauffez sans raison! Un *fuoruscito* italien, quand il désire un pourparler avec vous, vous couche en joue de derrière un mur avec un long fusil, et commence sa conférence par dire : *posso tirare ;* un vaisseau de ligne tire un coup de canon à un bâtiment contrebandier pour l'avertir d'amener : de même je fais voir à M. Julien Peveril que si je faisais partie de l'honorable société de faux témoins et de délateurs avec lesquels son imagination m'a fait l'honneur de me confondre depuis près de deux heures, il serait déjà exposé en ce moment à tout le danger qu'il peut craindre.

Quittant alors le ton d'ironie qu'il avait en général employé jusqu'alors, il ajouta d'un ton sérieux : — Jeune homme, quand la peste s'est répandue dans l'air de toute une ville, c'est en vain que nous voudrions nous dérober à ce fléau en cherchant la solitude, et en évitant la compagnie de ceux qui souffrent comme nous.

— Et comment, en pareil cas, faut-il donc pourvoir à sa sûreté? demanda Peveril, qui désirait voir où l'étranger voulait en venir.

— En suivant les conseils de sages médecins.

— Et c'est à ce titre que vous m'offrez les vôtres?

— Pardonnez-moi, jeune homme, répondit l'étranger avec hauteur. Je n'ai aucune raison pour vous en offrir. Je ne suis pas, ajouta-t-il en reprenant son ton ironique, payé pour être votre médecin; je ne vous offre point d'avis; je dis seulement qu'il serait sage à vous d'en demander.

— Et où, et de qui puis-je en attendre? j'erre dans ce pays comme un homme qui fait un rêve, tant quelques mois l'ont changé! Des gens qui ne s'occupaient autrefois que de leurs propres affaires sont maintenant enfoncés tout entiers dans la politique; et ceux qui n'étaient occupés que de la crainte d'aller se coucher sans souper tremblent de voir arriver une étrange et soudaine convulsion de l'État. Et pour mettre le comble à tout, je rencontre un étranger qui paraît connaître mon nom et mes affaires, qui s'attache d'abord à mes pas, que je le veuille ou non, et qui refuse ensuite de me faire connaître quelles sont ses vues, après m'avoir menacé de porter contre moi les accusations les plus étranges.

— Si j'avais conçu un projet si infâme, croyez que je ne vous aurais pas donné le fil de l'intrigue. Mais soyez prudent et venez avec moi. Il y a près d'ici une petite auberge où, si vous voulez vous en rapporter à la parole d'un étranger, vous pourrez passer la nuit en toute sûreté.

— Mais vous-même, il n'y a qu'un instant, vous aviez des craintes pour la vôtre; comment donc pourriez-vous me protéger?

— Oh! je n'ai fait qu'imposer silence à cette bavarde d'hôtesse, de la manière qui réussit le mieux avec de pareilles gens; et pour Topham et sa paire d'oiseaux de nuit, il faut qu'ils cherchent un autre gibier, et d'une espèce inférieure.

Peveril ne put s'empêcher d'admirer l'air d'aisance, de confiance et d'indifférence avec lequel cet étranger semblait s'élever au-dessus de tous les dangers qui l'entouraient; et, après avoir réfléchi à la hâte sur la situation dans laquelle il se trouvait lui-même, il prit la résolution de ne pas le quitter, du moins pour cette nuit, et de tâcher d'apprendre qui il était réellement, et à quel parti il était attaché. La hardiesse et la liberté de ses discours ne permettaient guère de croire qu'il fît le métier dangereux, mais lucratif à cette époque, de délateur. Sans doute de tels êtres savaient prendre toutes les formes pour s'insinuer dans la confiance des victimes qu'ils voulaient immoler; mais Julien croyait découvrir en cet homme un air si naturel de franchise, qu'il ne pouvait se décider à le soupçonner de manquer de sincérité à son égard. Il lui répondit donc, après un moment de silence :

— J'accepte votre proposition, monsieur, quoique en agissant ainsi ce soit vous accorder une confiance bien subite, et peut-être imprudente.

— Et que fais-je donc moi-même? lui demanda l'étranger. Notre confiance n'est-elle pas réciproque?

— Non, tout au contraire. Je ne vous connais nullement, et vous m'avez nommé. Me connaissant pour Julien Peveril, vous savez donc que vous pouvez voyager avec moi en toute sécurité.

— Du diable si je le crois! s'écria son compagnon. Je voyage avec la même sécurité que si j'avais à mon côté un pétard dont la mèche serait allumée, et dont j'aurais à craindre l'explosion à chaque instant. N'êtes-vous pas le fils de Peveril du Pic, avec le nom duquel la prélature et le papisme sont alliés de si près, qu'il n'existe pas, dans tout le comté de Derby, un vieillard, de l'un ou de l'autre sexe, qui ne finisse sa prière par le vœu d'être délivré de ces trois fléaux! Et ne venez-vous pas de chez la comtesse papiste de Derby, portant en poche, à ce que je m'imagine, une armée tout entière d'insulaires de Man, avec armes, bagages, munitions, et un train complet d'artillerie?

— Si j'étais chargé d'un tel fardeau, dit Julien en riant, il est probable que je n'aurais pas une si pauvre monture. Mais conduisez-moi, monsieur; je vois qu'il faut que j'attende votre confiance jusqu'à ce que vous jugiez à propos de me l'accorder; car vous paraissez tellement au fait de mes affaires, que je n'ai rien à vous offrir en retour.

— Marchons donc, répondit son compagnon; donnez un coup d'éperon à votre cheval, tenez-lui la bride haute, de peur qu'il ne mesure la terre avec ses naseaux plutôt qu'avec ses pieds. Nous ne sommes maintenant qu'à un demi-mille tout au plus de l'endroit où nous devons passer la nuit.

Ils doublèrent le pas, et arrivèrent bientôt à la petite auberge solitaire dont l'étranger avait parlé. Quand ils en aperçurent la lumière. — A propos, dit-il à Julien, comme s'il se fût rappelé quelque chose qu'il avait oublié, il vous faut un nom pour voyager, car le vôtre pourrait être dangereux, attendu que l'homme qui tient cette auberge est un ancien partisan de Cromwell. Quel nom prendrez-vous? Le mien, quant à présent, est Ganlesse.

— Je n'ai pas besoin de nom; et j'ai d'autant moins envie d'en prendre un d'emprunt, que je puis rencontrer des gens qui connaissent le mien.

— Je vous nommerai donc Julien; car le nez de notre hôte sentirait, dans celui de Peveril, l'idolâtrie, la conspiration, les bûchers de Smithfield, le poisson un vendredi, le meurtre de sir Edmondbury Godfrey et le feu du purgatoire.

En parlant ainsi, ils mirent pied à terre sous un grand chêne touffu servant de dais à un banc de pierre adossé contre le mur de l'auberge, et qui, une heure auparavant, avait gémi sous le poids des politiques du village. Ganlesse, en descendant de cheval, siffla d'une manière particulière, et on lui répondit de l'intérieur de la maison.

CHAPITRE XXII.

« Quoiqu'il portât l'habit d'un simple paysan,
« Personne n'eût mieux su découper un faisan;
« Pas même un courtisan dînant à table d'hôte. »
La Table d'hôte.

La personne qui parut à la porte de la petite auberge pour recevoir Ganlesse, comme nous l'avons dit à la fin du chapitre précédent, chanta, en arrivant, ce couplet d'une vieille ballade :

> Vous voilà donc, Dickon[1] !
> Avez-vous fait un bon voyage ?
> Qu'apportez-vous de bon
> Pour le festin du mariage ?

Ganlesse répondit sur le même air :

> Sois satisfait, Robin ;
> Le sort n'est pas contraire
> Quand il nous donne un daim
> Au lieu d'un lièvre en gibecière.

— Vous avez donc manqué votre coup ? répliqua l'autre.

— Je vous dis que je ne l'ai pas manqué, répondit Ganlesse ; mais tu ne veux songer qu'au métier qui te réussit. Puisse la peste qui lui appartient s'y attacher ! Et cependant c'est à quoi tu dois d'être ce que tu es.

— Il faut bien qu'on vive, Dickon Ganlesse.

— C'est bon, c'est bon. Dis à mon ami qu'il est le bienvenu pour l'amour de moi. Le souper est-il prêt ?

— Fumant comme un sacrifice. Chaubert a fait de son mieux. Ce drôle est un trésor ; donnez-lui une chandelle d'un sou, et il vous en fera un bon souper. Monsieur, l'ami de mon ami est le bienvenu, comme nous le disons dans mon pays.

— Il faut d'abord songer à nos chevaux, dit Peveril qui ne savait trop ce qu'il devait penser de ses deux compagnons ; après cela je suis à vous.

Ganlesse siffla une seconde fois ; un jockey parut, se chargea des deux chevaux, et les voyageurs entrèrent.

La salle dans laquelle on reçoit le public dans une humble auberge paraissait avoir subi quelques changemens qui devaient la rendre digne de recevoir des hôtes

---

(1) *Dickon*, *Dick*, sont des abréviations du nom de *Richard*. — ED.

d'une condition plus relevée. On y voyait un buffet, un sofa, et quelques autres meubles beaucoup au-dessus de ce que promettait l'extérieur de la maison. La nappe (déjà mise) était du damas le plus fin, et les cuillères, fourchettes, etc., étaient d'argent. Peveril regardait toutes ces choses avec quelque surprise; et, fixant de nouveau les yeux avec attention sur Ganlesse, il ne put s'empêcher de remarquer (peut-être à l'aide de l'imagination) que, quoique son extérieur ne fût rien moins qu'imposant, et que ses vêtemens fussent bien loin d'annoncer l'opulence, son air, sa tournure, ses manières, un je ne sais quoi qu'on ne saurait définir, et qui n'appartient qu'aux gens bien nés, annonçaient un homme habitué à fréquenter la meilleure société. Son compagnon, qu'il nommait William Smith, quoique de belle taille, de bonne mine, et mieux vêtu, n'avait pourtant pas tout-à-fait la même aisance, et était obligé d'y suppléer par une plus grande proportion d'assurance. Qui pouvaient être ces deux personnages? Peveril n'avait pas même une conjecture à former à ce sujet. Tout ce qu'il pouvait faire, c'était d'observer leur façon d'agir, et d'écouter leurs discours.

Après avoir causé un instant à voix basse, Smith dit à son compagnon : — Il faut que nous allions donner un coup d'œil à nos chevaux, et que nous laissions à Chaubert une dizaine de minutes pour remplir ses fonctions.

— Ne paraîtra-t-il donc pas? demanda Ganlesse; ne nous servira-t-il pas?

— Quoi! lui! changer une assiette et présenter un verre! Non, sans doute. Vous oubliez de qui vous parlez; un tel ordre suffirait pour qu'il se jetât sur la pointe de son épée. Il est déjà presque au désespoir parce qu'on n'a pu se procurer d'écrevisses.

— Est-il possible? s'écria Ganlesse. Hélas! à Dieu ne plaise que j'ajoute à une semblable calamité! Allons, passons donc à l'écurie, et voyons si nos coursiers mangent leur provende, pendant qu'on prépare la nôtre.

Ils se rendirent tous trois dans l'écurie; et, quoique le bâtiment fût misérable, il n'y manquait rien de ce qui pouvait être nécessaire à quatre excellens chevaux, dont l'un était celui qui venait de servir à Ganlesse, et que le jockey dont nous avons déjà parlé s'occupait à étriller à la lueur d'un gros cierge.

— Je suis catholique à ce point, dit Ganlesse en riant quand il vit que Peveril remarquait cette extravagance. Mon cheval est mon saint, et je lui brûle un cierge.

— Sans demander une si grande faveur pour le mien que je vois derrière cette vieille cage à poulets, dit Julien, je vais du moins le débarrasser de sa selle et de sa bride.

— Le palefrenier en aura soin, s'écria Smith; il ne mérite pas qu'aucun autre y touche. Je vous garantis que, si vous détachez seulement une boucle de ses harnais, vous sentirez tellement l'écurie, que nos ragoûts ne vous paraîtront pas plus savoureux que du rosbif.

— J'aime le rosbif autant que les ragoûts, répondit Peveril tout en s'acquittant de fonctions que tout jeune homme devrait savoir remplir au besoin; et, quoiqu'il ne soit qu'une pauvre rosse, mon cheval aimera mieux manger du foin et de l'avoine que de ronger son frein.

Tandis qu'il débridait son cheval, et qu'il étendait de la litière sous l'animal fatigué, il entendit Smith dire à Ganlesse : — Sur ma foi, Dick, tu as commis la même méprise que le pauvre Slender. Tu as manqué Anne Page, et tu nous as amené un grand flandrin de postillon.

— Paix! répondit Ganlesse; il t'entendra. J'ai de bonnes raisons pour cela; les choses vont bien; mais, je t'en prie, dis à ton drôle de l'aider.

— Quoi! dit Smith, pensez-vous que je sois fou? Demander à Tom Beacon, à Tom de Newmarket, à dix mille Tom de toucher à une pareille bête! Quoi! il me renverrait sur-le-champ, il me congédierait, sur ma foi! C'est tout ce qu'il a voulu faire que de se charger du vôtre, mon cher ami; et, si vous n'en avez pas plus d'égards pour lui, il est probable que vous serez vous-même demain votre jockey.

— Eh bien! William, répliqua Ganlesse, je te dirai que tu as autour de toi une bande de drôles les plus inutiles, les plus insolens, les plus impudens qui aient jamais mangé les revenus d'un pauvre gentilhomme.

— Inutiles! je nie cela, s'écria Smith. Chacun de mes drôles fait une chose ou une autre si parfaitement, que ce serait un péché de lui en faire faire toute autre. — Ce sont vos *Jean-fait-tout* qui ne sont bons à rien. Mais écoutez le signal de Chaubert: le fat nous le donne sur son luth en jouant l'air: *Réveillez-vous, belle endormie.* Allons, monsieur... comment vous nommez-vous? prenez de l'eau, et effacez toutes les traces de la sale besogne que vous venez de faire, comme le dit Betterton[1] dans la comédie; car la cuisine de Chaubert est comme la tête de frère Bacon:
— Il est un temps, il fut un temps, et bientôt il ne sera plus temps[2].

A ces mots, et laissant à peine à Julien le temps de tremper ses mains dans un seau d'eau, et de les essuyer à une housse de cheval, il l'entraîna hors de l'écurie, et le conduisit dans la salle à manger.

Le repas avait été préparé avec une recherche épicurienne qu'on aurait à peine attendue dans le palais d'un prince, et qu'on n'aurait jamais cru trouver dans une pareille maison. Les mets contenus dans quatre plats d'argent, avec des couvercles de même métal, fumaient sur la

---

(1) Acteur du temps. — Ed.

(2) Allusion à la tête de bronze du moine Bacon, qui prononçait, dit-on, cette sentence. — Ed.

table, et trois siéges étaient préparés pour les convives. A côté était une petite table du genre de celles qu'on appelle une *servante*, sur laquelle plusieurs flacons de cristal élevaient leur cou de cygne au-dessus de verres de diverses grandeurs. Des couverts étaient placés devant chacun des convives, et un petit nécessaire de voyage, en maroquin garni d'argent, contenait plusieurs fioles remplies des meilleures sauces que le génie de la cuisine ait pu inventer.

Smith, qui occupait la place inférieure, et qui semblait agir comme président du festin, fit signe aux deux voyageurs de prendre place à table, et de se mettre en besogne : — Je n'attendrais pas, s'écria-t-il, le temps de dire un *benedicite* pour sauver de sa ruine toute une nation. Nous ne faisons pas usage de réchauds : à quoi serviraient-ils ? Pour bien juger des talens de Chaubert, il faut goûter ses mets à l'instant même où il vient de les servir. Otons les couvercles, et voyons ce qu'il nous a préparé... Ah! ah ! des pigeons farcis..., des bécasses..., une fricassée de poulets..., des côtelettes de venaison...; et au centre..., hélas ! une larme encore toute chaude, tombée des yeux de Chaubert, à l'endroit qui devait être occupé par *la soupe d'écrevisses*. Le zèle du pauvre diable n'est payé que bien médiocrement à raison de dix louis par mois.

— C'est une bagatelle, dit Ganlesse ; mais de même que vous, William, il sert un maître généreux.

Le repas commença, et quoique Julien eût vu son ami le comte de Derby et d'autres jeunes seigneurs parler en connaisseurs de l'art de la cuisine, et affecter d'y prendre beaucoup d'intérêt, et quoique lui-même il ne fût pas ennemi des plaisirs de la table, il reconnut, en cette occasion, qu'il n'était encore qu'un novice. Ses deux compagnons, et surtout Smith, semblaient se regarder comme occupés de l'unique et véritable affaire de la vie, et ils y apportaient une exactitude minutieuse. Découper les viandes de la manière la plus savante, mélanger les assaisonnemens avec la précision d'un pharmacien, suivre ponctuellement l'ordre dans lequel chaque mets devait précéder l'autre, et faire honneur à tous : c'était une science de détail à laquelle Julien avait été étranger jusqu'alors.

Enfin Ganlesse fit une pause, et déclara que le souper était exquis. — Mais, mon ami Smith, ajouta-t-il, vos vins sont-ils de choix? en apportant dans le comté de Derby tout ce fatras de vaisselle d'argent, j'espère que vous ne nous avez pas laissés à la merci de l'ale du pays, aussi épaisse et aussi trouble que la tête de ceux qui la boivent?

— Ne savais-je pas que je vous verrais ici, Dick Ganlesse? répondit Smith. Pouvez-vous me soupçonner d'avoir été coupable d'un tel oubli? Il est vrai qu'il faudra vous contenter de bordeaux ou de champagne, car mon bourgogne ne supporte pas le transport. Si pourtant vous avez une fantaisie pour le sherry [1] ou le vin de Cahors, j'ai dans l'idée que Chaubert et Tom Beacon en ont apporté une petite provision pour eux-mêmes.

— Mais peut-être ces messieurs ne se soucieront pas de nous en faire part, dit Ganlesse.

— Fi donc! s'écria Smith. Ils ne refuseront rien en s'y prenant poliment. La vérité est que ce sont les meilleurs garçons du monde quand on les traite avec égards. Ainsi donc, si vous préférez...

— Non, non, dit Ganlesse; un verre de champagne nous suffira, à défaut de mieux.

—Le liége obéissant sous mes doigts partira,

dit Smith; et, délivré du fil d'archal qui l'entourait, le bouchon alla frapper le plafond. Chaque convive prenant un verre sur la petite table, l'emplit de la liqueur pétil-

---

[1] Vin de Xérès. — Ed.

lante; et Peveril eut assez de jugement et d'expérience pour déclarer que c'était du vrai nectar.

— Donnez-moi la main, monsieur, dit Smith; voilà le premier mot de bon sens que vous ayez dit de cette soirée.

— La sagesse, monsieur, répondit Peveril, est semblable à la meilleure marchandise de la balle du colporteur. Il ne la montre jamais sans connaître ceux à qui il va la faire voir.

— Piquant comme moutarde, répliqua le bon vivant; allons, faites preuve de sagesse, monsieur, et prenez un autre verre de ce même flacon que vous voyez que j'ai gardé pour vous dans une position oblique, sans lui permettre de reprendre la position perpendiculaire. Mais buvez-le avant que la mousse tombe, sans quoi vous perdriez le plus précieux du bouquet.

— Vous me faites honneur, monsieur, dit Peveril en acceptant un second verre. Je vous souhaite une meilleure place que celle d'être mon échanson.

— Vous ne pourriez en offrir à William Smith aucune qui lui convînt mieux, dit Ganlesse. Bien des gens ne trouvent qu'un plaisir d'égoïste dans les jouissances des sens; mais Smith jouit de celles qu'il procure aux autres, et il y gagne.

— Il vaut mieux procurer du plaisir aux hommes que leur faire de la peine, répliqua Smith d'un ton un peu aigre.

— Point d'humeur, William, dit Ganlesse, et ne parle point à la hâte, de peur de te repentir à loisir. Est-ce que je blâme l'intérêt que tu prends aux plaisirs des autres? Un homme n'a qu'un gosier; il ne peut, en dépit de tous ses efforts, manger que cinq ou six fois par jour; mais toi tu dînes avec chaque ami qui découpe un chapon, tu fais couler le vin dans la gorge des autres depuis le matin jusqu'au soir, *et sic de cœteris.*

— L'ami Ganlesse, répondit Smith, prends-y garde,

je t'en prie; tu n'ignores pas que je sais couper les gorges aussi bien que les arroser.

— Sans doute, William, répliqua Ganlesse d'un ton d'insouciance; je crois t'avoir vu porter le coutelas à la gorge d'un armateur hollandais, qui ne l'ouvrait que pour y faire passer les objets de ton aversion naturelle et mortelle... du pain de seigle... du fromage... des harengs salés... des ognons... du genièvre.

— Par pitié, s'écria Smith, n'achève pas cette énumération. Les paroles que tu prononces neutralisent l'odeur des parfums, et remplissent l'appartement d'une vapeur semblable à celle qu'exhalerait une galimafrée.

— Mais pour une épiglotte comme la mienne, qui envoie à la suite des plus friands morceaux du bordeaux semblable à celui que tu nous verses en ce moment, tu ne pourrais souhaiter, même dans tes accès de plus mauvaise humeur, un destin pire que d'être serrée un peu trop près par deux mains blanches.

— Par une corde de dix sous, s'écria Smith; mais non pas jusqu'à ce que mort s'ensuivît, afin qu'on pût auparavant t'arracher les entrailles, ensuite te trancher la tête, et enfin couper ton corps par quartiers pour être mis à la disposition de Sa Majesté[1]. Aimeriez-vous cela, maître Richard Ganlesse?

— Comme vous aimez l'idée de dîner avec du pain de son et une soupe au lait, extrémité à laquelle vous espérez bien n'être jamais réduit. Mais tout cela ne m'empêchera pas de boire à votre santé un verre de vin.

A mesure que le bordeaux circulait, la gaieté des convives augmentait, et Smith, plaçant les plats devenus inutiles sur la petite table, frappa du pied sur le plancher, et la table, descendant par le moyen d'une trappe, remonta bientôt chargée d'olives, de langues, de caviar, et d'au-

---

(1) Telle est encore la loi pénale pour le crime de lèse-majesté. — Éd.

tres mets propres à faire sentir le besoin de recourir à la bouteille.

— Vraiment, William, dit Ganlesse, tu es meilleur mécanicien que je ne le supposais. J'admire qu'il ne t'ait pas fallu plus de temps pour naturaliser tes inventions dans le comté de Derby.

— Il n'est pas difficile de se procurer une corde et des poulies ; et avec une scie et un rabot je puis faire cette besogne en une demi-journée. J'aime ce genre de service prompt et secret. Tu sais que ce fut le fondement de ma fortune.

— Et cela peut en être aussi la ruine, William.

— C'est la vérité, Dickon ; mais *vivamus dùm vivimus*, c'est ma devise, et c'est pourquoi je vous propose la santé de la belle dame que vous savez.

— Bien volontiers, William.

Et le flacon passa de main en main.

Julien ne jugea pas à propos de refroidir la gaieté du festin en donnant l'exemple de la sobriété, car il espérait que les têtes s'échauffant, les langues laisseraient échapper quelque chose qui le mettrait en état de connaître le caractère et les projets de ses compagnons. Mais ce fut en vain qu'il les écouta avec attention. Leur conversation était animée, et elle avait souvent rapport à la littérature du temps, que Ganlesse paraissait connaître parfaitement. Ils parlaient aussi avec beaucoup de liberté de la cour, et de cette classe nombreuse de gens qu'on appelait alors les hommes d'esprit et de plaisir de la ville, et dont il paraissait probable qu'ils faisaient eux-mêmes partie.

Enfin l'entretien tomba sur le complot des papistes, sujet universel de toutes les conversations. Ganlesse et Smith semblaient avoir sur cet objet les opinions les plus opposées. Si le premier ne prétendait pas qu'on dût ajouter une foi entière au témoignage de Titus Oates, il soutenait du moins qu'il se trouvait confirmé en grande partie par le meurtre de sir Edmondbury Godfrey, et par les lettres écrites par Coleman au confesseur du roi de France.

Plus bruyant dans ses discours, et moins fort dans ses raisonnemens, Smith n'hésitait pas à nier entièrement l'existence du complot, et à le tourner en ridicule comme une des alarmes les plus folles et les plus dénuées de toute probabilité qui eussent jamais été données à la crédulité publique.

— Je n'oublierai jamais, dit-il, les funérailles originales de sir Godfrey. Deux fiers-à-bras de ministres, le sabre au côté et le pistolet à la ceinture, montèrent en chaire pour veiller à ce que le troisième, qui débitait son sermon, ne fût pas assassiné en face de la congrégation. Trois ministres dans une chaire! trois soleils dans un hémisphère! faut-il s'étonner qu'on ait été épouvanté d'un tel prodige?

— Quoi donc, William, dit son compagnon, êtes-vous du nombre de ceux qui s'imaginent que le bon chevalier s'est tué lui-même pour faire croire à la conspiration?

— Non, sur ma foi! répondit Smith; mais quelque brave protestant a pu se charger de la besogne, pour donner à l'affaire une couleur plus vraisemblable. J'en appelle à notre ami silencieux; n'est-ce pas la meilleure manière d'expliquer l'histoire?

— Je vous prie de m'excuser, messieurs, répondit Julien; je viens seulement de débarquer en Angleterre, et je ne connais pas les circonstances particulières qui ont jeté une telle fermentation dans les esprits. Je serais coupable du plus haut degré de présomption si je donnais mon opinion entre des gens qui discutent si bien ce sujet. D'ailleurs, pour dire la vérité, j'avoue que je me trouve fatigué. Votre vin est bien plus capiteux que je ne m'y attendais, ou j'en ai bu plus que je ne me le proposais.

— Si une heure de sommeil peut vous rafraîchir, dit Ganlesse, ne faites pas de cérémonie avec nous. Votre lit est tout prêt. C'est cet antique sofa à la hollandaise, comme c'est la nouvelle mode de l'appeler. Nous partirons demain de bonne heure.

— Et pour cela, dit Smith, je propose de rester debout toute la nuit. Je n'aime pas un coucher dur, et je déteste un matelas par terre. Débouchons donc un autre flacon, et prenons quelque chanson des plus nouvelles pour nous aider à le vider.

> La peste puisse étouffer
> Et parlement et papistes !
> Et puisse l'enfer chauffer
> Ceux qui marchent sur leurs pistes !
> Au diable Titus Oates !
> Le verre en main faisons *flores*.

— Oui, mais notre puritain ? dit Ganlesse.
— Je l'ai dans ma poche : ses yeux, ses oreilles, son nez, sa langue, tout est en ma possession.
— En ce cas, lorsque vous lui rendrez ses yeux et son nez, je vous prie de garder ses oreilles et sa langue. La vue et l'odorat sont des organes bien suffisans pour un tel drôle ; mais l'ouïe et la parole sont des choses auxquelles il ne doit avoir aucune prétention.
— Je conviens que ce serait bien fait, Dick ; mais ce serait faire tort au bourreau et à la potence, et je suis un honnête garçon qui veux donner au diable ce qui lui est dû. Ainsi :

> Joie et plaisir au grand César,
> Amour, bonheur et longue vie !
> Que le roi vive à jamais, car
> Nous n'en ferons pas moins orgie.

Pendant cette scène digne des bacchanales, Julien, bien enveloppé dans son manteau, s'était étendu sur le sofa qui lui avait été désigné. Il avait les yeux fixés sur la table qu'il venait de quitter. Les bougies lui parurent rendre une clarté moins vive ; il entendait encore le son des voix, mais les paroles qu'on prononçait ne produisaient plus d'impression sur son esprit. Enfin, au bout de quelques minutes, il s'était endormi plus promptement qu'il ne l'avait jamais fait.

CHAPITRE XXIII.

> « Gordon alors sonna du cor,
> « Et s'écria : « La maison brûle !
> « Partons, s'il en est temps encor. »
> *Ancienne ballade.*

QUAND Julien s'éveilla le lendemain, tout était tranquille dans l'appartement, et il s'y trouvait seul. Le soleil levant, qui brillait à travers les volets à demi fermés, laissait apercevoir quelques débris du banquet de la veille, banquet que la tête pesante de Peveril et la confusion qui régnait encore dans ses idées l'assuraient avoir été une orgie.

Sans être ce qu'on appelle un bon vivant, Julien, comme les autres jeunes gens de ce temps, n'était nullement ennemi du vin, dont on buvait alors avec assez peu de modération ; mais il ne put s'empêcher d'être surpris que le peu qu'il en avait bu la nuit précédente eût produit sur lui le même effet que s'il avait fait un excès. Il se leva, ajusta ses vêtemens, et chercha dans tout l'appartement de l'eau pour faire ses ablutions du matin, mais sans en trouver. Il y avait du vin sur la table, près de laquelle était un siége debout et un autre renversé, comme si on l'avait jeté à bas pendant la débauche nocturne.

— Il faut, pensa-t-il, que le vin ait été bien capiteux pour qu'il m'ait rendu sourd au bruit qu'ont dû faire mes compagnons avant de terminer leur orgie.

Un soupçon passa un moment dans son esprit. Il examina ses armes, et chercha le paquet qu'il avait reçu de la comtesse, et qu'il gardait soigneusement dans une poche secrète de son justaucorps. Rien n'y manquait, et ce premier soin lui rappela ceux dont il lui restait à s'occuper. Il sortit de la chambre dans laquelle il avait soupé, et entra dans une autre dont l'ameublement était misérable. Sur un vieux lit, composé d'une unique matelas, étaient étalés deux hommes, couverts d'un vieux tapis, et dont les têtes reposaient amicalement sur la même botte de foin. Il reconnut sur l'une la chevelure noire du jockey qu'il avait vu la veille. L'autre était couverte d'un grand bonnet tricoté d'où s'échappaient quelques mèches de cheveux grisonnans ; et un visage à caricature, un nez en bec de faucon, et une figure alongée, annonçaient qu'elle appartenait au ministre français du dieu de la bonne chère, dont il avait entendu chanter les éloges le soir précédent. Ces deux dignes personnages semblaient endormis dans les bras de Bacchus comme dans ceux de Morphée, car on voyait sur le plancher des flacons brisés, et sans leurs ronflemens sonores à peine aurait-on cru qu'ils étaient vivans.

Décidé à se remettre en route, comme son devoir et son expérience l'y invitaient, Julien descendit un escalier et essaya d'ouvrir une porte sur le palier. Elle était fermée. Il appela. Personne ne répondit. C'était sans doute, pensa-t-il, la chambre à coucher des deux amis, et ils étaient probablement endormis aussi profondément que les deux individus qu'il venait de voir, et qu'il l'était lui-même quelques minutes auparavant. Les éveillerait-il ? A quoi bon ? C'étaient des gens avec qui le hasard l'avait associé contre sa volonté ; et, dans la situation où il se trouvait, il jugea qu'il était prudent de saisir la première occasion pour s'éloigner d'une compagnie qui lui paraissait suspecte, et qui pouvait être dangereuse.

Tout en réfléchissant ainsi, il découvrit une seconde porte, et l'ayant ouverte il se trouva dans une chambre à coucher où il entendit un concert harmonieux produit par un autre dormeur. Les pintes, les brocs et autres ustensiles annonçaient que c'était l'appartement de l'hôte, qui dormait entouré de tous les attributs de sa profession.

Cette découverte tira Peveril d'un embarras occasioné par sa délicatesse. Il mit sur la table une pièce d'argent, suffisante, à ce qu'il crut, pour payer sa part de l'écot de la nuit précédente, ne se souciant pas d'être redevable d'un souper à des étrangers qu'il allait quitter sans prendre la peine de leur faire ses adieux.

Débarrassé de ce scrupule de conscience, Julien, le cœur plus léger, quoique la tête encore un peu lourde, descendit à l'écurie, qu'il reconnut aisément parmi les mauvais bâtimens situés dans la cour. Son cheval, bien reposé, et reconnaissant peut-être des services que son maître lui avait rendus la veille, hennit en le voyant paraître, ce que Peveril regarda comme l'augure d'un heureux voyage, et qu'il récompensa avec un picotin d'avoine. Tandis que son palefroi y faisait honneur, il se promena dans la cour, dans l'espoir que le grand air lui rafraîchirait le sang, et il se mit à réfléchir quel chemin il prendrait pour arriver au château de Martindale avant la nuit. Comme il avait une connaissance générale du pays, il se flatta qu'il ne s'était pas beaucoup écarté de la grande route, et son cheval devant avoir recouvré ses forces, il pensa qu'il arriverait aisément à Martindale avant le coucher du soleil.

Ayant arrêté dans son esprit la route qu'il devait suivre, il retourna dans l'écurie pour y chercher son cheval, le brida, le harnacha, et le conduisit dans la cour de l'écurie. Déjà il avait la main sur sa crinière, et le pied gauche dans l'étrier, quand la voix de Ganlesse se fit entendre.

— Quoi! M. Peveril, lui dit-il, est-ce là toute la politesse que vous avez rapportée des pays étrangers? Est-ce en France que vous avez appris à quitter vos amis sans leur dire adieu?

Julien tressaillit comme s'il eût été pris en flagrant délit. Cependant un moment de réflexion l'assura qu'il n'avait aucun tort, et qu'il ne courait aucun danger.

— Je n'ai pas voulu vous déranger, répondit-il, quoique j'aie été jusqu'à la porte de votre chambre. J'ai cru qu'après notre débauche de la nuit dernière il valait mieux vous laisser dormir que de vous éveiller pour prendre cérémonieusement congé de vous. Moi-même j'ai eu plus de peine que de coutume à quitter mon lit, quoiqu'il ne fût pas très doux ; et comme mes affaires exigent que je parte de bonne heure, j'ai pensé que le mieux était de partir sans vous faire mes adieux. J'ai laissé une marque de souvenir pour l'hôte sur la table de sa chambre.

— Cela était inutile, dit Ganlesse ; le drôle est déjà assez bien payé. Mais votre projet de départ n'est-il pas un peu prématuré? Un pressentiment secret me dit que vous feriez mieux de venir avec moi à Londres, au lieu de vous diriger d'un autre côté, quelque motif que vous en ayez. Vous pouvez déjà voir que je ne suis pas un homme ordinaire, et que je sais maîtriser le temps. Quant au fou avec qui je voyage, et à qui je passe ses folies de prodigalité, il a aussi son utilité. Mais vous êtes d'une trempe toute différente, et je voudrais non seulement vous servir, mais même vous attacher à moi.

Julien regarda l'être singulier qui lui tenait ce langage. Nous avons déjà dit qu'il était maigre et de petite taille, et que ses traits n'offraient rien d'extraordinaire ni de distingué, si ce n'est des yeux gris pleins de feu et de vivacité, dont les regards fiers et insoucians répondaient parfaitement à la supériorité hautaine qu'il s'arrogeait dans la conversation. Ce ne fut qu'après une pause de quelques instans que Julien répondit : — Pouvez-vous être étonné, monsieur, que, dans la situation où je me trouve, si vous la connaissez, je ne croie pas devoir faire sans nécessité confidence d'affaires importantes, et que je m'éloigne de la compagnie d'un étranger qui ne veut pas me dire pourquoi il désire la mienne?

— Faites ce qu'il vous plaira, jeune homme, répondit Ganlesse : souvenez-vous seulement par la suite que je vous ai fait une belle offre; une offre que je ne ferais pas à tout le monde. Si nous nous revoyons un jour dans d'autres circonstances, peut-être moins agréables, songez que ce sera à vous et non à moi que vous devrez en imputer la faute.

— Je ne comprends pas cette menace, répliqua Peveril, si c'en est une que vous avez intention de me faire. Je n'ai fait aucun mal, je n'éprouve aucune crainte; et mon bon sens ne me suffit pas pour me faire concevoir comment je pourrais me repentir un jour d'avoir refusé ma confiance à un étranger qui semble exiger que je me mette en aveugle sous sa conduite.

— Adieu donc, sir Julien Peveril du Pic, dit l'étranger en lâchant la bride du cheval de Julien, sur laquelle il avait nonchalamment mis la main; et il ajouta : — Ce n'est peut-être guère anticiper.

— Que voulez-vous dire? demanda Julien, et pourquoi me donnez-vous ce titre?

L'étranger sourit, et se contenta de lui répondre : — Notre entretien est terminé, vous pouvez partir. Vous trouverez la route plus longue et plus difficile que celle par laquelle je vous aurais conduit.

A ces mots, Ganlesse se détourna, et s'avança vers la maison. Avant d'y entrer, il se retourna, et voyant que Julien était encore à la même place, il sourit de nouveau et lui fit un signe de tête. Mais ce signe rappelant Peveril à lui-même, il donna un coup d'éperon à son cheval, et partit sur-le-champ.

La connaissance superficielle qu'il avait du pays lui

suffit pour regagner la route de Martindale, dont il s'était écarté la veille d'environ deux milles. Mais les chemins, ou pour mieux dire les sentiers de ce pays presque sauvage, et dont le poète qu'il a vu naître, Cotton, a fait une critique si mordante, étaient si compliqués en certains endroits, si difficiles à reconnaître en quelques autres, et si peu propres à une course rapide presque partout, que malgré tous les efforts de Julien, et quoiqu'il ne se fût arrêté que le temps nécessaire pour réparer les forces de son cheval dans un petit hameau qu'il avait traversé vers midi, la nuit était tombée avant qu'il eût atteint une éminence d'où les murs du château de Martindale auraient été visibles une heure plus tôt, tandis que pendant la nuit leur situation devait être indiquée par une lumière constamment entretenue sur une tour fort élevée qu'on nommait la tour d'observation. Cette espèce de phare domestique était connue dans tous les environs sous le nom de l'étoile polaire de Peveril.

On l'allumait régulièrement tous les soirs aux approches de la nuit, et l'on y mettait assez de bois et de charbon pour qu'il durât jusqu'au lever du soleil. Jamais on n'y manquait que pendant l'intervalle qui s'écoulait entre la mort d'un seigneur du château et son enterrement. Quand cette dernière cérémonie avait eu lieu, on rallumait le feu nocturne avec quelque cérémonial, et on le voyait briller tous les soirs jusqu'à ce que le destin appelât le nouveau propriétaire dans le tombeau de ses ancêtres. On ignore quelles circonstances avaient donné lieu dans l'origine à cet usage, et la tradition n'en parle que d'une manière douteuse. Suivant les uns, c'était un signal d'hospitalité qui, dans les anciens temps, guidait le chevalier errant et le pèlerin fatigué vers un lieu où ils devaient trouver le repos et les rafraîchissemens dont ils avaient besoin. D'autres prétendaient que ce feu avait d'abord été allumé par l'amour conjugal, une dame de ce château y ayant eu recours pour guider son époux vers Martindale pendant les ténèbres d'une nuit orageuse. Les esprits moins bien disposés, et surtout les non-conformistes, attribuaient l'origine et la continuation de cette coutume à l'orgueil et à l'arrogance de la famille de Peveril, qui indiquait ainsi son ancien droit de suzeraineté sur tous les environs, de même que l'amiral attache une lanterne à la poupe de son vaisseau pour guider sa flotte. Et autrefois notre ancien ami maître Solsgrace avait lancé contre sir Geoffrey quelques sarcasmes pour lui reprocher d'avoir placé sa gloire et offert son sacrifice sur les hauts lieux : une chose certaine, c'est que tous les Peverils, de père en fils, avaient mis la plus grande attention à maintenir cette coutume, comme étant essentiellement liée à la dignité de leur famille; et il n'était pas probable que sir Geoffrey se montrât jamais moins exact à l'observer.

En conséquence l'étoile polaire de Peveril avait continué à briller, avec plus ou moins d'éclat, pendant toutes les vicissitudes de la guerre civile, et cet éclat, quoique affaibli, ne s'était pas même éclipsé pendant la décadence de la fortune de sir Geoffrey. On l'entendait souvent dire et quelquefois jurer que tant qu'il resterait sur ses domaines de quoi faire une allumette, le feu nocturne ne manquerait pas d'être entretenu. Son fils Julien ne l'ignorait pas. Ce fut donc avec autant de surprise que d'inquiétude qu'en jetant un regard dans la direction du château il s'aperçut qu'il n'y avait aucune lumière : il s'arrêta, se frotta les yeux, changea de position, et s'efforça, mais inutilement, de se persuader qu'il s'était mépris sur l'endroit d'où l'étoile polaire de sa famille était visible, ou que quelque nouvel obstacle, comme la croissance de quelques arbres, où la construction de quelque édifice, en interceptait la lumière. Un moment de réflexion suffit pour lui rappeler que l'élévation de la tour du château ne permettait pas cette supposition, et la conclusion qu'il fut forcé d'en tirer fut ou que son père était mort, ou qu'un malheur étrange arrivé tout-à-coup dans sa famille avait fait oublier cette coutume solennelle.

En proie à des craintes indéfinissables, le jeune Peveril enfonça ses éperons dans les flancs de son cheval harassé, et le força de descendre au grand galop un sentier raboteux et très rapide, au risque de se rompre le cou. Il arriva bientôt au village de Martindale-Moultrassie, désirant ardemment apprendre la cause de cette éclipse de mauvais augure. La rue que son cheval fatigué parcourait d'un pas lent et contraint était déserte, et à peine voyait-on briller la lueur d'une chandelle à quelques fenêtres : mais celles de la petite auberge à l'enseigne des *Armes de Peveril* répandaient une lumière éclatante, et le bruit qu'on entendait partir de la maison annonçait la joie.

Guidé par l'instinct, ou par l'expérience, qui fait reconnaître à tout cheval l'extérieur d'une auberge, le coursier harassé s'arrêta si subitement et avec tant d'obstination à la porte de celle-ci, que Julien crut devoir mettre pied à terre, espérant qu'il obtiendrait aisément un cheval frais de Roger Raine, maître de cette auberge, qui appartenait depuis long-temps à sa famille. Il désirait aussi se tirer d'inquiétude en faisant quelques questions sur ce qui se passait au château : mais en s'approchant de la porte il fut surpris d'entendre chanter, dans la salle destinée à recevoir le public, une chanson bien connue, composée dans le temps de la république par quelque bel esprit puritain, contre les Cavaliers, et dans laquelle le satirique chansonnier n'avait pas épargné son père.

> Ils pensaient que sur la terre
> Rien ne pourrait les dompter ;
> Fille jolie et grand verre
> Savaient toujours les tenter.

Mais malgré leur insolence,
On a puni leur jactance.
Ils ont fui jusqu'au dernier.
Osera-t-on le nier?

Sir Geoffrey de rouge trogne
Se voyait au milieu d'eux,
Et toujours le vieil ivrogne
Buvait et jurait au mieux.
Mais qu'a fait le diable à quatre
Quand il a fallu se battre?
Il a fui tout le premier.
Osera-t-on le nier?

Julien sentit qu'il fallait qu'une révolution étrange eût eu lieu dans le village et dans le château pour que des chants si injurieux se fissent entendre dans l'auberge même dont l'enseigne était décorée des armes de sa famille; et ne sachant pas jusqu'à quel point il serait prudent de se présenter devant ces insolens buveurs sans avoir les moyens de châtier leur impertinence, il conduisit son cheval à une porte de derrière qui, comme il s'en souvint, communiquait au logement de l'hôte, déterminé à lui demander en particulier quelle était la situation des affaires au château. Il frappa plusieurs fois à la porte, et appela Roger Raine d'une voix forte quoique étouffée; enfin la voix d'une femme lui répondit par la question d'usage.

— Qui est là?

— C'est moi, dame Raine; c'est Julien Peveril; dites à votre mari de venir me trouver sur-le-champ.

— Hélas! hélas! M. Julien! si c'est réellement vous, il faut que vous sachiez que mon pauvre homme est dans un lieu d'où il ne peut plus aller trouver personne, et où nous irons sans doute le rejoindre, comme dit Mathieu, le garçon des chambres.

— Quoi! il est mort! j'en suis bien chagrin.

— Mort depuis plus de six mois, M. Julien; et permettez-moi de vous dire que ce temps est bien long pour une pauvre veuve, comme dit Mathieu.

— Eh bien! vous ou votre Mathieu, voulez-vous m'ouvrir la porte? J'ai besoin d'un cheval frais, et je désire savoir comment vont les choses au château.

— Au château! hélas! — Mathieu!

Mathieu n'était probablement pas bien loin, car il répondit sur-le-champ ; et Peveril put les entendre parler à voix basse. L'on peut faire observer ici que dame Raine, accoutumée à fléchir sous l'autorité du vieux Roger, aussi jaloux d'exercer les prérogatives domestiques d'un mari dans sa maison, qu'un monarque peut l'être de faire valoir celles de la couronne dans ses États, s'était trouvée, quand elle était restée veuve, et encore assez fraîche, si embarrassées de l'exercice de sa nouvelle indépendance, qu'elle avait recours en toute occasion aux avis de Mathieu. Or, comme Mathieu, au lieu de marcher les pieds nus et d'avoir la tête couverte d'un bonnet de laine, commençait à porter des souliers de cuir d'Espagne et un chapeau de castor à haute forme, et que ses compagnons de service l'appelaient déjà M. Mathieu, les voisins en concluaient qu'ils verraient bientôt un changement de nom sur l'enseigne, et peut-être même une nouvelle enseigne, car Mathieu était un peu puritain, et n'était nullement ami des Peveril du Pic.

— Maintenant conseillez-moi, si vous êtes un homme, disait la veuve Raine ; car ne me croyez jamais s'il n'est pas vrai que M. Julien est à la porte en personne ; or il demande un cheval et je ne sais quoi encore, comme si les choses allaient comme de coutume.

— Eh bien! dame Raine, si vous voulez suivre mon conseil, vous le ferez dénicher. Qu'il remue ses bottes pendant qu'elles sont graissées; il ne faut pas, en ce monde, se brûler les doigts dans le bouillon des autres.

— C'est bien parler, sans doute ; mais, voyez-vous,

Mathieu, c'est que nous avons long-temps mangé leur pain, et, comme disait mon pauvre brave homme...

— Ceux qui veulent suivre les avis des morts n'ont pas besoin d'en demander aux vivans ; ainsi, dame Raine, vous pouvez faire ce qu'il vous plaira ; mais, si vous voulez écouter les miens, vous fermerez la porte à la serrure et au verrou, et vous lui direz d'aller chercher un gîte ailleurs ; voilà ce que j'ai à vous dire.

— Drôle, s'écria Peveril, je ne vous demande que de me dire comment se portent sir Geoffrey et son épouse.

Un double hélas ! prononcé d'un ton de compassion, fut la seule réponse qu'il reçut de la veuve, et elle recommença à s'entretenir avec Mathieu, mais trop bas pour que Julien pût entendre leur conversation.

Enfin Mathieu parla tout haut et d'un ton d'autorité.

— Nous n'ouvrons pas nos portes à une pareille heure de la nuit, s'écria-t-il ; c'est contre les règlemens de police, et cela pourrait nous coûter notre permission de débiter de la bière et des liqueurs. Quant au château, la route est devant vous, et je crois que vous la connaissez aussi bien que nous.

— Oui, je vous connais, dit Peveril en remontant sur son cheval harassé ; vous êtes un ingrat, et, à la première occasion, je vous bâtonnerai de bonne sorte.

Mathieu ne répondit rien à cette menace, et Peveril l'entendit s'éloigner après avoir dit encore quelques mots à la veuve.

Impatient de ce délai et plus inquiet que jamais, d'après le ton, les propos et la conduite de cet individu, qui lui semblaient de mauvais augure, Julien remonta à cheval ; mais il eut beau employer tous les moyens possibles, l'animal s'opiniâtra à ne pas avancer d'un pas. Peveril mit de nouveau pied à terre, et allait continuer son voyage pédestrement, malgré l'inconvénient des grandes bottes qu'il portait, suivant l'usage du temps, quand il s'entendit appeler tout bas d'une fenêtre.

Le conseiller ne fut pas plus tôt parti, que le bon cœur de la veuve, son habitude de vénération pour la maison de Peveril, et peut-être aussi quelque crainte pour les os de Mathieu, la déterminèrent à ouvrir une croisée, et à murmurer d'une voix basse et timide:—St! st! M. Julien! êtes-vous parti?

— Pas encore, dame Raine, quoiqu'il paraisse que ma présence ne fait pas plaisir ici.

— Mon bon jeune monsieur, c'est que les hommes ont des avis si différens! Il y avait mon pauvre vieux Roger, qui aurait cru le coin de la cheminée trop froid pour vous, et voici Mathieu Chamberlain qui pense que la cour est assez chaude.

— N'y pensez pas, dame Raine; dites-moi seulement ce qui est arrivé au château de Martindale. Le feu ne brille pas sur la tour.

— Est-il bien vrai? Cela n'est que trop probable! Ainsi donc le bon sir Geoffrey est allé rejoindre mon vieux Roger.

— Dieu du ciel! s'écria Peveril. Et depuis quand mon père était-il malade?

— Il ne l'a jamais été, que je sache. Mais, il y a trois heures, il est arrivé au château des hommes avec des bandoulières et des ceintures de buffle; et un membre du parlement, comme du temps de Cromwell. Mon vieux Roger leur aurait fermé les portes de l'auberge; mais Mathieu a dit que ce serait agir contre la loi, de sorte qu'ils sont venus s'y rafraîchir, hommes et chevaux, et ils ont envoyé chercher M. Bridgenorth, qui est à Moultrassie-Hall; après quoi ils se sont rendus au château. Or, il est probable qu'il y aura eu une dispute, car le vieux chevalier n'est pas homme à se laisser prendre tout endormi, comme disait mon pauvre Roger. Et les officiers de justice auront été les plus forts, comme de raison, puisqu'ils ont la loi pour eux, comme dit Mathieu. Mais, puisque l'étoile polaire du château ne brille plus, il n'y a guère de doute que sir Geoffrey ne soit mort.

— Juste ciel! A prix d'or ou par amitié, ma chère dame Raine, procurez-moi un cheval, pour que je puisse courir au château.

— Au château! Les Têtes-Rondes, comme mon pauvre Roger les appelait, vous tueront comme ils ont tué votre père. Cachez-vous plutôt dans le bûcher, et je vous enverrai par Betty une couverture et de quoi souper. Ou, écoutez : mon vieux Dobbin est dans la petite écurie à côté du poulailler; prenez-le, et hâtez-vous de vous éloigner du pays, car vous n'y êtes pas en sûreté. N'entendez-vous pas les chansons qu'on chante dans la salle? Ainsi, prenez Dobbin, et n'oubliez pas de laisser votre cheval pour le remplacer.

Peveril ne s'arrêta pas à l'écouter davantage; mais en se détournant pour entrer dans l'écurie il entendit la bonne femme s'écrier : — O mon Dieu! que dira Mathieu? Mais elle ajouta à l'instant : — Qu'il dise ce qu'il voudra, je puis disposer de ce qui m'appartient.

Plus empressé que le valet d'écurie recevant un double pourboire, Julien mit à la hâte les harnais de son cheval sur le dos du pauvre Dobbin, qui mangeait tranquillement sa botte de foin sans songer à la besogne que cette nuit lui réservait. Malgré l'obscurité qui régnait dans l'écurie, il réussit avec une promptitude merveilleuse à tout préparer pour son départ; puis laissant à l'instinct de son cheval le soin de trouver le râtelier de Dobbin, il sauta sur son nouveau coursier, et employant tour à tour le fouet et les éperons, il le fit gravir assez lestement le chemin escarpé qui conduit du village au château. Dobbin, peu accoutumé à une marche forcée, soufflait, reniflait, et trottait aussi vite qu'il le pouvait. Enfin il conduisit son cavalier devant la grande porte de l'antique château de son père.

La lune se levait alors, mais ses rayons n'éclairaient pas la porte, située, comme nous l'avons dit ailleurs, dans un renfoncement entre deux grandes tours. Peveril mit pied à terre sans s'inquiéter de ce que deviendrait son cheval, et, contre son attente, il trouva la porte ouverte. Il entra dans la grande cour, et s'aperçut alors qu'il y avait encore de la lumière dans la partie inférieure des bâtimens, quoique la hauteur des murs de clôture l'eût empêché de le remarquer plus tôt. La grande porte du château s'ouvrait rarement depuis la décadence de la fortune de cette famille, et seulement dans les occasions qui exigeaient un cérémonial particulier. On entrait ordinairement par une petite poterne, et Julien, s'y étant rendu, la trouva également ouverte, circonstance qui seule aurait suffi pour l'alarmer, s'il n'eût déjà eu tant de motifs d'alarmes. Son cœur battit vivement lorsqu'il tourna à gauche pour entrer dans un petit vestibule conduisant à une grande salle du rez-de-chaussée, où se tenait ordinairement sa famille, et ses craintes augmentèrent encore quand, en approchant, il entendit plusieurs voix dont le son lui était étranger. Il ouvrit brusquement, et le spectacle qui se présenta devant ses yeux confirma tous les pressentimens funestes qu'il avait conçus.

En face de lui était le vieux chevalier, dont les bras étaient retenus par un ceinturon de cuir placé à la hauteur de ses coudes, lui entourant le corps, fortement serré, et attaché par-derrière. Deux hommes de mauvaise mine, paraissant chargés de le garder, le tenaient par l'habit. Son épée nue jetée sur le plancher, et le fourreau vide encore pendant au côté de sir Geoffrey, annonçaient que le vieux Cavalier, encore vigoureux, ne s'était pas laissé réduire à cet état de captivité sans essayer de faire résistance. Deux ou trois personnes, ayant le dos tourné du côté de Julien, étaient assises devant une table, et semblaient occupées à écrire. Elles conversaient ensemble, et c'étaient leurs voix qu'il avait entendues. Lady Peveril, emblème de la mort par la pâleur, se trouvait à deux ou trois pas de son mari, les yeux fixés sur lui, de l'air d'une femme qui jette un dernier regard sur l'objet qu'elle chérit le plus. Elle fut la première qui aperçut Julien, et s'écria aussitôt : — Ciel miséricordieux ! mon fils ! rien ne manque plus aux malheurs de la maison !

— Mon fils ! s'écria aussi sir Geoffrey en sortant du sombre abattement dans lequel il était plongé, et en ajoutant un serment à cette exclamation ; tu es arrivé à propos, Julien ; ne crains pas de frapper ; fends-moi la tête de ce bandit, de ce scélérat, depuis le crâne jusqu'au gosier, et peu m'importe ce qui arrivera ensuite.

La situation dans laquelle se trouvait son père fit oublier au fils l'inégalité de la lutte dans laquelle il allait s'engager.

— Misérables ! s'écria-t-il aux deux gardes qui tenaient sir Geoffrey par l'habit, ne le retenez pas davantage ! Et, se précipitant sur eux l'épée à la main, il les força de le lâcher pour songer à se défendre.

Sir Geoffrey, libre en partie, cria à sa femme : — Débouclez le ceinturon, et nous ne nous rendrons pas sans coup férir. Il faudra qu'ils sachent se battre, ceux qui viendront à bout du père et du fils.

Mais un des hommes qui s'occupaient à écrire, et qui s'étaient levés au commencement de la querelle, empêcha lady Peveril de rendre ce service à son mari, tandis qu'un autre s'empara aisément de la personne du vieux chevalier garrotté, qui lui donna pourtant dans les jambes plusieurs grands coups de ses grosses bottes, sa position ne lui permettant aucun autre moyen de défense. Le troisième, qui vit que Julien, jeune, actif, et animé de toute la fureur d'un fils qui combat pour son père, forçait les deux satellites à lâcher pied, le saisit au collet, et chercha à s'emparer de son épée.

Abandonnant tout-à-coup cette arme, et saisissant un de ses pistolets, Julien fit feu à la hâte à la tête de l'homme qui l'attaquait ainsi. Celui-ci ne tomba point, mais chancela, comme un homme étourdi par un grand coup, et montra à Peveril, en tombant assis sur une chaise, les traits du major Bridgenorth, noircis par l'explosion de la poudre, qui avait même brûlé une partie de ses cheveux gris. Un cri de surprise échappa à Julien; et, dans l'alarme et l'horreur du moment, il fut aisément arrêté et désarmé par ceux qu'il avait d'abord attaqués.

— Peu importe, Julien! s'écria sir Geoffrey; ne vous inquiétez de rien; ce coup de pistolet fait la balance de tous les comptes. Mais quoi! que diable! il vit encore! votre pistolet était-il chargé avec du son, ou le diable a-t-il rendu le coquin à l'épreuve du plomb?

La surprise de sir Geoffrey était assez naturelle, car, pendant qu'il parlait, le major Bridgenorth, revenant à lui, se leva, et, essuyant avec son mouchoir les traces que l'explosion avait laissées sur son visage, il s'approcha de Julien, et lui dit avec le sang-froid qui lui était ordinaire : — Jeune homme, vous devez remercier Dieu de vous avoir empêché aujourd'hui de commettre un grand crime.

— Remercie le diable, scélérat hypocrite! s'écria sir Geoffrey, car ce n'est rien moins que le père de tous les fanatiques qui a pu empêcher ta cervelle d'être brûlée comme si elle eût été dans la poêle de Lucifer.

— Sir Geoffrey, répondit le major, je vous ai déjà dit que je ne raisonnerais point avec vous; attendu que je ne vous dois compte d'aucune de mes actions.

— M. Bridgenorth, dit lady Peveril faisant un violent effort sur elle-même pour parler, et pour parler avec calme, quelque vengeance que votre conscience vous permette, comme chrétien, contre mon mari; moi qui ai droit à quelque compassion de votre part, puisque j'en ai éprouvé une sincère pour vous lorsque la main du ciel s'est appesantie sur votre tête, je vous conjure de ne pas envelopper mon fils dans notre destruction. Que la perte du père et de la mère et la ruine de notre ancienne maison suffisent pour apaiser le ressentiment que vous ont inspiré les injustices dont vous pouvez accuser mon mari.

— Silence, ma femme! s'écria le vieux chevalier; vous parlez comme une folle, et vous vous mêlez de ce qui ne vous regarde pas. M'accuser d'injustice! le lâche n'a jamais reçu de moi que ce qu'il méritait. Si j'avais convenablement bâtonné le chien hargneux la première fois qu'il a aboyé contre moi, il ferait en ce moment le chien couchant à mes pieds, au lieu de me sauter à la gorge. Mais, si je puis me tirer de cette affaire, comme je l'ai fait de plus mauvaises, je lui promets de régler nos anciens comptes aussi bien que pourra me le permettre le bois de pommier le plus dur.

— Sir Geoffrey, dit Bridgenorth, si la naissance dont vous êtes si fier vous ferme les yeux sur de meilleurs principes, elle devrait au moins vous avoir appris la civilité. De quoi vous plaignez-vous? Je suis magistrat, et je fais exécuter un mandat qui m'est adressé par la première autorité de l'État. Je suis aussi votre créancier, et la loi me donne le droit de retirer ce qui m'appartient des mains d'un débiteur imprévoyant.

— Vous magistrat! dit le chevalier; aussi magistrat que Noll était monarque. Vous êtes tout fier d'avoir obtenu du roi votre pardon, et d'avoir été remis sur la liste des juges de paix, sans doute pour persécuter les pauvres papistes. Jamais il n'y a eu de trouble dans l'État sans que les vauriens y aient trouvé leur avantage. Toutes les fois que le pot bout, l'écume surnage.

— Pour l'amour de Dieu, mon cher époux, dit lady Peveril, cessez de parler ainsi. Ces propos ne peuvent qu'irriter M. Bridgenorth, qui, sans cela, pourrait réfléchir que la charité...

— L'irriter! s'écria sir Geoffrey en l'interrompant d'un ton d'impatience : par la mort de Dieu, madame, vous me rendrez fou! Avez-vous vécu si long-temps dans ce monde pour attendre de la réflexion et de la charité de la part d'un vieux loup affamé? Et quand il en aurait, croyez-vous, madame, que moi, que vous, comme mon épouse, nous soyons des sujets convenables pour l'exercice de cette charité? Julien, mon pauvre garçon, je suis fâché que tu sois arrivé si mal à propos, puisque ton pistolet n'était pas mieux chargé; mais ta réputation comme bon tireur est perdue à jamais.

Cette conversation, à laquelle présidait la colère, se passa si rapidement, que Julien, à peine revenu de l'extrême surprise qu'il avait éprouvée en se trouvant plongé tout-à-coup dans une situation si désespérée, n'eut pas le temps de réfléchir sur les moyens qu'il pourrait employer pour secourir efficacement ses parens. Le parti le plus sage lui parut être de parler à Bridgenorth avec sang-froid, quoiqu'il en coûtât à sa fierté de s'humilier à ce point. Cependant il fit un effort pour lui dire avec autant de calme qu'il lui fut possible d'en montrer : — M. Bridgenorth, puisque vous agissez en qualité de magistrat, je désire être traité conformément aux lois d'Angleterre, et je demande à savoir de quoi nous sommes accusés, et en vertu de quelle autorité nous sommes arrêtés.

— Autre sottise [1]! s'écria l'impétueux chevalier : sa mère parle de charité à un puritain, et le voilà lui qui parle des lois à un rebelle, à une Tête-Ronde! De qui veux-tu qu'il ait reçu un mandat, si ce n'est du parlement ou du diable?

---

(1) *Another howlet* : mot à mot, un autre cri de hibou! — Ed.

— Qui parle du parlement? demanda un nouvel interlocuteur qui arriva en ce moment, et en qui Peveril reconnut le personnage officiel qu'il avait déjà vu chez le maquignon, et qui entra avec la morgue et l'importance d'un homme qui se sentait revêtu d'une autorité suprême. Qui parle du parlement? répéta-t-il. Je vous garantis qu'on a trouvé dans cette maison de quoi convaincre vingt conspirateurs. Il n'y manquait, ma foi, pas d'armes. Montrez-les, capitaine.

— Ce sont précisément les mêmes, dit le capitaine en s'approchant, que j'ai mentionnées dans ma narration imprimée, qui a été mise sous les yeux de la chambre des communes. La demande en a été faite au vieux Vander Huys de Rotterdam, par ordre de don Juan d'Autriche, pour le service des jésuites.

— Par le jour qui nous éclaire, dit sir Geoffrey, ce sont les piques, les mousquets et les pistolets qu'on a jetés dans le grenier après la bataille de Naseby, et qui y sont restés depuis ce temps.

— Et voici, dit le camarade du capitaine, des vêtemens de prêtres, des chasubles et des missels; oui, avec des images auxquelles les papistes adressent leurs prières, et devant lesquelles ils font des génuflexions.

— Que la peste t'étouffe, radoteur hypocrite! s'écria le chevalier. Voilà un drôle qui prend les vieux vertugadins de ma grand'mère pour des robes de prêtres, et le volume d'histoire d'Owlenspiegel [1] pour un missel!

— Mais que veut dire ceci, M. Bridgenorth? dit Topham. Votre Honneur a donc eu de la besogne aussi bien que nous? Tandis que nous faisions notre perquisition, vous avez donc trouvé d'autre gibier?

— Je crois, monsieur, dit Julien, que si vous voulez consulter le mandat dont vous êtes porteur, et qui, si je

(1) Nous avons vainement consulté les dictionnaires biographiques sur ce nom. — Er.

ne me trompe, contient les noms des personnes que vous êtes chargé d'arrêter, vous verrez que vous n'avez aucun droit de me constituer prisonnier.

— Monsieur, répondit l'important personnage, je ne sais qui vous êtes, mais je voudrais que vous fussiez l'homme le plus considérable de toute l'Angleterre, afin de vous apprendre le respect dû à un mandat de la chambre. Il n'y a pas un homme dans l'enceinte des îles Britanniques, monsieur, que je ne puisse arrêter en vertu de ce morceau de parchemin, et je vous arrête en conséquence. De quoi l'accusez-vous, messieurs ?

Dangerfield s'approcha de lui, et l'ayant regardé sous le nez : — Par l'air que je respire, s'écria-t-il, je vous ai déjà vu quelque part, l'ami; mais je ne saurais me rappeler où. Ma pauvre mémoire ne vaut plus une fève, tant j'ai été obligé d'y avoir recours depuis quelque temps pour le service de l'État. Mais je connais ce drôle; j'en réponds sur le salut de mon âme.

— Comment, capitaine! lui dit son associé plus doucereux, mais encore plus à craindre, c'est le jeune homme que nous avons vu chez le marchand de chevaux, et nous avions des griefs à alléguer contre lui; mais M. Topham n'a pas voulu nous laisser parler.

— Eh bien, parlez maintenant, dit Topham, et dites contre lui tout ce que vous voudrez, puisqu'il a blasphémé contre un mandat de la chambre. Je crois que vous disiez que vous l'aviez déjà vu ?

— C'est la vérité, répondit Everett. Je l'ai vu à Saint-Omer, avec les séminaristes. Il y était toujours avec les régens.

— Ne confondez pas, M. Everett, dit Topham. Il me semble que vous m'avez dit que vous l'aviez vu à l'assemblée tenue à Londres par les jésuites.

— C'est moi qui ai dit cela, M. Topham, s'écria le capitaine déterminé, et c'est ma langue qui en fera serment.

— Mon cher M. Topham, dit Bridgenorth, vous pouvez suspendre cette enquête quant à présent. Elle ne sert qu'à fatiguer et embarrasser la mémoire des témoins à charge.

— Vous vous trompez, M. Bridgenorth, répondit Topham ; vous vous trompez complètement. Cela ne fait que les tenir en haleine, comme des lévriers qu'on dispose à courir le lièvre.

— Soit ! répondit Bridgenorth avec le ton d'indifférence qui lui était ordinaire. Mais en ce moment ce jeune homme doit être arrêté en vertu d'un mandat que je vais signer, pour m'avoir attaqué dans l'exercice de mes fonctions comme magistrat, dans la vue de délivrer un prisonnier arrêté légalement. N'avez-vous pas entendu le bruit d'un coup de pistolet ?

— Je suis prêt à en faire serment, dit Everett.

— Et moi aussi, dit Dangerfield. Tandis que nous faisions une perquisition dans la cave, j'ai entendu quelque chose comme un coup de pistolet ; mais je m'étais imaginé que ce bruit était occasioné par un long bouchon que je venais de tirer avec force pour voir s'il n'y avait pas dans la bouteille quelques reliques de papisme.

— Un coup de pistolet ! s'écria Topham. Il y aurait pu avoir ici de quoi faire un second volume à l'histoire de sir Edmondbury Godfrey [1] ! Oh ! tu es le véritable sang du

(1) Sir Edmondbury Godfrey était un actif juge de paix qui avait été créé chevalier (*knighted*, d'où le titre de sir qui précède son nom) par Charles II, en récompense de sa conduite pendant l'incendie de Londres : c'était, sous d'autres rapports, un homme timide et favorable aux catholiques. Quand Titus Oates, cherchant la plus grande publicité, voulut le rendre dépositaire de sa déclaration dans le *fameux complot*, il ne l'entendit qu'avec peine, et dit ensuite à ses amis qu'il en serait la première victime. Son pressentiment s'accomplit. Pendant plusieurs jours son absence donna de l'inquiétude à ses amis, qui le trouvèrent enfin étranglé dans un fossé. Sa mort pouvait être également l'acte d'un des deux partis ou un suicide. Titus Oates et les siens s'en emparèrent, et le nom de sir Edmondbury devint un cri d'accusation et un cri de guerre contre les catholiques. — Éd.

vieux Dragon rouge, car lui aussi il aurait résisté au mandat de la chambre, si nous ne l'avions pris un peu à l'improviste. M. Bridgenorth, vous êtes un judicieux magistrat, et un digne serviteur de l'État. Plût à Dieu que nous eussions un grand nombre d'aussi bons magistrats protestans! Eh bien, emmènerai-je ce jeune drôle avec ses parens, ou le garderez-vous pour lui faire subir un second interrogatoire? Qu'en pensez-vous?

— M. Bridgenorth, dit lady Peveril en dépit de tous les efforts que fit son mari pour l'interrompre, si jamais vous avez su ce que c'est que d'aimer un des nombreux enfans que vous avez perdus, ou la fille qui vous reste, ne faites pas tomber votre vengeance sur la tête de mon pauvre fils! Je puis vous pardonner tout le reste, tous les maux que vous nous avez causés, les malheurs encore plus grands dont vous nous menacez; mais n'agissez pas avec la dernière rigueur contre un jeune homme qui ne vous a jamais offensé. Croyez que si votre oreille est fermée aux pleurs d'une mère au désespoir, celle qui est ouverte aux plaintes de tous ceux qui sont dans le chagrin entendra ma demande et votre réponse.

L'angoisse qu'éprouvait visiblement cette malheureuse mère en prononçant ces mots, entrecoupés par des sanglots, sembla toucher tous ceux qui les entendaient, quoique la plupart fussent endurcis à de pareilles scènes. Chacun gardait le silence, lorsque lady Peveril, cessant de parler, leva sur Bridgenorth ses yeux baignés de larmes, avec toute l'inquiétude d'une femme dont la vie et la mort semblent dépendre de la réponse qu'elle va recevoir. L'inflexibilité même de Bridgenorth parut être ébranlée, et ce fut d'une voix tremblante qu'il lui répondit : — Plût à Dieu, madame, que j'eusse en ce moment le pouvoir de soulager votre détresse autrement qu'en vous recommandant de mettre votre confiance dans la Providence, et de vous armer de tout votre courage pour ne pas murmurer de l'affliction qu'elle vous envoie. Quant à moi, je ne suis qu'une verge dans la main de l'homme fort ; elle ne frappe pas d'elle-même ; elle ne fait que suivre l'impulsion que lui donne le bras qui la tient.

— De même que ma verge noire et moi, nous sommes mis en mouvement par les communes d'Angleterre, dit Topham, qui parut merveilleusement charmé de cette comparaison.

Julien crut alors qu'il était temps de dire quelque chose pour lui-même, et il s'efforça d'y mettre tout le calme possible.

— M. Bridgenorth, dit-il, je ne conteste ni votre autorité, ni le mandat de monsieur...

— En vérité! s'écria Topham. Oh! oh! jeune homme, je me doutais bien que nous vous mettrions bientôt à la raison.

— Ainsi donc, M. Topham, dit Bridgenorth, voici comment nous arrangerons les choses, si vous le trouvez bon. Vous partirez pour Londres à la pointe du jour avec sir Geoffrey et lady Peveril, et pour qu'ils puissent faire ce voyage d'une manière conforme à leur rang, vous les emmènerez dans leur voiture, en la faisant escorter d'un nombre suffisant de gardes.

— Je voyagerai moi-même avec eux, dit Topham, car les routes de ce comté ne sont nullement favorables pour un homme à cheval, et j'ai les yeux fatigués de voir ces montagnes arides. Je dormirai dans la voiture comme dans mon lit, et aussi bien que maître Bodderbrains sur ses jambes [1].

— Vous ferez bien de prendre vos aises, M. Topham. Quant à ce jeune homme, je m'en charge ; je l'emmènerai avec moi.

— Je ne sais trop si cela est convenable, mon digne

---

(1) Proverbe populaire. — Ed.

M. Bridgenorth; car il tombe dans la catégorie de mon mandat.

— Mais songez qu'il n'est arrêté que pour m'avoir troublé dans mes fonctions, avec l'intention de délivrer un prisonnier; et je vous conseille d'y réfléchir à deux fois avant de l'emmener avec vous, à moins que vous ne preniez une garde plus nombreuse. Sir Geoffrey est vieux et cassé, mais ce gaillard est dans la fleur de la jeunesse, et il aura à ses ordres tous les jeunes Cavaliers débauchés des environs. Vous ne traverserez pas le comté sans avoir à résister à une tentative pour l'enlever.

Topham jeta sur Julien le regard qu'on peut supposer qu'une araignée jette sur une guêpe que le hasard a fait tomber dans sa toile, et dont elle a grande envie de s'emparer, mais qu'elle n'ose attaquer.

— Je ne sais, M. Bridgenorth, dit Julien, si vous avez de bonnes ou de mauvaises intentions en proposant cette séparation; mais quant à moi, tout ce que je désire, c'est de partager le sort de mes parens, et je vous donne ma parole d'honneur que je ne chercherai pas à recouvrer ma liberté, si vous ne m'en séparez pas.

— Ne parlez pas ainsi, Julien, lui dit sa mère; restez avec M. Bridgenorth. J'ai au fond du cœur un pressentiment qui me dit qu'il ne vous veut pas autant de mal que sa conduite devrait nous le faire croire.

— Et moi, dit sir Geoffrey, je soutiens que depuis les portes du château de mon père jusqu'à celles de l'enfer, il n'existe pas dans tout l'univers un tel misérable. Et si je désire que mes mains redeviennent libres, c'est dans l'espoir de m'en servir pour assener le dernier coup sur une tête grise qui a fait éclore plus de trahisons que tout le Long-Parlement.

— Tais-toi, dit le zélé Topham; parlement est-il un mot qui doive passer par une bouche comme la tienne?

Messieurs, ajouta-t-il en se tournant vers Everett et Dangerfield, vous rendrez témoignage de ceci.

— De ce qu'il a injurié la chambre des communes, dit Dangerfield ; oui, de par Dieu ! je le promets sur mon âme.

— Il a également injurié la chambre des pairs, ajouta Everett ; car il a parlé du parlement en termes généraux.

— Pauvres misérables ! dit sir Geoffrey ; coquins subalternes qui ne vivez que de mensonges, qui n'avez de pain que celui du parjure ; voudriez-vous dénaturer des paroles innocentes, à peine sorties de ma bouche ? Je vous dis que le pays est las de vous, et que si les Anglais retrouvaient leur bon sens, la prison, le carcan, le pilori et le gibet seraient les récompenses dignes de vos services. Et maintenant, M. Topham, vous et les vôtres vous pouvez faire tout ce qu'il vous plaira ; car je n'ouvrirai plus la bouche pour prononcer une seule parole, tant que je serai dans la compagnie de pareille canaille.

— Peut-être, sir Geoffrey, répondit Bridgenorth, auriez-vous mieux consulté vos intérêts en adoptant cette résolution un peu plus tôt. La langue n'est qu'une petite partie de notre corps, mais elle peut causer de grands maux. Vous, M. Julien, vous allez avoir la bonté de me suivre sans remontrance et sans résistance, car vous devez savoir que j'ai les moyens de vous y forcer.

Julien ne sentait que trop qu'il n'avait d'autre parti à prendre que de se soumettre à une force supérieure ; mais avant de sortir de l'appartement, il s'agenouilla devant son père pour en recevoir sa bénédiction, que le vieillard lui donna, la larme à l'œil, et en prononçant avec emphase les mots : — Dieu te bénisse, mon fils ! qu'il te maintienne fidèle au roi et à l'Eglise, de quelque côté que le vent puisse souffler !

Sa mère ne fut en état que de lui appuyer la main sur la tête, et de le conjurer à voix basse de ne pas employer témérairement des moyens violens pour les secourir. — Nous sommes innocens, mon fils, lui dit-elle; nous sommes innocens, et nous sommes dans les mains de Dieu. Que cette pensée nous serve de consolation.

Bridgenorth fit alors signe à Julien de le suivre, ce qu'il fit, accompagné ou plutôt conduit par les deux gardes qu'il avait d'abord désarmés. Quand ils furent sortis de l'appartement, et qu'ils se trouvèrent sur le seuil de la porte du vestibule, Bridgenorth demanda à Julien s'il voulait se considérer comme prisonnier sur parole, auquel cas, ajouta-t-il, il ne prendrait d'autre sûreté que sa promesse.

Peveril, qui ne pouvait s'empêcher de concevoir quelque espoir de l'espèce de faveur que lui témoignait un homme à la vie duquel il venait d'attenter si récemment, lui répondit sans hésiter qu'il lui donnait sa parole, pour vingt-quatre heures, de ne s'évader ni par force ni par ruse.

— C'est parler sagement, répondit Bridgenorth, car, quoique vous puissiez occasioner une effusion de sang, soyez bien assuré que tous vos efforts ne seraient d'aucune utilité à vos parens. Holà! des chevaux! des chevaux dans la cour!

On entendit bientôt le bruit des chevaux qu'on amenait, et Julien, obéissant au signal de Bridgenorth, et fidèle à la promesse qu'il avait faite, monta sur celui qui lui fut présenté, et se prépara à quitter la maison où il laissait ses parens prisonniers, et pour se rendre il ignorait où, sous la garde d'un homme qu'il savait être l'ancien ennemi de sa famille. Il fut un peu surpris de voir que Bridgenorth se disposait à partir avec lui sans avoir personne à leur suite.

Quand ils furent à cheval et hors de la cour, Bridgenorth lui dit : — Peu de gens compromettraient ainsi leur sûreté, en voyageant de nuit, et sans escorte, avec une jeune tête chaude qui a voulu, il y a quelques instans, m'ôter la vie.

— M. Bridgenorth, répondit Julien, je pourrais vous dire avec vérité que je ne vous avais pas reconnu lorsque j'ai dirigé mon arme contre vous; mais je dois aussi ajouter que, quand même je vous eusse reconnu, la cause qui me mettait les armes à la main aurait probablement fait que je ne vous aurais pas respecté davantage. A présent, je vous connais, je n'ai contre vous aucune mauvaise intention, et je n'ai pas à combattre pour la liberté d'un père. D'ailleurs vous avez ma parole, et quand a-t-on vu un Peveril y manquer?

— Oui, répliqua son compagnon; un Peveril, un Peveril du Pic, un nom qui a long-temps résonné comme une trompette de guerre en ce pays, mais dont le son vient peut-être de se faire entendre pour la dernière fois. Retournez-vous, jeune homme; regardez les tours obscures de la maison de votre père, qui s'élèvent superbes sur le sommet de la montagne, comme leurs propriétaires s'élevaient au-dessus de leurs concitoyens. Pensez à votre père qui est captif, à vous-même qui êtes en quelque sorte fugitif; voyez: la lumière de votre demeure est éteinte, votre gloire éclipsée, votre fortune ruinée. Réfléchissez que la Providence a soumis la destinée de la race des Peveril à un homme que, dans leur orgueil aristocratique, ils regardaient comme un plébéien parvenu. Pensez à tout cela, et quand vous serez tenté de vanter l'ancienneté de votre maison, souvenez-vous que celui qui a pu élever l'homme humble a pu aussi abaisser le plus orgueilleux.

Julien, le cœur serré, leva un instant les yeux sur les tours du château de son père, que l'obscurité permettait à peine d'entrevoir, et dont la lune projetait l'ombre au loin, ainsi que celle des arbres qui l'entouraient. Mais tout en reconnaissant tristement la vérité de l'observation de Bridgenorth, il éprouva quelque indignation en voyant l'air de triomphe qu'il prenait si mal à propos.

— Si la fortune eût été juste, lui dit-il, le château de Martindale et le nom de Peveril n'offriraient pas à leur ennemi un vain motif de triomphe. Mais ceux qui ont été portés au haut de la roue de la fortune doivent se soumettre à en souffrir les révolutions. Tout ce que je puis dire au moins pour la maison de mon père, c'est qu'elle ne s'est pas élevée sans honneur, et qu'elle ne s'écroulera pas, si elle s'écroule, sans être plainte. Si donc vous êtes chrétien, comme vous le dites, gardez-vous de triompher du malheur des autres, et de vous fier à votre prospérité. Si la lumière de notre maison est éteinte en ce moment, Dieu peut la rallumer quand il lui plaira.

La surprise coupa la parole à Peveril; car, tandis qu'il prononçait ces derniers mots, une flamme vive jaillit du haut de la tour où brillait ordinairement l'étoile polaire de Peveril, et éclipsa les pâles rayons de la lune. Bridgenorth vit avec le même étonnement cette illumination subite, et même, à ce qu'il parut, avec quelque inquiétude.

— Jeune homme, dit-il, il est à peine permis de douter que le ciel n'ait dessein d'effectuer par vous de grandes choses, tant il est singulier qu'un tel présage ait confirmé si promptement vos discours.

En parlant ainsi, il remit son cheval au trot, se retournant de temps en temps, comme pour s'assurer si le fanal du château était véritablement allumé; et, parcourant des sentiers et des avenues qu'il connaissait parfaitement, il conduisit Peveril à sa maison de Moultrassie. Quoique Julien pensât que le feu qui brûlait ordinairement sur la tour pouvait en ce moment n'être qu'accidentel, il n'en vit pas moins un heureux présage dans un évènement si intimement lié aux traditions et aux usages de sa famille.

Ils mirent pied à terre à la porte du vestibule, qu'une femme s'empressa d'ouvrir; et, tandis que la voix forte de Bridgenorth chargeait un laquais de prendre soin de leurs chevaux, Julien entendit la voix bien connue d'Alice remercier le ciel de lui avoir ramené son père sain et sauf.

CHAPITRE XXIV.

« Nous nous vîmes... hélas! comme on voit dans un songe,
« Un fantôme léger, produit d'un doux mensonge.
« On voit son corps agir, ses lèvres se mouvoir,
« Mais d'aller jusqu'à vous nul son n'a le pouvoir;
« Ou sa voix, si parfois il vous semble l'entendre,
« N'est qu'un vague murmure, impossible à comprendre. »
Le Chef du clan.

Nous avons dit en terminant le précédent chapitre qu'une femme parut à la porte de Moultrassie-Hall, et que Julien entendit les accens bien connus d'Alice Bridgenorth qui se félicitait du retour de son père, dont la visite au château de Martindale lui avait semblé très dangereuse.

Julien, dont le cœur palpitait en suivant le major, fut introduit dans un vestibule bien éclairé; il était préparé à voir celle qui régnait sur son cœur se précipiter dans les bras de son père. A peine avait-elle reçu les embrassemens du major, qu'elle aperçut, à sa grande surprise, le compagnon qu'il avait amené. Sa vive rougeur, aussitôt remplacée par une pâleur mortelle qui bientôt fut effacée par un nouvel incarnat, apprit à son amant que sa présence imprévue était loin de lui être indifférente. Il la salua profondément, politesse qu'elle lui rendit avec le même cérémonial; mais il ne se hasarda pas à en approcher de plus près, sentant tout-à-coup combien leur position respective était délicate.

Bridgenorth fixa sur chacun d'eux tour à tour un regard froid et mélancolique. — Bien des gens à ma place, dit-il gravement, auraient évité cette entrevue; mais j'ai confiance en l'un et l'autre, quoique vous soyez jeunes et entourés de piéges auxquels votre âge est exposé. Il se trouve chez moi des personnes qui doivent ignorer que vous vous connaissiez déjà; soyez donc prudens, et agissez comme si vous étiez étrangers l'un à l'autre.

Julien et Alice échangèrent ensemble un coup d'œil, pendant que le major se détournait pour prendre une lampe à l'entrée du vestibule, et s'avançait vers une porte conduisant dans un appartement intérieur. Il n'y avait rien de bien consolant dans le regard rapide qu'Alice et Julien s'adressaient mutuellement, car celui d'Alice exprimait la crainte et la tristesse, et celui de son amant le doute et l'inquiétude. Mais au même instant Alice, courant à son père, prit la lampe qu'il tenait à la main, et elle précéda le major et Julien dans le grand salon, déjà indiqué comme l'appartement dans lequel Bridgenorth avait passé ses jours d'affliction depuis la mort de son épouse et de ses autres enfans. Il était éclairé comme pour y recevoir de la compagnie, et cinq ou six personnes y étaient assises, portant le costume noir, simple et sévère, qu'affectaient les puritains à cette époque, pour témoigner leur mépris pour le luxe qui régnait à la cour de Charles II, où un excès d'extravagance dans les vêtemens n'était pas moins à la mode que les excès en tout autre genre.

Julien ne jeta d'abord qu'un coup d'œil sur les figures graves et austères de ceux qui composaient cette société. C'étaient des hommes sincères peut-être dans leurs prétentions à une pureté scrupuleuse de conduite et de morale; mais on pouvait leur reprocher une affectation dans leur costume et dans leurs manières, comme à ces anciens pharisiens qui mettaient au grand jour leurs phylactères [1], et voulaient qu'on les vît jeûner et s'acquitter

---

(1) C'était un morceau de peau sur lequel étaient écrits des mots hébreux : le scapulaire des catholiques est une espèce de phylactère. — Ed.

avec une ponctualité rigoureuse de tous les devoirs imposés par la loi. Leur costume presque uniforme était un habit noir de la coupe la plus simple, sans galons ni broderies, un gilet semblable, des pantalons noirs d'étoffe de Flandre, et des souliers carrés noués par de grandes rosettes de ruban de serge. Deux ou trois d'entre eux portaient de larges bottes, et presque tous avaient une rapière suspendue par une courroie à un ceinturon uni en buffleterie ou de cuir noir. Un ou deux des plus âgés, dont les cheveux avaient été éclaircis par le temps, avaient la tête couverte d'un bonnet de soie noire, ou de velours de même couleur, qui, collé sur la tête de manière à ne laisser apercevoir aucune partie de la chevelure, et passant derrière les oreilles, les mettait au jour selon cette mode peu gracieuse qu'on remarque sur d'anciens portraits, et qui avait fait donner aux puritains par leurs contemporains les sobriquets de *Têtes-Rondes* et d'*Oreilles dressées*.

Ces dignes personnages étaient rangés le long du mur, chacun assis sur une chaise antique à longs pieds et à grand dossier, sans regarder ce qui se passait autour d'eux, sans paraître discourir ensemble, mais plongés dans leurs propres réflexions, ou semblant attendre, comme une assemblée de quakers, que l'un d'eux fût animé par une inspiration divine.

Le major Bridgenorth, d'un maintien non moins grave, traversa sans bruit cette compagnie silencieuse, fit une pause devant chacun de ses hôtes, sans doute pour leur communiquer ce qui venait de se passer, et le motif qui amenait à Moultrassie-Hall l'héritier du château de Martindale. Tous semblèrent se ranimer en entendant ces courts détails. On aurait dit une rangée de statues placées dans un château enchanté, qui recevaient la vie à mesure qu'un talisman les touchait. La plupart d'entre eux, tout en écoutant le récit du major, jetaient sur Julien un regard de curiosité, avec cet air de dédain orgueilleux que leur inspirait le sentiment intérieur de leur supériorité spirituelle, quoiqu'on pût remarquer sur les traits de quelques uns des symptômes d'une compassion plus douce.

Peveril aurait supporté avec moins de patience cette espèce de revue que tous les yeux lui faisaient subir, si les siens, pendant ce temps, n'eussent été occupés à suivre tous les mouvemens d'Alice. Traversant l'appartement d'un pas léger, elle s'arrêta pour répondre quelques mots à voix basse à une ou deux personnes qui lui adressèrent la parole, alla s'asseoir près d'une dame âgée, vêtue tout-à-fait à l'antique, la seule femme qui se trouvât dans la compagnie, et s'entretint avec elle d'une manière assez vive pour n'avoir besoin ni de lever la tête ni de porter les yeux sur aucun de ceux dont se composait la société.

Son père lui fit pourtant une question à laquelle elle fut obligée de répondre. — Où est mistress Debbitch? lui demanda-t-il.

— Elle est sortie peu après le coucher du soleil, répondit Alice, pour aller voir quelques anciennes connaissances dans le voisinage, et n'est pas encore revenue.

Le major fit un geste qui indiquait du mécontentement, et il annonça que sa résolution était bien prise de ne pas garder plus long-temps à son service dame Debora. — Je ne veux chez moi, dit-il tout haut sans s'inquiéter de la présence de ses hôtes, que des gens qui savent se tenir dans les bornes honnêtes et décentes d'une famille chrétienne. Quiconque prétend à plus de liberté doit nous quitter, car il n'est pas des nôtres.

Un bruit sourd, un murmure emphatique, manière dont les puritains applaudissaient alors aux doctrines débitées dans la chaire par un prédicateur favori, comme aux discours tenus dans la société quand ils avaient le bonheur de leur plaire, prouvèrent l'approbation des auditeurs, et semblèrent assurer le renvoi de la malheureuse gouvernante, convaincue ainsi d'être sortie des bornes honnêtes et décentes d'une famille chrétienne. Peveril même, quoique, dans les premiers temps de sa liaison avec Alice, il eût profité du caractère mercenaire de la bavarde gouvernante, ne put entendre prononcer ce congé sans un sentiment de satisfaction intérieure; tant il désirait que, dans les momens difficiles dont il croyait l'Angleterre menacée, Alice pût être sous la protection et recevoir les avis d'une personne de son sexe avec des manières plus cultivées et une probité moins suspecte que mistress Debbitch!

A peine cet arrêt venait-il d'être rendu, qu'un domestique en deuil avança son visage maigre et ridé dans l'appartement, pour annoncer, d'une voix qui semblait être une invitation à des funérailles plutôt que l'annonce d'un banquet, que des rafraîchissemens étaient préparés dans une chambre voisine. Bridgenorth, marchant gravement entre sa fille et la vieille dame dont nous avons déjà parlé, se mit à la tête de ses hôtes, qui, sans faire grande attention à l'ordre ni à la cérémonie, le suivirent dans la salle à manger, où un repas substantiel les attendait.

Ce fut ainsi que Peveril, quoique, suivant les règles du cérémonial ordinaire, il eût droit à quelque préséance, droit auquel on attachait alors autant d'importance qu'on en attache peu aujourd'hui, se trouva du nombre des derniers qui sortirent du salon; il aurait même été tout-à-fait à l'arrière-garde, si un homme de la compagnie, qui était lui-même parmi les traîneurs, ne l'eût salué, en lui cédant le rang que les autres avaient pris sans façon.

Cet acte de civilité porta naturellement Julien à examiner les traits de celui qui lui faisait cette politesse, et il tressaillit en apercevant, entre un bonnet de velours bien serré et une fraise unie, la figure de son compagnon de la soirée précédente, de Ganlesse, comme il s'était appelé. Il fixa les yeux sur lui à plusieurs reprises, surtout quand tous les convives eurent pris place à table, et qu'il eut occasion de le regarder avec plus d'attention, sans paraître y mettre de l'affectation. D'abord il flotta dans le doute, et crut que sa mémoire le trompait, car la différence de costume était assez grande pour apporter un changement considérable dans sa physionomie ; et ses traits, loin d'avoir rien de remarquable et de saillant, n'offraient qu'un de ces visages ordinaires qu'on voit presque sans y faire attention, et qui ne laissent aucune trace dans le souvenir dès qu'on ne les a plus sous les yeux. Cependant la première impression était la plus forte, et elle le détermina à examiner de plus près les manières de l'individu qui excitait son attention.

Un très long *benedicite* précéda le repas, et fut prononcé par un homme de la compagnie que, d'après son rabat et son pourpoint de serge, Julien prit pour le président de quelque congrégation de non-conformistes. Il remarqua, pendant cet acte de dévotion, que l'inconnu qu'il épiait avait cet air de réserve et de gravité qu'affectaient ordinairement les puritains, et qui semblait une caricature du respect religieux qu'exige la prière. On n'apercevait que le blanc de ses yeux, et son grand chapeau rabattu, à larges bords et à forme haute, tenu devant lui dans ses deux mains, semblait en s'élevant et en s'abaissant alternativement, battre la mesure et marquer chaque phrase du *benedicite*. Cependant, lorsque le petit bruit qui se fit entendre quand chacun s'arrangea sur sa chaise se fut calmé, les yeux de Julien rencontrèrent ceux de l'étranger, et il vit briller dans ceux de cet être mystérieux une expression satirique et un air de mépris qui semblaient annoncer qu'il tournait intérieurement en ridicule la gravité dont il affectait l'apparence.

Julien chercha à rencontrer une seconde fois ses regards pour s'assurer qu'il ne s'était pas mépris sur leur expression passagère, mais l'inconnu ne lui en fournit pas l'occasion. Il aurait pu le reconnaître au son de sa voix, mais Ganlesse, si c'était lui, parla peu et toujours à voix basse, comme en général faisaient tous les convives, qui avaient l'air de gens assistant à un repas de funérailles.

La simplicité présidait à ce festin, quoique l'abondance y régnât; et par conséquent, d'après l'opinion de Julien, les mets devaient avoir peu d'attraits pour un homme comme Ganlesse, qui s'était montré la veille si capable de goûter et de critiquer en gourmand de profession les ragoûts délicats que les soins de son compagnon Smith lui avaient fait préparer vingt-quatre heures auparavant. Aussi Julien remarqua-t-il qu'il laissa sur son assiette, sans y toucher, tout ce qu'on lui servit, et qu'il ne prit littéralement pour son souper qu'une croûte de pain et un verre de vin.

Le repas fut dépêché avec la hâte de gens qui regardent comme une honte, pour ne pas dire un péché, de faire d'une jouissance purement animale le moyen de perdre le temps ou de se livrer au plaisir; et, pendant que chacun s'essuyait la bouche et les moustaches, Julien vit l'objet de sa curiosité se servir d'un mouchoir de la plus fine batiste, ce qui n'était guère d'accord avec son extérieur simple et presque grossier. Il remarqua aussi en lui, pendant son repas, des manières qui n'étaient en usage qu'aux tables de la plus haute société; et dans tous ses gestes il crut distinguer un air de courtisan sous la simplicité rustique dont il cherchait à se couvrir.

Mais s'il était vrai que ce fût le même Ganlesse qu'il avait rencontré la veille, et qui s'était vanté de la facilité avec laquelle il pouvait jouer tel rôle qu'il lui plaisait, quel pouvait être le motif de son déguisement actuel? Il était, s'il devait ajouter foi à ses propres paroles, un personnage de quelque importance qui osait braver les dangers que faisaient courir ces espions et ces délateurs devant lesquels tout tremblait à cette époque; et il n'était pas vraisemblable, comme le pensait Julien, que sans une raison très puissante il se fût assujetti à une mascarade qui ne pouvait être que très pénible à un homme qui paraissait être aussi léger dans sa vie que dans ses opinions. Était-ce dans de bons ou dans de mauvais motifs qu'il se trouvait en telle compagnie? L'arrivée de cet être singulier avait-elle rapport à son père, à lui-même ou à la famille de Bridgenorth? Le maître de la maison, inflexible comme il l'était sur tout ce qui touchait la morale et la religion, savait-il quel était véritablement ce Ganlesse? S'il ne le savait pas, les intrigues d'un cerveau si subtil ne pouvaient-elles pas affecter la paix et le bonheur d'Alice?

Telles étaient les questions que se faisait Peveril, et toutes ses réflexions ne le mettaient pas en état d'y répondre. Ses yeux se tournaient alternativement sur Alice et sur l'étranger; et de nouvelles craintes, des soupçons confus, qui avaient pour objet la sûreté de cette fille si aimable et si aimée, se mêlaient aux inquiétudes dont son esprit était déjà agité relativement à la destinée de son père et à celle de sa maison.

Il était assailli par ce conflit d'idées, quand après des actions de grâces qui durèrent autant de temps qu'en avait pris le *benedicite*, la compagnie se leva de table, et fut avertie que la prière de famille allait commencer. Des domestiques aussi graves, aussi sombres, aussi tristes que leurs maîtres, entrèrent pour assister à ce nouvel acte de dévotion, et se rangèrent à l'extrémité inférieure de la salle. La plupart étaient armés du sabre droit que portaient les soldats de Cromwell; quelques uns avaient des pistolets, et plusieurs portaient des cuirasses qu'on entendit retentir lorsqu'ils s'agenouillèrent pour la prière. L'homme que Julien avait regardé comme un prédicateur ne joua pas le principal rôle en cette occasion. Le major Bridgenorth lut un chapitre de la Bible, en l'accompagnant de commentaires énergiques sans doute, mais qu'on aurait eu de la peine à défendre du reproche de fanatisme. Il avait choisi le dix-neuvième chapitre de Jérémie, dans lequel, sous l'emblème d'un vase de terre brisé, le prophète prédit la désolation des Juifs. L'orateur n'était pas naturellement éloquent, mais une profonde et sincère conviction de la vérité de ce qu'il disait lui prêta un langage plein de feu lorsqu'il fit un parallèle entre l'abomination du culte de Baal et la corruption de l'église romaine, sujet si cher à tous les puritains de ce siècle, et lorsqu'il dénonça contre les catholiques et ceux qui les favorisaient la désolation prédite à Jérusalem par le prophète. Il ne fit aucune application particulière de ce passage, mais ses auditeurs y suppléèrent en jetant sur Julien des regards pleins d'orgueil qui semblaient lui dire que ces malédictions effrayantes s'étaient déjà appesanties en partie sur sa maison.

Après cette lecture et les commentaires, Bridgenorth invita la compagnie à s'unir à lui en prière; et un léger changement qui se fit dans les places, tandis que chacun s'agenouillait, mit Peveril à côté de l'objet de son affection, prosternée pour adorer humblement son Créateur. On accorda un court intervalle à la prière mentale, et pendant ce temps il put l'entendre supplier le ciel à demi-voix d'accorder à la terre les bienfaits de la paix, et d'inspirer aux enfans des hommes un esprit d'union et de concorde.

La prière qui suivit fut dans un style tout différent. Elle fut faite par le même individu qui avait rempli à table les fonctions de chapelain, et qui parla du ton d'un *Boanerges*, ou d'un fils du tonnerre, d'un dénonciateur de crimes, d'un homme invoquant la vengeance du ciel, presque d'un prophète de destruction et de malheurs. Il n'eut garde d'oublier les évènemens et les crimes du jour; il appuya sur le meurtre mystérieux de sir Edmondbury

Godfrey, et offrit au ciel un tribut d'action de grâces de ce que la nuit témoin de leur assemblée n'avait pas vu un autre sacrifice d'un magistrat protestant, offert à la vengeance des catholiques altérés de sang.

Jamais Julien n'avait trouvé si difficile, pendant un acte de dévotion, de maintenir son esprit dans l'état d'humilité convenable à la prière; et quand il entendit le prédicateur rendre grâce au ciel de l'abaissement et de la chute de sa famille, il fut violemment tenté de se lever, pour l'accuser d'offrir devant le trône de la vérité même un tribut souillé par le mensonge et la calomnie. Il résista pourtant à une impulsion à laquelle c'eût été folie de se livrer, et sa patience ne resta pas sans récompense; car lorsque sa belle voisine se leva après la longue prière, il remarqua qu'elle avait les yeux remplis de larmes; et un regard qu'elle jeta sur lui en ce moment prouvait qu'elle prenait à lui, dans sa situation précaire, et malgré sa mauvaise fortune, plus d'intérêt et d'affection qu'elle ne lui en avait montré lorsque sa position dans le monde semblait s'élever bien au-dessus de celle du major.

Fortifié par la conviction qu'il existait dans la compagnie un cœur qui prenait compassion de ses infortunes, heureux de penser que ce cœur était celui dont l'intérêt lui était surtout précieux, il se sentit le courage de tout supporter, et il soutint sans se laisser abattre le regard de mépris hautain que lui lancèrent tous les membres de la congrégation en passant devant lui pour se rendre dans la chambre destinée à chacun d'eux, comme s'ils se fussent fait un plaisir d'accabler de leur air triomphant un homme qu'ils regardaient comme un ennemi captif.

Alice passa aussi devant son amant, les yeux baissés, et lui rendit son salut sans les lever sur lui. Il ne restait alors que Bridgenorth et son hôte ou son prisonnier; car il serait difficile de dire sous lequel de ces deux rapports Julien devait se considérer. Le major prit sur une table une vieille lampe de bronze, et dit à Peveril en passant devant lui : — Il faut que je sois le chambellan peu courtois chargé de vous conduire dans un lieu de repos où vous ne trouverez probablement pas les recherches du luxe auxquelles vous avez été accoutumé.

Julien le suivit en silence, et, se rendant dans une tourelle, ils montèrent un escalier en limaçon. Sur le plus haut palier était un petit appartement, dont une couchette à bas piliers, deux chaises, et une petite table de pierre, composaient tout l'ameublement.

— Votre lit, continua Bridgenorth comme s'il eût désiré prolonger l'entretien, n'est pas des plus doux, mais l'innocence dort aussi bien sur la paille que sur le duvet.

— Le chagrin, major, répondit Julien, ne dort pas mieux sur l'un que sur l'autre. Dites-moi, car vous semblez attendre de moi quelque question, quel doit être le sort de mes parens, et pourquoi vous m'avez séparé d'eux.

Bridgenorth, pour toute réponse, lui montra du doigt la marque occasionée par l'explosion du coup de pistolet que lui avait tiré Julien, et que son front portait encore.

— Non, répliqua Peveril, ce n'est point là la véritable cause de votre conduite à mon égard. Il est impossible que vous, qui avez été militaire, qui êtes homme, vous soyez surpris de ce que j'ai fait pour défendre mon père. Vous ne pouvez croire surtout, et je dirai même que vous ne croyez pas que j'eusse levé la main contre vous si j'avais eu un seul instant pour vous reconnaître.

— Je puis vous accorder tout cela ; mais à quoi vous serviront ma bonne opinion et la facilité avec laquelle je vous pardonne d'avoir attenté à ma vie? Je suis chargé de votre garde, comme magistrat, et vous êtes accusé d'être complice du complot infâme, sanguinaire, impie, tramé pour le rétablissement du papisme, le meurtre du roi, et le massacre général de tous les bons protestans.

— Et quels motifs peut-on avoir pour oser m'accuser, me soupçonner même d'un pareil crime? A peine ai-je entendu parler de ce complot ; je ne le connais que par les bruits vagues qui courent; et, quoique chacun en parle, on ne rencontre personne qui puisse dire rien de précis à ce sujet.

— Il me suffira de vous dire, et c'est peut-être déjà vous en dire trop, que vos intrigues sont dévoilées. Vous êtes un espion espionné ; vous êtes porteur de messages entre la comtesse papiste de Derby et le parti catholique à Londres. Vous n'avez pas conduit vos affaires avec assez de discrétion pour les rendre impénétrables. On a acquis des preuves suffisantes. A cette accusation, dont vous ne pouvez contester la vérité, Dangerfield et Everett sont disposés, d'après le souvenir qu'ils ont de vos traits, à en ajouter d'autres qui vous coûteront certainement la vie lorsque vous serez traduit devant un jury protestant.

— Ils mentent comme des scélérats, s'écria Julien, ceux qui m'accusent d'avoir pris part à aucun complot contre le roi, la nation ou la religion. Et quant à la comtesse, elle a donné trop de preuves de loyauté pour qu'elle puisse être atteinte par des soupçons si injurieux.

— Ce qu'elle a déjà fait contre les fidèles champions de la pure religion, répliqua Bridgenorth, dont les traits prenaient une expression plus sombre en parlant ainsi, a suffisamment prouvé ce dont elle est capable. Elle s'est réfugiée sur son rocher; elle s'y croit en sûreté, comme l'aigle dans son aire après son festin sanglant; mais la flèche du chasseur peut encore l'atteindre; l'arc est bandé, le trait est prêt, et l'on verra bientôt lequel triomphera d'Amalec ou d'Israël. Quant à toi, Julien Peveril, pourquoi te le cacherais-je? mon cœur te chérit comme une mère chérit son premier-né : je te donnerai donc, aux dépens de ma réputation personnelle, au risque de me rendre suspect moi-même, car qui peut se flatter d'être à l'abri du soupçon dans ce temps de troubles? je te donnerai, dis-je, des moyens de t'évader, ce qui te serait impossible sans mon secours. L'escalier de cette tourelle conduit au jardin, la porte de derrière n'en est pas fermée; à main droite est l'écurie; vous y trouverez votre cheval : prenez-le, et rendez-vous à Liverpool. Je vous remettrai une lettre pour un de mes amis; je vous recommanderai à lui sous le nom de Simon Simonson, comme un homme persécuté par les prélats, et il facilitera votre sortie du royaume.

— Je ne veux pas vous tromper, major, répondit Julien. Si j'acceptais la liberté que vous m'offrez, j'en ferais un usage plus important que de songer à ma propre sûreté. Mon père est en danger, ma mère est dans l'affliction; la voix de la nature et celle de la religion m'appellent à leurs côtés. Je suis leur fils unique, leur seule espérance; je veux les secourir ou périr avec eux.

— Ce serait un acte de folie, dit Bridgenorth ; tu ne peux les sauver, mais tu peux périr avec eux, et même accélérer leur perte, car les accusations dont ton malheureux père est déjà chargé ne seront pas peu aggravées quand on saura que, tandis qu'il nourrissait le projet d'appeler aux armes les catholiques et les partisans de l'épiscopat des comtés de Chester et de Derby, son fils était l'agent confidentiel de la comtesse de Derby, l'avait aidée à maintenir sa forteresse contre les commissaires protestans, et avait été envoyé par elle à Londres pour lui ouvrir des communications secrètes avec le parti des papistes.

— Voilà la seconde fois que vous me reprochez d'être l'agent de la comtesse, dit Peveril qui ne voulait pas que son silence pût être interprété comme un aveu, quoiqu'il sentît fort bien que l'accusation n'était pas tout-à-fait sans fondement; quelle preuve avez-vous de ce fait?

— Pour vous prouver que je suis parfaitement au fait de tout ce mystère, répondit Bridgenorth, suffira-t-il que je vous répète les derniers mots que vous adressa la comtesse lors de votre départ du château de cette femme amalécite? — Je suis une malheureuse veuve, vous dit-elle, et le chagrin m'a rendue égoïste.

Peveril tressaillit, car ces mots étaient précisément ceux que la comtesse avait prononcés; mais il se remit à l'instant. — De quelque nature que soient les rapports qui vous ont été faits, répondit-il, je nie qu'il puisse en résulter aucune inculpation contre moi, et je défie surtout qu'on la prouve. Il n'existe pas un homme plus éloigné d'une pensée déloyale, plus étranger à tout projet de trahison. Et ce que je dis pour moi, je le dirai et le soutiendrai, en tant que je puis le savoir, pour la noble comtesse à qui je dois mon éducation.

— Péris donc dans ton obstination! s'écria Bridgenorth; et, se détournant à la hâte, il sortit de la chambre, et Julien l'entendit descendre l'étroit escalier avec précipitation, comme s'il se fût défié de sa résolution.

Le cœur rempli d'inquiétude, mais avec cette confiance en une Providence toute-puissante qui n'abandonne jamais l'homme vertueux, Peveril se jeta sur l'humble couche qui lui avait été destinée.

CHAPITRE XXV.

« Du vent qui passe au nord en quittant le midi,
« Du ruisseau qui circule à travers la prairie,
« Le cours est plus constant que celui de la vie.
« Frêle jouet du sort, l'homme, en un même jour,
« Peut se voir encenser et flétrir tour à tour.
« Tel le feuillage épars qu'a secoué l'automne
« Suit chaque impulsion que le zéphyr lui donne,
« Et, recevant la loi de son souffle orgueilleux,
« Tantôt rase le sol, tantôt s'élève aux cieux. »
Anonyme.

TANDIS qu'épuisé de fatigues et accablé d'inquiétude Julien Peveril cherchait à s'endormir dans la maison de son ennemi héréditaire, la fortune préparait sa délivrance par un de ces caprices qui confondent l'attente et les calculs de l'esprit humain ; et, comme elle se sert souvent d'agens fort étranges pour accomplir ses desseins, elle employa en cette occasion un personnage non moins important que mistress Debora Debbitch.

Excitée sans doute par quelques souvenirs des anciens temps, cette dame prudente et considérée ne se vit pas plus tôt dans le voisinage des lieux où elle avait passé sa jeunesse, qu'elle pensa à faire une visite à la vieille femme de charge du château de Martindale, dame Ellesmere, qui, retirée depuis long-temps du service actif, occupait la maison du garde forestier, située à l'ouest du château, et y demeurait avec son neveu Lance-Outram, vivant du produit des économies qu'elle avait faites pendant ses jeunes années, et d'une petite pension que lui avait accordée sir Geoffrey en considération de ses longs et fidèles services.

Il s'en fallait pourtant de beaucoup que dame Ellesmere et mistress Debora eussent jamais été amies aussi intimes qu'on pourrait le conclure d'après une si prompte visite. Mais les années avaient appris à Debora à oublier et à pardonner ; ou peut-être n'était-elle pas fâchée, sous prétexte d'aller voir dame Ellesmere, d'éprouver quels changemens le temps pouvait avoir produits sur son ancien admirateur le garde forestier. Tous deux étaient dans leur maison quand Debora, après avoir vu son maître partir pour son expédition au château, et vêtue de sa plus belle robe, traversa prairies, monts et vallées, frappa à leur porte, et en souleva le loquet, à l'invitation hospitalière qui lui fut faite d'y entrer.

La vue de mistress Ellesmere était si affaiblie, que, même à l'aide de ses lunettes, elle ne put reconnaître dans une femme mûre et d'un embonpoint remarquable la jeune fille leste et fringante qui, fière de sa bonne mine, et comptant sur une langue bien pendue, l'avait si souvent irritée par son insubordination. De même son ancien amant, le redoutable Lance, ne se doutant pas que l'ale avait donné de la rotondité à sa propre taille, jadis si leste et si dégagée, et que l'eau-de-vie avait fait passer sur son nez les couleurs vermeilles qui siégeaient autrefois sur ses joues, fut incapable de découvrir que le bonnet français de taffetas et de dentelles de Bruxelles que portait Debora, ombrageait des traits, pour l'amour desquels il avait essuyé plus d'une réprimande du docteur Dummerar, quand il permettait à ses yeux, pendant les prières, de se tourner trop souvent vers le banc occupé par les servantes.

En un mot, la dame fut obligée de se nommer pour se faire reconnaître, et, une fois reconnue, elle fut accueillie par la tante et le neveu avec la plus sincère cordialité.

On lui offrit l'ale brassée à la maison, et l'on y ajouta quelques tranches de venaison sautées dans la poêle, qu'on prépara sur-le-champ; d'où il est permis de présumer que lorsque Lance-Outram, en sa qualité de garde forestier, fournissait le garde-manger du château, il n'oubliait pas de pendre quelque chose à son propre croc. Un verre d'excellente ale et un morceau de venaison bien assaisonné eurent bientôt mis Debora parfaitement à l'aise avec ses anciennes connaissances.

Quand elle eut fait maintes questions sur l'état du voisinage et sur la santé de ses anciens amis, la conversation commença à languir; mais Debora eut l'art d'y donner un nouvel intérêt en communiquant à ses hôtes que son maître actuel, le major Bridgenorth, avait été requis, par de grands personnages arrivés de Londres, de se transporter à Martindale pour les aider à arrêter son ancien maître, sir Geoffrey. — Tous les domestiques du major, dit-elle, et plusieurs autres individus qu'elle nomma, tous attachés au parti des puritains, avaient assemblé une force formidable pour surprendre le château; or, comme sir Geoffrey était maintenant vieux et goutteux, on ne pouvait s'attendre qu'il se défendît comme il l'aurait fait autrefois. Cependant il avait tant de courage, comme on le savait, qu'on ne pouvait pas supposer qu'il se rendît sans coup férir, et que, s'il était tué, comme cela était vraisemblable, puisqu'il avait affaire à des gens qui ne chercheraient pas à le ménager, elle ne pourrait guère regarder lady Peveril que comme une femme morte, d'où résulterait nécessairement un deuil général dans tout le pays, puisqu'ils y avaient tant de parens et d'alliés, ce qui ferait renchérir le prix des soieries, et par conséquent enfler la bourse de M. Lutestring, marchand mercier à Chesterfield. Quant à elle, n'importe comment les choses tourneraient, si jamais M. Julien devenait maître du château de Martindale, elle pourrait dire tout aussi bien qu'un autre qui en serait vraisemblablement la maîtresse.

Le texte de ce discours, ou, en d'autres termes, le fait que Bridgenorth était parti à la tête d'une troupe de gens armés pour attaquer sir Geoffrey dans son château, parut si étrange à ces anciens serviteurs de la famille du chevalier, que ni l'un ni l'autre ne furent capables de faire attention à toutes les conséquences que Debora en tirait, ni de l'interrompre dans le débit rapide de son discours. Enfin, quand elle fit une pause pour respirer, tout ce que la pauvre dame Ellesmere put faire, fut de s'écrier avec emphase : — Bridgenorth, aller braver Peveril du Pic! Cette femme est-elle donc folle?

— Allons, allons, dame Ellesmere, dit Debora, ne m'appelez pas femme, je vous prie. Je n'ai pas tenu le haut bout de la table du major, et reçu le titre de mistress pendant tant d'années, pour que vous veniez m'appeler femme. Et quant à ma nouvelle, elle est aussi vraie qu'il est sûr que je vous vois assise ici avec une coiffe blanche sur la tête ; et vous la changerez pour une noire avant qu'il soit long-temps.

— Lance-Outram, dit Ellesmere, si tu es un homme, sors à l'instant, et informe-toi de ce qui se passe au château.

— S'il s'y passe quelque chose, s'écria Lance-Outram, je ne suis resté ici que trop long-temps. Et, saisissant à la hâte son arbalète et quelques flèches, il se précipita hors de la maison.

— Eh bien ! eh bien ! dit mistress Debora, voyez si ma nouvelle n'a pas fait partir Lance-Outram tout effrayé, lui que rien, disait-on, ne pouvait épouvanter. Mais calmez vos alarmes, dame Ellesmere. Si le château et les terres passent entre les mains du major Bridgenorth, comme cela est assez probable, car j'ai entendu dire qu'il lui est dû une grosse somme sur le domaine, je vous promets que je lui parlerai en votre faveur, et je vous garantis que ce n'est pas un méchant homme, quoiqu'il aime un peu trop à prêcher et à prier, et à se mêler des vêtemens des gens de sa maison, ce qui ne convient pas à un homme comme il faut, je l'avoue, car toute femme sait fort bien ce qui lui sied. Mais, quant à vous, qui portez à votre ceinture un livre de prières et un trousseau de clefs, et qui ne changez jamais rien à la forme de votre coiffe blanche, je vous réponds qu'il ne vous refusera jamais le peu dont vous avez besoin, et que vous n'êtes plus en état de gagner.

— Sors d'ici, vile effrontée, s'écria dame Ellesmere, dont tous les membres tremblaient de crainte et de colère ; ne prononce plus un seul mot, ou je trouverai des gens qui, à coups de fouet, te feront déguerpir. N'as-tu pas mangé le pain de notre noble maître ? N'est-ce pas assez d'avoir trahi sa confiance et abandonné son service ? Faut-il encore que tu viennes ici, comme un oiseau de mauvais augure que tu es, nous prédire son malheur et en triompher!

— Quant à cela, dame Ellesmere, répondit Debora, à qui la violence de la vieille femme en imposait, ce n'est pas moi qui parle ainsi; c'est le mandat du parlement.

— Je croyais que nous étions débarrassés de ces mandats depuis le bienheureux 29 mai, dit la vieille femme de charge du château de Martindale; mais je te dis que j'ai vu de pareils mandats faire tourner la pointe de l'épée dans le gosier de ceux qui s'en étaient chargés; et je te dis que c'est ce qui arrivera aujourd'hui s'il reste au château un homme qui en mérite le nom.

Comme elle finissait de parler, Lance-Outram rentra dans la maison. — Ma tante, dit-il avec un air de consternation, je crains que ce qu'elle dit ne soit que trop vrai. La tour est aussi noire que mon ceinturon. On ne voit pas briller l'étoile polaire de Peveril. Qu'est-ce que cela signifie?

— Mort, ruine, captivité! s'écria dame Ellesmere. Pars donc pour le château, vaurien; bas-toi pour la maison qui t'a nourri et élevé, et si tu meurs enseveli sous ses ruines tu mourras en homme.

— Oui, oui, ma tante, répondit Lance-Outram; on me verra au château, et je ne frapperai pas de main morte. Mais voici des personnes qui nous en diront davantage, j'en réponds.

Deux servantes, qui avaient fui pendant l'alarme, entraient en ce moment dans la maison. Chacune faisait une version différente des évènemens; mais toutes deux annonçaient qu'un corps d'hommes armés était en possession du château, et que le major Bridgenorth avait emmené le jeune M. Julien prisonnier à Moultrassie-Hall, lié et garrotté sur un cheval, ce qui était un spectacle affreux à voir; — un si beau jeune homme! un jeune homme si bien né!

Lance-Outram se gratta l'oreille, et, quoiqu'il sentît le devoir qui lui était imposé comme fidèle serviteur, devoir que les cris et les exclamations de sa tante ne lui auraient pas aisément permis d'oublier, il semblait hésiter sur ce qu'il avait à faire. — Plût à Dieu, dit-il enfin, que le vieux Whitaker vécût encore, avec ses longues histoires de Marston-Moor et d'Edgehill, qui nous faisaient tant bâiller en dépit des tranches de lard et de la bonne bière dont il les assaisonnait. On le regrette quand on sent le besoin d'un homme, comme on dit, et je donnerais une bonne pièce d'or pour qu'il fût ici pour arranger cette affaire, car elle n'entre pas dans mes attributions; je ne suis qu'un garde forestier, moi, et je n'entends rien à la guerre. Mais du diable pourtant s'ils emmènent le vieux sir Geoffrey sans qu'il y ait un coup d'arbalète de tiré. Écoute-moi, Nell, dit-il à une des servantes fugitives. Non, non; tu n'as pas plus de cœur qu'une poule, et tu as peur de ton ombre au clair de la lune. Mais toi, Cis [1], tu es une gaillarde résolue, et tu sais distinguer un daim d'un bouvreuil, aussi sûr que tu désires trouver un mari. Écoute-moi donc, Cis; retourne au château, et rentres-y, tu sais bien par où : tu es sortie plus d'une fois par la poterne pour aller danser, comme je le sais fort bien. Vois milady, ils ne peuvent pas t'en empêcher; or milady a une tête qui en vaut vingt des nôtres. S'il faut que j'amène du secours, allume le feu sur la tour, et n'épargne pas le goudron, cela me servira de signal. Tu peux le faire bien aisément; je réponds que les Têtes-Rondes ne sont occupées qu'à boire et à piller... Un moment donc! dis à milady que je suis allé trouver les mineurs à Bonaventure. Hier encore les drôles faisaient les mutins pour leur paye; ils n'en seront que mieux disposés pour un coup de main, n'importe contre qui. Qu'elle m'envoie ses ordres, où

---

(1) Cicely, Cécile. — Éd.

plutôt apporte-les-moi toi-même, tu as les jambes assez longues.

— Qu'elles soient longues ou non, M. Lance-Outram, répondit la servante, elles feront votre commission pour l'amour du vieux chevalier et de milady.

Et sur-le-champ Cisly Sellok, espèce de Camille du comté de Derby, qui avait gagné le prix de la course à pied à Ahsbourne, se mit à courir vers le château avec une telle vitesse, que peu d'hommes eussent pu la suivre.

— Voilà une brave fille, dit Lance-Outram. Et maintenant, ma tante, donnez-moi mon grand sabre, il est sur le ciel du lit; bien... et mon couteau de chasse... fort bien : ne vous inquiétez de rien.

— Et moi, demanda mistress Debora, que vais-je devenir?

— Vous, mistress Debora? vous resterez avec ma tante, et par égard pour notre ancienne connaissance elle veillera à ce qu'il ne vous arrive rien de fâcheux. Mais ne vous avisez pas de chercher à vous échapper.

A ces mots, et tout en réfléchissant sur la tâche qu'il avait entreprise, le brave garde partit, éclairé par la lune, entendant à peine les bénédictions et les avis de prudence que dame Ellesmere lui prodiguait. Ses pensées n'étaient pas exclusivement belliqueuses. — Quelle jambe fine a cette gaillarde! se disait-il en lui-même; elle détale aussi vite que biche sur la rosée pendant l'été... Eh bien, voilà les cabanes, mettons-nous en besogne. Holà! hé! dormez-vous? Allons donc, blaireaux que vous êtes, ne voulez-vous pas sortir de vos terriers? Vous ne savez donc pas que votre maître sir Geoffrey est mort, ou vous ne vous en souciez guère. Ne voyez-vous pas que le feu ne brûle pas sur la tour? comment pouvez-vous rester là à vous regarder comme des ânes!

— Mort! dit un des mineurs, qui commençaient alors à sortir de leurs chaumières,

Eh bien! c'est un signe certain
Qu'il ne mangera plus de pain.

— Et vous n'en mangerez pas davantage, dit Lance-Outram; car les travaux vont être arrêtés, et vous serez tous renvoyés.

— Et qu'en arrivera-t-il, M. Lance-Outram? Autant vaut rester les bras croisés que de travailler pour rien. Depuis quatre semaines, nous ne savons pas quelle est la couleur de l'argent de sir Geoffrey, et vous voulez que nous nous embarrassions s'il est mort ou vivant! Pour vous, qui trottez à cheval où bon vous semble, et qui n'avez d'autre ouvrage que ce que tant de gens font pour leur plaisir, à la bonne heure. Mais c'est tout autre chose quand il s'agit de renoncer à la lumière du ciel, et de passer toutes les journées à creuser la terre dans des souterrains obscurs, comme des taupes dans leurs trous; cela ne doit pas se faire pour rien. Si sir Geoffrey est mort, j'ose dire que son âme en pâtira; et, s'il est vivant, nous le citerons devant la cour de Barmoot[1].

— Écoute-moi, Gaffer, répondit Lance-Outram, et vous tous aussi, mes camarades; car un grand nombre de mineurs étaient alors assemblés et écoutaient la discussion.—Croyez-vous que cette mine à laquelle vous travaillez ait jamais fait entrer un sou dans la poche de sir Geoffrey?

— Non; je ne puis dire que je le croie, répondit le vieux Ditchley, qui avait porté la parole jusqu'alors.

— Interrogez votre conscience, et dites, ne savez-vous pas qu'il y a enterré plus d'un penny?

— Je crois bien que cela se peut; mais qu'importe? perdre aujourd'hui, et gagner demain. Il n'en faut pas moins que le mineur mange.

(1) Ou Bergmote: dérivés de deux mots saxons signifiant montagne et assemblée. On appelle dans le Derbyshire cour de Barmoot une espèce de cour spéciale tenue sur une montagne, et où l'on décide les disputes entre mineurs. Ed.

— C'est la vérité ; mais que mangerez-vous quand le vieux Bridgenorth sera le maître de ce domaine, et qu'il ne fera pas fouiller une seule mine sur son terrain? Croyez-vous qu'il soit d'humeur à vous payer sans rien gagner?

— Bridgenorth! quoi! Bridgenorth de Moultrassie-Hall? celui qui a arrêté les travaux de la mine de Félicité, où son père avait dépensé, dit-on, plus de dix mille livres sans avoir jamais retiré un penny? Et qu'a-t-il de commun avec la mine de Bonaventure? Elle ne lui a jamais appartenu, je m'en flatte.

— Que sais-je? répondit Lance-Outram, qui voyait qu'il avait fait impression. On dit qu'il est créancier, et que la loi lui donnera la moitié du comté de Derby, si vous ne soutenez le vieux sir Geoffrey.

— Et comment le soutenir, s'il est mort?

— Je ne vous ai pas dit qu'il fût mort, mais il n'en vaut guère mieux, puisqu'il est entre les mains des Têtes-Rondes, qui le tiennent prisonnier dans son château, et qui lui feront couper la tête, comme on l'a fait au bon comte de Derby à Bolton-le-Moor.

— Eh bien, camarades, dit Gaffer Ditchley, si les choses sont telles que nous le dit Lance-Outram, je crois que nous devons donner un coup de collier pour le brave vieux sir Geoffrey contre un avaricieux coquin comme ce Bridgenorth, qui a fait fermer une mine superbe, uniquement parce qu'il n'y trouvait pas de profit. Ainsi donc *houzza* pour sir Geoffrey! au diable le Croupion! Mais attendez un moment! attendez! — Et d'un signe de la main il arrêta les acclamations qui commençaient à s'élever. — Écoutez-moi, M. Lance-Outram; il faut qu'il soit trop tard. La tour est noire comme l'intérieur d'une mine, et vous savez que cela annonce la mort du seigneur.

— Vous allez voir la flamme briller dans un moment, dit Lance-Outram, ajoutant en lui-même : — Fasse le ciel que cela soit! Vous allez la voir briller. C'est le manque de bois qui en est cause, c'est la confusion qui règne au château.

— Cela se peut bien, c'est assez probable, répliqua Ditchley; mais je ne bouge pas avant de voir le signal.

— Eh bien, le vois-tu maintenant? s'écria Lance-Outram. — Je te remercie, Cisly, je te remercie, ma brave fille. — Croyez-en vos yeux, mes amis, si vous ne voulez pas m'en croire. Et maintenant *houzza* pour Peveril du Pic! malédiction au Croupion et aux Têtes-Rondes!

La flamme qui partit tout-à-coup du haut de la tour produisit tout l'effet que Lance-Outram pouvait désirer sur l'esprit de ses auditeurs grossiers et ignorans, dont la superstition rattachait à l'étoile polaire de Peveril l'éclat et la prospérité de cette maison. Une fois excité, leur enthousiasme ne connut plus de bornes, ce qui est un caractère particulier de leur pays; et Lance se trouva à la tête d'une trentaine de gaillards robustes, armés de pioches et de haches, et disposés à exécuter tout ce qu'il leur ordonnerait.

Espérant pouvoir s'introduire dans le château par la poterne, qui, dans plus d'une occasion, lui avait servi ainsi qu'aux autres domestiques, sa seule inquiétude était de maintenir le silence dans sa troupe; et il recommanda à ceux qui le suivaient de garder leurs acclamations pour le moment de l'attaque. Ils étaient encore à quelque distance du château, quand ils rencontrèrent Cisly Sellok; et la pauvre fille, ayant toujours couru, était si hors d'haleine, qu'elle fut obligée de se jeter dans les bras de Lance-Outram.

— Halte-là, ma brave fille! lui dit-il en lui donnant un baiser: apprenez-nous ce qui se passe au château.

— Milady vous prie, pour l'amour de Dieu et de votre maître, de ne pas venir au château: cela ne servirait qu'à faire répandre du sang inutilement; car elle dit que sir Geoffrey est légalement arrêté, et qu'il faut qu'il se soumette; il est innocent de ce dont on l'accuse; il va s'expliquer devant le roi et son conseil, et milady l'accompagnera. D'ailleurs, ces coquins de Têtes-Rondes ont découvert la poterne, car il y en a deux qui m'ont vue comme j'en sortais, et qui m'ont donné la chasse; mais je leur ai montré une bonne paire de talons.

— Jamais meilleure coureuse n'a fait tomber la rosée des marguerites, dit Lance-Outram. Mais que diable faire? s'ils sont maîtres de la poterne, je ne sais comment nous pourrons entrer au château.

— Tout y est fermé à clefs et à verrous, continua Cisly; tout y est gardé au fusil et au pistolet; et l'on y fait si bonne garde, que j'ai manqué d'être arrêtée, comme je viens de vous le dire, en sortant pour vous apporter le message de ma maîtresse; mais milady a ajouté que si vous pouvez délivrer son fils des mains de Bridgenorth, vous lui rendrez un grand service.

— Quoi! s'écria Lance, notre jeune maître est-il au château? c'est moi qui lui ai appris à tirer sa première flèche. Mais comment y entrer?

— Il est arrivé au château au milieu du tumulte, répondit Cisly, et le vieux Bridgenorth l'a emmené prisonnier à Moultrassie-Hall. Que peut-on attendre d'un vieux puritain dans la maison duquel il n'est entré ni flûte ni violon depuis qu'elle est bâtie?

— Et qui a arrêté les travaux d'une mine qui promettait merveilles, ajouta le vieux Ditchley, pour épargner quelques milliers de livres, quand il aurait pu s'enrichir comme le lord de Chatsword, et en attendant nourrir une centaine de braves gens.

— Eh bien donc, dit Lance-Outram, puisque vous êtes tous du même avis, nous irons relancer le vieux blaireau dans son terrier. Je vous garantis que Moultrassie-Hall ne ressemble pas aux châteaux des gens de qualité, où les murs de pierres sont aussi épais qu'une digue. Vous n'y trouverez que de mauvaises murailles de briques, où vos pioches entreront aussi facilement que dans du fromage. *Houzza*, encore une fois, pour Peveril du Pic! au diable Bridgenorth et tous les parvenus, tous les coquins de Têtes-Rondes!

Ayant permis à sa bande de pousser une acclamation bruyante, Lance-Outram leur imposa silence de nouveau, et les conduisit vers Moultrassie-Hall, en choisissant les sentiers par où ils pouvaient le moins être aperçus. Chemin faisant, ils furent joints par plusieurs vigoureux fermiers attachés soit à la famille Peveril, soit au parti des Cavaliers et des Épiscopaux, et qui, alarmés de la nouvelle qui commençait déjà à se répandre dans les environs, avaient pris les armes, et s'étaient munis de sabres et de pistolets.

Lance-Outram fit arrêter sa troupe à la distance, comme il le dit lui-même, d'un trait d'arbalète, et s'avança seul et sans bruit vers la maison pour faire une reconnaissance, ayant ordonné préalablement à Ditchley et aux troupes souterraines, ses alliées, de venir à son secours dès qu'il sifflerait. Il vit bientôt que ceux qu'il espérait surprendre restaient fidèles à la discipline qui avait valu à leur parti une supériorité si décidée pendant la guerre civile; une sentinelle se promenait dans la cour en chantant pieusement un air de psaume, tandis que ses bras, croisés sur sa poitrine, soutenaient un fusil d'une longueur formidable.

— Un vrai soldat, pensa Lance-Outram, mettrait fin à ta chanson d'hypocrite en t'envoyant une bonne flèche dans le cœur, ce qui ne donnerait pas grande alarme; mais du diable si j'ai l'humeur d'un vrai soldat; je ne puis me battre sans être en colère; et, pour tirer une flèche à un homme de derrière une muraille, ce serait agir comme avec un daim; il faut donc lui montrer mon visage et voir ce que j'en pourrai faire.

Ayant pris cette brave résolution, et ne cherchant plus à se cacher, il entra hardiment dans la cour, et il feignait de s'avancer vers la porte de la maison, quand le vieux soldat de Cromwell, qui ne s'endormait pas à son poste, lui cria : — Qui va là? Halte-là! Arrête, ou je te couche bas d'un coup de fusil. Cette question, cet ordre, cet avertissement, se suivirent de très près, et le factionnaire termina son discours en couchant en joue l'inconnu qui arrivait, et en lui présentant le bout de son long fusil.

— Comment diable, dit Lance-Outram, êtes-vous dans l'usage d'aller à la chasse à une pareille heure de la nuit? Sur mon ame, vous ne trouverez à tirer que sur des chauve-souris.

— Écoute-moi, l'ami, répondit la sentinelle, je ne suis pas du nombre de ceux qui font leur devoir avec négligence, et tes belles paroles ne pourront m'enjôler, comme tu parais en avoir envie. Quel est ton nom? Quelle affaire t'amène ici? Réponds, ou je fais feu.

— Mon nom! répondit Lance-Outram; et comment diable veux-tu que je me nomme si ce n'est Robin Round, Robin de Redham, un honnête homme, j'espère? Et, quant à mon affaire, s'il faut que vous la sachiez, je suis chargé par un homme du parlement qui est là-bas au château, d'apporter une lettre au digne M. Bridgenorth de Moultrassie-Hall. C'est bien ici, à ce que je pense, quoique je ne sache pas aussi bien pourquoi vous êtes là planté devant sa porte, comme l'enseigne de *l'Homme Rouge*, avec une vieille carabine à la main.

— Donne-moi cette lettre, l'ami, dit le factionnaire, à qui cette explication parut naturelle; je la ferai remettre à Son Honneur.

Lance-Outram, fouillant dans sa poche, comme pour y prendre une lettre qui n'avait jamais existé, s'approcha de la sentinelle, et, avant qu'elle eût eu le temps de concevoir quelque soupçon, la saisit tout-à-coup au collet, siffla, et, exerçant ses talens comme lutteur, talens pour lesquels il avait été renommé dans sa jeunesse, il renversa son homme par terre, et l'étendit sur le dos; mais pendant cette lutte le mousquet partit.

Au signal donné par Lance, les mineurs s'étaient précipités dans la cour, et leur chef, n'espérant plus exécuter son projet en silence, ordonna à deux d'entre eux de garrotter le prisonnier, et aux autres d'attaquer la maison en poussant de grands cris.

— Vive à jamais Peveril du Pic! ce cri retentit à l'instant dans la cour, avec toutes les dénominations injurieuses que les royalistes avaient imaginées contre les Têtes-Rondes pendant tant d'années de guerre civile. En même temps quelques uns d'entre eux attaquèrent la porte à coups de hache, tandis que les autres employaient leurs pioches pour faire une brèche au mur d'une espèce de porche attenant à la façade de l'édifice. Comme ils étaient assez bien protégés par un avancement de muraille et par un grand balcon sous lequel ils travaillaient, leur besogne avançait plus vite que celle de leurs camarades, car la pioche éprouvait moins de résistance de la part des briques, qu'une porte épaisse en bois de chêne et garnie de gros clous n'en opposait à la hache.

Le tumulte qui avait lieu dans la cour ne tarda pas à donner l'alarme dans l'intérieur. On vit des lumières passer derrière plusieurs fenêtres, et l'on entendit des voix qui demandaient quelle était la cause de tout ce bruit, question à laquelle les cris qu'on poussait dans la cour répondaient suffisamment. Enfin une fenêtre de l'escalier s'ouvrit, et le major Bridgenorth lui-même, s'informant avec un ton d'autorité de ce que signifiait ce tumulte, ordonna aux tapageurs de se retirer à l'instant, à leurs risques et périls s'ils s'y refusaient.

— Nous voulons notre jeune maître, vieux bandit, vieil

hypocrite, lui répondit-on ; et, si vous ne nous le rendez sur-le-champ, nous ne laisserons pas pierre sur pierre de votre maison.

— C'est ce que nous verrons dans un instant, répliqua Bridgenorth ; car si l'on frappe encore un coup contre les murs de ma paisible demeure, je fais feu de ma carabine, et que votre sang retombe sur vous ! J'ai pour défendre ma maison une vingtaine d'amis, bien armés de mousquets et de pistolets, et nous ne manquons ni de courage, ni de moyens, avec l'aide du ciel, pour vous punir de tout acte de violence auquel vous pourriez vous porter.

Lance-Outram n'était pas soldat, mais il était assez bon chasseur pour comprendre l'avantage que des gens ayant des armes à feu et étant à couvert auraient nécessairement sur des hommes contre lesquels ils pourraient tirer presque à bout portant, et armés comme l'étaient la plupart de ses partisans. — M. Bridgenorth, répondit-il, accordez-nous un pourparler et des conditions raisonnables. Nous ne voulons pas vous faire de mal, mais nous voulons que vous nous rendiez notre jeune maître ; c'est bien assez que vous ayez pris notre vieux maître et sa femme ; il est indigne d'un chasseur de tuer en même temps le cerf, la biche et le faon, et nous vous donnerons quelque lumière sur ce sujet dans un moment.

Ce discours fut suivi d'un grand craquement qui se fit entendre dans les croisées du rez-de-chaussée, et qui était le résultat d'un nouveau plan d'attaque imaginé par quelques uns des assaillans.

— J'accepterais les conditions proposées par cet honnête garçon, et je relâcherais le jeune Peveril, dit un des défenseurs de la maison, qui, tout en bâillant d'un air d'insouciance, s'était approché du poste où s'était placé le major.

— Êtes-vous fou ? s'écria Bridgenorth ; ou croyez-vous que j'aie assez peu d'énergie pour renoncer aux avantages que je possède maintenant sur la famille Peveril, en me laissant intimider par une poignée de lâches que la première décharge dispersera comme un tourbillon chasse la paille?

— Sans doute, répondit le même interlocuteur, et c'était l'individu qui avait étonné Julien par sa ressemblance avec l'inconnu qui se donnait le nom de Ganlesse, j'aime la vengeance autant que vous; mais nous l'achèterons un peu cher, si ces coquins mettent le feu à la maison, comme ils paraissent en avoir envie, tandis que vous parlementez à la fenêtre. Ils ont jeté des torches et des matières combustibles dans le vestibule, et c'est tout ce que nos amis peuvent faire, que d'empêcher la flamme de se communiquer aux vieilles boiseries.

— Que le ciel te juge pour ton insouciance! s'écria Bridgenorth. On dirait que le mal est tellement ton élément, qu'il ne t'importe guère que ce soit un ami ou un ennemi qui souffre.

A ces mots, il descendit précipitamment l'escalier, sur lequel, à travers des barreaux de fer qui défendaient les fenêtres brisées, les assaillans avaient jeté de la paille allumée en quantité suffisante pour produire beaucoup de fumée et assez de feu pour alarmer les défenseurs de la maison et jeter la confusion parmi eux; de sorte que plusieurs coups de feu tirés à la hâte par les fenêtres ne firent presque aucun mal aux assaillans. Ceux-ci, commençant à s'échauffer, répondirent à cette décharge par de nouveaux cris : — Vive Peveril du Pic! et comme on venait d'ouvrir une brèche dans le mur, Lance-Outram, Ditchley, et les plus valeureux de leurs compagnons, s'y précipitèrent, et entrèrent dans le vestibule.

Ils étaient pourtant encore bien loin d'être maîtres de la maison. Les assiégés joignaient au sang-froid et à l'habileté cet enthousiasme qui compte la vie pour rien quand il s'agit de s'acquitter d'un devoir véritable ou supposé.

Par les portes entr'ouvertes du vestibule, ils entretenaient un feu qui commença à devenir fatal. Un mineur fut tué; trois ou quatre autres furent blessés, et Lance-Outram ne savait trop s'il devait battre en retraite, en chargeant les flammes du soin de sa vengeance, ou faire une attaque désespérée sur les postes occupés par les défenseurs de la maison, et tâcher de s'en emparer. Sa conduite fut déterminée en ce moment par un évènement inattendu, dont il est nécessaire de rapporter la cause.

Julien Peveril, de même que les autres habitans de Moultrassie-Hall, avait été éveillé dans cette nuit mémorable par le bruit qu'avait fait le mousquet de la sentinelle, et par les cris que poussaient les vassaux et les amis de son père. Il en entendit assez pour deviner qu'on attaquait la maison de Bridgenorth dans la vue de le délivrer. Doutant beaucoup du résultat de cette tentative, à peine sorti du sommeil dont il s'éveillait si brusquement, et confondu de la suite rapide d'évènemens dont il avait été témoin depuis si peu de temps, il mit à la hâte une partie de ses vêtemens, et s'avança à la fenêtre de sa chambre; mais il ne put rien voir qui pût le rassurer, car elle n'avait point vue sur le côté de la maison où l'attaque avait lieu. Il essaya d'ouvrir sa porte; elle était fermée par un verrou extérieur. Son embarras et son inquiétude étaient au plus haut degré, quand tout-à-coup sa porte s'ouvrit, et, les yeux brillant d'un sentiment mêlé de crainte et de résolution, couverte d'un déshabillé qu'elle avait mis à la hâte dans le premier moment d'alarme, les cheveux flottant sur ses épaules, Alice Bridgenorth se précipita dans l'appartement, lui saisit la main, et s'écria avec l'émotion la plus vive : O Julien, sauvez mon père!

La lumière qu'elle portait à la main servit à lui faire reconnaître des traits que personne n'aurait vus sans intérêt, mais dont l'expression en ce moment était irrésistible pour un amant.

— Que voulez-vous dire, Alice? s'écria-t-il; quel danger menace votre père? où est-il?

— Ne me faites pas de questions, répondit-elle; si vous voulez le sauver, suivez-moi.

En même temps elle marcha devant lui à pas précipités, descendit jusqu'à la moitié du petit escalier qui conduisait à la chambre qu'occupait Julien; là, passant par une porte de côté, elle traversa une longue galerie, et descendit par un autre escalier plus grand et plus large, au bas duquel se trouvait son père, environné de quatre ou cinq de ses amis, et qu'on pouvait à peine apercevoir au milieu d'un nuage de fumée produite autant par le feu qui commençait à prendre au vestibule que par les coups de fusil qu'ils tiraient eux-mêmes.

Julien vit qu'il n'avait pas un instant à perdre s'il voulait que sa médiation pût être utile. Il se fit jour à travers les amis de Bridgenorth, avant que ceux-ci eussent eu le temps de s'apercevoir de son arrivée; et, se jetant au milieu des assaillans, il les assura qu'il était en sûreté et les conjura de se retirer.

— Ce ne sera pas avant d'avoir quelques tranches du Croupion, M. Julien, répondit Lance-Outram. Je suis bien content de vous voir sain et sauf; mais voici Joë Rimegap qui est mort, comme un daim percé d'une flèche; plusieurs des nôtres sont blessés, et nous serons vengés. Nous rôtirons ces chiens de puritains comme des lièvres.

— Vous me rôtirez donc avec eux, répliqua Julien, car je vous jure sur mon Dieu que je ne sortirai pas de cette maison, ayant donné ma parole d'honneur au major Bridgenorth de rester chez lui jusqu'à ce que je sois légalement remis en liberté.

— Allez au diable, fussiez-vous dix fois un Peveril, s'écria Ditchley; voir tant de braves gens se donner tant de mal et courir tant de risque pour vous, et ne pas mieux les soutenir! Attisez le feu, camarades, et brûlons-les tous ensemble.

— Allons, allons, la paix! mes maîtres, dit Julien, et écoutez la raison. Nous sommes tous ici dans une affreuse situation, et votre conduite ne fera que la rendre encore pire. Aidez à éteindre ce feu, ou sans cela il pourra vous coûter cher. Restez sous les armes; et laissez-moi chercher avec le major Bridgenorth quelque moyen d'arrangement. Je me flatte que tout peut encore finir d'une manière favorable pour les deux partis. Dans le cas contraire, je consens que vous renouveliez l'attaque, et je vous seconderai moi-même; mais quoi qu'il puisse arriver, je n'oublierai jamais le service que vous avez voulu me rendre cette nuit.

Alors il prit à part Ditchley et Lance-Outram, tandis que les autres attendaient le résultat de cette conférence, et, les remerciant affectueusement, il leur demanda, comme le plus grand service qu'ils pussent lui rendre, ainsi qu'à la maison de son père, de lui permettre de négocier les conditions de sa délivrance; mettant en même temps dans la main de Ditchley cinq à six pièces d'or, afin, lui dit-il, que les braves mineurs de Bonaventure pussent boire à sa santé, il témoigna à Lance-Outram qu'il sentait tout le prix de son zèle, mais en protestant qu'il ne lui en saurait gré que s'il le laissait le maître de terminer cette affaire comme il le désirait.

— Ma foi, M. Julien, répondit Lance-Outram, je suis à peu près au bout de mon rôle, car je fais une besogne qui est au-dessus de mes connaissances. La seule chose que je désire, c'est de vous voir sortir sain et sauf de Moultrassie-Hall, sans quoi ma vieille tante Ellesmere me ferait une belle leçon quand je rentrerai à la maison! La vérité est que c'est malgré moi que j'ai commencé à me battre; mais quand j'ai vu ce pauvre diable de Joë tué à côté de moi, j'ai cru que nous devions avoir sang pour sang

Au surplus je remets tout entre les mains de Votre Honneur.

Pendant ce colloque, les deux partis s'étaient occupés ensemble à éteindre le feu, qui, sans cet accord, aurait pu être fatal à tous. Il fallut un effort général pour en venir à bout, et les deux troupes ennemies se livrèrent aux travaux nécessaires avec la même unanimité que si l'eau qu'on tirait du puits dans des paniers de cuir avait eu l'effet d'éteindre leur animosité mutuelle aussi bien que l'incendie.

FIN DU TOME PREMIER.